André Gorz
Kritik der ökonomischen Vernunft
Rotbuch Taschenbuch 1003

ANDRÉ GORZ
geboren 1924 in Wien, lebt als Philosoph und Publizist in Frankreich, wo er lange als Redaktionsmitglied der Zeitschriften *Les Temps Modernes* und *Le Nouvel Observateur* gearbeitet hat. In den sechziger Jahren Theoretiker der Arbeiterselbstverwaltung, in den siebziger Jahren Verfechter der politischen Ökologie, ist der Mitstreiter von Jean-Paul Sartre heute der wichtigste Vordenker eines freiheitlichen Begriffs von Emanzipation.

Zu diesem Buch: Eine Zukunftsgesellschaft von Dienstleistungssklaven und Rationalisierungsgewinnlern? Während sich als Konsequenz von Automatisierung und Computerisierung in der Produktion nur noch eine Elite von kreativen Gestaltern und Prozeßarbeitern halten kann, werden im Dienstleistungsbereich durch Haushaltsroboter, Fast-food-Ketten, Serviceunternehmen und Gesundheitsindustrie immer mehr Lebenssphären der ökonomischen Rationalisierung unterworfen. André Gorz unterzieht die Fortschrittsutopie linker wie rechter Modernisierer einer schonungslosen Kritik: Hinter dem Arbeitsbeschaffungsparadies der Dienstleistungsgesellschaft werden die Konturen einer neuen Klassenspaltung deutlich: eine neue Dienstbotenklasse, die den Rittern der Leistung die Freizeit versüßt. Die ideologische Aufwertung »sozial nützlicher« Haushalts-, Familien- und Liebesarbeiten befördert zugleich den Totalitarismus einer ökonomischen Vernunft, die sich auch noch die letzten Nischen unterwirft: am Ende der Emanzipation der Reproduktionsarbeit steht die tarifvertraglich verrechtlichte Leihmutterschaft. Die Arbeitsutopie ist am Ende. Wir müssen eine andere Utopie erfinden – eine moralische Ökologie der Freiheit.

André Gorz

KRITIK DER ÖKONOMISCHEN VERNUNFT

Sinnfragen am Ende der Arbeitsgesellschaft

Aus dem Französischen
von Otto Kallscheuer

Rotbuch Verlag

Die Übersetzung wurde vom Autor durchgesehen und autorisiert.

Die Deutsche Bibliothek – CIP-Einheitsaufnahme

Gorz, André:
Kritik der ökonomischen Vernunft: Sinnfragen am Ende der
Arbeitsgesellschaft / André Gorz. Aus dem Franz. von Otto
Kallscheuer [Die Übers. wurde vom Autor durchges. und
autorisiert]. – Hamburg : Rotbuch-Verl., 1994
  (Rotbuch-Taschenbuch ; 1003)
  Einheitssacht.: Metámorphoses de travail, quête du sens,
  critique de la raison économique <dt.>
  ISBN 3-88022-353-X
  NE: GT

© dieser Ausgabe 1994 Rotbuch Verlag, Hamburg
© 1989 Rotbuch Verlag
© der Originalausgabe Éditions Galilée Paris
Französischer Originaltitel
»Métamorphoses du travail. Quête du sens.
Critique de la raison économique«
Umschlaggestaltung: Michaela Booth
unter Verwendung von Fotografien
von Theodor Oberheitmann
Gesamtherstellung: Wagner GmbH, Nördlingen
Printed in Germany. Alle Rechte vorbehalten
ISBN 3 88022 353-X

INHALT

Zur Neubestimmung der Linken 1
Einleitung 13

ERSTER TEIL
METAMORPHOSEN DER ARBEIT

1. Die Erfindung der Arbeit 27
2. Die Marxsche Arbeitsutopie 42
3. Die funktionale Integration
   oder die Spaltung von Arbeit und Leben 51
4. Von der funktionalen Integration
   zur sozialen Desintegration 62
   Die Vernunft als getrennte Macht: der Plan / Widersprüche
   des Sowjetsystems / Vom kompensatorischen Konsum zur
   Allzuständigkeit des Staates

5. Das Ende des Arbeitshumanismus 80
6. Der Arbeitsideologie letztes Gewand 95
   Die neue Arbeiterelite / Prekäre Randarbeiter und Arbeitslose / Krisen der Gewerkschaftsbewegung

7. Letzte Gestalten der Arbeit
   FRAGEN NACH DEM SINN (I) 108
   Ein neues Rittertum? / Der Prozeßarbeiter / Die drei Dimensionen der Autonomie / Die Frage nach dem Sinn / Arbeit und Kultur / Technik und Gewalt

8. Perspektiven der Emanzipation jenseits des Marxismus
   FRAGEN NACH DEM SINN (II) 133
   Befreiung von der Arbeit und Befreiung in der Arbeit / Die Autonomie des Politischen / Autonomie des Ethischen, Ethik der Autonomie

Inhalt

ZWEITER TEIL
KRITIK DER ÖKONOMISCHEN VERNUNFT

1. Vom »genug« zum »je mehr, desto besser«   153
   Kalkulieren / Maximieren / Versteckte Funktionen der Vollzeitbeschäftigung / Das Wesen des Kapitalismus / Der Maschinen-Geist

2. Markt und Gesellschaft, Kapitalismus und Sozialismus   182
   Grenzen des Wohlfahrtsstaates

3. Grenzen der ökonomischen Rationalität
   FRAGEN NACH DEM SINN (III)   192
   Der Arbeitsbegriff als Falle / Die ökonomisch rationale Arbeit
   A. DIE ERWERBSTÄTIGKEITEN
   1. Arbeit im ökonomischen Sinne als Emanzipation   198
   2. Die Dienstbotenarbeit   200
   3. Funktionen, Pflege- und Hilfstätigkeiten   202
   4. Die Prostitution   208
   5. Mutterschaft, Mutterfunktion, Leihmütter   213
   B. DIE TÄTIGKEITEN OHNE ERWERBSZWECK
   1. Die Eigenarbeit   219
      Die mikro-soziale Sphäre / Auflösung oder Verwirklichung der Familiengemeinschaft?
   2. Die autonomen Tätigkeiten   235

4. Grenzen der Soziologie und Grenzen der Sozialisation
   Zwischenbetrachtung zum Begriff der »Lebenswelt«.   243

DRITTER TEIL
FRAGEN NACH DEM SINN (IV)
VORSCHLÄGE UND PERSPEKTIVEN

Der einzig mögliche Sinn / Der Wohlfahrtsstaat als Gesellschaftsersatz / Perspektiven einer nachfordistischen Linken . . .   257

Die Verkürzung der Arbeitszeit:
Konfliktgegenstände und Politikalternativen   269

Inhalt

1. DIE STRATEGIE DER ORIENTIERUNGSDATEN 269
2. WENIGER, BESSER, ANDERS 271
3. ZEITSOUVERÄNITÄT 275
4. MIT ODER OHNE LOHNAUSGLEICH? 282
5. RECHT AUF EINKOMMEN, RECHT AUF ARBEIT 287

ANHANG
*Zusammenfassung für Gewerkschafter
und andere Linke*

1. DIE KRISE DER ARBEIT 307
2. KRISE DER ARBEIT – KRISE DER GESELLSCHAFT 313
3. WENIGER ARBEITEN, DAMIT ALLE ARBEITEN 319
4. EIN VON DER ARBEITSMENGE ABGEKOPPELTES EINKOMMEN . . 333
   1. IN DER SOZIALDEMOKRATISCHEN LOGIK / 2. IN DER LIBERALEN LOGIK / 3. IN GEWERKSCHAFTLICHER LOGIK
5. ZUM ABSCHLUSS 342

Anmerkungen 343
Literaturverzeichnis 375
Index 381
André Gorz: Werke in deutscher Sprache 388

Für Dorine

Was ich im folgenden vorschlage, ist eine Art Besinnung auf die Bedingungen, unter denen, soviel wir wissen, Menschen bisher gelebt haben, und diese Besinnung ist geleitet (...) von den Erfahrungen und Sorgen der gegenwärtigen Situation. Solch eine Besinnung verbleibt natürlich im Bereich des Denkens und Nachdenkens, und praktisch gesprochen vermag sie nichts, als zu weiterer Besinnung anregen – was vielleicht nicht nichts ist angesichts des oft ruchlos anmutenden Optimismus, der hoffnungslosen Verwirrtheit oder dem ahnungslosen Wiederkäuen des guten Alten, die nur zu oft die geistige Atmosphäre bestimmen, in der diese Dinge diskutiert werden. Wie immer es damit bestellt ist, was ich vorschlage, ist etwas sehr Einfaches, es geht mir um nichts mehr, als dem nachzudenken, was wir eigentlich tun, wenn wir tätig sind.
Hannah Arendt

ZUR NEUBESTIMMUNG DER LINKEN

> »Wir erleben heute einen kulturellen Wandel, eine stark in Bewegung gesetzte Gesellschaft, in der die Menschen, die Ideen und die Kapitale intensiver zirkulieren als zuvor; aber wir leiden noch unter der Erschöpfung der alten Ideen und Programme, und wenn einige Intellektuelle schon die sich herausbildenden Realitäten und Probleme ankündigen, wandeln sich die meisten von ihnen zu Verteidigern überlebter Ideologien, ja zu geringschätzigen Kritikern der neuen Ideen.«
>
> *Alain Touraine*

Links vom Eingang seiner Kirche hatte der Bischof von Cuernavaca (Mexiko) einen Anschlag angebracht, auf dem zu lesen war: »Es gibt die Unterdrücker und die Unterdrückten. Mit wem bist Du?« Wer sich heute fragt, worin sich die Linke noch von der Rechten unterscheidet – oder gar, inwiefern die Unterscheidung Linke – Rechte in den westlichen Gesellschaften einen Sinn behält, dem bietet diese evangelische Anfrage keine Antwort, wohl aber eine Methode: Sie stellt als Axiom auf, daß jede Gesellschaft durch einen Zentralkonflikt zweigeteilt ist und daß niemand umhin kann, in diesem Konflikt Partei zu ergreifen.

Allerdings muß man bestimmen können, worin dieser Zentralkonflikt besteht, wer die Unterdrücker und die Unterdrückten, die Herrschenden und die Beherrschten sind und worum es ihnen geht. In Lateinamerika scheint die Sache relativ einfach. Nicht mehr unmittelbar einsichtig ist sie in Westeuropa und Nordamerika, wo die Ideologien hinter den kulturellen, sozialen, technischen Mutationen zurückbleiben und die politischen Apparate weiter miteinander über Themen und auf Gebieten streiten, die immer weniger den neuen Dimensionen des Konflikts entsprechen. Wegen dieser Phasenverschiebung verliert nicht der Gegensatz zwischen der Linken und der Rechten seine Relevanz, sondern allein der (in den Medien, in der Politik vorgeführte) Konflikt zwischen den politischen Apparaten, die vermeintlich die Linke bzw. die Rechte verkörpern. Die wirkliche Rechts-Links-Grenze verläuft jetzt immer weniger zwischen diesen Apparaten. Sie verläuft vielmehr einerseits zwischen den Parteien, die den Vordergrund der institutionellen Szene besetzen, und andererseits den Bewegungen, die an ihren Rändern auftauchen und sie anfechten. Früher oder später werden die konstituierten politischen Organisationen in Mißkredit untergehen, sofern es ihnen nicht gelingt, im Zuge eigener Erneuerung die Themen zu integrieren, mit denen neue soziale Akteure sie überrennen.

Der Mißkredit der konstituierten politischen Organisationen ist bereits in allen entwickelten Ländern offenkundig, und die konservativen Parteien befinden sich in einer in mancher Hinsicht schwereren Krise als jene, die sich auf die Linke berufen. Die klassische Rechte mußte immer die Macht der herrschenden Klasse im Namen einer über sie hinausreichenden Auffassung vom Allgemeininteresse und von der sozialen Ordnung verteidigen. In den modernen kapitalistischen Gesellschaften muß sie gleichzeitig sowohl die Ansprüche des Kapitals – auf maximale Rentabilität und Konkurrenzfähigkeit, auf technische und ökonomische Modernisierung, auf Herrschaft über den Reproduktionsprozeß und die Entwicklungsorientierungen (wie die traditionellen Werte) Familie, Arbeit, Vaterland, Ordnung und Autorität – verkörpern, die von der Warenlogik, der Expertokratie und der Überwucherung der Lebensumwelt durch die Megatechnologien unablässig unterhöhlt werden.

Insbesondere in Zeiten von Umwälzungen und beschleunigten technischen Innovationen zerstört der Kapitalismus die gesellschaftliche Ordnung, den gesellschaftlichen Zusammenhalt und die sozialen »Identitäten«; fegt er die traditionellen Normen und Werte hinweg; löst er die selbstverständlichen Gemeinsamkeiten, Zugehörigkeiten und Wechselbeziehungen auf, indem er sie mit einem System technischer Zwänge und rechtlicher Formalisierungen überzieht. Habermas spricht diesbezüglich von einer »Kolonialisierung der Lebenswelt« durch das ökonomische und das administrative Subsystem.

Zur Neubestimmung der Linken

Diese Kolonialisierung der Lebenswelt, diese Zerstörung der intuitiven Deutungsmuster und des traditionellen ethischen Kodes provozieren, außer einem Widerstand von links (wir kommen darauf zurück) eine *konformistische Rebellion*, die die Rechte um jeden Preis präsentieren und kanalisieren muß, um nicht ihren sozialen Rückhalt zu verlieren. In einer komplexer werdenden, sich wandelnden Gesellschaft steht die Rechte also vor der schwierigen Aufgabe, *gleichzeitig* sowohl die Sehnsucht nach Ordnung, Stabilität, Sicherheit, Wahrung der traditionellen Normen und Deutungsmuster wie die Modernisierungs- und Expansionsansprüche zu repräsentieren, die das Kapital dazu treiben, bisher von der Warenlogik verschonte Tätigkeits- und Lebensbereiche seinen Verwertungsbedürfnissen gemäß umzumodeln.

Der Rechten droht folglich ständig die Spaltung. Wenn sie sich zu offen mit der Modernisierungsdynamik des Kapitals identifiziert, wird sie zu ihrer Rechten eine traditionalistische und populistische konservative Kraft aufkommen lassen. Wenn sie sich dagegen mit den konservativen Widerständen gegen die Modernisierung identifiziert, wird sie bestenfalls* einen dekadenten immobilistischen Ständestaat hervorbringen, wie einst das Salazar-, das Franco- oder das griechische Obristen-Regime.

Früher konnte die Rechte ihre Einheit retten, indem sie die Modernisierungsstrategie des Kapitals im Namen eines aggressiven und eroberungslustigen Nationalismus unterstützte, der den Zerfall der traditionellen Zugehörigkeits- und Lebenssysteme gewissermaßen durch die patriotische Schwärmerei für die Volksgemeinschaft kompensierte. Man weiß, daß die Sache heute unmöglich geworden ist. Denn die Schwärmerei für nationale Größe, Traditionen und Identität ist heute, statt etwa die kapitalistische Modernisierung decken und kompensieren zu

---

* Ich übergehe hier die faschistische Lösung, die eine autoritäre kapitalistische Modernisierung als gemeinschafts-gesellschaftlichen National-Populismus verkleidet.

können, zu einer Form von Widerstand und Reaktion gegen diese geworden: gegen die Mundialisierung der Märkte, der Kapitale und der Arbeitsteilung. Chauvinismus, Rassismus, Integrismus, Fremdenhaß, die früh den imperialen Expansionismus eines eroberungslustigen National-Kapitalismus stützen konnten, sind heute rückschrittliche Reaktionen auf einen wesentlich technokratischen und vaterlandslosen Kapitalismus geworden. Dieser Kapitalismus hat für den traditionellen Nationalismus und die militärische Stärke keine Verwendung mehr. Sein Imperialismus hat den technischen Vorsprung, die Eroberung der Märkte und die Kontrolle der Information zur Waffe. Die Rechte muß Themen finden, wo sich die konservative Rebellion abreagieren und doch der Sache der kapitalistischen Modernisierung gedient werden kann. Sie hat derartige Themen zuerst in Skandinavien, dann in den USA und danach im übrigen Europa gefunden. Es handelt sich namentlich um die Revolte der Steuerzahler, den Antibürokratismus und die Verteufelung der staatlichen Eingriffe.

Diese Themen sind interessant wegen ihrer Ambivalenz. Einerseits haben sie ganz offensichtlich eine neoliberale Dimension – Rehabilitierung der freien Konkurrenz zwischen freien Individuen und freien Unternehmen auf einem freien Markt. Sie bringen einen ökonomischen Liberalismus wieder zu Ehren, den die Arbeiterbewegung und der Sozialstaat im Laufe von anderthalb Jahrhunderten allmählich eingedämmt hatten. In diesem Kampf um die Einschränkung der Gebiete, auf denen das freie Spiel der Marktgesetze – das die Leistungs- und Profitmaximierung erlaubt und zugleich verlangt – sich entfalten darf, hat sich die Linke konstituiert und entwickelt. Sie hat den Raum, in dem die freie Konkurrenz, der Drang nach Leistungsmaximierung, wirken dürfen, schrittweise eingegrenzt. Anders gesagt, sie hat dem Walten der ökonomischen Rationalität bedeutende Gebiete (Gesundheit, Bildung, Wohnen, Familie, Alter usw.) entzogen, wo die Prioritäten und Kriterien der Gewinnmaximierung nicht gelten durften.

Der Sozialstaat hat jedoch die Funktionsweise des Wirtschaftssystems und die hegemonische Dynamik seines Rationalitätstyps unangetastet gelassen. Das Eindämmen des Bereichs, in dem sich dieser entfalten darf, beruht ausschließlich auf der Verstärkung der Interventionsbefugnis des Staates. Diese Verstärkung führte nicht zur Entstehung eines anderen öffentlichen Raums, anderer gesellschaftlicher Beziehungen, anderer Lebens- und Arbeitsweisen, in denen eine eigene Rationalität und eigenständige Werte bestimmend wären. Folglich wurden die staatlichen Umverteilungen und Interventionen von ihren Nutznießern sowohl als »soziale Vorteile« wie auch als Bevormundungen und als Benachteiligung der »Leistungswilligeren« zugunsten der wenigen Tüchtigen wahrgenommen.

Habermas hat mehrmals beschrieben, wie infolge der sozialstaatlichen Programme »ein immer dichteres Netz von Rechtsnormen, von staatlichen und parastaatlichen Bürokratien den Alltag der potentiellen und tatsächlichen Klienten« überzieht, wie die »Professionalisierung und Verwissenschaftlichung der sozialen Dienste«, die »Praxis der ... Normalisierung und der Überwachung ... einer reglementierten, zergliederten, kontrollierten und betreuten Lebenswelt ... bis in die feinsten kapillarischen Verästelungen der Alltagskommunikation hinein« zu verfolgen sind. Und er folgert, daß Ziele, »die ... Spielräume für individuelle Selbstverwirklichung und Spontaneität freisetzen sollten«, offensichtlich »nicht auf dem direkten Wege einer rechtlich-administrativen Umsetzung politischer Programme erreicht werden« können.*

Insofern er auf der verstärkten *Herrschaft* normierender und formalisierender Administrationen beruht, ist der Wohlfahrtsstaat das diametrale Gegenteil des libertären Strebens nach individueller und kollektiver Emanzipation, welches eines der grundlegenden Kampfthemen der Linken darstellt. Statt die Macht der sozialen Individuen über ihr Leben, über die Ergebnisse und die Weisen ihrer sozialen Kooperation zu erweitern,

---

* Jürgen Habermas: Die Neue Unübersichtlichkeit. Frankfurt a. M.: Suhrkamp 1985, S. 151/152.

unterwirft sie der Wohlfahrtsstaat parallel zum Kapital seiner eigenen Macht. Für die soziale Absicherung, die er gewährt, raubt er den Individuen ihren Autonomieraum. Deshalb gilt: »Die (industriegesellschaftlich-sozialstaatlichen) Legitimisten sind heute die eigentlich Konservativen, die das Erreichte stabilisieren möchten. Sie hoffen, den Gleichgewichtspunkt zwischen Sozialstaatsentwicklung und marktwirtschaftlicher Modernisierung wieder ausfindig zu machen ... Diese Programmatik ... verkennt aber die Widerstandspotentiale, die sich im Sog einer fortschreitenden bürokratischen Erosion der ... kommunikativ strukturierten Lebenswelten ansammeln«*.

Man sieht, welchen Nutzen die Rechte aus dieser Situation ziehen kann. Da sich die konstituierte Linke in einem Sozial-Etatismus festgefahren hat, dessen fiskalische Grenzen ebenso deutlich werden wie seine bürokratischen Belastungen, kann die Rechte das Erbe der Befreiungsbestrebungen der Linken für eine Politik einfordern, die den Wohlfahrtsstaat abbaut, den Steuerdruck mildert, die »dereguliert« und »dereglementiert« und die die Entwicklung einer komplexen Gesellschaft den angeblich »neutralen« und »freien«, weil der Macht und dem Willen der Menschen entzogenen Kräften des Marktes überantwortet. Der traditionellen sozialen Basis der Rechten verspricht diese Politik größere Möglichkeiten zu sozialem Aufstieg und individuellem Erfolg (»Leistung« und »Verdienste« würden dank reformierter Fiskalität besser vergolten). Den neuen Lohnempfängerschichten und einer nicht unerheblichen Fraktion der Facharbeiter und Techniker bietet sie die Rehabilitierung des beruflichen Erfolgs im Bündnis der »Gewinner«, der »Hochleister« und der »Unternehmer«, gegen die »Nichtstuer« und die »Unfähigen«, die mit ihren Sozialbezügen von anderer Leute Arbeit leben wollten. Die Gesetze des Marktes verlangen Effizienz und maximale Performanz, die Konkurrenzfähigkeit der Wirtschaft sei von der eines jeden Unternehmens unabhängig, »wir stehen im Krieg«, und alle müßten die »Gewinnwut«

---

* Ebenda, S. 153.

Zur Neubestimmung der Linken

im Leib haben. Eine Nation von Gewinnern dürfte sich nicht vom Los der Schwachen und Zurückbleibenden rühren lassen; sie werde um so besser funktionieren, je wirksamer sie diese »neuen Armen« an den Rand drängt; anders als von den proletarisierten Massen des Vorjahrhunderts habe sie von ihnen nichts zu fürchten und nichts zu holen – höchstens, daß sie billige Diener für die Tüchtigeren abgeben.

In einem Kontext, in dem es keine festen Vollzeitarbeitsplätze mehr für alle geben kann, müssen diese Schwärmerei für die maximale Anstrengung und diese Verherrlichung der Erwerbsarbeit als Quell sozialer Identität, nationalen Reichtums und nationaler Größe die Karten durch eine verblüffende Umkehrung des politischen Koordinatensystems durcheinander bringen: Sie werden die festbeschäftigten, qualifizierten Lohnarbeiter dazu treiben, sich wie *eifersüchtige Besitzer* des knappen Gutes »Arbeitsplatz« zu benehmen und sich mit den traditionellen Mittelklassen und dem modernen Unternehmertum zu verbünden, um ihre Arbeitsplätze und ihre Löhne gegen den Druck einer wachsenden Masse einheimischer oder zugewanderter Arbeitsloser sowie einheimischer und ausländischer Konkurrenzunternehmen zu verteidigen.

Die Ideologie der individuellen Leistung und des individuellen Verdienstes, die Verteidigung des Arbeitsplatzes, die Identifizierung mit der Arbeit sind somit rechte Themen geworden, die es erlauben, Blöcke der Arbeiterklasse für einen neuen national-produktivistischen Bund zugunsten einer liberal-kapitalistischen Modernisierung zu gewinnen. Die alte Linke hat sich einen entscheidenden Teil ihrer Ideologie und ihrer sozialen Basis von der Rechten stehlen lassen. Die Felder, die sie früher besetzt hielt, gehören nicht mehr ihr, sind keine linken Felder mehr. Daher die Verwirrung und die Zweifel an der weiteren Gültigkeit der Rechts-Links-Teilung. Daher auch die Evidenz, daß man die Linke, wenn es sie denn gibt, auf anderen Feldern suchen muß als auf denen des National-Produktivismus, der Arbeitsideologie, der Lohnarbeitsgesellschaft, des Sozial-Etatismus und eines »kollektiven Utilitarismus«, wie Alain Canillé sagen würde, für den allein der Verzicht auf die Autonomie des Subjekts zur kollektiven Wohlfahrt führen kann.

Gerade die Autonomie des Subjekts (die »freie Entwicklung der Individualität« in der Sprache von Marx) ist nun das Thema, das für die Orientierung nach links heute bestimmend sein muß. Denn die Frage, die sich den postindustriellen Gesellschaften stellt, betrifft die Weise, wie die sich aus den technischen Entwicklungen ergebenden *Einsparungen an Arbeitszeit* genützt werden wollen. Die konservative Antwort, die die alte Linke und die Rechten gemeinsam haben, besteht darin, auf die grenzenlose Expansion der Sphäre der Lohnarbeit und der Warenwirtschaft zu setzen, um die Lohnarbeitsgesellschaft zu retten und dem Kapital neue rentable Anlagefelder zu eröffnen. Man weiß, daß es sich dabei um eine Lösung handelt, die sich nur auf der Basis einer dualen Gesellschaft realisieren läßt* – festbeschäftigte, gutbezahlte Lohnempfänger in dem sehr kapitalintensiven Sektor, der den Hauptteil des ökonomischen Überschusses produziert; sehr niedrig entlohnte, zeitweilig beschäftigte Arbeitskräfte in einem immer größeren Teil der Dienstleistungen. In kultureller Hinsicht hat sie den Fehler, daß sie die Monetarisierung, Verökonomisierung, Professionalisierung und Entfremdung auf Tätigkeiten ausdehnt, durch welche sie die Subjekte produzieren, reproduzieren und als autonome Existenzen erfahren können sollten.

Hingegen wird sich die Linke künftig dadurch als solche bestimmen, daß sie die Einsparungen an Arbeitszeit als *Freisetzung von Zeit* ansieht, dank derer sich die sozialen Individuen von den im Kapital verkörperten Zwängen der ökonomischen Rationalität (d. h. von der Herrschaft der toten über die lebendige Arbeit) emanzipieren sollten. Sich davon emanzipieren, nicht indem sie das Kapital und den Bereich der ökonomisch rationalen Erwerbsarbeit abschaffen (wie es sich die Antimo-

---

* Siehe Guy Rostang: L'emploi, un choix de société. Paris: Syros 1987. Siehe auch André Gorz: Und jetzt wohin? Berlin, Rotbuch-Verlag 1991, Kapitel 4.

dernen oder Prämodernen, Kommunisten oder Intergristen einbilden), sondern dadurch, daß sie letzteren eine begrenzte und subalterne Funktion in der Entwicklung der Gesellschaft zuweisen. Anders gesagt: die Produktivitätsgewinne müssen gesellschaftlich darauf abzielen, den vom ökonomischen Kalkül regierten Bereich zu reduzieren und gleichzeitig den Bereich selbstbestimmter, selbstorganisierter Tätigkeiten auszudehnen, in denen sich die menschlichen Fähigkeiten frei entfalten.

Die Potentialitäten der Technik zu nutzen, nicht um die Herrschaft der Apparate über das Leben, die Konsumtionen und die Zeit der Menschen zu stärken, sondern um die sozialen Individuen von den Zwängen der sozialen Megamaschine zu befreien und ihre Macht über ihr eigenes Leben und ihre Entwicklung zu steigern – das sind die Alternativen, die heute die Rechts-Links-Teilung oder, wie Alain Touraine sagt, den »Zentralkonflikt« bestimmen. Dieser Zentralkonflikt entwickelt sich auf vielfältigen Gebieten und in vielfältigen Formen (man kann sich unschwer vorstellen, wie er auf die international-politischen Optionen betreffs »Kooperation« und ökonomische »Entwicklung« rückstrahlt). Worum es aber generell immer geht, ist »der Gebrauch, den die Gesellschaft von ihrer eigenen Fähigkeit, auf sich selbst einzuwirken, machen wird«, der Gebrauch, den sie namentlich von der Technik »und den symbolischen Gütern machen wird, die sie massenhaft produziert«. All das ist nicht absolut neu. Auch im Klassenkampf geht es um nichts anderes: »Die Klassen kämpfen um die Verwaltung der Mittel, mit denen die Gesellschaft selbst ›sich produziert‹ ... Die beherrschte Klasse kämpft für eine ›kollektive Wiederaneignung‹ dieser Mittel«.* Neu ist, daß diese beherrschte Klasse heute überall ist, daß sie nicht mehr durch ihre Stellung im Produktionsprozeß definierbar ist und daß die Mittel, für deren »kollektive Wiederaneignung« sie kämpft, nicht mehr als Produktionsmittel im klassischen Wortsinn definiert werden können; und zwar aus

---

* Alain Touraine: Le retour de l'acteur. Paris: Fayard 1984, 1989, S. 84, 112/113.

dem guten Grund, daß die Herrschaft über Menschen sowohl außerhalb als auch innerhalb des Produktionsprozesses, in der Arbeit wie auch im arbeitsfreien Leben, ausgeübt wird. Es gibt einen Zentralkonflikt, aber *es gibt keine Hauptfront mehr*. Der Kampf um die Wiederaneignung ist wesentlich ein Kampf darum, den (technischen, administrativen, finanziellen, kommerziellen, urbanen usw.) Apparaten Räume, die durch wachsende Produktivität virtuell disponibel werden, *zu entziehen und zu untersagen*.

Diese Räume sind wesentlich zeitliche. Der ökonomische Apparat läßt wachsende Zeitflächen im Leben jedes Individuums und vor allem der Gesamtheit der Individuen vakant. Aber damit diese Zeit nicht als *befreite*, jeder Herrschaft entzogene Zeit erscheint, setzt der Apparat alles ins Werk, um sie zu *rekolonialisieren*, zu monetarisieren, sie zu kommodifizieren, sie in warenförmige Freizeit, d. h. in Warenkonsumtion ohne ökonomische Rationalität und ohne Autonomie, umzuwandeln. Die Wiederaneignung, der der Kampf zu gelten hat, ist also in erster Linie die *soziale und individuelle Wiederaneignung der Arbeitszeit*, die der ökonomische Apparat zwangsläufig vakant lassen muß, weil er sie keiner Wertschöpfung dienstbar machen kann, die aber nur zu *freier* Zeit, zu »disposable time« wird, wenn die sozialen Individuen imstande sind, sie zur Zeit *ihrer eigenen* Tätigkeiten, ihres eigenen Lebens und ihrer eigenen Ziele zu machen.

Das Kapital und allgemeiner den ökonomischen Apparat zu zwingen, die Einsparungen an Arbeitszeit zur freien Verfügung einer Gesellschaft zu lassen, in der die ökonomisch rationalen Tätigkeiten nicht mehr vorherrschen können; für die Erweiterung der Autonomieräume, die den ökonomischen Zwecken und der Warenlogik entzogen sind, zu kämpfen; die ökonomische, die technische, die organisatorische, die urbane usw. Entwicklung auf die Förderung der Wiederaneignung der Zeit, der Lebensumwelt, des Konsumtionsmodells und der sozialen Kooperationsweise durch die Individuen zu richten: Das ist in großen Zügen die Perspektive, die sich einer Linken eröffnet, welche es sich zur Aufgabe macht, *die emanzipatorischen Potentiale der postindustriellen Zivilisation aufzugreifen.*

Man wird mir natürlich sagen, daß dies alles seitens der Individuen den Wunsch und die *Fähigkeit* voraussetzt, sich die Zeit wiederanzueignen. Aber genau darum geht es gerade im gegenwärtigen Wertewandel. Beruflicher, gesellschaftlicher und finanzieller Erfolg sind schon längst nicht mehr das wichtigste Anliegen und die wichtigste »Identitätsquelle« für die meisten. Das von der Lohnarbeitsgesellschaft gesetzte Leitbild des beruflich qualifizierten, gutbezahlten, lebenslang vollzeitbeschäftigten Spezialisten entspricht weder einer Möglichkeit, noch einem Bestreben der Mehrheit der Menschen. Vielmehr sind es die Distanzierung von der Erwerbsarbeitsrolle, die Weigerung, sich mit ihr zu identifizieren und sie zum Mittelpunkt des Lebens zu machen, die heute das Verhältnis der Menschen zur Erwerbsarbeit prägen.

Diese Distanzierung von der Arbeit, vom Berufsleben, verschärft sich seit etwa fünfzehn Jahren, wie periodische Erhebungen und Umfragen namentlich in Skandinavien, in Deutschland und letzthin in Italien zeigen. Nur 15 Prozent der westdeutschen Erwerbstätigen (35 Prozent der Führungskräfte) bleibt die Berufstätigkeit wichtiger als die außerberuflichen Tätigkeiten, obwohl Berufstätigkeit von einer starken Mehrheit als »interessant« angesehen wird. Der gegenwärtige Wertewandel heißt bei Robert Inglehart, der ihn schon 1977 verkündete, »postmaterialistische Revolution«*, »neues Kulturmodell« heißt er bei Rainer Zoll und bei Yankelovich**. Alain Touraine, der als einer der wenigen in Frankreich unerschütterlich gegen den Strom der dominierenden Ideologie schwimmt, spricht davon, daß »auf allen Ebenen des sozialen Lebens« Subjekte auftreten, die sich weniger durch »die Fähigkeit, die Welt zu beherrschen

---

* Siehe Ronald Inglehart: The Silent Revolution. Changing Values and Political Styles among Western Publics. Princeton University Press 1977.
** Siehe Rainer Zoll u. a.: Nicht so wie unsere Eltern. Opladen: Westdeutscher Verlag 1989. Siehe auch D. Yankelovich: New Rules Searching for Self-fulfillment in a World Turned Upside Down. New York 1981.

und zu transformieren, als durch ihren Abstand ... von den für diese Beherrschung nötigen Apparaten« bestimmen und für die »die Sittlichkeit ... aus dem Willen besteht, sich zu behaupten, und sich selbst zu bestimmen ...«*.

Diese Wahl der Autonomie, der »Selbstverwirklichung«, ist in der Tat die einzige Antwort, mit der das Subjekt dem Zerfall der Gesellschaft in eine Vielfalt von spezialisierten, technisierten Systemen, die je auf einen Teilaspekt der sozialen Realität und des Alltags abzielen und keinen Zusammenhalt untereinander aufweisen, begegnen kann. Keines dieser partiellen Systeme kann eine über seine partielle Funktionalität hinausgehende Integrationsfunktion ausüben. Die Sozialisierung sichert den Individuen keinen *Platz* mehr in einer »Gesellschaftsordnung«, keine Zugehörigkeit und keine »Identität«. Jede Person hat vielfältige Funktionen, Rollen, Plätze inne, ohne sich mit einer/einem von ihnen identifizieren zu können, und hat folglich ihre »Identität« selbst zu konstruieren, selbst die richtige Verhaltensweise zu bestimmen. Die »Identitätssuche« ist nie abgeschlossen, die Adoleszenz geht nie wirklich zu Ende, die Liebesbeziehungen, die Wohnsitze wie auch die ausgeübten Berufe, die Arbeitsstellen werden als zeitweilig erlebt, während man sich weiter sehnt nach einer »richtigen« Tätigkeit, der man sich ganz hingeben kann, die Entfaltung gestattet, sozial nützlich ist, Sinn und Zukunft hat.

Infolge »der zunehmenden Jugendarbeitslosigkeit, der Schwierigkeit, auch nur eine Lehrstelle, geschweige denn eine echte Ausbildung zu erhalten«, wird jede Berufswahl zur Zufallswahl ohne Beziehung zu einer Berufung oder einem Lebensentwurf. Überdies bietet, so Mechthild Oechsle, auch »keine der angebotenen professionellen Rollen genügend Konsistenz«, um es zu rechtfertigen, daß man sich auf sie festlegt. Das Adoleszenzverhalten verallgemeinert sich auch bei den Erwachsenen: das Experimentieren, die Abwechslung, die Ablehnung einer Dauerbeschäftigung, der Wunsch, unaufhörlich zu

---

* Alain Touraine, a. a. O., S. 15, 32.

Zur Neubestimmung der Linken

lernen, seinen Horizont zu erweitern, nicht in Routine zu versacken. Wie kann der einzelne seinen Platz in der Gesellschaft finden, ohne seine Hoffnungen und seine Potentialitäten aufzugeben? Das angestrebte Ideal ist die ununterbrochene Entfaltung, Offenheit und Disponibilität. Diese Tendenzen reflektieren auch den Zwang, wegen der immer schnelleren soziokulturellen Veränderungen und natürlich auch wegen der Verunsicherung des Arbeitsplatzes mobil und flexibel zu bleiben.*

Die Individuen sind »zur Autonomie gezwungen«, sagt K. H. Hörning** wie als Echo zu Sartres »zur Freiheit verurteilt«. Und man sieht sogleich, wie sich in dieser Situation der Gegensatz zwischen linken und rechten Optionen radikalisieren muß. Aus linker Sicht kann nämlich die Freiheit (oder Autonomie), zu der die Individuen »verurteilt« sind, nicht als Fluch angesehen werden. Als rein vakanter, unbestimmter, vom sozialen System *gegebener* Raum muß sie vielmehr zur Chance *gemacht* und in die vermehrte Fähigkeit der Subjekte umgesetzt werden, sich individuell und kollektiv nach Entwürfen, die sie verantworten können, zu »produzieren« und selbst zu verwirklichen. Aus dieser Sicht ist die Verunsicherung des Lohnverhältnisses als Lockerung des Zugriffs zu verstehen, den die ökonomisch determinierte Arbeit auf das Leben der Bevölkerung ausübt. Sie bedeutet, daß die Wirtschaft die Ganzzeit-Vollbeschäftigung aller nicht mehr braucht und daß es Gegenstand der Sozialpolitik sein muß, die von Arbeit freigesetzte Zeit tatsächlich für alle disponibel zu machen. Der zunehmend provisorische, diskontinuierliche, sekundäre Charakter des Lohnarbeitsverhältnisses muß in eine neue Freiheit, ein neues Recht für jede(n) umgesetzt werden, seine/ihre berufliche Tätigkeit zu unterbrechen. Das verlangt natürlich die Garantie des Einkommens, das nicht mehr unmittelbar an die abgeleistete Arbeitszeit gebunden ist.

Als rechtsgerichtet muß dann hingegen jede Auffassung gel-

---

* Siehe Mechthild Oechsle in Rainer Zoll u. a., a. a. O., S. 220–227.
** Siehe Karl H. Hörning u. a.: Zeitpioniere. Flexible Arbeitszeiten – neuer Lebensstil. Frankfurt a. M.: Suhrkamp 1990.

ten, die aus dem Zwang zur Autonomie eine Kalamität macht, vor der man Zuflucht im religiösen Integrismus, in den Geboten einer autoritären Ordnung oder in den zwingenden Erfordernissen der ökonomischen oder technischen Suche nach maximaler Effizienz zu nehmen hätte. Keine dieser Formen einer »Flucht vor der Freiheit«* wird jedoch die komplexen modernen Gesellschaften von der »Bürde« der Freiheit entbinden oder dort wieder stabile »Identitäts«strukturen schaffen können. Wenn wie jetzt überall »die Identität« (in nationaler, sozialer, beruflicher, ethnischer, religiöser Hinsicht) beschworen und gepriesen wird, dann beweist das, daß sie *fragwürdig*, nicht mehr selbstverständlich, schon verloren ist. Es gibt keine Übereinstimmung mehr zwischen dem individuellen Sein und dem sozialen Sein, und es kann sie nicht mehr geben, weil letzteres nicht mehr eine gemeinschaftlich-gesellschaftliche Zugehörigkeit des ganzen Individuums – in seiner Arbeit, seinem Lebensstil, seiner Ethik, seiner Lebensumwelt, seinem Platz im sozialen Ganzen – ist und sein kann, wie früher die Zünfte und die Arbeiterklasse mit ihrer Kultur, ihren Solidaritäten, ihren Vereinigungen, ihrer Gegengesellschaft. In der komplexen modernen Gesellschaft hat die Differenzierung der Tätigkeitsbereiche die Differenzierung der Dimensionen der Existenz zum Korollarium, und sie verbietet dem Subjekt, seine Einheit in einer von ihnen zu suchen. Aus der Vielfalt seiner »Rollen« entsteht zwischen jeder von ihnen und ihm selbst ein Riß.

Nachdem dieser Differenzierungsprozeß eingesetzt hat, wird jeder Versuch einer Rückkehr zu einer stark integrierenden gemeinschaftlich-gesellschaftlichen *Ordnung*, die die Einheit der Tätigkeits- und der Lebensbereiche dadurch wieder herstellt, daß sie sie der Rationalität eines dieser Bereiche unterordnet, unvermeidlich totalitären Charakter haben: Er wird die Evolu-

---

* »Escape from Freedom« ist der Titel eines Werkes, in dem Erich Fromm, seinerzeit der Frankfurter Schule nahestehend, zu Beginn der 40er Jahre die psychologischen Triebfedern des Nationalsozialismus als »Flucht vor der Freiheit« deutete.

tionsfähigkeit der Gesellschaft, ihre »Fähigkeit, auf sich selbst einzuwirken«, wie Touraine sagt, oder, in der Terminologie von Habermas, die Möglichkeit einer Rückwirkung der Lebenswelt auf das System blockieren. Solch eine gemeinschaftlich-gesellschaftliche Ordnung, ob integristisch, leninistisch oder faschistisch, wird immer eine korporatistische Struktur haben, wobei sie sich die verschiedenen Tätigkeitsbereiche dadurch unterordnen wird, daß sie jedem von ihnen eine nach Kriterien von ideologischem Konformismus und politischem Loyalismus aufgestellte und geförderte »Elite« überstülpt.

Die Differenzierung der Tätigkeitsbereiche, und somit die Moderne, werden unvollendet sein, solange dieser oder jener Bereich sich die anderen unterwerfen kann; solange zum Beispiel die Erfordernisse der Kapitalverwertung dem Konsumtionsmodell, der Bestimmung der Bedürfnisse, der Technik, der Organisation der Arbeit usw. ihre Orientierung und ihr Gepräge aufzwingen; oder auch, solange die Bändigung des »ökonomischen Subsystems« auf einer verstärkten Macht des »administrativ-bürokratischen Subsystems« beruht; oder auch solange die Technoscience die Lebensumwelt mit ihren Apparaten kolonialisiert und den Menschen die Möglichkeiten lebendiger und erlebter Beziehungen zu ihrer Umwelt, zum Raum, zur Zeit, zu ihrem Körper nimmt.

Die Vollendung dieser Moderne, und somit die dem Wesen nach immer unvollendete Aufgabe, anhand derer sich die Linke bestimmt, besteht darin, die Herrschaft eines oder mehrerer Tätigkeitsbereiche über die anderen und die Übergriffe der Subsysteme (in der Sprache Touraines: der Apparate) auf die selbstbestimmten Lebens- und Tätigkeitsbereiche zu beseitigen. Eben diese *Herrschaft* der im Kapital und seinen techno-bürokratischen Apparaten verkörperten ökonomischen Rationalität, und nicht das Bestehen eines von Verwertungszwang und Konkurrenz regierten ökonomischen Bereichs, bestimmt den Kapitalismus, eben die Abschaffung dieser Herrschaft, und nicht die Abschaffung des Kapitals und des Marktes, wird die Überwindung des Kapitalismus kennzeichnen. Jede Abschaffung der relativen Autonomie eines Tätigkeitsbereichs verringert die Komplexität der Gesellschaft und ihre Evolutionsmöglichkeiten. Es kann nur darum gehen, das Gebiet, auf dem sich jeder Rationalitätstyp ungehindert ausdrücken darf, einzufrieden und einzudämmen. Das ist, wie Alain Touraine unaufhörlich zeigt, der Gegenstand der sozialen Basisbewegungen.

In einem, trotz unüberwindlicher methodologischer Differenzen, gleichen Sinn bemerkt Habermas: »Allein die industriegesellschaftlichen Dissidenten gehen davon aus, daß die Lebenswelt durch Kommodifizierung *und* Bürokratisierung«, d. h. durch die Diktatur des Kapitals *und* des Staates über die Bedürfnisse, »in gleichem Maße bedroht ist ... Nur sie fordern, daß die Eigendynamik der über Macht und Geld gesteuerten Subsysteme durch Formen basisnaher und selbstverwalteter Organisationen gebrochen ... werden sollte.« Jetzt solle »nicht mehr nur der Kapitalismus, sondern der interventionistische Staat selber ›sozial gebändigt‹ werden«; das rufe nach »einem vollständig veränderten Verhältnis zwischen autonomen, selbstorganisierten Öffentlichkeiten einerseits, den über Geld und administrative Macht gesteuerten Handlungsbereichen andererseits«. Mit anderen Worten, die Steuerungsmechanismen von Staat und Wirtschaft müssen selber reflexiv gesteuert werden durch eine soziale Instanz, die sie »gegenüber den zweckorientierten Ergebnissen radikaldemokratischer Willensbildung hinreichend empfindlich machen könnte«; einer Willensbildung nach Verfahren, »welche die Beteiligten *selbst* in die Lage versetzen könnten, konkrete Möglichkeiten eines besseren und weniger gefährdeten Lebens nach *eigenen* Bedürfnissen und Einsichten aus *eigener* Initiative zu verwirklichen«.*

Aus dem Französischen von Joachim Wilke,
durchgesehen und autorisiert vom Autor.
Zuerst erschienen in Berliner Debatte
INITIAL 3/1992.

* Jürgen Habermas, a. a. O., S. 155–162.

EINLEITUNG

Nicht mit der Krise der Moderne haben wir es zu tun, sondern mit der Notwendigkeit, die Voraussetzungen zu modernisieren, auf die sich die Moderne gründet. Die gegenwärtige Krise ist keine Krise der Vernunft, sondern die Krise der nunmehr sichtbar irrationalen Triebkräfte der bisherigen Form von Rationalisierung.

Die gegenwärtige Krise bedeutet nicht die Sackgasse des Prozesses der Moderne, die Notwendigkeit einer Kehrtwende; sie zeigt vielmehr für die Modernisierung die Notwendigkeit an, *sich selbst zu modernisieren*, sich reflexiv in das eigene Aktionsfeld einzubeziehen: *die Rationalisierung selbst zu rationalisieren*.[1]

Definiert man nämlich die Modernisierung als eine kulturelle Ausdifferenzierung der Lebenssphären und eine Entzauberung der diesen Sphären entsprechenden Tätigkeiten, dann ist ihre Aufgabe noch längst nicht abgeschlossen. So, wie er sich bis heute vollzogen hat, brachte der Modernisierungsprozeß seine eigenen Mythen hervor und unterhielt ein neues »credo«, das der argumentativen Prüfung und der rationalen Kritik entzogen blieb. Die damit der Rationalisierung gezogenen Grenzen sind unhaltbar geworden. Was die »Postmodernen« für das Ende der Moderne und die Krise der Vernunft halten, ist in Wirklichkeit die Krise der vernunftwidrigen, quasi-religiösen Inhalte, auf die eine selektive und einseitige Rationalisierung aufbaute: der Industrialismus als Träger einer Weltanschauung und Zukunftsvision, die nicht länger aufrechterhalten werden kann.

Solange wir uns von dieser Vision nicht befreit haben, werden wir uns weiterhin fröstelnd im Kreise rückwärtsgewandter Nostalgien und privater Belange drehen – ohne in der Lage zu sein, die Umwälzungen der Moderne, die unsere vormaligen Glaubensgewißheiten zerstört haben, sinnhaft zu prägen.

Mit diesen Bemerkungen will ich nicht unterstellen, der Rationalisierungsprozeß könne oder solle sich gar unendlich weiter ausbreiten, um sich schließlich auch all jene Bereiche einzuverleiben, die ihm heute scheinbar noch entzogen sind. Ich werde vielmehr zeigen, daß es ontologische, existentielle Grenzen der Rationalisierung gibt und daß diese Grenzen nur von vernunftwidrigen Pseudo-Rationalisierungen übertreten werden können, in denen sich die Rationalisierung in ihr Gegenteil verkehrt.

In der Eingrenzung der Sphäre dessen, was rationalisierbar ist, liegt eines der Hauptziele dieses Buches. Als Ausgangspunkt werde ich einen Text kommentieren, der uns – unfreiwillig – die Krise der ökonomischen Rationalität wie mit Händen greifen läßt, jener Sonderform einer Rationalität, die um die Enge ihrer Grenzen nicht weiß. Daran anschließend will ich die ideologischen und ethischen Voraussetzungen untersuchen, die die Ausweitung der ökonomischen Vernunft über ihr praktisches Anwendungsfeld hinaus ermöglicht haben.

*

In einem für die herrschende ökonomische Denkweise typischen Artikel schreibt Lionel Stoleru[2]: »Eine Welle technologischen Fortschritts macht eine ganze Reihe von Arbeiten überflüssig und vernichtet massenhaft Arbeitsplätze, ohne gleichzeitig anderswo ebensoviel neue zu schaffen... (Sie) wird es ermöglichen, mit weniger menschlichem Arbeitsaufwand mehr und besser zu produzieren: Die Einsparungen an Produktionskosten und notwendiger Arbeitszeit werden die Kaufkraft erhöhen und *in anderen Bereichen der Volkswirtschaft (und sei es auch nur im Freizeitbereich)* neue Betätigungsfelder schaffen.«[3]

Im weiteren Verlauf seiner Ausführungen kommt Stoleru auf diesen letzten Punkt noch einmal zurück. Er präzisiert, daß diese neuen Tätigkeiten *bezahlte* Tätigkeiten, also *Arbeitsplätze* darstellen, wenngleich sie nicht eigentlich »Arbeit« im herkömmlichen Verständnis sind: »Die Ersetzung menschlicher Arbeit durch Roboter und Informatik (...) macht es möglich, mit einer gleichbleibenden Lohnsumme einen weitaus höheren Wert zu schöpfen als früher. (...) Dieser zusätzliche Wert steht dann zur Verfügung zur *Bezahlung derjenigen, die ihren Arbeitsplatz verloren haben.* Die Arbeitslosigkeit ist damit eher eine Verlagerung von Tätigkeiten als eine Vernichtung von Beschäftigung.«

Dieser scheinbar rein ökonomisch argumentierende Text ist für uns von Interesse aufgrund der Vielfalt der expliziten wie impliziten Bedeutungen, die sich in ihm überlagern. Zuallererst: Stoleru leugnet – im Gegensatz zu den meisten Ideologen des Unternehmerlagers und politischen Führern – nicht, daß der gegenwärtige technische Wandel *auf gesamtgesellschaftlicher Ebene* und nicht nur auf einzelbetrieblicher Ebene Arbeitszeit einspart: Er macht es möglich, mit weniger Arbeitsstunden und mit weniger Kapital mehr und besser zu produzieren; er erlaubt es, sowohl die Lohnkosten als auch die Kapitalkosten pro Produkteinheit zu senken.[4] Die Informatisierung und Robotisierung haben also eine ökonomische Rationalität. Diese definiert sich durch das Bestreben, (Kosten) *einzusparen*[5], d.h.: die Produktionsfaktoren auf möglichst effektive Weise einzusetzen. Wir müssen später auf diesen Typus von Rationalität noch zurückkommen, um seine Natur genauer zu erfassen. Hier mag die Feststellung ausreichen, daß eine Rationalität, deren Ziel im sparsamen Einsatz der »Faktoren« liegt, diesen Einsatz *meßbar, berechenbar, vorhersehbar* machen muß. Was auch immer die Natur der Produktionsfaktoren sei – die ökonomische Rationalität erfordert, daß sie in einer gemeinsamen Maßeinheit ausgedrückt werden können. Diese Maßeinheit bilden die »Kosten« je Produkteinheit – Kosten, die ihrerseits eine Funktion der Arbeitszeit (der Anzahl der Arbeitsstunden) darstellen, die im Produkt und den zu seiner Produktion notwendigen Arbeitsmitteln (grob gesagt: dem Kapital als akkumulierter Arbeit) enthalten sind.

Vom Standpunkt der ökonomischen Rationalität aus ist nun die Arbeitszeit, die gesamtgesellschaftlich durch die wachsende Effektivität der eingesetzten Arbeitsmittel eingespart wird, Arbeitszeit, die für eine zusätzliche Reichtumsproduktion zur Verfügung steht. Genau das schlägt Stoleru uns vor – und zwar mit ziemlichem Nachdruck, da er zweimal darauf zurückkommt: Die eingesparte Arbeitszeit – schreibt er – ermögliche es, »diejenigen, die ihren Arbeitsplatz verloren haben«, dadurch zu unterhalten, daß man sie entweder in einem anderen Wirtschaftsbereich beschäftigt oder aber jetzt Tätigkeiten bezahlt, die bisher weder bezahlt noch als Bestandteil der Volkswirtschaft betrachtet wurden. Sie erlaube es, »in anderen Bereichen der Volkswirtschaft« neue Arbeitsplätze zu schaffen, und Stoleru präzisiert: »sei es auch nur im Freizeitbereich«.

Implizit wird damit ein Modell der Ökonomie ins Auge gefaßt, die sich unaufhörlich neue Tätigkeitsfelder einverleibt, und zwar in dem Maße, wie in dem bisher von ihr besetzten Feld Arbeitszeit freigesetzt wird. Freilich wird diese Ausweitung des Feldes der Ökonomie gemäß der ihr eigenen Rationalität zu neuen Zeiteinsparungen *(économies du temps)* führen. Verökonomisierung – d. h.: der Einschluß von Bereichen in das ökonomische Feld, die bisher noch aus ihm ausgeschlossen waren – bedeutet, daß auch die ökonomische Rationalisierung und die von ihr hervorgebrachten Zeitersparnisse immer mehr an Terrain gewinnen und damit wachsende Quantitäten verfügbarer Zeit freisetzen werden.

Man kann dies gut an den allenthalben zur Gewährleistung eines »neuen Wachstums« vorgeschlagenen Richtlinien sehen: Einerseits betreffen sie die Computerisierung und Robotisierung von Haushaltstätigkeiten (»teleshopping«, durch Computer programmierbare automatische Küche, Haushaltselektronik usw.), andererseits wird eine wenigstens teilweise Industrialisierung und Informatisierung von Dienstleistungen angestrebt (Gaststätten, Reinigung, Körperpflege, Bildungsprogramme, Kinderpflege usw.). Die ökonomische Rationalisierung soll damit in die »Reproduktionssphäre« eindringen, in der bisher noch die unbezahlte, unberechnete, ja nicht einmal gemessene Hausarbeit vorherrsche. Das explizite Ziel dieser vorgeschlagenen Innovationen liegt im Zeitgewinn – vor allem in der Befreiung der Frauen oder der Haushalte von den im Hause anfallenden Aufgaben.

Die Behauptung, dadurch würden »Arbeitsplätze geschaffen«, ist nun allerdings eine paradoxe Art und Weise, dem skizzierten Trend eben die ökonomische Rationalität zu bestreiten, die andererseits zu seiner Rechtfertigung herhalten muß. Schließlich liegt der Zweck von fast foods, Haushaltsrobotern und -computern, Expressreinigungen und -frisiersalons nicht darin, *Arbeit zu schaffen*, sondern sie einzusparen. Wenngleich diese industrialisierten Dienstleistungen sehr wohl bezahlte Arbeit erfordern – mit anderen Worten Arbeitsplätze –, so ist doch das Quantum der hier bezahlten Arbeit weitaus geringer als das Quantum der durch sie im Haushalt eingesparten Arbeit. Wäre es anders, so wären diese Produkte und Dienstleistungen ökonomisch unerschwinglich und für die große Bevölkerungsmehrheit völlig uninteressant: Um eine Stunde verfügbarer Zeit zu gewinnen, müßte der durchschnittliche Lohnabhängige dann ja den Lohn einer Arbeitsstunde (oder mehr) ausgeben; er müßte also mindestens eine zusätzliche Stunde arbeiten, um sich eine zusätzliche Stunde befreiter Zeit verschaffen zu können; für alle im Bereich der Hausarbeit gewonnene Zeit müßte in Fabrik, Büro usw. ebensoviel (oder mehr) gearbeitet werden. Nun besteht der Gebrauchswert dieser Haushaltseinrichtungen und industrialisierten Dienstleistungen im Gegenteil genau im *Nettogewinn* an Zeit, den sie verschaffen; und ihr Tauschwert hängt an ihrer höheren stündlichen Produktivität: Um die zur Bezahlung dieser Produkte oder Dienstleistungen erforderliche Summe zu verdienen, verbringt der Benutzer sehr viel weniger Arbeitszeit, als er aufbringen müßte, um diese Dienstleistungen selbst zu vollbringen. Es handelt sich in der Tat um eine Freisetzung von Zeit auf gesamtgesellschaftlicher Ebene.

Die Frage ist nun, welchen Sinn und welche Inhalte man dieser freigesetzten Zeit geben will. Die ökonomische Vernunft ist von Grund auf unfähig, diese Frage zu beantworten. Die Überlegung, die Stoleru anstellt, diese freie Zeit mit Tätigkeiten

»aus anderen Wirtschaftsbereichen, und sei es im Freizeitsektor« auszufüllen, vergißt folgendes: Wenn die Zeitgewinne innerhalb der klassischen ökonomischen Aktivitäten dazu verwandt werden, Aktivitäten zu ökonomisieren, die bisher aus dem Felde der Ökonomie ausgeschlossen waren, so werden weitere Zeitgewinne die unweigerliche Folge dieser Verlagerung sein. Die durch Arbeitszeiteinsparungen möglich gewordene Ausweitung des Feldes der ökonomischen Rationalität führt zu Zeiteinsparungen bei den Tätigkeiten, die bisher nicht als Arbeit gezählt wurden. Die »technologischen Fortschritte« werfen somit unweigerlich die Frage nach dem Inhalt und Sinn der verfügbaren Zeit auf, besser noch: die Frage nach dem Charakter einer Zivilisation und einer Gesellschaft, in der die verfügbare Zeit bei weitem die Arbeitszeit übersteigt – und damit einer Zivilisation und einer Gesellschaft, in der die ökonomische Rationalität aufhört, die Zeit aller zu beherrschen.

Die Freizeitaktivitäten dem ökonomischen Feld zuzuschlagen und anzunehmen, ihre Ausweitung werde neue ökonomische Aktivitäten hervorbringen, ist eine auf den ersten Blick paradoxe Art und Weise, dieser Frage auszuweichen. Freizeitbeschäftigungen haben nämlich eine im Vergleich zu ökonomischen Tätigkeiten entgegengesetzte Rationalität: Sie produzieren keine verfügbare Zeit, sondern konsumieren sie; ihr Ziel besteht nicht darin, Zeit zu gewinnen, sondern Zeit zu verausgaben. Ihre Zeit ist die des Festes, der Verschwendung, der zweckfreien Tätigkeit, die kein anderes Ziel außer ihr selbst hat. Kurz gesagt: Diese Zeit ist zu nichts nutze, ist Mittel zu keinem äußeren Zweck. Daher lassen sich die Kategorien der instrumentellen Vernunft (Effektivität, Nutzen, Leistungsfähigkeit) auf die Freizeit nicht anwenden – oder doch nur, um sie zu pervertieren.

Die Behauptung Stolerus, die Freisetzung von Zeit werde neue bezahlte Tätigkeiten hervorbringen, d. h. erfordern, ist allerdings nicht völlig absurd – unter der Voraussetzung jedenfalls, die Gesellschaft nicht als eine Einheit anzusehen, sondern als ökonomischen Dualismus. Und genau dies tut auch die

Mehrzahl der Autoren. Nach ihrer Auffassung wird sich die Gesellschaft unaufhörlich und unausweichlich weiter spalten, wobei die Ursache dieser Spaltung in den zukünftig (sich aber bereits heute abzeichnenden) äußerst ungleich verteilten Arbeitszeiteinsparungen liegt: *Die einen*, mehr und mehr an der Zahl, werden in Zukunft beständig aus dem Bereich der ökonomischen Aktivitäten vertrieben werden oder sich doch nur in ihren Randbereichen halten können. *Andere* hingegen werden weiterhin ebensoviel arbeiten wie heute – oder sogar noch mehr – und werden aufgrund ihrer Leistungen oder ihrer Fähigkeiten über wachsende ökonomische Macht verfügen.

Diese professionelle Elite wird es ablehnen, einen Teil ihrer Arbeit und der mit ihrem Arbeitsplatz verbundenen Vorrechte und Machtpositionen abzugeben. Sie kann daher ihre eigene Freizeit nur dadurch vergrößern, daß sie *Dritte* anstellt, um ihr verfügbare Zeit zu verschaffen. Sie wird darum von dieser dritten Personengruppe die Erledigung all jener Dienstleistungen verlangen, die ein jeder – unabhängig von seiner beruflichen Qualifikation – erbringen kann: vor allem die gesamte sogenannte »Reproduktionsarbeit«. Und sie wird solche zeitersparenden Dienstleistungen und Ausrüstungen *auch dann* kaufen, wenn diese *mehr Zeit zu ihrer Produktion erfordern, als sie einem durchschnittlichen Verbraucher ersparen*. Sie wird somit Aktivitäten entwickeln, die auf gesamtgesellschaftlicher Ebene keine ökonomische Rationalität besitzen; denn sie erfordern von denen, die sie ausführen, mehr Arbeitszeit, als sie denen einsparen, die in ihren Genuß kommen. Diese Aktivitäten entsprechen damit nur dem Sonderinteresse jener professionellen Elite, die in der Lage ist, Zeit zu einem sehr viel niedrigeren Preis zu kaufen als zu dem, für den sie ihre eigene Arbeitszeit verkaufen kann. Diese Aktivitäten sind nichts anderes als *Dienstboten*-Tätigkeiten, welches auch immer ihr sonstiger Status und die Form ihrer Entlohnung sein mag.

Die Spaltung der Gesellschaft in ökonomisch hyperaktive Klassen einerseits und eine aus der ökonomischen Sphäre ausgeschlossene oder an ihren Rand gedrängte Masse andererseits macht also die Entwicklung eines Subsystems möglich: In diesem Subsystem kauft die ökonomische Elite Freizeit, indem sie – für einen billigen Preis – zum eigenen Privatvorteil an ihrer Stelle Dritte arbeiten läßt. Die Arbeit der persönlichen Bediener und der persönliche Dienstleistungen liefernden Firmen schafft für diese Elite freie Zeit und Annehmlichkeiten; die Freizeitbedürfnisse der ökonomischen Eliten verschaffen einem Teil der aus der ökonomischen Sphäre ausgestoßenen Massen Arbeitsplätze – allerdings zumeist prekäre und zu Billigstlöhnen.

Diese Spaltung der Gesellschaft wird von Stoleru nicht erwähnt, aber Edmond Maire – Vorsitzender der zweitgrößten französischen Gewerkschaft CFDT – gibt sie in folgender Analyse zu, um sogleich flüchtig darüber hinwegzugehen: »Wir werden – schreibt Maire – immer weniger Industrieprodukte kaufen: nicht weniger an Anzahl, sondern an Wert; denn mit der Automatisierung wird der Preis der meisten dieser Güter sinken. Die dadurch freigewordene und die aus dem zukünftigen Wachstum resultierende Kaufkraft wird es ermöglichen, die Expansion der sogenannten Nachbarschaftsdienstleistungen zu finanzieren... Schon heute gibt es dafür eine verfügbare Kaufkraft bei gewissen Benutzergruppen.«[6] In dieser Analyse hängt alles vom folgenden Nicht-Gesagten ab: Die Automatisierung ermöglicht Preissenkungen, *weil sie die Lohnkosten reduziert*, mit anderen Worten die Beschäftigtenanzahl. Diejenigen, die aufgrund dieser Preissenkungen über eine zusätzliche Kaufkraft verfügen, werden nun natürlich nicht die aus der Produktion verdrängten oder ausgeschlossenen Arbeiter sein, sondern diejenigen, die einen festen und gutbezahlten Arbeitsplatz behalten. *Nur letztere* werden sich also warenförmige Nachbarschaftsdienste leisten können, von deren Entwicklung Edmond Maire »Millionen von Arbeitsplätzen« erwartet. Die auf diesen Arbeitsplätzen arbeitenden Lohnabhängigen werden damit direkt oder indirekt den privilegierten Schichten zu Diensten sein, die von der Automatisierung profitieren.

Die ungleichmäßige Arbeitsverteilung innerhalb der ökonomischen Sphäre und die ungleiche Verteilung der durch die

Einleitung

technische Innovation freiwerdenden Zeit werden also zu einem Zustand führen, in dem sich die einen einen Zuwachs an freier Zeit von anderen kaufen können, wobei diesen anderen nichts anderes übrigbleibt, als sich in den Dienst ersterer zu stellen. Diese Schichtung der Gesellschaft ist keine Klassenschichtung im Sinn der herkömmlichen marxistischen Analysen: Im Unterschied zu ihr reflektiert sie nicht mehr die immanenten Funktionsgesetze eines ökonomischen Systems, dessen unpersönliche Imperative sich auch den Verwaltern des Kapitals aufherrschen, den Managern der Unternehmen ebenso wie den Lohnarbeitern; für zumindest einen Teil derjenigen, die persönliche Dienste leisten, handelt es sich jetzt vielmehr um eine Unterwerfung und eine persönliche Abhängigkeit gegenüber denjenigen, die sich bedienen lassen. Was hier stattfindet, ist *die Wiedergeburt einer Dienstbotenklasse*, die die Industrialisierung nach dem Zweiten Weltkrieg abgeschafft hatte.

Konservative Regierungen und sogar Gewerkschaften legitimieren und fördern diese gewaltige soziale Regression unter dem Vorwand, sie werde die »Schaffung von Arbeitsplätzen« ermöglichen; es wird sogar gesagt, die Bediener vermehrten die Zeit, die ihre Herrschaften den ökonomisch hochproduktiven Tätigkeiten widmen können. Als ob nicht diejenigen, die Dienstbotenjobs ausführen müssen, in Wirklichkeit ihrerseits ebenso zu produktiver und kreativer Arbeit fähig wären! – Als ob die, die sich bedienen lassen, den ganzen Tag über unersetzlich schöpferisch und produktiv wären! – Als ob das nicht gerade das selbstherrliche Bild wäre, das sich die hohen Herren von ihrer eigenen Funktion und ihren Rechten machen, wenn sie die Chancen auf ökonomische Eingliederung und soziale Integration jenen jungen Leuten versperren, die den Spitzenverdienern ihre heißen Croissants, ihre Tageszeitung und ihre Pizza frei Haus liefern müssen! – Als ob schließlich die Ausdifferenzierung der ökonomischen Aufgaben einen derartigen Grad an Spezialisierung verlangte, daß sich die Gesellschaft unweigerlich aufgliedern muß: in eine ausführende Masse einerseits und eine unersetzliche und überarbeitete Klasse von Entscheidungsträgern und technischen Spezialisten andererseits, die zur Erfüllung ihrer Aufgaben einen ganzen Schwarm ihnen persönlich dienstbarer Geister benötigen!

Sicher, die Existenz einer Dienstbotenklasse ist heutzutage weniger offensichtlich als zu Zeiten, in denen die begüterten Klassen eine zahlreiche Dienerschaft im Hause unterhielten, die etwa nach den britischen Volkszählungsstatistiken zwischen 1851 und 1911 (unter der Rubrik »Haus- und Dienstpersonal«) 14% aller Erwerbspersonen ausmachte. Das liegt daran, daß heute die persönlichen Dienstleistungen in hohem Maße vergesellschaftet und industrialisiert sind: Die Mehrzahl der Bediensteten wird von Dienstleistungsunternehmen beschäftigt, die die von ihnen ausgebeutete (prekäre, teilzeitbeschäftigte, ad hoc-vergütete) Arbeitskraft an Dritte weitervermieten. Das aber ändert nichts an der Tatsache, daß es sich hier um Dienstbotenarbeit handelt: d. h. eine Arbeit, die die Spitzenverdiener zu ihrem persönlichen Vorteil und ohne Produktivitätsgewinn auf diejenigen verlagern, für die es innerhalb der Ökonomie keine Arbeitsplätze gibt.

Wir befinden uns damit in einem Gesellschaftssystem, das die freigesetzte Zeit weder zu verteilen noch zu verwalten, noch zu beschäftigen weiß; das sich vor ihrem Anwachsen fürchtet, während es gleichzeitig alles unternimmt, um sie noch zu vermehren; und das schließlich für die freie Zeit keine andere Zielsetzung findet als sie mit allen Mitteln zu Geld zu machen: d. h. sie zu monetarisieren, in Arbeitsplätze umzuwandeln, sie in Gestalt von zunehmend spezialisierten warenförmigen Dienstleistungen zu verökonomisieren – bis hin zu den bisher freiwilligen und autonomen Tätigkeiten, die die freie Zeit mit Sinn erfüllen könnten.

Zu unterstellen – wie dies üblicherweise geschieht –, die Gesamtheit der durch die laufende Rationalisierung und Technisierung freigesetzten Zeit könne dank der unbegrenzten Ausweitung der ökonomischen Sphäre »in anderen Sektoren der Volkswirtschaft« wiederbeschäftigt werden, diese Unterstellung impliziert das Postulat, daß es keinerlei Grenzen für die

Einleitung

Umwandlung von Tätigkeiten in bezahlte Dienstleistungen, also Arbeitsplätze, gibt. Mit anderen Worten: Schließlich solle fast jeder den anderen eine spezialisierte Dienstleistung verkaufen und von ihnen all die kaufen müssen, die er selbst nicht verkauft. Unterstellt wird damit jedoch auch, daß der Warenaustausch von Zeit (ohne die Schaffung von Wert) ungestraft alle Lebensbereiche erfassen kann, ohne den Sinn von Tätigkeiten und Beziehungen zu zerstören, deren ureigenstes Wesen in ihrer Freiwilligkeit und Spontaneität besteht: darin, *zweckfrei, nutzlos* zu sein. »Denn es ist ja eine Arbeitsgesellschaft – schrieb Hannah Arendt –, die von den Fesseln der Arbeit befreit werden soll, und diese Gesellschaft kennt kaum noch vom Hörensagen die höheren und sinnvolleren Tätigkeiten, um deretwillen die Befreiung sich lohnen würde... Was uns bevorsteht, ist die Aussicht auf eine Arbeitsgesellschaft, der die Arbeit ausgegangen ist, also die einzige Tätigkeit, auf die sie sich noch versteht. Was könnte verhängnisvoller sein?«[7] Vielleicht folgendes: daß auch die privaten Tätigkeiten, die Freizeitaktivitäten tätiger Muße, bis hin zu den dann völlig normalisierten Tätigkeiten der Intimsphäre als Arbeit verkleidet werden. Wir sind nicht mehr zu weit davon entfernt, ich komme noch darauf zurück.

*

In der Tat – die Krise reicht tiefer als eine ökonomische oder soziale Krise. Die Utopie, von der die Industriegesellschaften seit zwei Jahrhunderten zehrten, geht in Stücke. Und ich verwende ›Utopie‹ hier in dem Sinne, den die Gegenwartsphilosophie diesem Ausdruck gibt: als Zukunftsvision, nach der eine Zivilisation ihre Projekte ausrichtet, auf die sie ihre Ideale und Hoffnungen gründet. Wenn eine Utopie zerbricht, so zerfällt der gesamte Kreislauf der Werte, die die Dynamik der Gesellschaft und den Sinn ihrer Praktiken steuern. Dies ist die Krise, die wir heute erleben. Die Utopie des Industrialismus versprach uns, die Entwicklung der Produktivkräfte und die Ausweitung der ökonomischen Sphäre würden die Menschheit von Knappheit, Ungerechtigkeit und Elend befreien; sie würden ihr samt der souveränen Naturbeherrschung auch die souveräne Macht der Selbstbestimmung verleihen. Produktivkraftentwicklung und ökonomische Vernunft würden aus der Arbeit eine gleichermaßen demiurgische wie autopoietische Tätigkeit machen: ebenso Welt-Schöpfung wie Selbst-Schöpfung, zugleich Selbstverwirklichung jedes einzelnen wie kollektive Emanzipation aller.

Von dieser Utopie bleibt nichts erhalten. Das bedeutet nicht, daß nunmehr alles vergeblich sei und daß uns nichts anderes übrigbleibt, als uns dem Lauf der Dinge zu unterwerfen. Es bedeutet, daß wir eine andere Utopie entwerfen müssen. Solange wir in der arbeitsgesellschaftlichen Utopie befangen bleiben, solange bleiben wir auch unfähig, die im derzeitigen Wandlungsprozeß enthaltenen Potentiale an Befreiung wahrzunehmen und zu nutzen.

ERSTER TEIL

METAMORPHOSEN DER ARBEIT

1. DIE ERFINDUNG DER ARBEIT

Was wir heute »Arbeit« nennen, ist eine Erfindung der Moderne. Die Form, unter der wir sie kennen, praktizieren und zum Mittelpunkt unseres individuellen und sozialen Lebens machen, wurde mit dem Industrialismus erfunden und dann verallgemeinert. In diesem heutigen Sinn des Wortes fällt »Arbeit« weder zusammen mit den tagtäglichen Notwendigkeiten, dem für den Lebensunterhalt und die Reproduktion eines jeden erforderlichen »Tagewerk«, noch mit der Mühsal – so anstrengend sie auch sein mag –, die ein Individuum zur Erfüllung einer Aufgabe vollbringt, deren Nutznießer es selbst oder seine Angehörigen sind, noch mit den Tätigkeiten, die wir, ohne Zeit und Mühe zu zählen, aus eigenem Antrieb zu einem Zweck unternehmen, der nur in unseren eigenen Augen Bedeutung hat und den niemand anderes an unserer Stelle verwirklichen könnte. Wenn wir auch von solchen Aktivitäten manchmal als von »Arbeit« sprechen – von »Hausarbeit«, von »künstlerischer Arbeit«, von »Eigenarbeit« –, so geschieht dies doch in grundlegend anderem Sinne als dem, in dem Arbeit von der Gesellschaft zu ihrem Existenzgrund gemacht wurde: gleichzeitig zum Hauptmittel und zum obersten Zweck.

Denn das wesentliche Merkmal dieser Arbeit – also der Arbeit, die wir »haben«, »suchen« oder »anbieten« – besteht darin, eine Tätigkeit innerhalb der *öffentlichen* Sphäre zu sein: eine Tätigkeit, die von anderen nachgefragt, bestimmt, als nützlich anerkannt und – deshalb – vergütet wird. Durch *vergütete* Arbeit (und insbesondere durch die Lohnarbeit) haben wir Teil an der öffentlichen Sphäre; durch sie erhalten wir eine soziale Existenz und Identität (d. h. einen »Beruf«) und sind eingegliedert in ein Netz von Austauschbeziehungen, in dem wir uns mit anderen vergleichen und im Austausch gegen unsere erfüllten Pflichten Rechte zugeschrieben bekommen. Weil die gesellschaftlich bestimmte und vergütete Arbeit – auch für diejenigen, die sie suchen, sich auf sie vorbereiten oder ihrer ermangeln – den bei weitem wichtigsten Sozialisationsfaktor darstellt, deshalb begreift sich die Industriegesellschaft als eine »Arbeitsgesellschaft« und unterscheidet sich darin von allen vorangegangenen Gesellschaften.

Damit wird bereits klar, daß die Arbeit, die den sozialen Zusammenhalt und die Eingliederung in die Gesellschaft gewährleistet, nicht reduzierbar ist auf »Arbeit« als anthropologische Kategorie oder als Notwendigkeit für den Menschen, »im Schweiße seines Angesichtes« seinen Lebensunterhalt zu produzieren. Denn diese zur bloßen Subsistenz notwendige Arbeit konnte niemals zum gesellschaftlichen Integrationsfaktor werden. Reine Subsistenzarbeit war eher ein Ausschlußfaktor: Diejenigen, die sie ausführten, galten in allen vormodernen Gesellschaften als unterste Kategorie: Sie gehörten zum Reich der Natur, nicht zu dem des Menschen. Sie waren der Notwendigkeit unterworfen, also unfähig dazu, sich zur Höhe des Geistes und der Selbstlosigkeit zu erheben und damit die Haltung einzunehmen, die alleine dazu befähigte, sich mit den öffentlichen Angelegenheiten, dem Wohle der *pólis* zu befassen. Wie Hannah Arendt[1] unter Berufung auf die Untersuchung von Jean-Paul Vernant ausführlich gezeigt hat, war in der Antike die zur Befriedigung der Lebenserfordernisse notwendige Arbeit eine Sklavenbeschäftigung: Sie schloß diejenigen, die sie ausführten, von der Bürgerschaft, also der Teilnahme an den öffentlichen Angelegenheiten, aus. Die Arbeit war nicht etwa deshalb des Bürgers unwürdig, weil sie für die Frauen und Sklaven reserviert war; ganz im Gegenteil war sie für Frauen und Sklaven reserviert, weil Arbeiten bedeutete, »der Notwendigkeit untertan zu sein«. Und eine derartige Unterwerfung konnte nur hinnehmen, wer – wie die Sklaven – das Leben der Freiheit vorgezogen und damit seinen unterwürfigen Sinn unter Beweis gestellt hatte. So ordnet Aristoteles die Bauern zu den Sklaven und Handwerkern *(bánausoi)*; soweit sie nicht für die *pólis* und in der öffentlichen Sphäre arbeiteten, konnten sie keine Vollbürger sein; denn sie »waren nur an dem Handwerk interessiert und gleichgültig gegen öffentliche Angelegenheiten«. Der freie Mann weigert sich, der Notwendigkeit untertan zu sein; er beherrscht seinen Körper, um nicht zum Sklaven seiner Bedürfnisse zu werden, und wenn er arbeitet, so nur, um nicht von Unbeherrschtem abzuhängen, d. h.: um seine Unabhängigkeit zu bewahren oder zu erweitern.

Die Vorstellung, die Freiheit – also das Reich des Menschlichen – beginne erst »jenseits des Reichs der Notwendigkeit« und der Mensch als zu moralischer Lebensführung fähiges Subjekt trete erst dann hervor, wenn seine Handlungen nicht mehr die herrischen Bedürfnisse seines Körpers oder die Einflüsse seines Milieus zum Ausdruck bringen, sondern einzig souveräner Willensentscheidung entspringen – diese Vorstellung zieht sich von Platon bis in unsere Tage. Wir finden sie insbesondere auch bei Marx in jener berühmten Passage aus dem dritten Band des *Kapital* wieder, die – in scheinbarem Widerspruch zu anderen Marxschen Schriften – das »Reich der Freiheit« jenseits der ökonomischen Rationalität ansiedelt. Marx stellt hier fest, daß die »Entwicklung der Produktivkräfte« durch den Kapitalismus den »Keim zu Verhältnissen« hervorbringt, die eine »größer(e) Beschränkung der der materiellen Arbeit überhaupt gewidmeten Zeit« möglich macht, und fügt hinzu: »Das Reich der Freiheit beginnt in der Tat erst da, wo das Arbeiten, das durch Not und äußere Zwänge bestimmt ist, aufhört; es liegt also der Natur der Sache nach jenseits der Sphäre der eigentlichen materiellen Produktion... Jenseits desselben beginnt die menschliche Kraftentwicklung, die sich als Selbstzweck gilt, das wahre Reich der Freiheit.«[2]

Genausowenig wie die griechische Philosophie versteht Marx in dieser Passage die zur Produktion und Reproduktion der materiellen Lebensgrundlagen erforderliche Arbeit als zuständig für die Freiheit. Gleichwohl gibt es einen tiefgreifenden Unterschied zwischen der Arbeit in der kapitalistischen Gesellschaft und der Arbeit in der Antike: Erstere wird in der öffentlichen Sphäre geleistet, während letztere auf die Privatsphäre beschränkt blieb. In der antiken *pólis* war der größte Teil der

Ökonomie *(oikonomía)* eine private Tätigkeit, die sich nicht vor aller Augen, in der Öffentlichkeit auf dem Marktplatz abspielte, sondern innerhalb des Bereichs der Familie. Dieser Bereich des Haushalts *(oíkos)* war in seiner Organisation und Hierarchie von den Erfordernissen des Lebensunterhalts und der Reproduktion bestimmt. »Das natürliche Zusammenleben im Haushalt hatte daher seinen Ursprung in der Notwendigkeit, und Notwendigkeit durchherrschte alle Tätigkeiten, die in diesen Bereich fielen.«[3] Die Freiheit begann also erst außerhalb der privaten Sphäre der *oikonomía*, des Haushalts oder der Familie; die Sphäre der Freiheit war die öffentliche Sphäre, die der *pólis*. »Die Polis unterschied sich von dem Haushaltsbereich dadurch, daß es in ihr nur Gleiche gab, während die Haushaltsordnung auf Ungleichheit geradezu beruhte.«[4] Sie mußte für die »Lebensnotwendigkeiten« sorgen, damit die *pólis* der Bereich der Freiheit sein konnte, d. h. der uneigennützigen Verfolgung des öffentlichen Wohls und des guten Lebens. »Wie sehr nun auch immer griechische Philosophen sich gegen das Politische, das Leben in der Polis, wenden mochten, so blieb für sie doch selbstverständlich, daß der Sitz der Freiheit ausschließlich im politischen Bereich lokalisiert ist, daß Notwendigkeit ein für den privaten Haushaltsbereich charakteristisches präpolitisches Phänomen ist, und daß Zwang und Gewalt nur in dieser Sphäre zu rechtfertigen sind, weil sie die einzigen Mittel bereitstellen, um der Notwendigkeit Herr zu werden – z. B. durch die Herrschaft über Sklaven – und frei zu sein. Die Notwendigkeit, deren Zwang alle Sterblichen unterworfen sind, rechtfertigt die Gewalt; gewaltsam befreien sich die Menschen von der Notwendigkeit, die das Leben auf sie legt, für die Freiheit der Welt.«[5]

So fiel in der Antike die Privatsphäre – die Sphäre der Familie – mit der Sphäre der ökonomischen Notwendigkeit und der Arbeit zusammen, während die öffentliche, die politische Sphäre die Sphäre der Freiheit darstellte, aus der notwendige oder nützliche Tätigkeiten strikt ausgeschlossen blieben. Jeder Bürger gehörte gleichzeitig zu beiden sorgsam voneinander ge-

Die Erfindung der Arbeit

trennten Sphären und wechselte beständig von der einen in die andere über. Dabei bemühte er sich, die Last der Lebensnotwendigkeiten auf ein Minimum zu reduzieren: einerseits, indem er sie seinen Sklaven und seiner Frau aufbürdete, und andererseits, indem er seine Bedürfnisse durch eine asketische Lebensführung einschränkte. In diesem Kontext wäre schon die Vorstellung von »Arbeitern« als einer gesellschaftlichen Kategorie unmöglich gewesen: Verwiesen auf die Knechtschaft und eingeschlossen in den Haushalt vermittelte die »Arbeit« keinerlei »soziale Identität«; sie definierte vielmehr die Privatexistenz und schloß alle ihr Unterworfenen aus dem öffentlichen Bereich aus.

In der Tat erscheint die heutige Vorstellung von Arbeit erst mit dem Manufakturkapitalismus. Bis zu diesem Zeitpunkt, d. h. bis zum 18. Jahrhundert, bezeichnete der Ausdruck »Arbeit« *(labour, travail, labor)* die Mühsal der Knechte und Taglöhner, die entweder Konsumgüter herstellten oder aber lebensnotwendige Dienste verrichteten, die tagtäglich erneuert werden müssen und kein dauerhaftes Resultat hinterlassen. Die Handwerker hingegen, die dauerhafte und akkumulierbare Gegenstände fabrizierten – Werkstücke, die von ihren Käufern meistens an die eigene Nachkommenschaft vererbt wurden –, »arbeiteten« nicht: Sie »werkten«[6], und bei diesem »Werk« konnten sie die »Arbeit« von Handlangern für die groben und unqualifizierten Aufgaben benutzen. Nur die Taglöhner und Handlanger wurden für ihre »Arbeit« bezahlt; die Handwerker ließen sich ihr »Werk« nach einem festen Satz bezahlen, der von ihren berufsständischen Organisationen festgelegt wurde, den Zünften und Gilden. Diese ächteten jede Innovation und jegliche Form von Konkurrenz mit äußerster Strenge. Neue Techniken oder Maschinen mußten im 17. Jahrhundert in Frankreich von einem Ältestenrat aus vier Kaufleuten und vier Webern gebilligt und dann von den Gerichten genehmigt werden. Die Löhne der Taglöhner und Lehrlinge wurden von den Zünften festgelegt und waren jeglichem Feilschen entzogen.

Die »materielle Produktion« wurde also keineswegs insgesamt durch die ökonomische Rationalität beherrscht und sollte dies nicht einmal im Verlauf der Ausbreitung des Handelskapitalismus werden. Bis zum Jahre 1830 nämlich koexistiert in England (und bis zum Ende des 19. Jahrhunderts im übrigen Europa) zunächst der Manufakturkapitalismus und dann der Industriekapitalismus mit der Heimindustrie für die Textilproduktion, deren Großteil von Heimarbeitern bestritten wird. Die Weberei ist für die am heimischen Webstuhl arbeitenden Weber – ganz so wie für die Bauern die Landwirtschaft – kein bloßer Broterwerb, sondern eine *Lebensweise*. Diese Lebensführung wird von Traditionen beherrscht, die – wenngleich sie vom ökonomischen Standpunkt aus irrationell sind – auch von den kapitalistischen Händlern respektiert werden. Da auch die Händler sich als Bestandteil einer Lebensordnung verstehen, die die wechselseitigen Interessen der einen wie der anderen regelt, denken sie nicht einmal im Traum daran, die *Arbeit* der Weber am heimischen Webstuhl selbst zu rationalisieren, sie also untereinander in Konkurrenz zu bringen, um aus ihnen rational und systematisch den größtmöglichen Profit zu schlagen. Es lohnt sich, in diesem Zusammenhang die Beschreibung zu zitieren, die Max Weber vom System der Heimarbeit und seiner späteren Zerstörung durch das Fabriksystem gibt:

»Bis gegen die Mitte des vorigen Jahrhunderts war das Leben eines Verlegers, wenigstens in manchen Branchen der kontinentalen Textilindustrie, ein für unsere heutigen Begriffe ziemlich gemächliches. Man kann sich seinen Verlauf etwa so vorstellen: Die Bauern kamen mit ihren Geweben – oft (bei Leinen) noch vorwiegend oder ganz aus selbstproduziertem Rohstoff hergestellt – in die Stadt, in der die Verleger wohnten, und erhielten nach sorgsamer, oft amtlicher Prüfung der Qualität die üblichen Preise dafür gezahlt. Die Kunden der Verleger waren für den Absatz auf alle weiteren Entfernungen Zwischenhändler, die ebenfalls hergereist kamen, meist noch nicht nach Mustern, sondern nach herkömmlichen Qualitäten und vom Lager kauften oder, und dann lange vorher, bestellten, worauf dann even-

Die Erfindung der Arbeit

tuell weiter bei den Bauern bestellt wurde. Eigenes Bereisen der Kundschaft geschah, wenn überhaupt, dann selten einmal in großen Perioden, sonst genügte Korrespondenz und, langsam zunehmend, Musterversendung. Mäßiger Umfang der Kontorstunden – vielleicht 5-6 am Tage, zeitweise erheblich weniger, in der Kampagnenzeit, wo es eine solche gab, erheblich mehr –, leidlicher, zur anständigen Lebensführung und in guten Zeiten zur Rücklage eines kleinen Vermögens ausreichender Verdienst, im ganzen relativ große Verträglichkeit der Konkurrenten untereinander bei großer Übereinstimmung der Geschäftsgrundsätze, ausgiebiger täglicher Besuch der ›Ressource‹, daneben je nachdem noch Dämmerschoppen, Kränzchen und gemächliches Lebenstempo überhaupt.

Es war eine in jeder Hinsicht ›kapitalistische‹ *Form* der Organisation, wenn man auf den rein kaufmännisch-geschäftlichen Charakter der Unternehmer, ebenso wenn man auf die Tatsache der Unentbehrlichkeit des Dazwischentretens von Kapitalien, welche in dem Geschäft umgeschlagen wurden, ebenso endlich, wenn man auf die objektive Seite des ökonomischen Hergangs oder auf die Art der Buchführung sieht. Aber es war ›traditionalistische‹ Wirtschaft, wenn man auf den *Geist* sieht, der den Unternehmer beseelte: Die traditionelle Lebenshaltung, die traditionelle Höhe des Profits, das traditionelle Maß von Arbeit, die traditionelle Art der Geschäftsführung, der Beziehungen zu den Arbeitern und zu dem wesentlich traditionellen Kundenkreise, sowie der Kundengewinnung und des Absatzes beherrschten den Geschäftsbetrieb, lagen – so kann man es geradezu sagen – dem ›Ethos‹ dieses Kreises von Unternehmern zugrunde.

Irgendwann nun wurde diese Behaglichkeit plötzlich gestört, und zwar oft, ganz ohne daß dabei irgendeine prinzipielle Änderung der Organisations*form* – etwa des Übergangs zum geschlossenen Betrieb, zum Maschinenstuhl und dgl. – stattgefunden hätte. Was geschah, war vielmehr oft lediglich dies: daß irgendein junger Mann aus einer der beteiligten Verlegerfamilien aus der Stadt auf das Land zog, die Weber für seinen Bedarf sorgfältig auswählte, ihre Abhängigkeit und Kontrolle zunehmend verschärfte, sie so aus Bauern zu Arbeitern erzog, andererseits aber den Absatz durch möglichst direktes Herangehen an die letzten Abnehmer: die Detailgeschäfte, ganz in die eigene Hand nahm, Kunden persönlich warb, sie regelmäßig jährlich bereiste, vor allem aber die Qualität der Produkte ausschließlich ihren Bedürfnissen und Wünschen anzupassen, ihnen ›mundgerecht‹ zu machen wußte und zugleich den Grundsatz ›billiger Preis, großer Umsatz‹ durchzuführen begann. Alsdann nun wiederholte sich, was immer und überall die Folge eines solchen ›Rationalisierungs‹-Prozesses ist: wer nicht hinaufstieg, mußte hinabsteigen. Die Idylle brach unter dem beginnenden erbitterten Konkurrenzkampf zusammen, ansehnliche Vermögen wurden gewonnen und nicht auf Zinsen gelegt, sondern immer wieder im Geschäft investiert, die alte behäbige und behagliche Lebenshaltung wich harter Nüchternheit: bei denen, die mitmachten und hochkamen, weil sie nicht verbrauchen, sondern erwerben *wollten*, bei denen, die bei der alten Art blieben, weil sie sich einschränken *mußten*. Und – worauf es hier vor allem ankommt – es war in solchen Fällen in der Regel *nicht* etwa ein Zustrom neuen *Geldes*, welcher diese Umwälzung hervorbrachte – mit wenigen Tausenden, von Verwandten hergeliehenen Kapitals wurde in manchen mir bekannten Fällen der ganze Revolutionierungsprozeß ins Werk gesetzt –, sondern der neue *Geist,* eben der ›Geist des modernen Kapitalismus‹, der eingezogen war.«[7]

Es bleibt nur noch, auf den Ruinen der Heimarbeitsproduktion das Fabriksystem zu errichten. Das war allerdings, wie wir noch sehen werden, keine Kleinigkeit.

Ich werde später noch auf die Frage nach den tieferen Beweggründen zurückkommen, die die kapitalistischen Händler dazu führten, mit der Tradition zu brechen und die Produktion mit kalter und brutaler Logik zu rationalisieren. Hier genügt die Bemerkung, daß nach Max Weber diese Motive ein »irrationales Element«[8] enthielten, dessen entscheidende Bedeutung für gewöhnlich unterschätzt wird. Daß die kapitalistischen

Händler an der Rationalisierung der Weberei ein *Interesse* hatten – also daran, ihre Kosten in den Griff zu bekommen und durch die Quantifizierung und Normierung aller Kostenfaktoren streng kalkulierbar und prognostizierbar zu machen – war nicht neu. Das Neue bestand darin, daß ab einem bestimmten Zeitpunkt die Händler dieses eigene Interesse ihren Lieferanten aufzuzwingen beginnen, während sie vorher darauf verzichtet hatten. Max Weber hat in überzeugender Weise aufgezeigt, daß der Grund für diesen Verzicht weder juristischer noch technischer noch ökonomischer Natur, sondern ideologisch und kulturell bestimmt war: »Man kann eben – dieser einfache Satz, der oft vergessen wird, sollte an der Spitze jeder Studie stehen, die sich mit ›Rationalismus‹ befaßt – das Leben unter höchst verschiedenen letzten Gesichtspunkten und nach sehr verschiedenen Richtungen hin ›rationalisieren‹.«[9] Die Neuheit, die der »Geist des Kapitalismus« einführt, liegt in der engen und gegenüber allen anderen als rechnerischen Überlegungen gleichgültigen Eindimensionalität, mit der der kapitalistische Unternehmer die ökonomische Rationalität bis zu ihren äußersten Konsequenzen treibt: So »ist es natürlich eine der fundamentalen Eigenschaften der kapitalistischen Privatwirtschaft, daß sie auf der Basis streng *rechnerischen* Kalküls rationalisiert, planvoll und nüchtern auf den erstrebten wirtschaftlichen Erwerb ausgerichtet ist, im Gegensatz zum von-der-Hand-in-den-Mund-Leben der Bauern, dem privilegierten Schlendrian des alten Zunfthandwerks und dem ›Abenteuerkapitalismus‹, der an politischer Chance und irrationaler Spekulation orientiert war.«[10] Allerdings besteht umgekehrt in dieser Eindimensionalität »zugleich das, vom persönlichen Glücksstandpunkt aus angesehen, so *Irrationale* dieser Lebensführung, bei welcher der Mensch für sein Geschäft da ist, nicht umgekehrt«.[11]

Mit anderen Worten: Die ökonomische Rationalität wurde lange Zeit nicht nur von der Tradition zurückgehalten, sondern auch von anderen Rationalitätstypen, anderen Zwecksetzungen und anderen Interessen, die ihr unüberschreitbare Grenzen setzten. Der industrielle Kapitalismus konnte erst ab dem Zeitpunkt seinen Aufschwung nehmen, als sich die ökonomische Rationalität von allen anderen Rationalitätsprinzipien emanzipierte, um diese ihrerseits seiner Diktatur zu unterwerfen.

Marx und Engels sagten übrigens im *Kommunistischen Manifest* nichts anderes, wenngleich sie diese Entwicklung unter einem anderen Blickwinkel beschrieben: Die Bourgeoisie hat – ihnen zufolge – endlich den Schleier zerrissen, der bis dahin die *wahre Natur* der gesellschaftlichen Beziehungen verhüllt hatte: »Sie hat die buntscheckigen Feudalbande, die den Menschen an seinen natürlichen Vorgesetzten knüpften, unbarmherzig zerrissen und kein anderes Band zwischen Mensch und Mensch übriggelassen als das nackte Interesse, als die gefühllose ›bare Zahlung‹... Sie hat, mit einem Wort, an die Stelle der mit religiösen und politischen Illusionen verhüllten Ausbeutung die offene, unverschämte, direkte, dürre Ausbeutung gesetzt.« Sie hat »dem Familienverhältnis seinen rührend-sentimentalen Schleier abgerissen und es auf ein reines Geldverhältnis zurückgeführt... Erst sie hat bewiesen, was die Tätigkeit der Menschen zustande bringen kann«.[12] »Die Bourgeoisie hat in ihrer kaum hundertjährigen Klassenherrschaft massenhaftere und kolossalere Produktivkräfte geschaffen als alle vergangenen Generationen zusammen.«[13] Während die »unveränderte Beibehaltung der alten Produktionsweise... die erste Existenzbedingung aller früheren industriellen Klassen« war, kann die Bourgeoisie »nicht existieren, ohne die Produktionsinstrumente, also die Produktionsverhältnisse, also sämtliche gesellschaftlichen Verhältnisse fortwährend zu revolutionieren«. »Alle festen eingerosteten Verhältnisse mit ihrem Gefolge von altehrwürdigen Vorstellungen und Anschauungen werden aufgelöst, alle neugebildeten veralten, ehe sie verknöchern können. Alles Ständische und Stehende verdampft, alles Heilige wird entweiht, und die Menschen sind endlich gezwungen, ihre gegenseitigen Beziehungen mit nüchternen Augen anzusehen.«[14]

Kurz: die dem Kapitalismus eigene Reduzierung aller sozialen Beziehungen auf die ökonomische Rationalität habe eine potentiell emanzipatorische Tragweite. Insofern nämlich der Kapitalismus mit allen vom ökonomischen Gesichtspunkt aus irrationalen Werten und Zwecken reinen Tisch macht, läßt er zwischen den Klassen nur noch ein Kräfteverhältnis, und zwischen Mensch und Natur nur noch eine instrumentelle Beziehung. Damit kommt es zur Entstehung einer Klasse völlig besitzloser Arbeiter-Proletarier, deren Existenz auf die einer bloßen, unbegrenzt auswechselbaren Arbeitskraft reduziert ist und die daher keinerlei Sonderinteressen mehr zu verteidigen haben.

»Die Arbeit der Proletarier hat... allen Reiz für den Arbeiter verloren. Er wird ein bloßes Zubehör der Maschine, von dem nur der einfachste, eintönigste, am leichtesten erlernbare Handgriff verlangt wird.« Diese »gemeine(n) Industriesoldaten«, die »unter die Aufsicht einer vollständigen Hierarchie von Unteroffizieren und Offizieren gestellt« sind[15], verkörpern für Marx eine Menschheit, die ihrer Menschlichkeit entblößt wurde. Sie könne nur dadurch ihrer Menschlichkeit teilhaftig werden, daß sie sich die Gesamtheit der gesellschaftlichen Produktivkräfte aneignet; und dies setzt voraus, daß die Proletarier die Gesellschaft von Grund auf umwälzen. Die abstrakte Arbeit enthält damit nach Marx im Keim den allseitig entfalteten Menschen.

In der Marxschen Sichtweise ist es also ein und derselbe Rationalisierungsprozeß, der einerseits mit der Maschinerie eine demiurgische, poietische, welt-verändernde Beziehung des Menschen zur Natur hervorbringt, und andererseits die »kolossale« Macht der Produktivkräfte auf eine Arbeitsorganisation gründet, die Arbeit und Arbeiter jeder menschlichen Qualität beraubt. Die unmittelbaren Agenten sowohl der maschinellen Naturbeherrschung als auch der *autopoíesis* der Menschheit bilden eine Klasse von Proletariern, deren Individuen in ihren Fähigkeiten »verkrüppelt« und »verstümmelt« sind: abgestumpft durch die Arbeit, unterdrückt durch die Hierarchie, beherrscht durch die Maschinerie, die sie bedienen. Und eben dieser Widerspruch soll zum Sinn und Motor der Geschichte werden: Zum einen hört die Arbeit dank der kapitalistischen Rationalisierung auf, private Tätigkeit und Unterwerfung unter Naturnotwendigkeiten zu sein; zum andern entmenschlicht sie diejenigen, die sie ausführen – und zwar in demselben Moment, in dem die Arbeit ihres beschränkten und knechtischen Charakters entkleidet wird, um *poíesis*, universelle menschliche Kraftäußerung zu werden. Gleichzeitig triumphierende Beherrschung der Naturnotwendigkeiten und eine Unterwerfung unter die Instrumente dieser Beherrschung, die noch größeren Zwang ausübt als zuvor die Unterordnung unter die Natur – die Arbeit ist bei Marx wie bei den großen Klassikern der Politischen Ökonomie durch eine tiefgreifende Ambivalenz gekennzeichnet, die man niemals außer acht lassen darf. Diese Ambivalenz erklärt die scheinbaren Widersprüche bei Marx – wie übrigens bei den meisten von uns – und hat auch Hannah Arendt verwirrt.[16] Wir müssen sie genauer analysieren.

Die ökonomische Rationalisierung der Arbeit war die bei weitem schwierigste Aufgabe, die der Industriekapitalismus zu bewältigen hatte. Im ersten Buch des *Kapital* bezieht sich Marx ausführlich auf eine umfängliche Literatur, die die lange Zeit unüberwindlichen Widerstände schildert, auf die die ersten industriellen Kapitalisten trafen. Es war für ihr Unternehmen unumgänglich, die Arbeitskosten präzise kalkulierbar und vorhersehbar zu machen; denn nur so konnten Menge und Preis der produzierten Waren und der voraussichtliche Profit berechnet werden. Ohne diese Vorausberechenbarkeit wären die Investitionen zu unsicher für das unternehmerische Risiko gewesen. Um nun die Kosten der Arbeit kalkulieren zu können, mußte auch die Arbeitsleistung berechenbar gemacht werden. Man mußte sie wie eine quantifizierbare materielle Größe behandeln können; mit anderen Worten, es kam darauf an, die Arbeitsleistung an sich, als unabhängige Größe zu messen – abgelöst von der Individualität und den Motivationen des Arbeiters. Das aber implizierte gleichfalls, daß der Arbeiter nur seiner Persönlichkeit und Eigenart, seiner Ziele und Bedürfnisse beraubt in den Produktionsprozeß eintreten durfte: als bloße *Arbeitskraft*, die mit der Arbeitskraft jedes beliebigen anderen Arbeiters austauschbar und vergleichbar ist und Zwecken dient, die ihm fremd und überdies gleichgültig sind.

Die wissenschaftliche Arbeitsorganisation in der Industrie war das beständige Bemühen, die Arbeit als ökonomisch quantifizierbare Kategorie von der lebendigen Person des Arbeiters zu trennen. Zunächst nahm dieses Bemühen die Gestalt einer Mechanisierung nicht etwa der Arbeit, sondern des Arbeiters selbst an: nämlich die Form, bestimmte Leistungen über vorgegebene Arbeitsrhythmen und Arbeitstakte zu erzwingen. Denn der Leistungslohn – der später die ökonomisch rationellste Form sein sollte – erwies sich anfänglich als unpraktikabel. Für den Arbeiter zu Ende des 18. Jahrhunderts nämlich war die »Arbeit« ein intuitives[17] *know how,* das in einen überlieferten Lebensrhythmus integriert war, und niemand wäre auf die Idee gekommen, seine Anstrengung zu intensivieren oder zu verlängern, nur um mehr zu verdienen. Der Arbeiter »fragte nicht: wieviel kann ich am Tag verdienen, wenn ich das mögliche Maximum an Arbeit leiste, sondern: wieviel muß ich arbeiten, um denjenigen Betrag – 2.50 Mark – zu verdienen, den ich bisher einnahm und der meine *traditionellen* Bedürfnisse deckt?«[18]

Der Widerwillen der Arbeiter, Tag für Tag einen ganzen Arbeitstag zu bestreiten, war die Hauptursache für den Bankrott der ersten Fabriken. Die Bourgeoisie führte diesen Widerwillen auf »Faulheit« und »Trägheit« zurück. Sie sah keine andere Möglichkeit, damit fertigzuwerden, als derart niedrige Löhne zu zahlen, daß man sich tagtäglich mindestens 10 Stunden plagen mußte, um seinen Lebensunterhalt zu verdienen. »Es ist eine wohlbekannte Tatsache – schrieb etwa J. Smith im Jahre 1747 –, daß ein Arbeiter, der seine Lebenserfordernisse mit drei von sieben Wochentagen Arbeit bestreiten kann, sich für den Rest der Woche dem Müßiggang und der Trunksucht hingeben wird... Die Armen werden niemals eine größere Anzahl von Stunden arbeiten, als sie müssen, um sich ernähren und ihre Ausschweifungen befriedigen zu können... Wir können furchtlos sagen, daß eine Minderung der Löhne in der Manufaktur eine Segnung und eine Wohltat für die Nation sein und den Armen keinen wirklichen Schaden zufügen wird.«[19]

Um ihren Bedarf an stabiler Arbeitskraft zu decken, griff schließlich die entstehende Industrie auf die Kinderarbeit als die praktischste Lösung zurück. Denn, wie Andrew Ure bemerkte, »haben sie das Pubertätsalter einmal überschritten, so ist es praktisch unmöglich, Leute, die aus ländlicher oder handwerklichen Beschäftigungen kommen, in gute Manufakturarbeiter umzuwandeln. Hat man eine Zeitlang ihre eingefleischte Lässigkeit oder Gleichgültigkeit bekämpft, dann verzichten sie entweder freiwillig auf ihren Arbeitsplatz oder werden schließlich von ihren Vorarbeitern wegen Unaufmerksamkeit entlassen«.[20]

Die ökonomische Rationalisierung der Arbeit bestand also nicht einfach darin, bereits existierende Produktionstätigkeiten methodischer und zweckmäßiger zu machen. Sie war eine Revolution, eine Umwälzung der Lebensweise, der Werte, der sozialen Beziehungen und der Beziehung zur Natur; sie war im vollen Wortsinn eine *Erfindung* von etwas vorher noch nie Dagewesenem. Die produktive Tätigkeit wurde von ihrem Sinn, ihren Motivationen und ihrem Gegenstand abgeschnitten, um statt dessen bloßes *Mittel* zum Geldverdienen zu werden. Sie hörte auf, Teil des Lebens zu sein, um statt dessen *Mittel* zum »Lebensunterhalt« zu werden. Arbeitszeit und Lebenszeit wurden voneinander getrennt; die Arbeit, ihre Werkzeuge und Produkte, erhielten eine andere, dem Arbeiter entfremdete Wirklichkeit und hingen von fremden Entscheidungen ab. Die Befriedigung, gemeinsam »etwas herzustellen«, und die Freude am »Tun« wurden zugunsten bloßer mit Geld käuflicher Befriedigungen unterdrückt. Anders gesagt, die konkrete Arbeit konnte nur dadurch in – wie Marx es nennen wird – »abstrakte Arbeit« umgewandelt werden, daß an die Stelle des Hersteller-Produzenten der Arbeiter-Konsument trat: also ein gesellschaftliches Individuum, das nichts von dem produziert, was es konsumiert, und nichts von dem konsumiert, was es produziert. Für den Arbeiter-Konsumenten liegt der wesentliche Zweck seiner Arbeit darin, das Geld zum Kauf von Waren zu verdienen, die von der gesellschaftlichen Maschine in ihrer Gesamtheit produziert und definiert werden.

Die ökonomische Rationalisierung der Arbeit wird somit die antike Idee der Freiheit und der existentiellen Autonomie zu Grabe tragen. Sie läßt ein Individuum entstehen, das – bereits in seiner Arbeit entfremdet – auch in seinem Konsum und schließlich in seinen Bedürfnissen entfremdet sein muß. Weil es keine Grenzen für die Geldmenge gibt, die man verdienen und ausgeben könnte, darum wird es auch keine Grenze der Bedürfnisse geben, die mit Geld zu befriedigen sind – und keine Grenze für den Bedarf nach immer mehr Geld.[21] Das Feld dieser Bedürfnisse wächst mit dem gesellschaftlichen Reichtum immer weiter. Die Monetarisierung der Arbeit und der Bedürfnisse wird schließlich alle Grenzen sprengen, innerhalb derer sie die Philosophien vom guten Leben früher noch zurückhielten.

2. DIE MARXSCHE ARBEITSUTOPIE

Diese Entwicklungen hat Marx bereits 1844 in seinen *Pariser Manuskripten* intuitiv vorhergesehen. In ihnen wird »der Arbeiter« ebenso wie »die Arbeit« als »Produkt des Kapitals« dargestellt:[1] Die Arbeit ist zur »Arbeit im Allgemeinen« geworden, also zu irgendwelcher x-beliebiger Arbeit, gleichgültig gegenüber ihren stets »zufälligen« und vom Standpunkt des Arbeiters aus fremden Bestimmungen. Der Arbeiter hat somit keinen bestimmten, »natürlichen« Platz innerhalb der Gesellschaft und daher auch kein besonderes Interesse mehr. Seine Arbeit ist zum bloßen Ausdruck der »allseitige(n) Abhängigkeit« geworden, »diese(r) erste(n) naturwüchsige(n) Form des *weltgeschichtlichen* Zusammenwirkens der Individuen«.[2] Für Marx ist es nun die abstrakte Natur dieser Arbeit und der durch sie definierten Individuen, die auch den Keim ihrer Universalität enthält. Die von vorneherein gesellschaftliche (und nicht mehr naturwüchsige) Teilung der Arbeit in eine unendliche Vielfalt von austauschbaren, x-beliebigen, »zufälligen« Arbeit(shandlung)en beseitigt »das bornierte Verhalten der Menschen zur Natur« ebenso wie »ihr borniertes Verhalten zueinander«.[3] In dem Maße, wie »mit dieser universellen Entwicklung der Produktivkräfte ein *universeller* Verkehr der Menschen gesetzt ist«, treten »endlich *weltgeschichtliche,* empirisch universelle Individuen ... an die Stelle der lokalen«.[4]

Sicher, schon in seinen *Pariser Manuskripten* hatte Marx im Gefolge von J. B. Say geschrieben: »Die Teilung der Arbeit ist ein *bequemes, nützliches* Mittel, eine geschickte Anwendung der menschlichen Kräfte für den gesellschaftlichen Reichtum, aber sie vermindert die *Fähigkeit jedes Menschen individuell* genommen.«[5] In der *Deutschen Ideologie* radikalisiert Marx diese Feststellung noch: »In keiner früheren Periode hatten die Produktivkräfte diese gleichgültige Gestalt für den Verkehr der Individuen *als* Individuen angenommen, weil ihr Verkehr selbst noch ein borniertér war. Auf der andern Seite steht diesen Produktivkräften die Majorität der Individuen gegenüber, von denen diese Kräfte losgerissen sind und die daher alles wirklichen Lebensinhalts beraubt, abstrakte Individuen geworden sind... Der einzige Zusammenhang, in dem sie noch mit den Produktivkräften und ihrer eigenen Existenz stehen, *die Arbeit, hat bei ihnen allen Schein der Selbstbetätigung verloren* und erhält ihr Leben nur, indem sie es verkümmert.«[6]

In den *Grundrissen* und dann im *Kapital* wird der verkrüppelnde Charakter der industriellen Arbeit in noch schärferer Sprache geschildert. Aber diese entmenschlichende, verstümmelnde, verdummende, erschöpfende Arbeit stellt in den Augen von Marx nichtsdestoweniger einen objektiven Fortschritt dar: Indem sie die »allgemeinen Arbeiter«, die Proletarier, an die Stelle der Privatproduzenten, der Handwerker, setzt, läßt sie eine Klasse entstehen, für die *die Arbeit* unmittelbar *gesellschaftliche* Arbeit ist, d. h. in ihren Inhalten direkt vom gesellschaftlichen *Gesamt*zusammenhang bestimmt wird. Diese Klasse muß daher ein vordringliches Lebensinteresse daran haben, sich des gesellschaftlichen Produktionsprozesses in seiner Gesamtheit zu bemächtigen.

Um genauer zu begreifen, auf welche Weise Marx seit 1846 das Proletariat als eine potentiell universelle Klasse begreift – jedes Sonderinteresses entblößt und daher in der Lage, sich den gesellschaftlichen Produktionsprozeß anzueignen und ihn zu rationalisieren –, beziehen wir uns am besten auf die sehr viel explizitere Stelle, an der Marx in den *Grundrissen* auf die Warenproduktion als *private* Tätigkeit zu sprechen kommt.[7] Marx betont hier ausführlich den Umstand, daß das von einem Individuum in »unabhängiger Privatarbeit« für den Markt fabrizierte Produkt nur unter der Bedingung einen Tauschwert erhält (und damit für seinen Produzenten von Interesse ist), daß es im *gesellschaftlichen* Produktionsprozeß einen Platz als austauschbares Gut findet. Als austauschbares Gut aber – fügt Marx hinzu – ist es nur eine besondere und für andere nützliche Konkretisierung einer *allgemeinen Arbeit*, die zur gesellschaftlichen Produktion insgesamt beiträgt. Die Produktionsarbeit ist gesellschaftlich in eine Vielzahl sich ergänzender und voneinander abhängiger Warenproduktionen aufgeteilt, deren jede einzelne in Inhalt und Beschaffenheit »durch den gesellschaftlichen Zusammenhang« bestimmt wird. Aber diese Arbeitsteilung, dieses Zusammenspiel von sich ergänzenden Privatarbeiten erscheint den auf dem Markt zusammentreffenden Individuen selbst »als ein äußerliches und darum zufälliges Ding«. »Daß der gesellschaftliche Zusammenhang, der durch den Zusammenstoß der unabhängigen Individuen entsteht, zugleich als sachliche Notwendigkeit, und zugleich als ein äußerliches Band gegenüber ihnen erscheint, stellt *eben ihre Unabhängigkeit dar, für die das gesellschaftliche Dasein zwar Notwendigkeit, aber nur Mittel ist, also den Individuen selbst als ein Äußerliches erscheint*«.[8]

Ganz anders steht die Sache für die Proletarier. Diese sind der kollektiven »allgemeinen Arbeit« direkt unterworfen. Sie haben daher ein direktes Interesse daran, sich zum Gesamtarbeiter zu vereinigen, um durch ihre Vereinigung den gesellschaftlichen Produktionsprozeß ihrer gemeinschaftlichen Kontrolle zu unterwerfen, indem sie an die Stelle der gesellschaftlich geteilten Arbeit die »Assoziation«, das freiwillige Zusammenwirken setzen. Die in ihren unmittelbaren Folgen sozial verheerende Proletarisierung der Produzenten verspricht somit für Marx, zur Kehrseite eines gewaltigen und potentiell emanzipatorischen Prozesses zu werden: der rationellen Vereinigung des gesellschaftlichen Prozesses.

Es kann sich daher nicht mehr darum handeln, das Rad der Geschichte zurückzudrehen, wie dies die maschinenstürmerischen Anfänge der Arbeiterbewegung versuchten, als sie »die Fabriken in Brand (steckten, um) die untergegangene Stellung des mittelalterlichen Arbeiters wiederzuerringen«.[9] Im Gegenteil kommt es darauf an, zu sehen, wie die endlich ihres »bornierten Verhaltens« zueinander und zur Natur entkleideten und unmittelbar in den »universellen Verkehr der Menschen« eingekoppelten Individuen *alles* werden können, weil sie *nichts* sind;

wie sie zu allseitig entfalteten Subjekten einer allumfassenden Tätigkeit werden können, weil sie sich keiner privaten Sonderbeschäftigung mehr widmen.

Uns kommt es hier nicht auf den philosophischen Kontext und den Argumentationsgang an, die Marx zu diesem dialektischen Umschlag geführt haben. Das einzige, worauf es hier ankommt, ist sein utopischer Gehalt: Denn diese utopische Vision war es, die die Arbeiterbewegung durchdrungen hat und die noch heute den Nährboden jener Arbeitsideologie abgibt, die allen Strömungen der klassischen Linken gemeinsam ist. Wir müssen darum zunächst die Inhalte erfassen, denen die Marxsche Utopie ihre dauerhafte Anziehungskraft verdankt, um dann zu prüfen, wieweit diese Inhalte ihre Aktualität und ihren ursprünglichen Sinn bewahrt haben.

In den Jahren 1845-1846, als er sie in der *Deutschen Ideologie* zum erstenmal formuliert, hat Marx sichtliche Schwierigkeiten, seiner utopischen Konzeption des Kommunismus eine rational zwingende Beweiskraft zu geben. Im Gegensatz zu den utopischen Sozialisten, deren Visionen der Zukunftsgesellschaft aus ethischen Idealen entspringen, will Marx zeigen, daß der Kommunismus, um Wirklichkeit zu werden, nicht bereits vorher im Bewußtsein der Proletarier existieren müsse: Er ist »die reale Bewegung« selbst. Noch gründet Marx die Notwendigkeit des Kommunismus nicht auf die der kapitalistischen Entwicklung immanenten Widersprüche, wie er es nach 1856 tun sollte; in der *Deutschen Ideologie* gründet er sie darauf, daß für die Proletarier die Revolution zum Überlebensgebot werde oder werden müsse. Daß die Proletarier, allein »um ihre Existenz sicherzustellen«, die alte Gesellschaft mit »absoluter, unausweichlicher Notwendigkeit« zerstören müssen, bildet gewissermaßen die transzendentale Garantie für ihren endgültigen Sieg. Diese Vorstellung von der Notwendigkeit der kommunistischen Revolution entspricht also noch einer Entwicklungsphase, als sich die auf das äußerste Elend niedergedrückten Arbeitermassen im Namen des Rechts auf Leben auflehnten.

Innerhalb dieser Arbeitermassen gab es aber noch einen großen Anteil an ruinierten Handwerkern oder alten Heimarbeitern, die noch die Erinnerung an das berufsständische System, an die Freiheit und Würde der Arbeit bewahrt hatten. Daher muß die kommunistische Utopie den Arbeitern nicht nur ihre »materielle Existenz« garantieren, sondern auch die Autonomie und die Würde, derer die kapitalistische Rationalisierung die Arbeit beraubt hatte.

Autonomie und Würde der Arbeit sollen jedoch nicht im Namen ethischer Ideale, also »bloß« individueller und subjektiver Erfordernisse, *wiederhergestellt* und der ökonomischen Rationalität entgegengesetzt werden. Im Gegenteil – es gilt zu zeigen, daß die kapitalistische Rationalität selbst nur eine beschränkte Rationalität darstellt; daß sie unweigerlich globale Wirkungen hervorbringt, die ihren eigenen Zielen widersprechen und von ihr nicht mehr beherrscht werden können. Die wahrhafte Rationalität besteht vielmehr darin, die Arbeit in eine »persönliche Tätigkeit« umzuwandeln, aber auf höherem Niveau: Die »freiwillige Vereinigung« der Individuen wird an Stelle der kapitalistischen Arbeitsteilung »freiwillige Zusammenarbeit« setzen und den gesellschaftlichen Produktionsprozeß der Kontrolle der assoziierten Produzenten unterwerfen. Jedes Individuum wird »als Individuum« – vermittelt durch das freiwillige Zusammenwirken aller – zum Herrn über die Totalität der Produktivkräfte; seine »Arbeit« verwandelt sich in die »Selbstbetätigung« eines »totalen Individuums«.

Der Widerspruch, der Hannah Arendt so sehr verstören sollte, hat sich somit aufgelöst: Die »Arbeit« in dem Sinne, den wir im ersten Kapitel präzisiert haben, wird beseitigt werden durch das rationale gesellschaftliche Zusammenwirken der Individuen; an ihrer Stelle wird eine kollektive *poíesis* triumphieren, die kein Abmühen *(labor)* von serialisierten und spezialisierten Individuen mehr darstellt, sondern Selbsttätigkeit von bewußt und methodisch zusammenarbeitenden Individuen. Wir finden hier die Utopie der »Selbstverwaltung« *(autogestion)* und der »Arbeiterkontrolle« *(workers' control)* wieder, der Einheit von Arbeit und Leben, der Berufstätigkeit als totaler Entfaltung des Individuums – eine Utopie, die bis heute lebendig geblieben ist.

Uns bleibt allerdings noch, diese von Marx anvisierte Rationalisierung der gesellschaftlichen Zusammenarbeit ebenso auf ihre Verwirklichungschancen zu prüfen wie auf die Rationalität der politischen und existentiellen Postulate, auf denen sie beruht.[10]

Ihr wesentlicher utopischer Gehalt besteht darin, daß in ihr die Proletarier dazu bestimmt sind, die Einheit des Wirklichen als Einheit der Vernunft zu verwirklichen: Individuen, die jeglichen besonderen Interesses wie Berufs entblößt sind, werden sich universell vereinigen, um ihre Zusammenarbeit rationell und freiwillig zu gestalten. Durch eine und dieselbe gemeinsame Praxis werden sie eine Welt herstellen, die völlig die ihre sein wird: Nichts in dieser Welt kann mehr unabhängig von ihnen bestehen. Dieser Triumph der Einheit der Vernunft setzt selbstverständlich die Wiedervereinigung aller im Zuge der Modernisierung ausdifferenzierten Handlungssysteme und Lebenswelten voraus. Denn »alles unmöglich zu machen, was unabhängig von den Individuen besteht«, bedeutet auch die Abschaffung des Staates – d.i. eines den Individuen gegenüber verselbständigten Rechts- und Verwaltungsapparates; das bedeutet auch die Abschaffung der Politischen Ökonomie – mit ihren Eigengesetzen, die sich den gesellschaftlichen Akteuren aufherrschen; und es bedeutet schließlich die Abschaffung von gesellschaftlicher Arbeitsteilung und Spezialisierung – die die Individuen »unterwerfen«, zu »begrenzten Instrumenten« und damit zu »bornierten Individuen« machen, deren jedes in seine bornierte Funktion eingeschlossen und also unfähig ist, die gesellschaftliche Produktion in ihrer Gesamtheit wahrzunehmen und durch die universelle Vereinigung in freiwilliger Zusammenarbeit zu beherrschen. Die Marxsche Vision des Kommunismus setzt somit voraus, daß die verallgemeinerte Selbstverwaltung der materiellen Produktion nicht nur einen getrennten Leitungs-, Verwaltungs- und Koordinationsapparat überflüssig machen wird, sondern sogar das Politische selbst. Die universelle und freiwillige Zusammenarbeit der »vereinigten Individuen« soll also zugleich einen direkten und transparenten Charakter haben: Sie erfordert und duldet keinerlei Vermittlung mehr; denn ein jedes Individuum erkennt als »totales Individuum« die gesamte gesellschaftliche Produktion als seine persönliche Aufgabe. Diese Aufgabe ermöglicht einem jeden, der Würde des universellen Subjekts teilhaftig zu werden und sich durch die Entwicklung aller seiner Fähigkeiten als Gesamtpersönlichkeit vollständig zu entfalten.

Die beiden Grundvoraussetzungen dieser Utopie sind:

1. *In politischer Hinsicht*, daß alle unumgänglichen Sachzwänge und systemischen Starrheiten der gesellschaftlichen Maschine beseitigt werden können. Rechtliche Regelungen und Formalisierungen der individuellen Lebensführung erübrigen sich; die Gesamtheit der individuellen Handlungen kann wieder unmittelbar verständlich und sinnerfüllt werden und somit völlig auf der persönlichen Motivation der Individuen beruhen. Diese Voraussetzung – in der Terminologie von Jürgen Habermas: die Beseitigung des »systemisch verselbständigten Prozes(ses) wirtschaftlichen Wachstums«, um ihn »wieder in den Horizont der Lebenswelt ein(zu)holen«[11] – sollte Marx später in der bereits zitierten Stelle aus dem dritten Band des *Kapital* aufgeben.

2. *In existentieller Hinsicht*, daß die autonome Tätigkeit des einzelnen und die gesellschaftliche Arbeit so weit zusammenfallen können, daß sie zur Identität verschmelzen. Jedes Individuum soll sich durch und in seiner Arbeit persönlich mit der ungeteilten Totalität aller (dem »produktiven Gesamtarbeiter«) persönlich identifizieren und in dieser Identifikation seine totale persönliche Entfaltung finden können. Kurz: Der integralen Vergesellschaftung der persönlichen Existenz soll eine integrale Personalisierung der gesellschaftlichen Existenz entsprechen – so daß die gesamte Gesellschaft in jedem einzelnen ihr bewußtes Subjekt hat und ein jeder in ihr seine Vereinigung mit allen anerkennt.

Die Marxsche Utopie, der Kommunismus, stellt sich somit

dar als vollendete Form der Rationalisierung: als totaler Triumph der Vernunft und Triumph der totalen Vernunft; als wissenschaftliche Beherrschung der Natur und reflexive Beherrschung dieses Prozesses der Naturbeherrschung selbst. Nicht nur wird das kollektive Resultat der gesellschaftlichen Zusammenarbeit, das bis dahin – weil letztere nicht freiwillig stattfand – »dem Zufall überlassen« blieb, nunmehr der »Kraft der vereinigten Individuen« unterworfen; ihre Vereinigung in der »freiwilligen Zusammenarbeit« wird selbst auf den rationalen Willen eines jeden gegründet sein und die Einheit des einzelnen Willen mit dem Willen aller, das Zusammenfallen des individuellen Arbeiters mit dem Gesamtarbeiter herstellen.

Dieser Triumph der Vernunft setzt natürlich die völlige Rationalisierung der Existenz des einzelnen voraus: die Einheit von Vernunft und Leben. Und diese integrale Rationalisierung fordert ihrerseits eine individuelle Askese, die in mancher Hinsicht an die puritanische Askese erinnert: denn nur als universelles, all seiner besonderen Interessen, Neigungen und Vorlieben entkleidetes Individuum wird ein jeder der wahrhaften Einheit von persönlichem Lebenssinn und Sinn der Geschichte teilhaftig werden.

Die »scharfe Perhorreszierung der Kreaturvergötterung und alles Haftens an *persönlichen* Beziehungen zu Menschen mußte (seine) Energie unvermerkt in die Bahnen sachlichen (unpersönlichen) Wirkens lenken. Der Christ... wirkt für die Zwecke *Gottes*, und diese können nur *un*persönliche sein. Jede rein gefühlsmäßige – also nicht rational bedingte – *persönliche* Beziehung von Mensch zu Mensch verfällt eben in der puritanischen, wie in jeder asketischen Ethik sehr leicht dem Verdacht, Kreaturvergötterung zu sein. Für die *Freundschaft* zeigt dies... z.B. folgende Warnung deutlich genug: ›Sie ist ein irrationaler Akt, und es ziemt einer rationalen Kreatur nicht, irgend jemanden mehr zu lieben, als die Vernunft es erlaubt... Sie ergreift oft den Geist der Menschen soweit, daß sie ihre *Liebe zu Gott behindert*‹. (R. Baxter, *Christian Directory*, IV, S. 253).«[12]

Wenn man in diesem Zitat Max Webers »Christ« durch

»Kommunist«, »Kreaturvergötterung« durch »kleinbürgerlichen Individualismus«, »Zwecke Gottes« durch »Sinn der Geschichte« usw. ersetzt, so erhält man eine treffende Charakterisierung der kommunistischen Moral, wie sie sich historisch im Stalinismus, Maoismus und sogar im Castrismus entwickelt hat. Diese Ähnlichkeit zwischen puritanischer Ethik und kommunistischer Moral ist im wesentlichen dem Umstand geschuldet, daß die integrale Rationalisierung der Lebensführung ebenso durch ihre Anpassung an die gottgewollte Weltordnung verlangt wird (Puritanismus) wie durch die Anpassung der Lebensführung aller an die überpersönlichen Ziele von kollektiver Effektivität und Geschichte. Allerdings erklärt eine derartige Feststellung noch gar nichts. Wir müssen uns vielmehr fragen, welchen zugrundeliegenden Motivationen die Attraktivität geschuldet ist, die die pan-rationalistische Askese bis heute in ihren religiösen, politischen und – letztes Aufgebot – technokratischen Formen stets ausgestrahlt hat. Und wir müssen zu begreifen versuchen, warum das Ideal der Moderne – wie es in höchster Vollendung in der Marxschen Utopie des Zusammenfallens von gesellschaftlicher Arbeit und persönlicher Tätigkeit zum Ausdruck kommt – noch stets verheerende Resultate überall dort gezeigt hat, wo man es auf makro-gesellschaftlicher Ebene in die Praxis umzusetzen versuchte.

3. DIE FUNKTIONALE INTEGRATION ODER DIE SPALTUNG VON ARBEIT UND LEBEN

Um dauerhaft bestehen zu können, benötigt ein industrielles Unternehmen mehr als nur Maschinen, Rohstoffe und Arbeitskräfte; denn es muß ebenso in der Lage sein, seine Kosten vorauszukalkulieren, seinen Absatz vorherzusehen und seine Produktion, seine Investitionen und Abschreibungen vorauszuplanen. Mit anderen Worten: Es muß die Faktoren, von denen die ökonomische Rationalität seiner Betriebsführung abhängt, zu berechenbaren Größen machen. Nun sind dies nicht allein betriebsinterne, sondern auch externe, d. h. von der politischen, rechtlichen, administrativen und kulturellen Umwelt des Unternehmens abhängige Faktoren. Je umfänglicher also das festgelegte Kapital ist und je größer der für seine Verwertung nötige Zeitraum, um so bedeutender werden für das Unternehmen Vorhersehbarkeit und Verläßlichkeit nicht nur des Verhaltens seiner Beschäftigten, sondern auch von Regierung, Verwaltungsbehörden und Gerichten. »Er braucht für seine Existenz eine Justiz und Verwaltung, deren Funktionieren wenigstens im Prinzip ebenso an festen generellen Normen rational kalkuliert werden kann, wie man die voraussichtliche Leistung einer Maschine kalkuliert.«[1] Die Unternehmensführung kann nur dann der ökonomischen Rationalität gehorchen, wenn ebenfalls alle anderen Gesellschaftssphären, ja selbst die Lebenssphären der Individuen rationeller, vorhersehbarer und berechenbarer Führung unterliegen.

Daraus erklärt sich die enorme Bedeutung, die Max Weber und seine Nachfolger – bis hin zu Jürgen Habermas – dem kulturellen Humus des Kapitalismus beimessen: Die Rationalisierung aller Handlungsbereiche treibt ihre interne Differenzierung voran; sie erfordert eine Rationalisierung der rechtlich-politischen Sphäre, die mit der Willkürherrschaft absolutistischer Staaten unvereinbar ist; und sie mündet in einer komplexen Ausdifferenzierung von ökonomischer, administrativer, wissenschaftlicher und künstlerischer Sphäre – und der relativen Autonomie dieser Sphären gegeneinander.

In dem Maße, wie sich Staat, Wirtschafts-, Verwaltungs- und Wissenschaftssystem weiter ausdifferenzieren und zur Entstehung komplexer Apparate führen, erfordern ihre Entwicklung und Funktionsweise eine ständig wachsende Unterteilung von Kompetenzen und Aufgabenfeldern: eine immer differenziertere *Organisation* von immer spezialisierteren *Funktionen*. Das Funktionieren des jeweiligen Gesamtapparates übersteigt das Verständnis der in diesen Apparaten tätigen Individuen – sogar derjenigen, die formell (wie Minister, Generaldirektor, Abteilungsleiter usw.) die institutionelle Verantwortung dafür tragen.

Die immer komplexere Organisation spezialisierter Funktionen übersteigt also den Horizont der in ihr Tätigen. Sinn und Zweck ihres Zusammenwirkens sind ihnen meist unbekannt und organisatorisch vorbestimmt. Daher kann sich die Organisation mit wachsender Komplexität immer weniger auf die Eigenmotivation der Mitarbeiter zu (in bezug auf den vorbestimmten Zweck) rationalem Verhalten verlassen. Man kann für ihr Zusammenwirken bei der Erfüllung dieser Aufgaben nicht mehr auf die persönlichen Neigungen, Fähigkeiten und den guten Willen der beteiligten Individuen setzen. Ihre Verläßlichkeit kann nunmehr nur noch über die formelle *Kodifizierung* und *Reglementierung* ihres Verhaltens, ihrer Aufgaben und ihrer Arbeitsbeziehungen sichergestellt werden. *Funktional* nenne ich eine Handlungsführung, deren Zweckrationalität von der Absicht des Handelnden, der den Zweck seiner Tätigkeit oft nicht einmal kennt, nicht abzuhängen braucht. Die *Funktionalität* ist also eine Rationalität, die *von außen* eine bestimmte Handlungsführung festlegt und sie dem Handelnden durch die übergreifende Organisationsstruktur vorschreibt.[2] Diese Handlungsführung ist die *Funktion*, die er auszufüllen hat und deren Zweck er fraglos zu akzeptieren hat. Je weiter sich die zweckrationale Organisation entwickelt, um so mehr ähnelt sie in ihrem Funktionieren einer Maschine.

Einmal in Gang gesetzt, entwickelt dieser Prozeß seine Eigendynamik: Jede Etappe der Ausdifferenzierung von Kompetenzen zieht einen Zuwachs an Bürokratisierung nach sich, der seinerseits einen weiteren Zuwachs an neuer Kompetenzaufgliederung ermöglicht und so fort. Differenzierung, Komplexitätszuwachs und Bürokratisierung des ökonomischen wie des Verwaltungsapparats verstärken sich durch »Synergieeffekte« wechselseitig. Als Folge schrumpft für die Arbeit jedes einzelnen Individuums das *Feld* möglicher Eigenverantwortlichkeit und möglicher Eigeninitiative zusammen (wenngleich damit nicht notwendigerweise auch seine Verantwortung und Initiative abnehmen). Vor allem aber ist die Folge eine wachsende Undurchschaubarkeit von Zusammenhang und Zwecksetzung der Organisation, deren mehr oder weniger fügsames Rädchen das Einzelindividuum darstellt.

Ich nenne *Heteronomie-Sphäre* die Gesamtheit der spezialisierten Tätigkeiten, die die Individuen als organisatorisch vorbestimmte und von außen koordinierte Funktionen ausführen müssen.[3] Innerhalb dieser Heteronomie-Sphäre sind sowohl Natur und Inhalt als auch die Wechselbeziehungen der Aufgaben fremdbestimmt: Fremdbestimmt – *heteronom* – heißt, daß die Individuen und auch komplexe Kollektive als Rädchen einer großen (industriellen, bürokratischen, militärischen) Maschine funktionieren müssen, deren Größenordnung sie der Möglichkeit beraubt, ihr Zusammenwirken durch selbstbestimmte oder selbstverwaltete *(autogestion)* Kooperationsverfahren zu steuern. Dies gilt beispielsweise für Post-, Eisenbahn-, Luftfahrt- oder Stromversorgungsnetze, aber auch für alle Industrien, deren Endprodukte die Arbeit zahlreicher spezialisierter und oftmals weit voneinander entfernter Zulieferbetriebe kombinieren.

Der in der heteronomen Sphäre waltende Typus von Zusammenarbeit und Integration unterscheidet sich radikal von der Zusammenarbeit und Integration zwischen Mitgliedern einer

Arbeitsgruppe oder -gemeinschaft. Sicher – auch die fremdbestimmte Zusammenarbeit etwa vom Typ des Taylorismus oder der »wissenschaftlichen Arbeitsorganisation« erfordert immer ein Minimum an selbstgesteuerter Kooperation, ein Minimum an Verständigung und Zusammenhalt zwischen den Mitgliedern kleiner, derselben Aufgabe zugeordneter Arbeitseinheiten: also ein Minimum an sozialer Integration. Dies ändert jedoch nichts daran, daß letztere dennoch der funktionalen Integration unterworfen bleibt: Das Team der in der Montagehalle kommunikativ zusammenarbeitenden Monteure bleibt ein Rädchen in der sie überschreitenden und beherrschenden Maschinerie.

Es gibt eine offenkundige Verwandtschaft zwischen der beschriebenen Heteronomie-Sphäre und funktionalen Integration und dem, was Habermas »System« und »Systemintegration« nennt – im Gegensatz zu »Lebenswelt« und »Sozialintegration«.[4] Letztere beruht auf einem »sei es normativ gesicherten oder kommunikativ erzielten Konsens« der Teilnehmer. Im Fall der »Systemintegration« hingegen »wird das Handlungssystem... durch die nicht-normative Steuerung von subjektiv unkoordinierten Einzelentscheidungen integriert«.[5] Habermas insistiert wiederholt darauf, daß die Gesellschaft nur als *gleichzeitig* auf »System« und »Lebenswelt« beruhend begriffen werden kann; d. h., daß sie sozial *und* funktional integriert wird, ohne jemals *vollständig* nur das eine oder das andere sein zu können: Die Gesellschaft könnte nur dann mit der »Lebenswelt« zusammenfallen, wenn »alle systemischen Zusammenhänge, in denen die Interaktionen (der Individuen) jeweils stehen, ... in das intuitive Wissen der Interaktionsteilnehmer eingeholt«, d. h. von ihnen in Hinsicht auf gemeinsame Ziele selbstgesteuert werden könnten – und damit als heteronome (»systemische«) Imperative ausgeschaltet würden. Umgekehrt könnte die Gesellschaft nur dann völlig mit dem »System« identisch werden, wenn sie wie ein mechanisches Uhrwerk funktionierte, das von außen für alle seine Organe eine rigide fremdgesteuerte Funktionsweise festlegt.

Die Spaltung

Anders gesagt, verweist die selbstgesteuerte (»soziale«) Integration auf eine Fähigkeit zur Selbstorganisierung von Individuen, die ihre Handlungsführung auf ein durch ihr kollektives Handeln zu erreichendes Ziel ausrichten. Dies ist der Fall, den Jean-Paul Sartre als »Gruppe« beschrieben hat[6] – und zwar nicht nur als »Fusionsgruppe«, sondern auch als Gruppe, die sich in spezialisierte Untergruppen differenziert und ihre Koordinierung an einen von ihr gewählten »regulativen Dritten« delegiert.[7] Die fremdgesteuerte Integration hingegen, in der (ich zitiere Habermas) die Handlungen der Individuen statt »über Prozesse der Verständigung... über funktionale Zusammenhänge (koordiniert werden), die von ihnen nicht intendiert sind und innerhalb des Horizonts der Alltagspraxis meistens auch nicht wahrgenommen werden«,[8] verweist auf das, was Sartre als Totalisierung in der Exteriorität[9] von Handlungen serialisierter Individuen beschrieben hat.

Man sollte jedoch zwischen zwei Typen von Fremdsteuerung oder Totalisierung unterscheiden, die im System von Habermas vermischt werden:

– jene, die auf einer von niemandem intendierten oder vorhergesehenen Totalisierung serialisierter Handlungen beruht: die Totalisierung wird vom materiellen Feld bewirkt, welches eine Vielfalt getrennter Handlungen in äußerlichen Zusammenhang bringt und als Gesamtprozeß den Akteuren entfremdet;

– und jene, die auf einer organisierten Planung beruht: hier ist die Totalisierung Ergebnis einer ausgearbeiteten Organisationsstruktur, um von Individuen, die nicht in der Lage sind, miteinander zu kommunizieren, ein Produkt oder eine Kollektivhandlung verwirklichen zu lassen, die von ihnen weder intendiert noch zumeist überhaupt wahrgenommen wird.

Der erste Typ von Fremdsteuerung entspricht besonders der Steuerung über den *Markt*, den man gewöhnlich als »selbstgesteuertes System« bezeichnet. In Wirklichkeit handelt es sich beim Markt um einen »systemischen Mechanismus« (Habermas)¹⁰, der den Individuen von außen seine Gesetze aufzwingt. Sie sehen sich gezwungen, ihr Verhalten und ihre Pläne an einem äußerlichen, statistischen und völlig ungewollten Ergebnis auszurichten. *Für sie* stellt sich der Markt somit als eine *spontane Fremdsteuerung*¹¹ ohne Steuerungszentrum dar. Man kann hier nur dann einen ›sich selbst steuernden Mechanismus‹ am Werk sehen, wenn man die gesamte Gesellschaft von außen als *ein rein materielles System* betrachtet: als ein System also, dessen Bestandteile – wie die Moleküle in Gas- oder Flüssigaggregaten – nur in äußerlichen Beziehungen zueinander stehen und jeder Fähigkeit ermangeln, selbst Zwecke zu verfolgen, und darum als Individuen belanglos sind.

Diese spontane Fremdsteuerung serialisierter Handlungen, v. a. durch den Markt, ist gänzlich *sinnlos* für die Individuen, die getrennt und ohne Kenntnis voneinander ihre individuellen Zwecke verfolgen. Zwar erhalten ihre Handlungen einen gewissen Zusammenhang über die äußere Resultante, die sich im Marktgeschehen herstellt: aber dieser Zusammenhang ist das Ergebnis des Zufalls. Er beruht – ebenso wie die Thermodynamik – auf rein statistischen Gesetzen und hat somit weder Sinn noch Zweck. Die spontane Fremdsteuerung bewirkt daher im eigentlichen Sinne gar keine *Integration* der Individuen selbst: was sie integriert, das ist – wie Sartre sehr gut gezeigt hat¹² – nur die äußere Materialität ihrer Handlungen, soweit sie sich ihren Urhebern entziehen und sie nur als *andere* bezeichnen. Solche Handlungen aber, die ein jeder nur als beliebig anderer ausführt, sind ohne jegliche Funktionalität. Man könnte hier nur dann von Funktionalität sprechen, wenn das Resultat der serialisierten Handlungen das bewußte Ziel eines bestimmten Akteurs wäre. Aber die Preisbewegungen, die Käufer und Verkäufer bei der Verfolgung ihrer jeweiligen Interessen auf einem perfekten Markt auslösen, folgen *per definitionem* den Absichten keines der Beteiligten und sind damit funktional in bezug auf gar nichts (sieht man vom Extremfall ab, daß jemand die Beteiligten ohne ihr Wissen durch die Verbreitung falscher Nachrichten manipuliert und – eben dadurch – den Markt verfälscht). Der Markt selbst ist ebensowenig Ziel irgendeines der auf dem Markt zusammentreffenden Akteure; er ist nur das aus ihren Handlungen und Verhandlungen resultierende Feld, ebenso wie »der Verkehr« das äußere Ergebnis des Verhaltens all jener ist, die zu einem bestimmten Zeitpunkt ihr Auto benutzen und sich – ein jeder als anderer und von allen anderen – eine Durchschnittsgeschwindigkeit aufgezwungen sehen, die der Absicht keines einzelnen entspringt.

Wird man aber nicht dennoch sagen können, daß der Markt auch eine *Institution* darstellt, deren Funktionieren die Beachtung bestimmter Regeln erfordert – wie ja auch der Verkehr nur dann reibungslos fließen kann, wenn das Fahrverhalten jedes Autofahrers durch Straßenverkehrsordnung, Geschwindigkeitsbegrenzung, Signalsysteme usw. reglementiert wird? Hier verlassen wir den Bereich der *spontanen* Fremdsteuerung und kommen zur Reglementierung oder *geplanten* Fremdsteuerung.

In der Praxis stellt jede moderne Gesellschaft ein komplexes System dar, das auf der Interaktion zwischen den Subsystemen »kommunikativer« Selbstorganisierung, spontaner Fremdsteuerung und geplanter Fremdsteuerung beruht. In dem Maße, wie die ökonomische Rationalität zur Entstehung gewaltiger technischer Einrichtungen führte, verlieh sie den Subsystemen geplanter Fremdsteuerung ein immer größeres Gewicht: d. h. den Industrie- und Verwaltungsapparaten, in denen die Individuen dazu zugerichtet werden, angepaßt wie die Organe einer Maschine, zu *funktionieren,* und zwar für Zwecke, die ihnen zumeist unbekannt und *verschieden von den Zwecken sind, die sie sich selbst für ihr persönliches Streben gesetzt haben.*

Diese persönlichen Zwecke, die die Individuen dazu *motivieren* müssen, für fremde Ziele zu arbeiten, stellen einen der beiden Typen von *»Steuerungsmedien«* dar, die – bei Habermas vermischt – unterschieden werden müssen: Fremdsteuerung über Anreize und Fremdsteuerung durch Vorschriften.

– Die wichtigsten innerhalb des ersten, »*inzitativen*« Typs sind die materiellen und symbolischen Anreize Geld, Sicherheit, Prestige und/oder Macht, die in wohlweislich hierarchischer

Abstufung mit den jeweiligen Funktionen verbunden sind.
– Neben diesen »inzitativen« Steuerungsmedien zwingen die *»präskriptiven«* Steuerungsmedien die Individuen durch Vorschriften, unter Androhung von Sanktionen, die von der jeweiligen Organisation verlangten funktionalen Handlungsmuster zu befolgen. Diese präskriptive Steuerung ist meist in der Form von Verfahren reglementiert und formalisiert.

Nur die inzitative Steuerung über Anreize gewährleistet eine funktionale Integration der Individuen, indem sie sie dazu (ver-)führt, sich freiwillig der Instrumentalisierung ihrer völlig fremdbestimmten Tätigkeit zu unterwerfen.

Die Ausweitung der großen, auf geplanter Fremdsteuerung beruhenden Apparate mußte im Gesellschaftssystem eine immer tiefgreifendere Spaltung hervorrufen: Auf der einen Seite wird die Verrichtung immer spezialisierterer Arbeitstätigkeiten motiviert durch Anreize, die mit den organisatorisch festgeschriebenen Zielen nicht im mindesten Zusammenhang stehen. Auf der anderen Seite ist eine kleine Elite von Organisateuren bestrebt, die Gesamtheit der Organisationen zu koordinieren und funktionsgemäß zu steuern. Diese technokratische Elite legt Zielsetzung und Organisationsstruktur der entsprechenden Verwaltungen fest und bestimmt im Sinne der Funktionalität des Gesamtsystems die angemessensten inzitativen wie präskriptiven Steuerungsmedien. Die Spaltung vertieft sich somit zwischen einer immer weiter manipulierten und funktionalisierten Gesellschaft und einer immer weiter um sich greifenden öffentlichen wie privaten Verwaltung; zwischen einer immer reduzierteren Sphäre der zivilen Selbststeuerung und einem Staat, der das Funktionieren der großen industriellen, Verwaltungs- und Dienstleistungsmaschinen durch die ständige Ausweitung der zur Fremdsteuerung notwendigen Machtmittel zu gewährleisten hat.

Dieser Spaltung zwischen der Sphäre einer zivilgesellschaftlichen Selbststeuerung und der fremdgesteuerten Sphäre der bü-

Die Spaltung

rokratisch-industriellen Megamaschine entsprechen zwei Rationalitäten:
- die Rationalität der Individuen, die zu funktionalen Handlungsmustern durch Zwecksetzungen motiviert werden, welche in bezug auf die Zwecksetzungen der Organisationen irrational sind;
- und die Rationalität der Organisationen, die keinen sinnvollen Bezug zu den Zielen aufweist, die die Individuen motivieren.

Diese Spaltung des sozialen Systems und die Scheidung zwischen zwei verschiedenen Rationalitäten lassen schließlich auch das Leben der Individuen selbst auseinanderfallen: Berufsleben und Privatleben werden von radikal unterschiedlichen, ja einander widersprechenden Normen und Werten bestimmt. Das persönliche berufliche Fortkommen innerhalb der Großorganisationen erfordert einen Erfolgswillen, der sich allein an den technischen Effizienzkriterien der jeweils bekleideten Funktion ausrichtet – welches auch immer ihr Inhalt sei. Beruflicher Erfolg verlangt Konkurrenzgeist gegenüber den Arbeitskollegen, Opportunismus sowie Folgebereitschaft gegenüber den Vorgesetzten. In der Privatsphäre wird dieses Verhalten dann durch ein bequemes, üppiges und hedonistisches Leben belohnt und *kompensiert*. Mit anderen Worten: Der berufliche Erfolg wird zum *Mittel* für private Annehmlichkeiten und Freuden, die ohne jeden Bezug zu den beruflichen Fähigkeiten sind. Die berufliche Qualifikation wird jeglicher persönlicher Tugenden beraubt, und das Privatleben wird gegen die Imperative des Berufslebens abgeschottet.

Auf diese Weise können die privaten Tugenden des guten Familienvaters, guten Gatten und guten Nachbarn einhergehen mit der beruflichen Leistungsethik eines Funktionärs, der gleichgültig vom ·Dienst an der Republik zum Gehorsam im totalitären Staat überwechselt oder umgekehrt; der feinsinnige Kunstsammler und Vogelschützer kann unterschiedslos an der Fabrikation von Pestiziden oder chemischen Waffen arbeiten; oder allgemeiner gesagt: der große oder kleine Angestellte will, nachdem er seinen Arbeitstag dem Dienst an den ökonomischen Werten von Konkurrenzfähigkeit, Leistung und technischer Effektivität gewidmet hat, am Feierabend eine Nische aufsuchen, in der die ökonomischen Werte ersetzt sind durch Kinder- und Tierliebe, Landschaftsgenuß und Bastelvergnügen. Wir müssen darauf noch zurückkommen.

Lange vor den Gegenutopisten der heutigen Science-Fiction vermutete Max Weber bereits, Bürokratisierung und Maschinisierung würden schließlich aus der Gesellschaft eine einzige Megamaschine machen, deren menschliche Rädchen sich »wie die Fellachen im altägyptischen Staat ohnmächtig zu fügen gezwungen sein werden, wenn ihnen eine rein technisch gute und das heißt: eine rationale Beamten-Verwaltung und -Versorgung der einzige Wert ist, der über die Art der Leitung ihrer Angelegenheiten entscheiden soll«.[13] Er stellte den »geronnen Geist« der »leblosen Maschinen« mit »jene(r) lebende(n) Maschine, welche die bürokratische Organisation mit ihrer Spezialisierung der geschulten Facharbeit, ihrer Abgrenzung der Kompetenzen, ihren Reglements und hierarchisch abgestuften Gehorsamsverhältnissen darstellt«,[14] auf dieselbe Stufe; und verglich die bürokratisch-industrielle Maschine mit einem »Gehäuse der Hörigkeit«. Dieses schütze uns zwar vor Unsicherheit und Angst, jedoch um den Preis eines Sinn- und Freiheitsverlustes, einer allgemeinen Entmenschlichung jenes »mächtigen Kosmos der modernen, an die technischen und ökonomischen Voraussetzungen mechanisch-maschineller Produktion gebundenen Wirtschaftsordnung..., der heute den Lebensstil aller Einzelnen, die in dieses Triebwerk hineingeboren werden – *nicht* nur der direkt ökonomisch Erwerbstätigen –, mit überwältigendem Zwang bestimmt und vielleicht bestimmen wird, bis der letzte Zentner fossilen Brennstoffs verglüht ist«. Die »äußeren Güter dieser Welt« gewannen »zunehmende und schließlich unentrinnbare Macht über die Menschen, wie niemals zuvor in der Geschichte... Niemand weiß, wer künftig in jenem Gehäuse wohnen wird und ob am Ende dieser ungeheuren Entwicklung ganz neue Prophetien oder eine mächtige

Wiedergeburt alter Gedanken und Ideale stehen werden, oder aber – wenn keins von beiden – mechanisierte Versteinerung, mit einer Art von krampfhaftem Sich-wichtig-nehmen verbrämt. Dann allerdings könnte für die ›letzten Menschen‹ dieser Kulturentwicklung das Wort zur Wahrheit werden: ›Fachmenschen ohne Geist, Genußmenschen ohne Herz: dies Nichts bildet sich ein, eine nie vorher erreichte Stufe des Menschentums erstiegen zu haben‹.«[15]

In Wirklichkeit wurde Max Webers Prophezeiung durch die Geschichte gleichzeitig bestätigt und widerlegt: Die Bürokratie wurde immer schwerfälliger, die geplante Fremdsteuerung immer entmenschlichender und das »Gehäuse der Hörigkeit« gleichzeitig zwanghafter und bequemer. Aber aus ebendiesem Grunde ist das System in Krise geraten: Die Funktionsweise der bürokratisch-industriellen Megamaschine und die Motivation seiner »Fellachen«, wie die Rädchen zu funktionieren, stellten es vor zunehmend schwerer zu bewältigende Steuerungsprobleme. Keine übergreifende Rationalität, keine totalisierende Vision oder Gesamtsicht vermochten es noch, dem System einen Sinn, einen Zusammenhang, ein Leitziel zu vermitteln.

4. VON DER FUNKTIONALEN INTEGRATION ZUR SOZIALEN DESINTEGRATION

Lange Zeit glaubten die revolutionäre Arbeiterbewegung und die sozialistischen Regimes, sie könnten diese Entwicklung vermeiden oder rückgängig machen. Die »kollektive Aneignung der Produktionsmittel« sollte die Arbeiter mit ihrer Funktion – und nicht allein mit ihrer Arbeit – versöhnen und sie dazu anspornen, diese Funktion im Bewußtsein ihrer Notwendigkeit *aus freiem Willen zu übernehmen*. Die kollektive Aneignung sollte die individuellen Zwecke mit den kollektiven Zielen, die Interessen eines jeden mit den Interessen aller vereinen. Aufgrund der in ihr enthaltenen Versprechen und Hoffnungen *für alle* sollte die kollektive Aufgabe hinreichend motivierend *für jeden* sein, so daß besondere »inzitative« Steuerungsinstrumente – »materielle Anreize« oder individuelle Prämien – ebenso überflüssig werden könnten wie die »präskriptiven« Steuerungsmedien.

Das »sozialistische Bewußtsein« sollte sich dann in jedem entwickeln und ihn dazu führen, das Interesse aller als sein eigenes anzusehen: Denn wer sich den ihm zugewiesenen Aufgaben aus voller Kraft widme, arbeite letzten Endes auch für sich selbst. In dieser Anstrengung erreiche er auch seine persönliche Erfüllung, seine Vereinigung mit der Gesellschaft und mit dem Sinn der Geschichte. Kurz: Das »sozialistische Bewußtsein« wäre jene Gesamtheit moralischer und intellektueller Fähigkeiten, dank derer die funktionale Integration von jedem als eine soziale Integration *erlebt* und *gewollt* werden könnte.

In Wirklichkeit jedoch wurde dieses Zusammenfallen von funktionaler und sozialer Integration niemals erreicht, da die dafür unabdingbaren Voraussetzungen sich als unrealisierbar erwiesen. Die gesamtgesellschaftlichen Ziele sowie die Einteilung und Abgrenzung der zu ihrem Erreichen notwendigen

Die soziale Desintegration

Aufgaben konnten einfach nicht durch kollektive Verständigung und Entscheidung so ausgearbeitet werden, daß ein jeder als Mitglied selbstorganisierter spezialisierter Untergruppen sich als Angehöriger sowohl einer Arbeitsgemeinschaft als auch der Gesamtgesellschaft hätte fühlen können, die alle Untergruppen in der Einheit eines gemeinsamen Projekts integriert.

Dieses Projekt war ursprünglich in der sozialistischen Theorie als umfassender Gesamtplan konzipiert. Der Plan sollte die Gesamtheit der rational ausgearbeiteten Ziele zusammenfassen, die es der Gesellschaft – in jedem einzelnen ihrer Mitglieder – ermöglicht, gleichzeitig die Natur zu beherrschen und den gesellschaftlichen Prozeß der Naturbeherrschung zu meistern. Der Plan sollte gewissermaßen das reflexive Bewußtsein ausdrücken, das die Gesellschaft von sich selbst als auf die freiwillige Zusammenarbeit gegründetes kollektives Unternehmen hätte.

In Wirklichkeit machten allerdings Größenordnung, Komplexität und Schwerfälligkeit sowohl des gesamten Produktionsapparats als auch seiner ökonomischen Untereinheiten (Firmen, Trusts, Kombinate) eine *erlebte* Erfahrung der Zusammenarbeit völlig unmöglich, die sich ja zwischen Tausenden von Belegschaften, Untergruppen und spezialisierten Arbeitsgruppen mit wiederum unterteilten Aufgabenbereichen abwickelte. Im günstigsten Falle konnte das planmäßige kollektive Zusammenwirken höchstens Gegenstand eines abstrakten Wissens sein, das sich auf Statistiken, auf die gegenseitigen Lieferungen verschiedener Industriebranchen, auf die Erfüllung von Plansolls usw. stützt; doch auf der Basis der konkreten Zusammenarbeit eines jeden mit seiner Arbeitsgruppe oder seiner Abteilung konnte das kollektive Zusammenwirken weder eingesehen noch erlebt werden.

Auch die verschiedenen Versuche, die darauf abzielten, die Planziele von jedem einzelnen Arbeiter verinnerlichen zu lassen, konnten an dieser Tatsache nichts ändern. Die weitestgehenden dieser Versuche (vor allem die »Nazarova-Methode«) zerlegten den von jedem Unternehmen ausgearbeiteten (oder ihm vorgeschriebenen) Fünfjahresplan in ebensoviele jährliche Teilpläne, wie es Arbeitsplätze in diesem Betrieb gab. Diese Teilpläne wurden dann ihrerseits in Wochenpläne und diese wiederum in eine tägliche Planerfüllungsquote für jeden einzelnen Arbeitsplatz aufgegliedert. Aber jeder Arbeiter, etwa in einem Chemiekomplex mit 30 000 Beschäftigten, hatte dann nur eine von Tausenden von Arbeitshandlungen für Tausende von Produkten übertragen bekommen. Über seine parzellierte und zumeist routinisierte Arbeit, oftmals allein auf seinem Arbeitsplatz, konnte er weder eine Gesamtsicht noch eine konkrete Erfahrung von Sinn und Zweck der Gesamtaufgabe erlangen, zu der er freiwillig beitragen sollte. Und – *a fortiori* – diese Aufgabe konnte um so weniger Gegenstand einer kollektiven Entscheidung und Selbstorganisierung werden.

Das reflexive Bewußtsein, das die Gesellschaft in Gestalt des Plans von sich selbst hatte, blieb somit in Wirklichkeit ein der Gesellschaft *äußerliches, getrenntes Bewußtsein,* verkörpert von einer spezialisierten (und in sich selbst wieder unterteilten) Untergruppe: den zuständigen Kommissionen der Partei oder – was auf dasselbe hinauslief – den Instanzen des Staatsapparats. Und wenn nun die sozialistische Moral dem Individuum die Planerfüllung als moralischen Imperativ vorsetzte, so verlangte sie damit vom »klassenbewußten Arbeiter« nichts weniger, als sich in die von ihm geforderte funktionale Integration so einzubringen, als wäre sie tatsächlich seine soziale Integration und persönliche Selbstverwirklichung. Er mußte – kurz gesagt – *sich selbst als aktives Instrument wollen,* mittels dessen ein transzendenter Wille (der des Plans oder der Partei) transzendente Zielsetzungen (die des Sozialismus, der Geschichte, der Revolution) verwirklichte. Über seine Liebe zur Partei, seinen *Glauben* an die Revolution und den Sozialismus sollte die ihm vom Plan zugewiesene spezialisierte, abstrakte und undurchschaubare Aufgabe einen Sinn erhalten. *Glaube und revolutionäre Begeisterung hatten also den Umstand zu kompensieren, daß der Sinn und die Kenntnis der Planziele für die gelebte Erfahrung unzugänglich blieben.*

Damit ähnelte die sozialistische Moral in frappanter Weise der von Max Weber beschriebenen protestantischen »Berufsethik«. Denn wenn sich der Puritaner in methodischer Lebensführung der Ausübung seines Berufes widmete, so konnte er doch die Erfahrung seiner Auserwähltheit nicht direkt im Berufsleben selbst machen: Keinesfalls würde er ja »durch seine Werke gerettet« werden. Alle hartnäckige Anstrengung erhielt ihren Sinn einzig und allein über die Hoffnung, der HERR werde sein Mühen mit Erfolg krönen und ihm – Seiner Kreatur – dadurch offenbaren, ER habe ihn dazu auserwählt, durch sein Schaffen Seine Ordnung walten zu lassen. Der Sinn der methodischen Anstrengung des puritanischen Berufslebens lag also nicht in der Erfahrung der Berufspraxis selbst, sondern in ihrer transzendenten Kehrseite – doch diese selbst blieb dem irdischen Bewußtsein der Kreatur prinzipiell unzugänglich. Die Motivation der puritanischen Askese war der Glaube, daß GOTT diese rationale Ordnung der Welt wollte und in ihr Seine Verherrlichung erblickte – so wie die Motivation des sozialistischen »Helden der Arbeit« im Glauben daran lag, daß diese seine vom Plan gewollte Arbeit kraft der Vermittlung der Partei das Instrument sei, dessen sich die GESCHICHTE bediene, um der universalen Vernunft zum Siege zu verhelfen.

Der sozialistische Pan-Rationalismus mußte also für seine methodische Durchführung (den Plan) an eine irrationale Motivation der Individuen appellieren: den Glauben an die Partei als zugleich Verkörperung und Instrument der Vernunft. Und da somit der Glaube zum unverzichtbaren Vehikel des Reiches der Vernunft geworden war, war es auch nicht weiter verwunderlich, daß ihm die Gestalt des charismatischen Führers vorgesetzt wurde – und daß der sozialistische Glaube seinerseits nach dieser Figur Ausschau hielt. Auch war es dann weiter nicht verwunderlich, daß der quasi-religiöse Führerkult mit noch anderen irrationalen und anti-modernen Motivationen wie Chauvinismus und Antisemitismus einherging oder sogar auf sie aufbaute. Da die soziale Integration auf dem Wege der rationalen Identifikation der Arbeiter mit ihrer Funktion nicht zustandekommen konnte, war nun also die Verherrlichung der traditionellen Werte des Nationalismus aufgerufen, die Desintegration anderer sozialer Bindungen zu ersetzen: Als Sündenböcke wurden die »kosmopolitischen Intellektuellen«, die Juden, die ausländischen Agenten und die westliche Kultur angeklagt, durch ihre »zersetzenden Aktivitäten« die Schuld an dieser sozialen Desintegration zu tragen. So mündete die integrale Rationalisierung, die totale Planung der gesellschaftlichen Beziehungen produktiver Zusammenarbeit, schließlich in einer Diktatur des Apparats, die sich (vornehmlich in der Sowjetunion, in Polen und Rumänien) auf die vormodernen Werte der Tradition berief, um ihre Legitimität zu verstärken.

Das sowjetische System stellte dergestalt eine Art vergröbernder Karikatur der Grundzüge des Kapitalismus dar. Wie der Kapitalismus verfolgte es Akkumulation und ökonomisches Wachstum als Hauptziel, bemühte sich aber, dieses Streben dadurch zu rationalisieren, daß es die spontane Fremdsteuerung über den Markt durch eine geplante und zentralisierte methodische Fremdsteuerung des gesamten ökonomischen Apparats ersetzte. So wurde in allen Handlungssphären die funktionale (von der globalen Systemrationalität geforderte) Handlungssteuerung abgespalten von der selbstgesteuerten Handlungsführung der Individuen. Derart abgekoppelt vom intuitiven Verständnis, das die Individuen von ihrer Umwelt und ihren sozialen Beziehungen entwickeln konnten, erhob die methodisch geplante Rationalisierung der sozialistischen Planwirtschaft schließlich die Vernunft zur verselbständigten, von der Gesellschaft abgespaltenen Macht – einer Macht, die ihre Gewalt *über* die Individuen und nicht *durch* ihren Willen ausübte; ein Reich der Vernunft, das sich in die Diktatur ihrer Funktionsträger verkehrt hatte.

Diese gesamte Entwicklung folgte einer inneren Logik: Es war, als hätte sich das soziale System der Fabrik (die Fabrikdespotie) samt ihrer funktionalen Hierarchie und ihrer als allwissend geltenden Kaste der Fabrikdirektoren nun der Gesamtgesellschaft bemächtigt, um alle selbstgesteuerten lebendigen sozialen Beziehungen zu unterdrücken oder sie für fremde Ziele zu manipulieren. Und ebensowenig wie das Fabriksystem selbst konnte diese Fabrikgesellschaft Widerspruch oder demokratische Diskussion in ihren Reihen dulden; es durfte in ihr nur *eine* einzige Wahrheit, eine einzige Rationalität, eine einzige Macht geben. Die politischen, administrativen, rechtsprechenden und ökonomischen Gewalten – d.h. die Partei, die Bürokratie, die Justiz und der ökonomische Apparat – tendierten daher zwangsläufig dahin, zu einer einzigen Staatsmaschinerie zu verschmelzen; und diese wurde kraft derselben Kriterien instrumenteller Rationalität zentral geleitet.

Die Verselbständigung und Korruption dieses Machtapparats waren unvermeidlich – aber: selbst wenn die zur Bürokratie gewordene Partei der puritanischen Ethik treu geblieben wäre, so hätte doch die gemäß der funktionalen Logik des Plans angelegte Fremdsteuerung aller Arbeitstätigkeiten und sozialen Beziehungen unweigerlich zur sozialen Desintegration führen müssen: zur Demotivierung der Individuen gegenüber ihrer funktional fremdbestimmt gewordenen Arbeit und zu ihrem Rückzug aus der total reglementierten sozialen Welt. Unterhalb der Oberfläche der verbürokratisierten »Gesellschaft« begann sich daher – auf der Basis von Schwarzarbeit, Schwarzmarkt, Tauschhandel, über Netze und Zellen gegenseitiger Hilfe – eine informelle Gesellschaft zu bilden. Und schließlich mußte auch das bürokratisierte System zur Überwindung seiner eigenen Pannen auf diese informellen Netze und Ressourcen zurückgreifen.

Das Scheitern des sozialistischen Pan-Rationalismus kann nicht aus nur historischen und empirischen Ursachen erklärt werden. Sein tieferer Grund ist ontologischer Natur: Die Verwirklichung der Marxschen Utopie vom Zusammenfallen der funktionalen Arbeit mit der persönlichen Tätigkeit ist *auf der Stufenleiter von Großsystemen* ontologisch unmöglich. Denn die Funktionsweise der industriell-bürokratischen Megamaschine erfordert zwangsläufig eine Aufgabenunterteilung; und diese setzt sich, einmal in Gang gebracht, fort und *muß* sich mit einer Art mechanischer Trägheit fortsetzen, um das Funktionieren jedes einzelnen menschlichen Rädchens verläßlich und berechenbar zu machen. Die Definition und die Aufgliederung der Teilaufgaben sind somit festgelegt durch die materielle Matrix – übersetzt in die Organisationsstruktur – der Megamaschine, deren Funktionieren gewährleistet werden soll. Es ist strikt unmöglich, diese Funktionalität fremdbestimmter Tätigkeiten im nachhinein wieder in Termini freiwilliger sozialer Zusammenarbeit zurückzuübersetzen. Im Gegenteil: die *funktionale* Integration der Individuen wird ihre *soziale* Integration ausschließen. Ihre funktional vorgeschriebenen Interaktionen verbieten es ihnen geradezu, kommunikative Beziehungen wechselseitiger Hilfe zu knüpfen, die auf die Zusammenarbeit für gemeinsame Ziele nach gemeinsamen Kriterien gegründet sind; sie machen es ihnen unmöglich, die Erfüllung ihrer Aufgaben als lebendige Zusammenarbeit und als Gruppenzugehörigkeit zu erleben. Ihre »organische Solidarität« – selbst Durkheim mußte es am Ende eingestehen – existiert *für sie* als gelebte Beziehung nicht, sondern nur für den externen Beobachter, der eine selbstgesteuerte Zusammenarbeit wahrzunehmen glaubt, wo in Wirklichkeit nur – durch Zerteilung ergänzender Aufgabenfelder – eine Organisation militärischen Typs vorherrscht.

Praktisch läuft es somit auf dasselbe hinaus, ob man sagt, *es könne* oder *es dürfe* keine freiwillig selbstgesteuerte Zusammenarbeit geben, wenn die Megamaschine störungsfrei, vorhersehbar und berechenbar funktionieren soll. Das Ausschalten des »menschlichen Faktors« – die Ersetzung der lebendigen Arbeit und des frei verantwortlichen Arbeiters durch eine strikt vorprogrammierte Arbeit und einen völlig in funktionale Abläufe eingebundenen Arbeiter – wird ebenso durch die ökonomische Rationalisierung gefordert wie durch die Funktionsweise der Megamaschine: Die eine wie die andere verlangen die Unterordnung des Lebenden unter das Träge, der lebendigen unter die tote Arbeit (d. h. unter die Maschinen, unter das Kapital); bei der einen wie der anderen sind Herrschaftstechnik und Rationalisierungsimperative unausweichlich miteinander vermengt – so sehr, daß man unterschiedslos die rationale Organisation als das eigentliche Ziel der Beherrschung oder umgekehrt die Herrschaft als das eigentliche Ziel der rationalen Organisation ansehen kann.

Ein auf die funktionale Aufgabenteilung gegründetes Organisationsmodell kann daher bei den Arbeitern weder an ihr Berufsgewissen noch an ihren kooperativen Geist appellieren. Von Anfang an muß es auf Zwang zurückgreifen – durch Gesetze gegen »Herumtreiber und Bettler«; durch die Pflicht, bei Strafe von Deportation, Zwangsarbeit oder Verhungern die angebotenen Arbeiten zu akzeptieren. Die funktionale Organisation muß also zur Anwendung bringen, was wir oben[1] die »präskriptiven Steuerungsmedien« genannt haben: Leistungsnormen, vorgeschriebene Arbeitszeiten und imperativ vorgegebene technische Verfahren. Innerhalb des funktionalen Organisationsmodells können diese Zwänge nur gelockert werden, wenn man die Arbeiter durch »inzitative Steuerungsmedien« (also materielle Anreize) dazu motivieren kann, sich vollständig einer Arbeit hinzugeben, deren Natur, Rhythmus und Dauer vorab durch Fabrik- und Büroorganisation festgelegt sind – einer Arbeit also, die zu *lieben* unmöglich ist. *Im Rahmen* der funktionalen Organisation können solche Anreize nur Kompensationen *jenseits der Arbeit* anbieten (»Feierabend«-Kompensationen) für die der funktionalen Arbeit selbst innewohnenden Zwänge, Frustrationen und Leiden. Die funktionale Integration der Arbeiter wird also erst dann möglich – und der Arbeitszwang kann erst dann abgeschwächt werden –, wenn folgende Bedingungen erfüllt sind: *Erstens* muß der gesellschaftliche Reichtum groß genug sein, um den Arbeitern materielle Anreize anbieten zu können; und *zweitens* müssen die Arbeiter selbst akzeptieren, ihre Arbeit als bloßes *Mittel* anzusehen, um sich derartige Kompensationen zu verschaffen.

Wir sahen bereits, daß diese zweite Bedingung schwer zu erfüllen war[2]: Setzt sie doch voraus, daß es der Arbeiter spontan vorzieht, mehr zu verdienen anstatt weniger zu arbeiten. Sie erfordert somit, daß er bereits dazu erzogen und sozialisiert ist, seinen Lohn und dessen Kaufkraft als Hauptziel und seine Arbeit als bloßes Mittel anzusehen.[3] Die Sozialisierung muß also gleichzeitig in doppelte Richtung wirken: Zum einen muß sie das Individuum dazu erziehen, der Arbeit gegenüber eine instrumentelle Einstellung (von der Art: »Hauptsache ist, was samstags in der Lohntüte steckt«) einzunehmen; zum anderen muß sie das Individuum zum Konsumenten erziehen, d. h. dazu, Waren und warenförmige Dienstleistungen als lohnende Ziele seiner Anstrengungen und als Erfolgssymbole zu begehren.

Das Akkumulationsmodell, das französische Ökonomen »fordistische Regulierung« genannt haben[4], wäre undenkbar gewesen ohne diese Erziehung, die den Hersteller-Produzenten zum Arbeiter-Konsumenten bekehrte. Die bloße Bereitstellung eines wachsenden Angebots sogenannter »Annehmlichkeiten« oder »lebenserleichternder« Waren allein hätte diese Bekehrung niemals hervorrufen können. Noch zu Beginn der fünfziger Jahre stieß die Ausweitung der aus dem Taylorismus entstandenen »wissenschaftlichen Arbeitsorganisation« in Europa ebenso wie in den USA auf erbitterten Arbeiterwiderstand[5]; dieser Widerstand ist nie gänzlich erloschen und konnte anfänglich nur durch die Rekrutierung von unerfahrenen, aus ländlichen Regionen stammenden Arbeitskräften und Immigranten überwunden werden – d. h.: durch die Rekrutierung von Bevölkerungsgruppen, die ihrer sozialen Entwurzelung wegen für die Verführungen der Konsumgesellschaft empfänglicher waren als die traditionelle Arbeiterklasse.

Der Übergang von einem Regime des Arbeitszwangs zu einem Regime materieller Anreize ist also keine Kleinigkeit. Die Schwierigkeiten, das Schneckentempo und das wiederholte Scheitern der »ökonomischen Reformen« in der sowjetischen Welt beweisen dies zur Genüge. Es reicht dazu nicht aus, wachsende Mengen kompensatorischer Güter und Dienstleistungen zu produzieren; man muß gleichzeitig auch Arbeitsbedingungen durchsetzen, die ihrerseits kompensatorische Bedürfnisse[6] nach diesen Gütern überhaupt entstehen lassen – indem z. B.

die Arbeiter in der Sowjetunion dazu »erzogen« werden, *materielle Kompensationen den relativ komfortablen Arbeitsbedingungen vorzuziehen,* die sie sich im Rahmen des bürokratischen Zwangssystems hatten einrichten können.

Eine solche Erziehung zum Konsumismus kann aber weder von einem Partei-Staat noch von irgendeiner anderen politischen Autorität erfolgreich betrieben werden. Die Individuen davon zu überzeugen, daß die ihnen angebotenen Konsumgüter *die während der Arbeitszeit erforderlichen Opfer bei weitem kompensieren* und daß sie *eine Nische privaten Glücks darstellen, die dem allgemeinen Schicksal zu entfliehen erlaubt* – das ist die klassische Aufgabe der kommerziellen Werbung. Aber solche Werbung kann nur als *private* Erfolg haben. Schließlich besteht ein wesentlicher Unterschied zwischen kommerzieller Werbung und (staatlicher) Propaganda. Letztere wendet sich im Namen des Gemeinwohls an Sie und versucht Sie davon zu überzeugen, es liege auch in Ihrem persönlichen Interesse, Ihr Verhalten an den höheren Interessen von Staat oder Nation auszurichten. Die Propaganda fordert Sie zu einem Verhalten auf (etwa: rauchen Sie nicht! – trinken Sie nicht! – beachten Sie die Geschwindigkeitsbeschränkung!), das Ihren persönlichen Interessen nicht unmittelbar und intuitiv entspricht – und über dessen Notwendigkeit und Vorteilhaftigkeit Sie der Staat als Sachwalter der Vernunft daher erst aufklären muß. Die Propaganda fordert Sie also auf, in eine Richtung zu gehen, die Sie spontan nicht einschlagen würden; Propaganda spricht Sie an als ein Kollektivindividuum, das mit allen anderen Staatsbürgern an einer übergreifenden Wirklichkeit – dem Gemeinwohl – teilhat, sich jedoch aus Bequemlichkeit, Faulheit, Egoismus oder Dummheit weigert, dies anzuerkennen.

In der kommerziellen Werbung hingegen schlägt Ihnen ein privater Anbieter (z. B. von Zigaretten, Alkohol, superschnellen Autos usw.) die Befriedigung eines privaten Bedürfnisses oder ein Privatvergnügen vor, das von vorneherein und unmittelbar individueller Natur ist. Die Werbebotschaft ist bestrebt, zwischen dem Verkäufer und dem potentiellen Käufer eine Art verschworener Gemeinschaft herzustellen und zu suggerieren, jeder von beiden verfolge einzig seinen privaten Vorteil; der eine wie der andere sei daran interessiert, alle weitergehenden Gesichtspunkte auszuschalten: Das einzige Ziel des Verkäufers besteht darin, dem potentiellen Kunden ein Vergnügen zu verschaffen, das diesen zum Kauf anreizt – einen Kauf, zu dem ihn nichts verpflichtet – und das einzige Ziel des Käufers soll nur im größtmöglichen Vergnügen bestehen.

Kompensatorische Güter und Dienstleistungen sind somit – per definitionem – keine *notwendigen* oder einfach nur *nützlichen* Güter und Dienstleistungen. Immer enthalten sie in ihrer Präsentation ein Element von Luxus, Überfluß und Traumhaftem, das den Käufer als »glücklich Privilegierten« auszeichnet und ihn damit vor dem Druck des rationalisierten sozialen Universums sowie der Pflicht, sich funktional zu verhalten, beschützt. Die kompensatorischen Güter werden also ebensosehr – wenn nicht gar mehr noch – ihrer *Nutzlosigkeit* halber begehrt wie wegen ihres Gebrauchswerts; denn dieses Element des Nutzlosen (von *gadgets* und überflüssigen Verzierungen) symbolisiert die Flucht des Käufers aus dem kollektiven Universum der funktionalen Notwendigkeit in eine private Nische souveräner Freiheit.

Man versteht bereits, warum nur die Steuerung über den Markt und nicht etwa schon eine geschmeidigere bürokratische Steuerung den Leistungszwang durch materiellen und symbolischen Leistungsanreiz ersetzen kann. Der funktionale Arbeiter, der die Entfremdung in seiner Arbeit akzeptiert, da ihm seine Konsummöglichkeiten hinreichende Kompensationen gewähren – dieser funktionale Arbeiter kann nur entstehen, wenn gleichzeitig auch der sozialisierte Konsument als seine Kehrseite auftaucht. Aber einzig ein marktwirtschaftlicher Sektor und seine kommerzielle Werbung können diese »Erziehung« zum Konsumenten leisten.

Ich werde im folgenden Kapitel noch darauf zurückkommen, daß die Steuerung über Konsumanreize stets nur eine äußerst instabile funktionale Integration der Arbeiter zustande bringen kann. Die angebotenen Kompensationen werden sie niemals völlig mit ihren Existenzbedingungen versöhnen oder dazu bringen können, diese dauerhaft zu akzeptieren. Das System muß daher den Einsatz beständig erhöhen und wachsende monetäre Kompensationen anbieten. Und in der Tat besteht eines der Charakteristika der »fordistischen Regulierung« genau in der wachsenden Monetarisierung von Bedürfnissen, Vergnügungen und Befriedigungen.

An dieser Stelle kommt es mir nur auf Folgendes an: Die Monetarisierung aller Bedürfnisbefriedigungen stellt selbst einen mächtigen Faktor sozialer Desintegration dar, dessen Effekte die bisher geschilderten Auswirkungen der funktionalen Arbeitsteilung und -festlegung noch verstärken. Der geldliche Ansporn zur funktionalen Arbeit kann ja seine Wirkung nur tun, wenn jeder die (von der kommerziellen Werbung genährte) Überzeugung teilt, alles, was ein einzelner könne, könne das Geld noch viel besser – d. h. die von entlohnten Fachkräften erstellten Güter und Dienstleistungen seien ihrem Wesen nach all dem überlegen, was man selbst bewerkstelligen könne: Enthalten käufliche Befriedigungen doch jenen Anteil von Zauber, Traumhaftem und Überfluß, der ihnen einen ihren Gebrauchswert bei weitem überschreitenden kompensatorischen Wert (und also einen Tauschwert) verleiht. Dank des Trommelfeuers der kommerziellen Werbung werden also die Bedürfnisse nach Geld ebenso schnell wachsen wie der gesellschaftliche Réichtum; bislang noch nicht lohnabhängige Schichten werden dazu angestachelt werden, sich gleichfalls eine Lohnarbeit zu suchen, die dann ihrerseits die Bedürfnisse nach kompensatorischem Konsum noch weiter vermehren wird.

Ursprünglich den Arbeitern als Ausgleich für die Funktionalisierung ihres Arbeitslebens vorgesetzt, wird so der kompensatorische Konsum selbst zum eigentlichen Ziel, um dessentwillen die funktionalisierte Lohnarbeit von Nicht-Beschäftigten angestrebt wird. Waren und Dienstleistungen werden jetzt nicht mehr als Kompensation zur funktionalen Arbeitswelt begehrt – umgekehrt: man strebt funktionale Arbeit an, um sich den Konsum von Waren leisten zu können. Damit entwickelt die »inzitative« Steuerung durch Konsumanreize eine Wirkung, die weit über ihre ursprüngliche Rolle hinausgeht und eine regelrechte kulturelle Mutation hervorruft. Das verdiente Geld macht eine Form von Bedürfnisbefriedigung möglich, die wichtiger wird als der Freiheitsverlust in der Arbeit selbst. Der Lohn wird so sehr zum wesentlichen Handlungsziel, daß alle Tätigkeiten ohne monetäre Vergütung unzumutbar werden. Das Geld ersetzt alle anderen Werte, um zu ihrem einzigen Maßstab zu werden.

Nun wird – wie wir wissen – kompensatorischer Konsum dem *Privat*individuum als Schutz und Nische gegenüber der kollektiven sozialen Welt dargeboten. Derartige Konsumgüter und Dienstleistungen laden dazu ein, sich in die Privatsphäre zurückzuziehen und »persönliche« Vorteile zu verfolgen. Sie tragen damit entscheidend dazu bei, die Netze von Solidarität und Beistand zu zerstören, sozialen und familiärem Zusammenhalt aufzulösen und Zusammengehörigkeitsgefühl zu zersetzen. Das derart durch die Welt des Konsums sozialisierte Individuum ist also kein sozial integriertes Individuum mehr – im Gegenteil: es wird dazu angeregt, nur insofern »es selbst sein« zu wollen, als es sich von den anderen unterscheidet; und es ähnelt den anderen nur mehr durch diese im Konsum *sozial kanalisierte* Weigerung, die gemeinsame Situation in gemeinsamem Handeln zu bewältigen.

Diese *asoziale Sozialisierung* hat eine notwendige Verstärkung der staatlichen Regelungskompetenzen zur paradoxen, aber völlig vorhersehbaren Konsequenz. Denn wenn ein jeder einzig seinen *individuellen* Vorteil verfolgt, so könnte dies nur in einem Milieu ohne jegliche Knappheit auch zu einem *kollektiven* Optimum führen: d.h. in einem Milieu, dessen Ressourcen ein grenzenloses Wachstum des Gesamtreichtums ermöglichten, wo in Abwesenheit materieller Härten und Engpässe der Vorteil des einen niemals dauerhafte Nachteile der anderen zur Folge hätte. Diese Welt der »unbegrenzten Möglichkeiten« – die Grundvorstellung der liberalen Ideologie – schien in einigen historischen Augenblicken, vor allem zur Zeit der Kolonisierung Amerikas, Wirklichkeit zu werden. Was jedoch den Rest der Geschichte angeht, so weiß man, daß in einem Milieu von Knappheit die Handlungen von Individuen, deren jedes nur den eigenen Vorteil verfolgt, vom materiellen Feld in einer Weise totalisiert werden, die den Handlungszielen der einzelnen Akteure zuwiderläuft und – nach der Ausdrucksweise von Marx – »unsere Erwartungen durchkreuzt, unsere Berechnungen zunichte macht«.[7] Sartre hat diesen Rückstoß des kollektiven Resultats gegen die individuellen Handlungsziele, aus denen es entspringt, »Gegen-Finalität« genannt[8]: z. B. die Rodung von Waldstücken, die von jedem Bauern zur Vergrößerung seiner Anbaufläche unternommen, aber im Ergebnis zu Bodenerosion und katastrophalen Überschwemmungen wird.

Eine der schlagendsten Widerlegungen der Steuerungsqualitäten des Marktes hat in diesem Zusammenhang Garrett Hardin mit seinem berühmten spieltheoretischen Szenario vorgelegt: »Die Tragödie der Almende«[9]. In diesem Szenario steht es jedem Bauer frei, je nach seinem Interesse so viel Vieh wie möglich auf dem Gemeindeland weiden zu lassen. Sobald nun die Weiden einmal mit dem Maximum an Vieh belegt sind, wird jede zusätzlich auf ihnen weidende Kuh den Milchertrag pro Rind zwangsläufig senken. Aber dieses Sinken des Milchertrags geschieht *auf Kosten aller,* während jeder einzelne Bauer seine eigene Milchproduktion durch Vergrößerung seiner Rinderherde erhöhen kann. Sein Interesse wird somit darin liegen, die eigene Herde so schnell wie möglich und schneller als alle anderen zu vergrößern. Indem so jeder seinen individuellen Vorteil verfolgt, trägt er unweigerlich bei zum Ruin aller. Nur die gebieterische Begrenzung der Gesamtzahl der Rinder und – worauf es praktisch hinausläuft – der zur Viehhaltung Berechtigten kann diese Entwicklung verhindern.

Am Ende der »inzitativen« Steuerung über das Einzelinteresse des Konsumenten entsteht damit erneut die Notwendigkeit der »präskriptiven« Steuerung durch staatliche Vorschriften: Reglementierung des Verkehrs, des Zinssatzes oder zugelassene Grenzwerte der Umweltverschmutzung, Flächennutzungspläne, Geschwindigkeitsbegrenzungen, gesetzliche Rentenversicherung, Steuern, Betrugsverbot oder öffentliche Dienstleistungen usw. – all diese Fesseln werden jedem bei der Verfolgung seines Einzelinteresses beständig angelegt; all dies sind Methoden, mittels derer sich der Staat der kollektiven Dimension der individuellen Handlungen annimmt, um ihre Gegen-Finalitäten zu begrenzen und zu verhindern, daß sie im kollektiven Ruin aller einmünden. So führt die funktionelle Integration vermittels »inzitativer« Steuerungsmedien – über individuelle Anreize, die ans Privatinteresse appellieren – unweigerlich zur Forderung, das Kollektivinteresse müsse von einer getrennten Instanz wahrgenommen werden: vom Staate. Dessen Zuständigkeiten dehnen sich auf immer weitere Bereiche aus, und seine Legitimität gründet sich auf den von den Bürgern verliehenen – und von ihm gesuchten – Auftrag, sich stellvertretend für sie um die öffentlichen Angelegenheiten zu kümmern.

Die Spaltung zwischen Gesellschaft und Staat, zwischen der Sphäre selbstgesteuerter Beziehungen und der Sphäre »präskriptiver« Fremdsteuerung, wird von da ab beständig an Schärfe zunehmen. Ist nämlich einmal die Sorge um das Allgemeinwohl von einer getrennten Instanz übernommen worden, so werden die öffentlichen Angelegenheiten unweigerlich zu seiner immer ausschließlicher für die Spitzen der staatlichen Verwaltung reservierten Domäne. Die Sphäre der Politik und die Kaste der Politiker verselbständigen sich zunehmend und koppeln sich vom sozialen und kulturellen Leben immer mehr ab. Die politischen Kämpfe drehen sich nur noch um »die politische Macht«, d. h. um das Recht auf die Leitung des Staatsapparats; und diese Kämpfe beschränken sich zunehmend auf Auseinandersetzungen zwischen Parteien, die sich für ihre Eignung zum Regierungsgeschäft auf ihre Kompetenz in der öffentlichen Verwaltung berufen und bei den Wählern nur noch um den Auftrag dazu werben. Der Kandidat, der sich für ein öffentliches Amt bewirbt, wird also nicht mehr damit für sein Mandat werben, daß er seine Amtsauffassung und seine politischen Zielsetzungen offenlegt und einer öffentlichen Debatte unterwirft – im Gegenteil: Er wird seine Sorge um die individuellen und sektorialen Interessen seiner potentiellen Wähler zur Schau stellen; denn diese selbst hält er für unfähig, zu Fragen des Allgemeinwohls oder gesellschaftspolitischen Fragen überhaupt Entscheidungen zu treffen. Der Wähler wird – mit anderen Worten – von der Wahlpropaganda vorrangig in seiner Eigenschaft als *Konsument* oder *Kunde* angesprochen; die Wahlkampagne ähnelt zunehmend einem Werbefeldzug: Zwar muß der Kandidat auch seine Kompetenz in staatlichen Angelegenheiten zur Schau tragen, doch gleichzeitig hat er durch sein Privatleben und öffentliches Verhalten unter Beweis zu stellen, daß er ebenso fühlt »wie die Leute draußen im Lande« – m. a. W.: daß er ihre diversen (und seien es noch so speziellen) Einzelinteressen gegen eventuelle staatliche Übergriffe verteidigen wird. Ebenso wie die kommerzielle Werbung muß der Kandidat für ein politisches Amt seinen Wähler-Kunden gegenüber also die *»Fürsorge«* beweisen, von der seinerzeit Jean Baudrillard[10] gesprochen hat. Der Politiker muß den Wählern also nicht nur die staatliche Fürsorge für ihre jeweiligen Sonderinteressen anbieten, sondern auch die staatliche Übernahme der Risiken versprechen, die ihnen aus der Funktionalisierung aller Tätigkeiten und der damit einhergehenden Abhängigkeit erwachsen.

Nur unter dieser Bedingung kann diese Funktionalisierung aller Lebensbereiche annehmbar und die funktionale Integration der Industriegesellschaft effektiv werden: Der Fürsorgestaat, der Wohlfahrtsstaat bietet dem funktionalen Arbeiter-Konsumenten für den Verlust seiner Autonomie soziale Kompensationsleistungen an: in Gestalt des Anrechts auf bestimmte Transfer- oder Zahlungsleistungen und auf bestimmte soziale Dienstleistungen. Solche kompensatorischen Dienste müssen den Verfall selbstgesteuerter sozialer Beziehungen und familiärer Solidaritätsbande ausgleichen, den die asoziale Sozialisierung durch die Welt des Konsums hervorruft. Indem nun der Wohlfahrtsstaat für die Menschen Dienstleistungen sicherstellt, die sich die Leute zuvor selbst gewährten, und indem er Bedürfnisse befriedigt, für die sie früher selbst zuständig waren, verschafft er ihnen nicht nur einen beträchtlichen Standard an sozialer Sicherheit; er erhöht auch die Zeit, die der Sozialisation (der schulischen Ausbildung), der Lohnarbeit und dem Warenkonsum gewidmet werden kann.

So ruft die Aufgabenteilung und Funktionalisierung der Arbeit auch in den anderen sozialen Lebenssphären verknüpfte Parallelprozesse hervor, die sich ihrerseits nach der jeweiligen Eigenlogik und Eigendynamik entwickeln müssen. Die Entfaltung der funktionalen Arbeit erfordert, um effektiv zu bleiben, die Entwicklung der kompensatorischen Konsumgüter; diese wiederum beschleunigt die Entwicklung der funktionalen Arbeit und läßt neue kompensatorische Bedürfnisse entstehen, die teilweise nur durch den Staat abgedeckt werden können. Diese staatliche Versorgung nun fördert ihrerseits wieder die Entfaltung der funktionalen Arbeit und des kompensatorischen Konsums; sie beschleunigt gleichzeitig das Austrocknen solidarischer Netze und ruft damit eine wachsende Nachfrage nach Versorgung durch den Staat und – gleichzeitig – ein wachsendes Abhängigkeits- und Klientelverhältnis gegenüber dem Staat hervor. Die Spaltung zwischen sozialem Leben und öffentlichem Leben verschärft sich – eine Spaltung zwischen den durch die asoziale Sozialisierung angesprochenen Einzelinteressen und dem Allgemeininteresse, zwischen den Wahlversprechungen und den systemischen Zwängen – und sie zieht eine beständige Ausweitung der Kompetenzen von öffentlicher Verwaltung und staatlicher Regelungsgewalt nach sich, währenddessen die parlamentarischen Institutionen zu bloßen Schattenspielen werden. Man ist nicht mehr weit entfernt von jener »plebiszitären Führerdemokratie«, die Max Weber vorhergesagt hat, in der die Gesellschaft sich zugunsten einer bürokratisch-industriellen Megamaschine aufgelöst hat, die nur noch durch die Vermittlung eines charismatischen Führers die Loyalität der

Die soziale Desintegration

Massen erhalten kann. Dieser Führer muß über die majestätische Autorität des Lenkers der staatlichen Maschinerie verfügen (nach Weber muß er dem Modell des »Führers mit Maschine« entsprechen) und gleichzeitig verständnisvolle Fürsorge für die alltäglichen Interessen und Probleme der Leute zeigen, die sich an ihn wenden und ihm die Führung des Staatswesens anheimgeben sollen.

Der Alptraum George Orwells in seiner Aktualisierung durch John Brunner[11] liegt am Ende der logischen Konsequenz dieser Entwicklungen: Es ist der Alptraum einer völlig desintegrierten, einer total aufgelösten Gesellschaft – einer Gesellschaft, in der alle selbstgesteuerten sozialen Beziehungen ersetzt worden sind durch funktionale Beziehungen zwischen programmierten und umfassend unterhaltenen Individuen – von Individuen, die durch dieselben Vergnügungen programmiert werden, zu deren Teilnahme sie beständig aufgefordert werden. Max Webers Schreckensvision einer völlig bürokratisierten, rationalisierten, funktionalisierten Gesellschafts-Maschine, in der jedes Individuum wie ein Rädchen funktioniert, ohne auch nur zu versuchen, den Sinn (wenn es ihn denn gibt) der von ihm ausgeführten Teilaufgabe zu verstehen – diese Gegenutopie könnte sich weit eher in einer geschmeidigen »kybernetischen« Version verwirklichen: An die Stelle der offen totalitären Indoktrinierung und Militarisierung durch den »großen Bruder« träte eine »individuell angepaßte« Vollversorgung durch fürsorgliche informatische Netzwerke. Das Ziel ist gleichwohl dasselbe; und auch die Ergebnisse unterscheiden sich nur durch die Feinheit der verwandten Instrumente: Die funktionale Rationalisierung der Individuen wird nicht mehr erzwungen durch »Gedankenpolizei« und Propaganda, sondern durch den sanften Zwang einer Manipulation, die die nicht-ökonomischen Werte für ökonomische Zwecke instrumentalisiert.

5. DAS ENDE DES ARBEITSHUMANISMUS

Wer entscheidet über die Zwecke und Weisen unseres Arbeitens? In den industrialisierten Ländern lautet die Antwort: das Kapital – in Gestalt seiner Funktionäre und/oder Eigentümer. Wir sahen bereits[1], daß in der industriellen Megamaschine Produktionstechniken und Herrschaftstechniken unauflöslich miteinander verwoben sind. Stephen Marglin hat gezeigt[2], daß die Unterteilung der Arbeitsaufgaben (beispielsweise in der Stecknadelfabrik) im Gegensatz zur Auffassung Adam Smiths nicht zur Produktivitätssteigerung, sondern allein zur Beherrschung der Arbeiter notwendig war: Der Unternehmer mußte die Arbeiter von ihren Produkten und ihren Arbeitsmitteln trennen, um ihnen die Arbeitsnormen, den Zeitrhythmus und die Leistungsbemessung aufzwingen zu können und sie daran zu hindern, selbst (und für sich selbst) etwas zu produzieren oder zu unternehmen.

Bedeutet das nun, die Arbeiter könnten, wenn sie sich Eigentum oder Verfügungsgewalt über die Produktionsmittel wiederaneigneten, von der Herrschaft des Kapitals befreit, selbst entscheiden, welche Arbeit sie verrichten wollen und wie? Die Antwort lautet: in einigen Fällen ja, aber in der Regel nein. Wenn die industriellen Produktionsmittel nämlich von Anfang an durch die »assoziierten Produzenten« innerhalb von Arbeiterkooperativen entwickelt worden wären, dann wären zwar die Unternehmen für die in ihnen Arbeitenden beherrschbar und kontrollierbar geblieben – *aber die Industrialisierung hätte gar nicht stattgefunden!* Was wir »Industrie« nennen, ist nämlich eine technische Konzentration von fixem Kapital, die nur auf Basis der Trennung des Arbeiters von den Arbeitsmitteln möglich war. Allein diese Trennung machte es möglich, die Arbeit zu rationalisieren und zu (ver)ökonomisieren, sie ein Surplus produzieren zu lassen, das die Bedürfnisse der Produzenten übersteigt und dieses wachsende Surplus zur Vervielfältigung der Produktionsmittel sowie zur Intensivierung ihrer Leistungsfähigkeit einzusetzen.

Die Industrie ist die Tochter des Kapitalismus, sie trägt sein unauslöschliches Mal. Sie konnte nur entstehen dank der ökonomischen Rationalisierung der Arbeit – die mit Notwendigkeit ihre Funktionalisierung einschloß –, und sie verewigt in ihrer Funktionsweise die ökonomische Rationalisierung wie einen Zwang, der die materielle Dinglichkeit ihrer Maschinerie durchtränkt hat. Entstanden aus der Trennung des Arbeiters von »seinem« Produkt und seinen Arbeitsmitteln, macht die industrielle Maschinerie diese Trennung selbst zur Notwendigkeit – auch wenn sie ursprünglich nicht zu diesem Zweck erfunden wurde. Sie kann also ihrem Wesen nach nicht durch die Arbeit angeeignet werden[3], und sie wird auch dann noch fortbestehen, wenn das Privateigentum an Produktionsmitteln und mit ihm das Primat des Profits längst beseitigt sein sollten. Es gibt dafür zwei eng miteinander verknüpfte Gründe:

1. Der erste Grund besteht darin, daß die industriellen Produktionsmittel als fixes Kapital funktionieren, und zwar unabhängig von ihrem sonstigen ökonomischen Regime und der Eigentumsverhältnisse. Das fixe Kapital ist – wie Marx gezeigt hat – wesentlich »tote Arbeit«, d. h. das materielle Resultat einer vergangenen *poíesis*, die fortwährend auf und durch die lebendige Arbeit wirkt, indem sie ihre Effektivität erhöht, aber ihr gleichzeitig Zwänge auferlegt. Sartre hat diese verflossene, in die bearbeitete Materie geronnene »tote« Arbeit, die vermittels der lebendigen Arbeit weiterwirkt und sie konditioniert, als »aktive Passivität«[4] beschrieben; Max Weber nannte sie »geronnenen Geist«:

»Eine leblose Maschine ist geronnener Geist. Nur, daß sie dies ist, gibt ihr die Macht, die Menschen in ihren Dienst zu zwingen und den Alltag ihres Arbeitslebens so beherrschend zu bestimmen, wie dies tatsächlich der Fall ist. Geronnener Geist ist auch jene lebende Maschine, welche die bürokratische Organisation mit ihrer Spezialisierung der geschulten Facharbeit, ihrer Abgrenzung der Kompetenzen, ihren Reglements und hierarchisch abgestuften Gehorsamsverhältnissen darstellt.«[5]

Wichtig ist hierbei, daß die träge *(inerte[6])* Materialität der Maschinerie (oder der das Maschinelle imitierenden Organisation) der vergangenen *poíesis* (der toten Arbeit, der Organisation) eine dauerhafte Macht über die Arbeiter verleiht: Indem sie die Maschinerie *bedienen,* sind sie gezwungen, ihr zu *dienen.* Diese Macht ist um so unausweichlicher, je höher die organische Zusammensetzung, also je bedeutender das Volumen des fixen Kapitals (von toter Arbeit, totem Wissen) pro Arbeitsplatz ist.

Um Mißverständnissen vorzubeugen: *Ich behaupte keineswegs,* die Industriearbeit könne überhaupt nicht »humanisiert« – d. h. in ihrem *Wie* selbstbestimmt und »selbstverwaltet« – werden; und ebensowenig sage ich, es sei unmöglich, die Maschinen so zu konzipieren und anzupassen, *daß sie die dem Arbeiter offenstehenden Spielräume von Selbstbestimmung erhöhen* und die Arbeit anregender, die Arbeitsbeziehungen kooperativer gestalten. Was ich behaupte, ist vielmehr, daß sich die »tote Arbeit«, der »geronnene Geist« zwischen den Arbeiter und das Produkt stellen und damit verhindern, daß die Arbeit als *poíesis* – als souveräne Gestaltung der Materie durch den Menschen – erlebt werden kann. Marx zeigt dies mit außergewöhnlicher Klarheit in den *Grundrissen* (und wir werden im Zusammenhang mit prozeßgesteuerten und automatisierten Industrien noch konkreter darauf zurückkommen müssen).

Solange das Arbeitsmittel noch »im eigentlichen Sinn des Wortes« Mittel, also ein von den Arbeitern gehandhabtes Werkzeug blieb – schreibt er –, »erleidet es nur eine formelle Veränderung«[7] dadurch, daß es auch als fixes Kapital fungiert. »In den Produktionsprozeß des Kapitals aufgenommen, durchläuft das Arbeitsmittel aber verschiedene Metamorphosen, deren letzte die Maschine ist oder vielmehr ein automatisches System der Maschinerie (...), in Bewegung gesetzt durch einen Automaten, bewegende Kraft, die sich selbst bewegt; dieser Automat bestehend aus zahlreichen mechanischen und intellektuellen Organen, *so daß die Arbeiter nur als bewußte Glieder desselben bestimmt sind*... Die Maschine erscheint in keiner Beziehung als Arbeitsmittel des einzelnen Arbeiters. Ihre differentia specifica ist keineswegs, wie beim Arbeitsmittel, die Tätigkeit des Arbeiters auf das Objekt zu vermitteln; sondern diese Tätigkeit ist vielmehr so gesetzt, daß sie nur noch die Arbeit der Maschine, ihre Aktion auf das Rohmaterial vermittelt – überwacht und sie vor Störungen bewahrt... die Maschine, die für den Arbeiter Geschick und Kraft besitzt, ist selbst der Virtuose, der eine eigene Seele besitzt... Die Tätigkeit des Arbeiters, auf eine bloße Abstraktion der Tätigkeit beschränkt, ist nach allen Seiten hin bestimmt und geregelt durch die Bewegung der Maschinerie, nicht umgekehrt. *Die Wissenschaft, die die unbelebten Glieder der Maschinerie zwingt, durch ihre Konstruktion zweckgemäß als Automat zu wirken, existiert nicht im Bewußtsein des Arbeiters, sondern wirkt durch die Maschine als fremde Macht auf ihn, als Macht der Maschine selbst. Die Aneignung der lebendigen Arbeit durch die vergegenständlichte Arbeit*..., die im Begriff des Kapitals liegt, *ist in der auf Maschinerie beruhenden Produktion als Charakter des Produktionsprozesses selbst (gesetzt),* auch seinen stofflichen Elementen und seiner stofflichen Bewegung nach...«[8]

Die Arbeit erscheint nur noch als »zerstreut, subsumiert unter den Gesamtprozeß der Maschinerie«, gegenüber dessen »gewaltigem Organismus« der einzelne Arbeiter sein Tun als »unbedeutend« empfinden muß: Er ist nur mehr »bloßes lebendiges Zubehör dieser Maschinerie«, und gemessen an ihr verschwindet »die verwertende Kraft des einzelnen Arbeitsvermögens als unendlich kleines«.

Ebenso »*verschwindet... am Produkt jede Beziehung auf das unmittelbare Bedürfnis der Produzenten* und daher auf unmittelbaren Gebrauchswert«.[9] Als Folge dieser »Verwandlung des Produktionsprozesses aus dem einfachen Arbeitsprozeß in einen wissenschaftlichen Prozeß« *ist die »einzelne Arbeit«, die »lebendige Arbeit« des einzelnen Arbeiters, »nur produktiv«* als

Bestandteil der »gemeinsamen, die Naturgewalten sich unterordnenden Arbeiten«.[10]

Im Klartext: Wenn die Natur beherrscht wird, so steht sie jetzt *im Dienste eines wissenschaftlichen Prozesses;* doch dieser Prozeß selbst *wird nicht vom Arbeiter oder von den Arbeitern beherrscht.* Im Gegenteil, er beherrscht sie »als fremde Macht«, ja »als Macht der Maschine selbst«: Denn die in sie eingeflossene Wissenschaft »existiert nicht im Bewußtsein des Arbeiters«, und natürlich kann sie von ihm innerhalb oder vermittels seiner Arbeit gar nicht gemeistert werden. Kurz: *Die Beherrschung der Natur durch den Menschen (durch die Wissenschaft) verkehrt sich in die Beherrschung des Menschen durch diesen Prozeß der Naturbeherrschung selbst.*

Man beachte nun, daß diese gesamte Beschreibung in all ihrer bewundernswerten Schärfe völlig unabhängig davon wahr bleibt, welche Eigentumsverhältnisse bestehen; sie bleibt wahr, ob nun die Maschinerie als fixes Kapital im Rahmen kapitalistischer Verhältnisse fungiert oder nicht. Sie bleibt auch dann wahr, wenn man das kapitalistische Eigentum und die damit gesetzten Produktionsziele (Profit, Akkumulation) beseitigt. Auch wenn Marx am Ende dieser seiner Argumentation bemerkt:

»Das Arbeitsmittel macht den Arbeiter selbständig – setzt ihn als Eigentümer. Die Maschinerie – als capital fixe – setzt ihn als unselbständig, setzt ihn als angeeignet. Diese Wirkung der Maschinerie gilt nur, soweit sie als capital fixe bestimmt, und sie ist nur dadurch als solche bestimmt, daß der Arbeiter als Lohnarbeiter, und das tätige Individuum überhaupt als bloßer Arbeiter sich zu ihr verhält.«[11]

Bei dieser Bemerkung handelt es sich um eine Behauptung, die Marx der vorhergehenden (und ihr widersprechenden) Analyse zusätzlich angefügt hat – und zwar hat er sie genau deshalb eigens hinzufügen müssen, weil sie in keiner Weise eine Schlußfolgerung aus dem Vorhergehenden darstellt. In der Tat ist überhaupt nicht einzusehen, wie Arbeiter an der Walzstraße oder in der Raffinerie jemals etwas anderes sein könnten als Lohnarbeiter; wie das, was sie produzieren, in unmittelbarer

Beziehung zu ihren Bedürfnissen stehen könnte; wie sie die Fabrikanlagen als ihr Arbeitswerkzeug ansehen könnten; wie sie, statt sich selbst als bloßen Bestandteil der Raffinerie oder des Eisenhüttenkomplexes zu empfinden, diese Anlagen für ihr Eigentum halten könnten (usw.)...

Wir werden noch ausführlicher auf den Charakter dieses Arbeitstyps zurückkommen, der nur noch ganz entfernte Beziehung zur »Arbeiter-Arbeit« im traditionellen Verstande aufweist. Die kurzen Anspielungen, die Marx in dieser Passage auf die Wissenschaft macht, fügen der Unmöglichkeit für die einzelnen, sich die Maschinerie aneignen zu können, noch eine weitere Dimension hinzu: die Unmöglichkeit einer Aneignung der gewaltigen Masse von notwendigerweise spezialisierten Kenntnissen, die in der gesellschaftlichen Produktion kombiniert werden.

2. Ursprünglich hatte die Arbeitsaufteilung (in der Manufaktur, der Fabrik) die Beherrschung der Arbeiter zum Hauptziel. Einmal in Gang gesetzt, zieht sie jedoch eine fortschreitende Spezialisierung der Produktionsmittel selbst nach sich und befördert so ihre Mechanisierung und Automatisierung. Eine immer engere Spezialisierung der wissenschaftlich-technischen Kenntnisse und Disziplinen ist die Folge: die Anhäufung einer wachsenden Masse von Erkenntnissen über immer eingeschränktere Bereiche – und die immer mühseliger werdende notwendige Koordinierung der spezialisierten Teilproduktionen, die zum Gesamtprozeß der gesellschaftlichen Produktion beitragen.

Dieses Auseinanderfallen der Produktion in zahllose einzelne Produktionstätigkeiten, die für sich genommen völlig wertlos und nur in Kombination mit anderen Teilarbeiten produktiv sind, nennen wir die *makro-soziale Arbeitsteilung*. Man sollte sie nicht mit der tayloristischen Parzellierung der Arbeit auf Betriebs- oder Abteilungsebene verwechseln. So sehr auch die Parzellierung der Arbeit überwunden werden kann – durch Neuzusammensetzung und Aufwertung der Arbeit, durch technische Selbstverwaltung komplexer Aufgaben in autonomen oder teilautonomen Gruppen – so irreversibel ist die makrosoziale Arbeitsteilung. Sie beruht im wesentlichen darauf, daß die Masse des in einem Industrieprodukt – selbst in einem alltäglichen Gebrauchsgegenstand – verkörperten Wissens bei weitem die Aufnahmefähigkeit eines einzelnen oder auch Tausender einzelner übersteigt. Schließlich beruht der Reichtum der Industriegesellschaften ja genau auf ihrer historisch neuen Fähigkeit, mittels organisatorischer Verfahren eine weitaus höhere Vielfalt von Teilerkenntnissen zu kombinieren, als dies die Träger dieser Kenntnisse selbst – auf dem Wege wechselseitigen Einverständnisses und bewußten, freiwilligen, selbstgesteuerten Zusammenwirkens – vermöchten.

Will man beispielsweise die Vielfalt der in einem Fahrrad enthaltenen Spezialkenntnisse untersuchen (um ein relativ simples Produkt zu nehmen, verglichen etwa mit der Komplexität eines Automobils oder Fernsehapparats), so reicht es keineswegs aus, nur die Kenntnisse zu berücksichtigen, die in den verschiedenen, die Fahrrad-Einzelteile herstellenden Industrien zur Anwendung gelangen. Darüber hinaus muß man die Kenntnisse in Rechnung stellen, die in den in diesen Industrien verwandten Fertigungsmaschinen bereits enthalten sind: Maschinen zum Drahtziehen, zum Rohrgießen von Speziallegierungen, zum Getriebe Schneiden, zum Herstellen von Ketten; Maschinen zur Elektrolyse, zum Fertigen von Kugellagern, zur Lackherstellung usw.... Und alle diese Kenntnisse müssen ihrerseits im Rahmen eines komplexen Netzwerks von Forschungszentren, Hoch- und Fachschulen usw. produziert, übermittelt und beständig erneuert werden. Jeder Arbeiter, jede Arbeitsgruppe und Produktionseinheit wird nur ein Bruchteil des Wissens beherrschen können, das in den oftmals Hunderte von Kilometern voneinander entfernten Zulieferbetrieben (natürlich nicht nur) für die Fahrradproduktion zur Anwendung kommt.

Die Individuen, aus denen sich der »produktive Gesamtarbeiter« zusammensetzt, sind also überhaupt nicht dazu in der Lage, souveräne *Subjekte* der Fahrradproduktion zu werden, sich also gleichzeitig den technischen wie den sozialen Produktionsprozeß anzueignen. Sie können zwar *Machtpositionen* von Selbstverwaltung und Arbeitskontrolle erkämpfen, doch diese in der Kugellagerfabrik, der Kettenfabrik, der Rohrfabrik, der Reifenfabrik (usw.) errungenen Machtbefugnisse werden ihnen niemals die Beherrschung von *Sinn* und Zweck ihrer Arbeit verschaffen. Diese Arbeit mag fesselnd und anregend sein (oder dazu gemacht werden) – niemals wird sie die »vollständige Entfaltung der Individuen« in und durch ihre gesellschaftliche Zusammenarbeit gewährleisten können. Schlimmer noch: Niemals wird sie jene *Arbeiterkultur* hervorbringen können, die zusammenfallen sollte mit dem *Humanismus der Arbeit* und die bis in die zwanziger Jahre die große Utopie der sozialistischen und Gewerkschaftsbewegungen war.

Damit hat sich die Grundlage, auf der sich eine Kultur der Arbeit überhaupt hätte entwickeln können, als Ergebnis der Spezialisierungen des Produktionswissens aufgelöst. Denn was potentiell alle Arbeiter in einer gemeinsamen Kultur vereinte, das war nicht allein ihre materielle Lage, sondern ihr Produktionsbewußtsein. Vereint wurden sie in Weltdeutungen, die sich aus einer als gemeinsam vorgestellten Erfahrung herleiteten und umgekehrt de facto äußerst heterogene Lagen der Arbeiterschaft durch gemeinsame Praxisformen zu vereinen vermochten: durch das Bewußtsein ihrer gemeinsamen poietischen Kraft. Ob sie nun Bergleute, Maurer, Erdarbeiter, Gießer oder Schlosser waren, ihren verschiedenen Berufen war stets eine körperliche Konfrontation mit dem jeweiligen Werkstoffe gemein, die *eine manuelle, sich jeder Formalisierung entziehende Intelligenz* verlangte. Ebendies verstand man unter *Beruf*: rasches Urteils- und Reaktionsvermögen – schneller als jede verbale Kommunikation; unmittelbar synthetische Auffassungsgabe –, die Fähigkeit zum direkten Erfassen und Bearbeiten der Situation durch manuelles *know how*. Die Arbeitssituation war also eine Herausforderung an die menschlichen Fähigkeiten und der *gute Arbeiter* konnte stolz darauf sein, sich dieser Herausforderung gewachsen zu zeigen und damit die souveräne Macht des Menschen über die Materie unter Beweis zu stellen. Das galt noch mehr für körperliche Arbeiten, die – als Bergleute, Eisenhüttenarbeiter, Kesselschmiede, Erdarbeiter, Bauleute oder Werftarbeiter – *übrigens die größten Kontingente der Arbeiterarmee beschäftigten,* als für die Arbeiten an der Maschine.

Dieser Umstand, daß die Produktion in ihrer Qualität, Quantität und ihren Kosten von nicht formalisierbaren Fähigkeiten der Arbeiter abhängig blieb, war selbstverständlich vom Standpunkt der ökonomischen Rationalität aus inakzeptabel. Um vollständig berechenbar und vorhersehbar zu werden, durfte die Produktion nicht mehr auf der Fähigkeit von Arbeitern beruhen, deren Produktionsleistung besser oder schlechter, schneller oder langsamer sein mochte. Die produktiven Tätigkeiten der verschiedenen Individuen mußten strikt identisch, in ihren Ergebnissen austauschbar und nach derselben Elle meßbar, ihre Leistungen miteinander vergleichbar werden. Dazu mußte (wie dies Max Weber sehr gut gesehen hat) die Arbeit von der Persönlichkeit des Arbeiters abgelöst, rationalisiert und derart verdinglicht werden, daß dieselbe Arbeitsleistung von jedem x-beliebigen Arbeiter in jeder x-beliebigen Fabrik an jedem x-beliebigen Ort – ja: in jedem x-beliebigen Land der Welt – vollbracht werden könnte. Die Rationalisierung der Arbeit verlangte zunächst die Rationalisierung, dann die Standardisierung der Maschinen; diese wiederum erforderte die Standardisierung der Produkte und letztere die Standardisierung der Arbeiter selbst. Dieselben Produkte sollten überall mit denselben »Bewegungsabläufen« und nach denselben Verfahren auf Maschinen nach denselben Industrienormen hergestellt werden – so daß die in Bukarest fabrizierten Muttern auf die in Billancourt hergestellten Schrauben passen und die Mikro-Schaltkreise aus Singapur in die in Eindhoven oder Nürnberg gefertigten Apparate.

Ursprünglich ein Erfordernis der kapitalistischen ökonomischen Rationalisierung, ist die Verdinglichung der Arbeit oder die – immer umfassendere, wenngleich weder endgültige noch totale – Zerstörung der Berufe schließlich aufgrund der makrosozialen und internationalen Arbeitsteilung weitgehend irreversibel geworden. Sie ist in die Technik von Produktion und Produktplanung eingeschrieben und längst nicht mehr, wie noch Georg Lukács glaubte[12], allein der Tatsache geschuldet, daß das Kapital die Arbeitskraft als Ware behandelt. Die Verdinglichung würde auch fortbestehen, wenn man den Arbeitsmarkt zugunsten eines lebenslänglich garantierten Grundeinkommens abschaffte (wie dies zeitgenössische Sozialreformer vorgeschlagen haben[13]) – wenngleich in einer solchen Hypothese die industrialisierte und rationalisierte Warenproduktion aufhören könnte, die wichtigste Produktionsform zu sein.

Mit der Zerstörung der Berufe waren Arbeiterkultur und Arbeitsstolz zum Verschwinden verdammt. Die taylorisierte Fabrik verwirklichte das Ideal der Manufakturbesitzer aus dem 18. Jahrhunderts, für die »halbe Idioten« die besten Arbeitskräfte waren, die man sich vorstellen konnte.[14] Unter diesen Bedingungen konnte die Arbeitsethik nicht weiterbestehen – außer in einer immer kleineren Schicht von Facharbeitern, die allerdings in den Arbeiterorganisationen ihre Vormachtstellung zu wahren wußten. Da diese Schicht jedoch nicht mehr beanspruchen konnte, die Zukunft der gesamten Arbeiterklasse und der Gesellschaft zu verkörpern, verlor auch ihre Arbeitsethik ihren humanistischen Charakter. Sie wurde zur ständischen, elitären und nunmehr konservativen Ethik der Facharbeiter-Produzenten, von denen sich eine Masse von Arbeiter-Konsumenten immer schärfer abgrenzte: Für letztere war die tayloristische Fabrik nur noch ein Zuchthaus, ebenso übrigens wie für die neuen Angestelltenmassen das Büro. Soweit die klassische Arbeitskultur weiterbestand, überlebte sie als Überbleibsel, verkörperte jedoch nicht mehr die *Zukunft der Arbeiter* überhaupt. Die alte Arbeiterkultur war jetzt nur noch technische Kultur, Korpsgeist einer *Berufsgruppe:* also das, was die Deutschen »Expertenkultur«[15] nennen, d.h. ein Ensemble spezialistischer Detailkenntnisse und Techniken ohne Wurzeln oder Gebrauchswert in alltäglichen Lebensbezügen.

Die Risse in der Gewerkschaftsbewegung während des Jahrzehnts 1965-1975 waren das Ergebnis dieses Auseinanderfallens der Arbeiterschaft in die *Klasse* der Facharbeiter-Produzenten und die *Masse* der Arbeiter-Konsumenten, d. h. der Angelernten und Hilfsarbeiter[16], die sich »mit nichts mehr identifizieren, vor allem nicht mit ihrer Arbeit«. Wie die Verfasser von *Le Travail et après*[17] gezeigt haben, konnten sich die Massenarbeiter nicht mehr als *Produzenten* begreifen und sich ebensowenig »über ihre Rolle in der Produktion definieren lassen, ... denn ganz offensichtlich war diese ihre Rolle gleich Null: angelernt, Hilfsarbeiter, ohne Berufsausbildung, reine Arbeitskraft – Maloche, Glotze, Poofe ... und Sense«.[18]

»Der Lohn könnte gar nicht mehr als Preis der Arbeit erscheinen, da diese Arbeit offenkundig keinerlei individuellen Charakter mehr hat. Bezahlt wird der Arbeitsplatz und nicht die Arbeit ... d. h. die Maschine, nicht der Mensch ... Hier kann keine Bindung an den Arbeitsplatz oder an den Betrieb mehr bestehen ... Der Massenarbeiter feilscht nicht um den Wert seiner konkreten Arbeit, um deren uniformen, allgemeinen Charakter er weiß. Was er verlangt, ist die größtmögliche Bezahlung für seine Arbeitskraft als unterschiedsloses Element eines kollektiven Prozesses der Reichtumsproduktion ... Jeder verrichtet dieselbe Arbeit, darum wollen wir alle gleich und so teuer wie möglich bezahlt werden ... Der Massenarbeiter verlangt das Recht auf Teilhabe am allgemeinen Reichtum, an dessen Produktion er durch seine abstrakte Arbeit als gesellschaftlich notwendige Tätigkeit mitwirkt.«[19]

Kurz: Für die Masse der Arbeiter ist die Leitutopie nicht mehr die »Arbeitermacht«, sondern die Macht, nicht mehr als Arbeiter funktionieren zu müssen; der Akzent liegt immer weniger auf der Befreiung *in der Arbeit* und immer mehr auf der Befreiung *von der Arbeit*[20] – bei voller Einkommensgarantie.

In allen Teilen der industrialisierten Welt hat die Revolte der Massenarbeit gegen die »wissenschaftliche Arbeitsorganisation« – d. h. die extremste Form der tayloristischen Parzellierung der Aufgaben und Tätigkeiten – zu einer Desorganisation ganzer Industriezweige und einem sprunghaften Anstieg der Lohnkosten geführt. Die Motive dieser Revolte konnten nicht oder kaum in die Forderungslogik der gewerkschaftlichen Tarifverhandlungen übersetzt werden. Eine *Masse* von Arbeitern entzog sich nämlich der *Klassen*logik der Arbeiterorganisationen – und ebenso den Vermittlungs- und/oder Repressionsbemühungen von Parteien und Regierungen. Das war die Periode der wilden Streiks, des massiven Krankfeierns und des Absentismus überhaupt, der Sabotagen am Produkt. Die vom ökonomischen Standpunkt aus rationellste Organisation hatte ein ihren Zielen völlig zuwiderlaufendes Resultat hervorgebracht. Ihre Aufgabe war, Arbeitskosten und Arbeitsproduktivität strikt vorhersehbar und planbar zu machen. Zu diesem Zweck hatte sie die Arbeit in bis auf die Hundertstel-Sekunde registrierte und gemessene ergonomische »Arbeitsabläufe« zerlegt. Die Rationalität der Arbeit sollte nunmehr – als Arbeitsorganisation – auf einer eigenständigen Grundlage beruhen und in keiner Weise mehr von den subjektiven Dispositionen der Arbeitskräfte abhängen. Die Fabrik sollte um so besser funktionieren, *je weniger sie angewiesen war auf den Kooperationsgeist* der Arbeiter. Die Fremdsteuerung ihres Verhaltens sollte auf »wissenschaftlichem« Wege sichergestellt werden: durch scheinbar völlig anonyme Sachzwänge, die die gebieterischen Erfordernisse der Maschinerie darstellten.

Dieser Typus geplanter Fremdsteuerung wurde in fortschreitendem Maße immer unerträglicher, je mehr die als ihre Ergänzung vorgesehene Verhaltenssteuerung über materielle und symbolische Anreize an Wünsche und Bedürfnisse appellierte, die in völligem Gegensatz zu den funktionalen Arbeitserfordernissen standen. Wie wir sahen, bestanden diese »inzitativen Steuerungsmedien« in den kompensatorischen Konsumgütern, die die Konsumgesellschaft ihren Arbeitern vorspiegelte. Diese Gesellschaft stellte also die hedonistischen Werte von Annehmlichkeit, unmittelbarem Genuß und geringstmöglicher Anstrengung in den Vordergrund, verlangte aber von ihren Massenarbeitern gleichzeitig, am Arbeitsplatz diametral entgegengesetzten Werten zu folgen – und dies in einem allgemeinen Klima ökonomischen Wachstums und offen zur Schau getragenen Überflusses. Das Arbeitsleben wurde zur Negation des Lebens außerhalb der Arbeit und umgekehrt. Das von der Konsumgesellschaft der Arbeit vorgesetzte Ziel lag darin, nicht mehr zu arbeiten. Die Motivationen, die die funktionale Integration der Arbeiter sicherstellen sollten, motivierten die Ablehnung dieser Integration selbst: die Verweigerung der Arbeit.

Die Rationalisierung der Arbeit hatte also ihre Grenze erreicht. Die Massenarbeiterrevolte offenbarte, daß die optimale ökonomische Effizienz *nicht* durch die ökonomische Durchrationalisierung der Arbeitsgänge zu erreichen war. Eine Revision war angesagt, die, auf mehreren Ebenen gleichzeitig unternommen, eine neue Arbeitsethik wiedererwecken sollte. Die dazu entfalteten Bemühungen sollten verschiedene Motivationen ansprechen:

Erstens sollte die Arbeit selbst dank einer gewissen Neuzusammensetzung der Teilaufgaben befriedigender und autonomer gestaltet werden. Relativ komplexe Aufgaben sollten von halbautonomen Arbeitsgruppen übernommen werden; diese könnten ihre Arbeit untereinander nach Belieben aufteilen, ihr Tempo im Verlauf des Arbeitstages variieren und das Ergebnis kontrollieren. Diese neue Form der Arbeitsorganisation könnte nicht nur die Motivation für eine erneut als *Tätigkeit* und *Teamwork* erlebte Arbeit erhöhen, sondern sollte gleichzeitig Leistungssteigerungen und Reduktion des Absentismus ermöglichen sowie – vor allem ! – die »Flaschenkorken«-Streiktaktik unmöglich machen, mit der bisher ein paar Dutzend Arbeiter ganze Fabriken lahmlegen konnten.

Zweitens hätte diese Reform der Arbeitsorganisation nur beschränkte Tragweite gehabt, wäre sie nicht von einem technologischen Wandel und einer ökonomischen Krise begleitet gewesen, die gemeinsam ein sprunghaftes Ansteigen der Arbeitslosigkeit[21] und eine extreme soziale Differenzierung zwischen verschiedenen Lohnarbeiterschichten bewirkten. In der Industrie und den industrialisierten Dienstleistungen erlaubten Arbeitsplatzvernichtung und technische Restrukturierung eine äußerst selektiv vorgehende Reduktion der Beschäftigtenzahlen: repetitive Arbeiten wurden zunehmend automatisiert, Hilfsarbeiter und unqualifizierte Angestellte entlassen, in die Frühverrentung abgeschoben oder zur Umschulung aufgefordert. Ein stabiler Arbeitsplatz in einem großen Unternehmen wurde damit zu einem Privileg, das man sich erst verdienen muß; und dies um so mehr, als die Großunternehmen lernten, nach japanischem Vorbild eine größtmögliche Anzahl von Produktions- und Dienstleistungen im Subkontraktverhältnis von oftmals winzigen Satellitenfirmen abdecken zu lassen: Im Grenzfall bestehen solche Untervertragsfirmen nur noch aus einem einzigen Handwerker-»Unternehmen«, der ausschließlich für die große Firma mit einem von dieser geliehenen Kapital arbeitet; häufig ist diese »untergetauchte Ökonomie« (wie sie in Italien heißt) nahezu »im Untergrund«, d. h. jeder Gewerbeaufsicht oder Gewerkschaftskontrolle entzogen; manchmal wurden diese Mittel- und Kleinfirmen sogar auf Anregung des Mutterunternehmens von ehemals bei ihm Beschäftigten gegründet.

Somit kann sich die Mutterfirma – wiederum nach japanischem Vorbild – erlauben, nur mehr eine stabile Kernbelegschaft von Arbeitern zu behalten, die nach ihrer Qualifikation, nach Lern- und Anpassungsfähigkeit gegenüber technischen Innovationen, nach Kooperationsgeist und Firmenloyalität ausgesucht werden. Dieselbe Antwort soll es also ermöglichen, gleichzeitig mit der ökonomischen Krise und der Krise der Arbeit fertigzuwerden: die Wiedererschaffung einer Facharbeiterelite und die Rehabilitierung der beruflichen Leistungsethik.

Damit ist die Kehrtwende komplett: Es handelt sich um nichts Geringeres als um die Wiederherstellung jener Einheit von Arbeit und Leben, die die ökonomische Rationalisierung geglaubt hatte, zugunsten einer rein instrumentellen Arbeitsauffassung abschaffen zu können. Das Unternehmen soll – begünstigt durch die Krise, die Verschärfung der Konkurrenz und den technischen Wandel – wieder zu einem Ort werden, in dem nicht nur funktionale Integration herrscht, sondern auch Sozialintegration und berufliche Entwicklung. So jedenfalls lautet die neue Ideologie vom »menschlichen Faktor«. Und in mancher Hinsicht scheint sie im Vergleich zum ökonomischen Pan-Rationalismus durchaus einen Fortschritt darzustellen: Erkennt sie doch scheinbar an, daß die Arbeitskraft kein Instrument wie alle anderen ist, daß ihre Effektivität und Leistungsfähigkeit von Faktoren abhängt, die nach Kriterien ökonomischer Rationalität allein weder berechnet noch bestimmt werden können: Betriebsklima, Arbeitszufriedenheit, menschliche Qualität der sozialen Beziehungen (usw.).

In anderer Hinsicht jedoch bereitet die Ideologie vom »menschlichen Faktor« die Instrumentalisierung – oder, wie Habermas sagt, die Kolonialisierung – nicht-ökonomischer Erwartungen durch die ökonomische Rationalität vor: Das »Unternehmen neuen Typs« bemüht sich zwar, derartige nichtökonomische Bedürfnisse zu berücksichtigen, aber nur, weil sie ganz besondere Faktoren betrieblicher Produktivität und »Wettbewerbsfähigkeit« darstellen. Die Frage ist nun, ob diese neue Berücksichtigung qualitativer Bedürfnisse *nur* einer noch intensiveren Ausbeutung und Manipulation der Arbeiter den Weg bahnt – oder ob sich hier *auch* eine Verselbständigung außerökonomischer, nicht quantifizierbarer Werte abzeichnet: ein Selbständig-Werden humaner und moralischer Güter, das schließlich so weit gehen muß, die Rechte der ökonomischen Logik im Namen eigener Rechte einzuschränken.

6. DER ARBEITSIDEOLOGIE LETZTES GEWAND

Neben den Befürwortern der Aufgabenparzellierung – die die Auffassung vertraten, ein Arbeiter sei leistungsfähiger, wenn er wie eine Maschine zu funktionieren habe – hatte eine Minderheit von »Humanisten« immer die gegenteilige These verfochten: Da der Mensch keine Maschine sei, müsse er seine Arbeit lieben und die Ziele seines Unternehmens als die seinen ansehen können, um das Beste zu geben.

Wenn sich diese These in der großen Industrie niemals hat durchsetzen können, so deshalb, weil sie aufgrund einer Verkettung von Gründen nur schwer anwendbar war: Die verschiedenen Abteilungen und Werkhallen einer Großfabrik mußten mit einer gewissen Gleichzeitigkeit so aufeinander abgestimmt funktionieren, daß jede gerade genug Werkstücke oder Einzelteile herstellte, um die Endmontage immer ausreichend zu beliefern. Berechenbarkeit und Verläßlichkeit des Ausstoßes waren genauso wichtig wie die Arbeitsleistung – wenn nicht noch wichtiger. Daher rührt das Gewicht der Methodenabteilung, deren Bürokratie sich mit peinlicher Kontrollbesessenheit dem winzigsten Funken von Arbeiterautonomie widersetzt. Wie William F. Whyte in seiner hervorragenden Studie *Money and Motivation* bemerkt: »Die Direktion ist derart bemüht, die Arbeiter zu kontrollieren, daß sie das unterstellte Organisationsziel selbst aus den Augen verliert. Ein unvorbereiteter Besucher wäre sicher erstaunt zu erfahren, daß dieses Ziel in der *Gewährleistung des Produktionsablaufs* besteht. Wenn es möglich gewesen wäre, bestimmte von Roy beschriebene Regelungen tatsächlich durchzusetzen, so wäre ein Bremsen der Produktion die Folge gewesen.«[1]

Doch ist dies nur eine Seite des Problems. Die Kontrollbesessenheit und Berechnungswut betrieblicher Methodenabteilungen ist nämlich in Wirklichkeit nur sehr selten durch unabweisbare technische oder wirtschaftliche Sachzwänge veranlaßt. Diese dienen vielmehr stets *auch* als Alibi für den Willen zur Beherrschung der Arbeiter durch das Kapital: d. h. für das grundlegende Mißtrauen der Betriebsleitung gegenüber ihren »von Natur aus« für arbeitsscheu gehaltenen Arbeitskräften, die um so bereitwilliger der »Drückebergerei« verdächtigt werden, je mehr die Unternehmensziele den Arbeitern strukturell fremd, ja feindlich sind und daher geheimgehalten werden müssen.

In kleinen oder mittleren Unternehmen können solche technischen Kontroll- und damit Herrschaftszwänge ohne große Schwierigkeit überwunden werden; in Großbetrieben ist dies nur um den Preis umfänglicher Veränderungen möglich, die um so mühsamer ausfallen, als sie ja gleichzeitig die technische (und räumliche) Organisation und die Struktur der Personalhierarchie betreffen müssen. Von mehreren Beispielen ausgehend zeigt nun William F. Whyte, daß die Organisation derart modifziert werden kann, daß die Arbeiter ihre Arbeit lieben können, die Betriebsziele zu den eigenen machen und Produktivitätsreserven und Kenntnisse mobilisieren, die sie gewöhnlich für sich behalten. Der Erfolg dieser Art Reorganisierung setzt natürlich Beziehungen wechselseitigen Vertrauens zwischen der Betriebsleitung und den organisierten Arbeitern voraus – d. h. die Anerkennung eines Rechts der Beschäftigten auf Selbstorganisierung, Eigeninitiative und Beteiligung an den Entscheidungen ebenso wie ihre Gewinnbeteiligung an den Ergebnissen.

Diese Politik der »Arbeitnehmerbeteiligung« oder Mitbestimmung – wovon bereits der Scanlon-Plan eine sehr detaillierte Form darstellte, die sogar den dreißig Jahre späteren »Qualitätszirkeln« voraus war[2] – scheitert jedoch früher oder später an folgender Klippe: Das Verkaufsvolumen muß mindestens mit derselben Geschwindigkeit wachsen wie die Arbeitsproduktivität, sonst kann die Arbeitsplatzsicherheit der Belegschaft nicht mehr garantiert werden. Nun gelingt es den

Ein letztes Gewand

Beschäftigten aber dank ihrer gehörigen Motivation, die Produktivität in erstaunlichen Größenordnungen zu steigern (bis zu jährlich 20% über mehrere Jahre nacheinander, nach den von Whyte angeführten Beispielen[3]). Das Verkaufsvolumen des betreffenden Unternehmens kann nun mit diesem Wachstumstempo nicht mithalten. Früher oder später kommt also unweigerlich der Augenblick, an dem die Geschäftsleitung entscheidet, zur Kostenreduktion Mitarbeiter zu entlassen – und damit die betriebliche Entscheidungsgewalt wieder alleine an sich reißt. Mit einem Schlag ist die »Partnerschaft« von Arbeit und Kapital zerstört; die Arbeiter müssen feststellen, daß ihre »vertrauensvolle Zusammenarbeit« mit der Geschäftsleitung auf Täuschung beruhte; antagonistische Klassenverhältnisse gewinnen wieder die Überhand.[4]

Ein auf Zusammenarbeit zwischen Arbeitern und Betriebsleitung gegründetes System kann also nur dann dauerhaft bestehen, wenn letztere ihren Lohnabhängigen tatsächlich Arbeitsplatzsicherheit – und das heißt: *eine lebenslange Beschäftigung!* – garantiert. Nur unter dieser Voraussetzung kann es *soziale Integration* im Unternehmen geben, nach dem japanischen Modell. Aber um ihren Betriebsangehörigen diese lebenslange Beschäftigung garantieren zu können, geben die großen japanischen Unternehmen per Untervertrag all die Produktionen und Leistungen, an deren Abwicklung die Mutterfirma kein lebenswichtiges Interesse hat, an ein riesiges Netzwerk peripherer Unternehmen ab.

Diese Subkontraktfirmen dienen dann als Puffer für konjunkturelle Schwankungen: Sie stellen ein und entlassen je nach den Schwankungen der Nachfrage und können dies um so leichter tun, als ihre Arbeiter im Regelfall über keinerlei gewerkschaftlichen oder sozialen Schutz verfügen. *Die Beschäftigungsgarantie in der Mutterfirma hat als Kehrseite prekäre Beschäftigungsverhältnisse und fehlende soziale Sicherheit im Rest der Volkswirtschaft*. Lebenszeitbeschäftigung und soziale Integration der Arbeiter stellen *Privilegien* dar, *die nur einer Elite vorbehalten sind* (ca. 25% der japanischen Lohnabhängigen i. J.

1987, mit deutlich sinkender Tendenz, da die alten oder frühzeitig verrenteten Arbeiter nicht vollständig ersetzt werden). Diese Privilegien sind mit der ökonomischen Rationalität nur im Rahmen einer gespaltenen Gesellschaft – einer *dual society* – vereinbar; und diese Spaltung oder »Dualisierung« ist in allen industrialisierten Ländern seit Mitte der 70er Jahre zur beherrschenden Tendenz geworden.

Überall finden wir in der Tat dasselbe Bild: Eine privilegierte Schicht stabiler und ihrem Betrieb ergebener Kernbelegschaften steht mittlerweile einer wachsenden Masse von prekär Beschäftigten, Zeitarbeitern, Arbeitlosen und Jobbern gegenüber. Denn die Integration einer Elite von Kernbeschäftigten ins Unternehmen, die in Japan in der kulturellen Tradition verankert war, ist inzwischen für alle auf dem Weg der Robotisierung befindlichen Industriezweige zur technischen Notwendigkeit geworden. Die Frage stellt sich gar nicht mehr, ob die Geschäftsleitungen es vorziehen, die Arbeiter statt durch Zwangsmaßnahmen über Vertrauen und Zusammenarbeit zu motivieren. Sie haben längst keine Wahl mehr: Kostensenkungen sind nur noch dadurch möglich, daß die taylorisierten Fließbänder und ihre Massenarbeiter abgeschafft und durch automatisierte Anlagen ersetzt werden, die jedenfalls in einigen entscheidenden Betriebsabteilungen einen Arbeiter neuen Typs erfordern.

Dieser Arbeiter muß – wie wir gleich noch detaillierter sehen werden – dazu in der Lage sein, innerhalb eines polyvalenten (für vielfältige Aufgaben zuständigen) Teams selbständig die Steuerung einer automatisierten Anlage zu übernehmen. Er muß rasche Entscheidungen fällen können; er muß mit Gleichrangigen, die in eigener Verantwortung ihre Aufgabe untereinander aufteilen, situationsadäquat kooperieren können; er muß über Entscheidungsautonomie und Verantwortungsbewußtsein verfügen. Die Geschäftsleitung ist somit strukturell außerstande, solche polyvalenten Arbeitsgruppen – wie sie z.B. in der Automobilindustrie ganze Produktionsabteilungen kontrollieren – ständig zu befehligen, zu überwachen und am Gängelband zu führen. Sie muß diese Arbeiter neuen Typs an sich binden, sie psychologisch und sozial »aufbauen«, ein neues Unternehmensbild, eine *corporate identity* für ihren »Produktionsspezialisten« konstruieren: der Fachmann im orangenen Hemd, mit sauberen Händen und aufgewecktem Geist, der nichts mehr gemein hat mit dem traditionellen Arbeiterbild.

So verbreitet sich die Ideologie vom »menschlichen Faktor« oder von der *human resource,* deren typische, fast schon karikaturhafte Ausdrucksweise wir in der Lobeshymne finden, die eine Universitätslehrerin[5] auf das »humane, integrierte, multidimensionale Unternehmen« anstimmt, »das ersonnen wurde als Ort der Entfaltung individueller und kollektiver Initiativen und daher als Motor des ökonomischen und sozialen Fortschritts«. Dieses »neue Bild des Unternehmens setzt sich zunehmend bei den Sozialpartnern durch. Einige Gewerkschaften sehen in ihm sogar die Rechtfertigung dafür, ihre bisherige Forderungspolitik infrage zu stellen, die noch auf dem Gegensatz von Kapital und Arbeit beruhte... Wie alle Untersuchungen *(sic)* zeigen, verschwindet zunehmend auch die Nachfrage nach unqualifizierten Arbeitskräften, die nur zur Verrichtung materieller und standardisierter Aufgaben im Rahmen tayloristischer Organisation eingestellt werden. Heute sind es eher die Eigenschaften, die den Menschen sowohl vom Tier als auch von der Maschine unterscheiden – Verstehen von Techniken und ihrer Umwelt, Geist der Initiative und Neuerung, Bemühen um Qualität, Fähigkeit zur Kommunikation, verständnisvolles Zeit- wie Konfliktmanagement –, die überall *(sic)* und auf allen betrieblichen Ebenen *(sic)* nachgefragt werden. Der Arbeiter ohne eigene Identität... hat einem intelligenten und durchorganisierten Wesen mit sehr persönlich ausgewiesenen Kompetenzen Platz gemacht, dessen Karrierestrategie das Unternehmen in der Regel ermutigen will.«

Dieses verlockende Bild vom neuen Arbeitertyp ist allerdings keine angemessene Beschreibung der Wirklichkeit, vielmehr Ausdruck eines »Paradigmenwechsels«, dessen *Tendenz* sich nur in *einem Teil* der Industrie manifestiert. Horst Kern und Michael Schumann, die diesem Paradigmenwechsel eine eingehende Untersuchung gewidmet haben – und die auch entschiedene Parteigänger der These von der »Reprofessionalisierung« der Arbeit sind –, müssen gleichwohl feststellen, daß bei Volkswagen, in der am weitesten robotisierten Fabrik Europas, diese »Produktionsfacharbeiter« neuen Typs höchstens Tausend von Hunderttausend Lohnabhängigen darstellen (drei- oder viermal so viel, wenn man auch noch die Instandhaltungs- und Reparaturarbeiter hinzuzählt). »Und obwohl man bei den Straßenführern für die nächste Zeit gewaltige Zuwachsraten erwarten kann, werden sie auch künftig eine Minderheit bleiben.«[6]

Das Bild vom Unternehmen als Ort persönlicher Entfaltung für seine Lohnarbeiter ist somit eine wesentlich ideologische Schöpfung, die einen Schleier über die tatsächlichen Veränderungen wirft: Verschleiert wird nicht nur, daß das Unternehmen lebendige Arbeit durch Maschinen ersetzt, daß es mit einer geringeren Beschäftigtenzahl mehr und besser produziert als zuvor – vor allem wird ausgeblendet, daß die einer Minderheit ausgewählter Elite-Arbeiter angebotenen Privilegien ihr Gegenstück finden in Arbeitslosigkeit, prekärer Beschäftigung, Dequalifizierung und Unsicherheit der großen Mehrzahl.

Praktisch führt also der technologische Wandel unter den herrschenden Verhältnissen zu einer Segmentierung und Zersetzung der Arbeiterklasse: Eine kleine Elite wird im Namen der neuen Arbeitsethik für die Zusammenarbeit mit dem Kapital gewonnen; die Masse wird in prekär oder marginale Beschäftigungsverhältnisse abgeschoben und dient als Reservearmee zur schnellen Anpassung der Beschäftigtenzahlen an die wechselnde Nachfrage. Wolfgang Lecher, der am Forschungsinstitut des Deutschen Gewerkschaftsbundes (WSI) arbeitet, hat dazu folgende Analyse vorgelegt.[7]

Die Unternehmen praktizieren eine Strategie der Flexibilisierung, die gleichzeitig auf zwei Ebenen einsetzt: Von der Stammbelegschaft der Firma wird eine funktionale Flexibilität erwartet; das periphere Arbeitskräftepotential seinerseits kann mit numerischer Flexibilität eingesetzt werden. Anders gesagt: um einen stabilen Kern dauerhaft Beschäftigter mit hoher Qualifikationsskala herum fluktuieren, den Schwankungen der Konjunktur unterworfen, die peripheren Arbeitskräfte mit geringerem und engerem Qualifikationsniveau. Lecher unterscheidet für die Zukunft der Erwerbsbevölkerung drei Gruppen von Beschäftigten: die Stammarbeitnehmer der Unternehmen, die Randarbeitnehmer oder peripher im Unternehmen Beschäftigten und die externen Arbeitskräfte:

- Die *Stammarbeitnehmer* müssen für die Sicherheit ihres Arbeitsplatzes eine weitgehende, aufgabenbezogene Flexibilität in Kauf nehmen, sowohl kurzfristig (Versetzung an andere Arbeitsplätze, Abbau von Aufgabenbegrenzungen) wie langfristig (Umschulung, Laufbahnänderung). Ihre Qualifikation ist wesentlich rein betriebsspezifisch und wird vor allem durch betriebsinternes Lernen erworben und erweitert. Betrieb und Arbeitnehmer sind somit eng aufeinander angewiesen.
- Die *Randarbeitnehmer* setzen sich aus zwei Schichten zusammen: Die erste ist fest angestellt – für Büroarbeiten, für Überwachung, Einrichtungs- und Testtätigkeiten –, verfügt aber über keine speziellen Qualifikationen und kann daher durch die Rekrutierung von Arbeitslosen nach Belieben erneuert, aufgestockt oder ersetzt werden. Daraus erklärt sich dann die Existenz einer zweiten Schicht von Randarbeitern, die unter prekären und häufig Teilzeit-Bedingungen je nach konjunkturellem Bedarf eingestellt und wieder entlassen werden. Indem so die Anzahl von Zeitarbeitern, teil- und zwischenzeitlich Beschäftigten nach Belieben aufgebläht oder reduziert werden kann, kann das Unternehmen seinen Arbeitskräftebestand in optimaler Weise den Marktschwankungen anpassen. Die Existenz eines praktisch unerschöpflichen Arbeitslosenreservoirs gibt ihm die Möglichkeit dazu.
- Die *externe Arbeitskraft* schließlich umfaßt ebenso hochqualifizierte Fachkräfte (Systemanalytiker, Experten für Buchführung) wie Arbeitskräfte ohne spezielle Qualifikationen (Reinigungsdienste, Transport, Kantinenpersonal) sowie die fluktuierenden Gelegenheitsarbeiter zahlreicher Manpower- bzw. Subkontrakt-Firmen.

Nach Lechers Schätzungen wird sich im Verlauf der neunziger Jahre die Erwerbsbevölkerung tendenziell wie folgt auf diese drei Kategorien verteilen: 25% entfallen auf die Stamm- oder Kernarbeitnehmerschaft, 25% auf die Rand- oder Peripherarbeitnehmerschaft, 50% auf im Außenbereich der Subunternehmer, Verleihfirmen usw. prekär oder bloß gelegentlich Beschäftigte. Zur Stützung dieser Trendeinschätzung kann man die Tatsache anführen, daß in Großbritannien die Anzahl der Zeitarbeiter, Teilzeitbeschäftigten und Gelegenheitsjobber allein zwischen 1981 bis 1985 von weniger als sieben Millionen bis auf acht Millionen Personen – d. h. auf ein Drittel der Erwerbstätigen – angestiegen ist. Zählt man die 11 bis 14% Arbeitslosen hinzu, so ist man nicht mehr weit entfernt von jenen 50%, die Lecher mittelfristig für die dritte Kategorie voraussieht. In Italien, wo die Praxis der Subkontraktfirmen sehr viel entwickelter ist und unter gleichzeitig sehr flexiblen und häufig hypermodernen Bedingungen stattfindet, käme man wahrscheinlich zu ähnlichen Größenordnungen – sofern man sich auf die Statistiken verlassen könnte.[8]

Die Gestalt dieses »Produktionsfacharbeiters neuen Typs«, stolz auf seinen Beruf, souverän in seiner Arbeit und fähig, sich parallel zum technischen Wandel auch selbst weiterzuentwickeln – diese Figur ist also nicht als spätes Zugeständnis der Unternehmerschaft an den Humanismus der Arbeit entstanden. Sie entspricht vielmehr einer dem technischen Wandel selbst entspringenden Notwendigkeit. Diese Notwendigkeit macht sich nun das Kapital zu Dienste: Sie wird gehandhabt zur Desintegration von Arbeiterklasse und Gewerkschaftsbewegung sowie zur Zersetzung der letzten Reste solidarischer Bindungen und sozialen Zusammenhalts. Dazu braucht das Kapital nur *die Werte der Arbeitsutopie auf die eigenen Fahnen zu schreiben:* Beherrschung (d. h. technische Wiederaneignung) der Produktionsmittel durch die Arbeiter; volle Entfaltung der individuellen Fähigkeiten in der Arbeit; Neubewertung des Berufs und der Berufsethik.

Auf seiten der Unternehmer beruht diese Wiederaufwertung

des Arbeiterbildes auf einem herrschaftsrationalen Kalkül: Es geht nicht allein darum, eine unverzichtbare Arbeiterelite an den Betrieb zu binden und zu integrieren; es geht darüberhinaus darum, diese Elite von ihrer Herkunftsklasse und ihren Klassenorganisationen zu entfremden, indem ihr eine gesonderte soziale Identität und Würde verliehen wird. In der gespaltenen (»dualisierten«) Gesellschaft soll diese Produktionselite zur Welt der »Kämpfer und Sieger« gehören, die gegenüber den jede Anstrengung scheuenden Massen einen Sonderstatus verdienen. Daher wird man die Arbeiterelite zu eigenen unabhängigen Gewerkschaften und eigenen (vom Unternehmen mitfinanzierten) Sozialversicherungen ermutigen. Dadurch wird man sie absondern und so ihre Forderungs- und Verhandlungsfähigkeit beschränken: Sie hätte, erklärt man ihnen, mit der Arbeiterklasse nichts mehr gemein; jede(r) von ihnen wurde aus einer ungleich höheren Kandidatenzahl ausgewählt; sie genießen eine Beschäftigungssicherheit, Einkommen, Arbeitsplätze und Aufstiegschancen, um die sie alle Welt beneidet. Vor allem verdanken sie ihren hervorgehobenen Status dem Umstand, daß sie beruflich die Tüchtigsten, ökonomisch die Produktivsten und als Individuen die arbeitsamsten sind.

In dem Maße nun, wie dieses neue Leitbild weitgehend dem Ideal des polytechnisch qualifizierten und souveränen Arbeiters entspricht, das seit jeher durch die Arbeitsutopie geistert, haben die neue Ideologie und Strategie des Unternehmerlagers in der Gewerkschaftsbewegung die schwerwiegendste Krise ihrer Geschichte ausgelöst. Wenn – wie in der Bundesrepublik Deutschland – die Gewerkschaftsorganisation ihre Hauptstärke aus ihrer Verankerung unter den Facharbeitern zieht, sieht sie sich von der Gefahr einer rapiden neokorporatistischen Entartung bedroht. Denn, wie Lecher schreibt, wird der Interessengegensatz von Arbeit und Kapital zunehmend von einem Interessenantagonismus zwischen Stammarbeitnehmern und Randarbeitnehmern bzw. Arbeitslosen überlagert. Die Gewerkschaften geraten in Gefahr, zu einem Versicherungsverein für eine relativ kleine, privilegierte Stammarbeitergruppe zu werden.[9]

Wenn die Gewerkschaften jedoch vor allem unter den Massenarbeitern stark verankert sind – wie in Italien, wo es bis vor kurzem so gut wie keine Fremdarbeiter gab und wo die Massenarbeiter ihre Arbeitsplatzsicherheit ihrer gewerkschaftlichen Organisierung verdanken –, geraten sie in eine andere Gefahr. Sie sind stark bei der Arbeitergruppe, die einen ständigen Machtschwund erleidet, und schwach bei den beiden expandierenden Kategorien: bei der wachsenden, aber schwer zu organisierenden Masse von Zeitarbeitern, Arbeitslosen und Gelegenheitsjobbern einerseits; und bei der neuen Elite der »reprofessionalisierten« Produktionsfacharbeiter andererseits, die eine deutliche Neigung zur Verteidigung ihrer Sonderinteressen mittels firmeneigener Hausgewerkschaften oder kleiner Berufsgruppengewerkschaften zeigen.

In einer Situation »italienischen Typs« wird also die Verhandlungsmacht und der politische Einfluß der Gewerkschaften von ihrer Fähigkeit abhängen, die spezifischen Interessen und Bedürfnisse der neuen Arbeiterelite zu verteidigen – ohne ihnen deshalb die Ansprüche und Interessen anderer Kategorien zu opfern. Die Aufgabe ist schwierig: Sie setzt ein gesamtgesellschaftliches Konzept voraus, dessen Zielsetzung die heutigen Interessengegensätze überwindet, an die kulturellen, moralischen und politischen Motivierungen der Arbeiter appelliert und sich in gemeinsamen unmittelbaren Zielen ausdrückt.[10]

In einer Situation »deutschen Typs« hingegen werden die von einer Arbeiterelite beherrschten Gewerkschaften gefährlich dazu neigen, die Interessen der Randarbeitnehmer und Arbeitslosen zu vernachlässigen und – bewußt oder unbewußt – mit den Unternehmern ein ideologisches Bündnis der »Gewinner« und »Tüchtigen« gegen die »Unfähigen« und »Nichtstuer« zu schließen. Auch hier besteht also das Problem gewerkschaftlicher Politik – nach der Formel von Peter Glotz[11] – darin, »die Starken mit den Schwachen zu solidarisieren«.

Diese Solidarisierung wird aber nur aus einer Sicht heraus möglich sein, die radikal mit der Arbeitsethik und der von uns so genannten Arbeitsutopie bricht. Diese Utopie – samt ihrer

Ethik von Leistungsbereitschaft, Anstrengung und Berufsstolz – verliert unabwendbar jeden humanistischen Gehalt in einer Situation, in der die *Arbeit nicht mehr die wichtigste Produktivkraft* ist und es daher auch *nicht genügend Dauerarbeitsplätze für alle geben kann.* In dieser Situation können nämlich Loblieder auf Leistungsethos und die Einheit von Beruf und Leben nur noch die Ideologie einer privilegierten Elite sein, die sich die gutbezahlten, qualifizierten und stabilen Arbeitsplätze vorbehält und dann deren Besitz im Namen ihrer eigenen höheren Fähigkeiten legitimiert. Die Arbeitsideologie und die Leistungsmoral werden damit zum Deckmantel eines aggressiven, egoistischen Karrierismus: »Nur die Besten siegen« – die anderen haben sich ihr Scheitern selbst zuzuschreiben; »Leistung muß sich wieder lohnen« – also dürfen wir den Arbeitslosen, sozial Schwachen und sonstigen »Nichtstuern« nur ja keine Geschenke machen.

Diese Ideologie (deren unverfrorenste Variante uns heute in Europa der Thatcherismus präsentiert) hat vom Standpunkt des Kapitals aus strikt zweckrationalen Charakter: Schließlich kommt es für die Arbeitgeber darauf an, eine – zumindest für den Augenblick – schwer ersetzbare Gruppe von Arbeitskräften zu motivieren und ideologisch zu kontrollieren; eine ständige materielle Kontrolle am Arbeitsplatz wäre unmöglich. Darum muß bei dieser Arbeiterelite die Arbeitsethik aufrechterhalten werden; solidarische Bindungen, die sie mit den weniger Privilegierten verbinden könnten, müssen zerstört werden; sie muß vielmehr davon überzeugt werden, daß sie dem Allgemeinwohl ebenso wie dem Eigeninteresse dadurch am besten dient, daß sie *so viel arbeitet wie möglich.* Die Tatsache, daß es einen wachsenden Arbeitskräfteüberschuß und steigenden strukturellen Mangel an dauerhaften Vollzeitarbeitsplätzen gibt – kurz: daß *die Wirtschaft*[12] die Arbeitskraft aller nicht mehr benötigt und immer weniger benötigen wird –, muß also maskiert werden. Um jeden Preis gilt es zu verschleiern, daß die Arbeitsgesellschaft überholt ist, daß die Arbeit nicht mehr als Grundlage der Sozialintegration dienen kann. Darum heißt es, die Arbeitslosen oder Gelegenheitsarbeiter suchten ja nicht wirklich Arbeit, sie verfügten ohnehin über zuwenig berufliche Eignungen, außerdem würden sie durch zu hohe Arbeitslosenzahlungen eher zum Nichtstun als zur Arbeit ermutigt (usw.). Man wird hinzufügen, daß alle diese Leute für das Wenige, das sie beherrschten, ohnehin viel zu hohe Gehälter bezögen. Daher habe die Wirtschaft – unter diese übertriebenen Soziallasten gebeugt – nicht mehr genügend Elan zur Schaffung zusätzlicher Arbeitsplätze. Schlußfolgerung: »Um die Arbeitslosigkeit zu besiegen, müssen wir mehr arbeiten.«

Daß dies eine für die kapitalistische Logik funktionale Ideologie ist, springt der gesamten Arbeiterschaft keineswegs unmittelbar ins Auge. Schließlich stimmt die Melodie in einer Reihe von Themen und Motiven durchaus mit der traditionellen Ideologie der Arbeiterbewegung selbst überein. Ein nicht zu vernachlässigender Teil der traditionellen Linken und der Gewerkschaften übernimmt somit diese neue Gestalt der Arbeitsethik auf der Basis ihrer eigenen Werte. Diese industrialistische Linke sieht nicht – oder *will* nicht sehen –, daß in einer Situation, in der das Gesamtvolumen ökonomisch notwendiger Arbeit abnimmt, die Privilegien der Arbeiterelite nur die Kehrseite des Ausschlusses einer wachsenden Masse von Arbeitslosen, prekären und Gelegenheitsarbeitern aus der Gesellschaft darstellen. Hier verkehrt sich die Arbeitsmoral in ihr Gegenteil: in den Egoismus der Besitzenden.

In dem Moment also, in dem eine privilegierte Fraktion der Arbeiterklasse endlich Zugang zur polytechnischen Qualifikation, zur Autonomie im Arbeitsprozeß und zur permanenten Erweiterung ihrer Fähigkeiten erhält – wo sich somit die Ideale der Selbstverwaltungslinken innerhalb der Arbeiterbewegung zu verwirklichen scheinen –, in diesem Augenblick haben die Rahmenbedingungen für dieses Ideal bereits radikal ihre Vorzeichen gewechselt: Es ist nicht mehr *die Arbeiterklasse*, die Zugang zu Möglichkeiten der Selbstorganisierung und wachsenden technischen Kompetenz erhält; es ist ein kleiner Kern privilegierter Arbeiter, der in die Fabriken neuen Typs inte-

Ein letztes Gewand

griert wird. Den gesellschaftlichen Preis dafür müssen die Massen der Marginalisierten und prekär Beschäftigten zahlen, die von einer undankbaren Gelegenheitsarbeit zum nächsten uninteressanten Job gedrängt werden. Oft bleibt ihnen nichts anderes mehr übrig, als sich noch untereinander um das Privileg zu streiten, den dauerhaft und mit stabilem Einkommen Beschäftigten ihre persönlichen Dienstleistungen – vom Schuhputzer bis zum Dienstboten – verkaufen zu dürfen.

Unter diesen Bedingungen erfordern die Werte von Solidarität, Gerechtigkeit und Brüderlichkeit, deren Träger die Arbeiterbewegung stets gewesen ist, nicht mehr das Streben nach Arbeit aus Liebe zur Arbeit, sondern die gerechte Verteilung der verfügbaren Arbeitsplätze und der erzeugten Reichtümer: d. h. eine Politik der methodischen, planmäßigen und massiven Arbeitszeitverkürzung (ohne Einkommensverlust – ich komme darauf noch zurück[13]).

Wer eine derartige Politik unter dem Vorwand verwirft, sie würde eine Reprofessionalisierung von Arbeitsaufgaben verhindern, die es dem einzelnen ermögliche, sich mit Lust und Leidenschaft vollzeitig in den Produktionsprozeß einzubringen,[14] akzeptiert die reale Dualwirtschaft im Namen eines hinfälligen Arbeitsideals. Die Spaltung der Gesellschaft wird nicht durch die unmögliche Utopie einer fesselnden Vollzeitbeschäftigung für alle aufgehalten und rückgängig gemacht werden, sondern nur durch Formen von Arbeitsumverteilung, die die Arbeitszeit *für alle* reduzieren, ohne die Arbeit selbst zu dequalifizieren oder ihre Teilaufgaben weiter zu zerstückeln. Das ist möglich. Um eine dauerhafte Südafrikanisierung der Gesellschaft zu verhindern, müssen wir eine andere Utopie verfolgen!

7. LETZTE GESTALTEN DER ARBEIT
FRAGEN NACH DEM SINN (I)

Ich will nun die beruflichen Aufgaben der Arbeiter neuen Typs näher untersuchen. Denn die Behauptung, sie stellten nur eine kleine Elite dar und verfügten über bedeutende Privilegien, reicht nicht aus. Schließlich ließ sich im letzten Jahrhundert von den Facharbeitern dasselbe sagen, was diese nicht daran gehindert hat, die organisierte Arbeiterbewegung aufzubauen und deren Vorkämpfer zu werden. Könnte die neue Arbeiterelite nicht – auf ihre Weise – ebenso eine neue Avantgarde werden?

Dies ist die These vieler Gewerkschaftler; und man sollte sie nicht leichtfertig zurückweisen. Schließlich wird die derzeitige technische Revolution vor allem das ergeben, was die Arbeiter, auf denen sie beruht, daraus machen. Sie ist kein völlig anonymer Prozeß, der sich nach unabänderlichen technischen Imperativen vollzieht, sondern verwirklicht sich durch die Arbeit von Männern und Frauen; und diese Männer, diese Frauen sind kein weiches Wachs. Ihre Widerstände, ihre Forderungen können eine entscheidende Rolle spielen: Von ihnen hängt ab, ob sich die technische Revolution schneller oder langsamer, recht oder schlecht und mehr oder minder vollständig vollzieht. Von ihnen hängt wenigstens teilweise auch das Antlitz des neuen Arbeitertyps, des neuen Menschentyps, das Profil der neu entstehenden Gesellschaft ab. Von den Gewerkschaften wird es somit abhängen, ob diese Männer und Frauen zu bloßen und untereinander nur mehr durch *Standes*bewußtsein verbundenen Geiseln oder Gefangenen ihres Unternehmens werden – oder zum mehr oder weniger kämpferischen und einflußreichen Teil der Arbeiter*klasse*. Der Einfluß, den sich die Gewerkschaftsbewegung auf die Modalitäten und auf die Geschwindigkeit des technischen Wandels erkämpfen kann, wird also für die Zukunft von entscheidender Bedeutung sein: für die Zukunft der

Arbeit, der Gesellschaft und der Gewerkschaften selbst. All dies sind Selbstverständlichkeiten.

Das von den neuen Produktionsfacharbeitern aufgeworfene Problem liegt auf einer anderen Ebene: Bis zu welchem Grad kann die Gewerkschaft die spezifischen Interessen dieses Arbeitertyps vertreten, ohne in den Neo-Korporatismus zu fallen? In gesellschaftspolitischer Hinsicht habe ich diese Frage bereits erörtert. Man muß sie auch unter direkten Professionalitätsgesichtspunkten stellen. Denn in ihrem Bestreben, sich von dieser neuen Arbeiterelite nicht abschneiden zu lassen, versuchen einige Theoretiker der Arbeiterbewegung, diese Elite als eine Avantgarde darzustellen, die die Marxsche Arbeitsutopie verwirklichen wird. Dies scheint mir bei Horst Kern und Michael Schumann und – in manchere Hinsicht – auch bei Charles Sabel und Michael J. Piore der Fall zu sein.[1] Sie halten die Wiedergeburt eines Hersteller-Produzenten für möglich, der als »Herr über die Maschinen« durch seine Arbeit seine Souveränität verwirklicht; sie glauben, die Neuzusammensetzung der Arbeitsaufgaben könne bis zur Überwindung der Teilung (und nicht allein der Parzellierung) der Arbeit selbst vorangetrieben werden. Der Arbeiter müsse in der Lage sein, sich mit seiner Arbeit zu identifizieren und solle aus dieser Identifikation das Bewußtsein seiner Macht und seiner befreienden Mission gewinnen. Mit den neuen Produktionskonzepten könne er wieder einen umfassenden Beruf ausüben, ein komplettes Produkt erstellen, sich in seiner Arbeit voll entfalten, den Humanismus der Arbeit in neuer Form verkörpern – kurz: die Einheit von Arbeit und Leben, von Arbeitskultur und Kultur überhaupt verwirklichen.

Damit wäre es also möglich – ich sage das ohne Ironie –, die neue Arbeiterelite als eine Art neues Rittertum zu begreifen, eine Hypothese (oder These), die von Oskar Negt aufgeworfen wurde. Wie die Ritterschaft im Mittelalter verfüge heute die neue Produktionselite über die gesamtgesellschaftlich entscheidenden Machtinstrumente: Die gesamte Wirtschaft, mehr noch – mit der Ausweitung der Informationstechnologien –, praktisch das gesamte gesellschaftliche Leben wäre letztlich in ihrer Hand. Allein durch ihre »allgemeine Arbeit«[2] funktioniere die gesellschaftliche Maschine – ohne sie funktioniere nichts mehr. Ihre Macht, ihre Verantwortung, ihre Arbeit seien »ihrer Struktur nach politisch«[3] geworden. Mit anderen Worten, die neue Produktionselite verfüge aufgrund ihrer realen Verantwortungs- und Kontrollpositionen de facto auch über das Recht auf Aufsicht und Kontrolle über die politischen Entscheidungen – ein wenig wie das Militär im Notstandsfall. Diese Kontroll- oder Einflußmacht über politische Entscheidungen soll nun die neue Arbeiterelite – folgt man dieser Hypothese – im Namen eben der universalistischen Werte ausüben, die ihr nach ihrer beruflichen Ausbildung und der Natur ihrer Arbeitsanforderungen zukämen. Denn seine Arbeitsaufgaben verlangten schließlich vom Arbeiter neuen Typs die Entfaltung einer Totalität geistiger und manueller Fähigkeiten und das Begreifen des gesamten Produktionszyklus. Die Arbeit erfordere im Rahmen der neuen Produktionskonzepte die Souveränität jedes Individuums und seine Fähigkeit zur freien Zusammenarbeit mit den anderen.

Diese Vorstellung, das Individuum könne in und vermittels seiner Arbeit die souveräne Beherrschung seiner Existenzbedingungen wiedererlangen, spielt eine zentrale Rolle in der von Kern und Schumann anvisierten Perspektive: Man kann in der Tat der Auffassung sein, souveräne Individuen – deren Berufsarbeit mit der Ausübung ihrer Souveränität zusammenfällt – hätten die Berufung, alles zu bekämpfen, was Männer und Frauen im Zustand der Unterdrückung, Erniedrigung, Entmündigung, Verkrüppelung hält. Kulturell und politisch könnte also die neue Arbeiterelite eine ähnliche Rolle spielen wie die Volksschullehrer des vorigen Jahrhunderts oder die Ärzte der heroischen Epoche, als sie die Bedeutung der öffentlichen Hygiene, der Ernährung und der Wohnbedingungen im Kampf gegen die »Volksseuchen« begriffen.

Ich habe mich hier zunächst darauf beschränkt, die Hypothesen und Postulate explizit zu formulieren, die insgeheim den

Schlußfolgerungen bestimmter Arbeitssoziologen zugrundeliegen. Nun will ich dazu übergehen, diese Schlußfolgerungen mit den analytischen Beschreibungen der neuen Arbeitsinhalte zu konfrontieren. Die Leitfrage ist dabei: Kann die neue Arbeiterelite aus der Identifikation mit ihrem Beruf eine Berufung zur Emanzipation aller gesellschaftlichen Sphären und des ganzen Individuums schöpfen? Gilt für sie, was für die Lehrer oder Ärzte des 19. Jahrhunderts galt? Hat ihr Beruf eine *strukturell* politische, kämpferische Dimension, die es unmöglich macht, sich mit ihm zu identifizieren, ohne sich gleichzeitig für die soziale Emanzipation einzusetzen?

*

Vorweg eine Analyse, die unter dem Pseudonym Inox in der parteiunabhängigen kommunistischen Tageszeitung *il manifesto* erschienen ist:
»Die Einführung der Informatik hat zu einer Veränderung der Produktionsmethoden geführt, die man folgendermaßen zusammenfassen kann: Die direkte Bearbeitung des Produkts wird immer vollständiger von der Maschine verrichtet, die am Werkstoff die Operationen durchführt; dem Arbeiter bleiben nur noch Aufgaben der Zuführung der Werkstücke, der Einrichtung, der Kontrolle und Wartung, seien sie nun einfach oder komplex.
Aber nicht nur die Arbeitsteilung zwischen Mensch und Maschine, sondern auch die Aufgabenverteilung innerhalb des Arbeitsprozesses hat sich geändert: Von der Parzellierung repetitiver Teilaufgaben ist man übergegangen zu höchst integrierten und in Wechselwirkung stehenden Prozessen, deren reibungsfreie Integration bei der Verknüpfung der Produktionsabläufe (untereinander und mit der Steuerzentrale) auf der Anwendung informatischer Modelle beruht... Die Tätigkeit des Arbeiters wird damit zu einer den materiellen Produktionsprozeß nur mehr begleitenden oder unterstützenden Tätigkeit, wobei die Kontroll- und Steuertätigkeiten die interessantesten sind. Fer-

tigkeiten, Kenntnisse und Können des Arbeiters betreffen nicht mehr die Arbeit am Material, die Geschicklichkeit im Umgang mit Maschine oder Werkzeug sowie die Beherrschung des Arbeitstempos, sondern das *Steuersystem* des Produktionsprozesses. Er arbeitet hauptsächlich vermittels der Kenntnis und Entzifferung von Symbolen und Indikatoren. Den zu bearbeitenden Werkstoff handhabt oder berührt er gar nicht mehr – ja, in den meisten Fällen sieht er ihn nicht einmal mehr, oder höchstens noch über ein Videosystem. Oder nicht einmal mehr über Videokameras, sondern auf einem Bildschirm, auf dem graphische Symbole, Kurven oder Chiffren den Produktionsprozeß ›visualisieren‹ sollen. Der Gestaltungsprozeß des Produkts selbst ist nicht mehr unmittelbar verständlich und kann nur noch entziffert werden, wenn man das entsprechende Modell bereits im Kopf hat.

Die Fertigkeiten des Arbeiters werden dem jeweils bearbeiteten Gegenstand gegenüber weitgehend gleichgültig und betreffen nur noch die Kontrolle der Beziehung zwischen Technik und Produktverwandlung... Einzelne unterscheidbare Arbeitsschritte lösen sich zunehmend in ein Kontinuum auf; die einzelne Arbeit besteht immer weniger in einer abgrenzbaren Aufgabe und wird immer mehr zum Subsystem innerhalb eines integrierten Prozesses.

Das bedeutet nicht unbedingt, daß die einzelnen Tätigkeiten komplexer werden. Dies kann der Fall sein, es kann aber auch zu bloßen Überwachungstätigkeiten kommen. Jedenfalls kann man nicht mehr vom ›Arbeitsplatz‹ im traditionellen Sinne sprechen: von einer mittels einer Reihe einfacher Arbeiten zu erledigenden Aufgabe oder von einem Beruf als Gesamtheit der zur Bedienung einer bestimmten Maschine oder bei der Bearbeitung eines bestimmten Werkstoffes eingesetzten Fertigkeiten und Kenntnisse.

Wir sehen einen neuen Arbeitertyp sich ausbreiten: den *Prozeßarbeiter,* der zur Schlüsselfigur der neuen Fabrik werden könnte.

In Wirklichkeit ist er keine völlig neue Figur; neu ist vielmehr seine Ausbreitung in allen Produktionsbereichen. Wir konnten ihn schon seit den 60er Jahren in der Chemie- oder Stahlindustrie finden sowie in den Industrien mit Fließfertigung, in denen die Arbeitsteilung auf der Kontrolle der physikalisch-chemischen Prozeßeigenschaften des verarbeiteten Werkstoffes beruht.

Die Integration aller Tätigkeiten und ihre Verkettung in Echtzeit mittels informatikgesteuerter Maschinen läßt nun in allen Industriebranchen die Produktion immer mehr der der Industrien mit Fließfertigung ähnlich werden und führt darum überall Organisationsformen ein, die diese neuen Arbeitertypen verlangen.

Von Interesse und in mancher Hinsicht paradox ist dabei nun Folgendes: *Die Arbeitstätigkeit wird gleichgültig gegenüber dem zu ›bearbeitenden‹ Gegenstand (es ist nicht mehr nötig, Arbeitsmaterial und Arbeitsinstrumente zu kennen); sie wird nur noch bestimmt durch die Kontroll- und Prozeßsteuerungssysteme.* (Hervorhebung von mir, A. G.)

Das ist von Interesse; denn hierauf [auf die Prozeßsteuerung] allein können sich Arbeiterkontrolle, gewerkschaftliches Einwirken auf die Arbeiterorganisation und die tariflich ausgehandelten Qualifikations-Neufestlegungen beziehen. Und es ist paradox; denn damit [mit dem Umsichgreifen des Prozeßarbeiters] kann der Begriff der *Industrie*gewerkschaft selbst verschwinden [oder sinnlos werden]. Denn welchen Unterschied wird es dann noch zwischen dem Chemie- und dem Stahlarbeiter geben, zwischen dem Arbeiter am rechnerintegrierten Fertigungssystem für Fiat-Motoren und dem zur Produktion von Barilla-Spaghetti? Wenn nicht mehr das Produkt selbst den Gegenstand der Arbeit bildet, sondern das Steuerungs*modell* des Produktionsprozesses, wird ein Walzstraßenfahrer von Italsider wahrscheinlich ähnliche Berufstätigkeiten vollbringen wie der Arbeiter, der die Produktion von Nudeln steuert, und sehr verschiedene von denen des Kollegen, der sich nebenan um die Qualität der Eisenbleche kümmert... Die berufliche Identität ergibt sich somit nicht mehr aus dem Kontakt mit dem Werkstoff oder Produkt, sondern aus den im Produktionsprozeß angewandten Systemen der Sekundär-Technologie.«[4]

*

Diese Analyse ist in mehrfacher Hinsicht von Interesse:

1. Sie stellt deutlich die Polyvalenz des »Prozeßarbeiters« heraus: Durch den Umstand, daß alle Industrien sich tendenziell immer mehr den Industrien mit Fließproduktion angleichen (Glashütten, Zementfabriken, Eisenhütten, Chemiewerke, Elektrizitätswerke usw.), besitzt auch ihr Bedienungspersonal gemeinsame Qualifikationen und hat vergleichbare Grundausbildungen genossen. Ihre potentielle Mobilität ist darum viel höher als die der klassischen Facharbeiter: von einer Raffinerie zu einer Glühbirnenfabrik oder von einem Zementwerk zu einer Spaghettifabrik überzuwechseln ist für den »Prozeßarbeiter« sehr viel einfacher als ein Berufswechsel vom Mechaniker zum Elektriker. Dasselbe gilt auch für ein Großteil des Wartungs- und Instandhaltungspersonals: für Maschinenschlosser, Installateure, Elektriker, Systemelektroniker für flexible computergesteuerte Fabrikationssysteme und für Programmierer.

Wenngleich nun jeder Instandhaltungsspezialist und jeder »Prozeßarbeiter« *über seine Grundausbildung hinaus* eine auf den Industrietyp oder gar die Produktionseinheit, in der er arbeitet, zugeschnittene Spezialausbildung benötigt, so scheint doch diese Zusatzausbildung nicht mehr Zeit zu erfordern als die eines halbqualifizierten Arbeiters in der herkömmlichen Industrie: d. h. einige Wochen.[5] Die Möglichkeit, Firma oder Branche leichter zu wechseln, verleiht dem Arbeiter also eine größere existentielle Autonomie: Seine Qualifikation ist keine bloße »Hausqualifikation«; weit mehr als die für eine eng umschriebene Aufgabe ausgebildeten und spezialisierten Arbeiter ist er Eigentümer eines »Berufs«, d. h. von Kenntnissen, die er mitnehmen und anderswo einsetzen kann. Daher ist er kein bloßer Gefangener »seines« Betriebes mehr, sondern kann seinen Arbeitsplatz wechseln. Ebenso leicht ist er allerdings für

Letzte Gestalten

das Unternehmen, in dem er arbeitet, ersetzbar. Anders gesagt, sein berufliches Wissen kann in hohem Maße *banalisiert* werden, worunter nicht etwa eine Dequalifizierung und mit ihr einhergehende Monotonie der Arbeit zu verstehen ist, sondern eine *weitgehende Zugänglichkeit der für diese Arbeit notwendigen Qualifikation*. Mit einem seltsamen Rest an Elitebewußtsein reagieren viele Gewerkschaften mit ausgesprochener Feindschaft auf die bloße Vorstellung einer möglichen und (ich komme sogleich darauf zurück) notwendigen Banalisierung von Kompetenzen: gerade so, als ob ein jeder es als höchstes Ziel und persönliche Würde anstreben müsse, in seinen beruflichen Kenntnissen und Fertigkeiten so unersetzlich wie möglich zu sein. Die Banalisierung von Kompetenzen bedeutet ganz einfach, daß andere das, was ich tue, ebenso tun oder erlernen können. So sind innerhalb der letzten beiden Jahrzehnte eine Menge von vordem Eliten vorbehaltenen Kompetenzen banalisiert worden: Beherrschung von Fremdsprachen, Benutzung von Computern, Prinzipien gesunder Ernährung, der Krankheitsvorsorge und Empfängnisverhütung usw., aber ebenso Ski, Tennis, Reiten, Segeln und andere Freizeitbeschäftigungen.

Nun ist jedoch gerade die Banalisierung der gehobenen Kompetenzen und Qualifikationen im Kampf gegen die weiter oben skizzierte »Dualisierung« der Gesellschaft ebenso unverzichtbar wie effektiv. Sie ist ein notwendiges Mittel für eine Politik der Arbeitszeitverkürzung auf dem Wege der Umverteilung von Arbeitsplätzen – auch der hochqualifizierten! – auf eine weitaus größere Anzahl von Beschäftigten. Und sie muß umgekehrt *eines* der Ziele der Arbeitszeitverkürzungen darstellen: Die befreite Zeit muß *auch* für die Vertiefung und Verbreiterung von – beruflichen und anderen – Kenntnissen verwandt werden können. Will man die gesellschaftlich notwendige Arbeit auf alle arbeitsfähigen und -willigen Bürger und Bürgerinnen verteilen, so gibt es keinen anderen Weg: Jede(r) muß weniger arbeiten können, damit jede(r) mit Arbeit seinen Lebensunterhalt verdienen kann.

2. Bedeuten nun die allgemeine Anhebung des Qualifikationsniveaus und die größere Autonomie innerhalb der Arbeit gleichzeitig eine Wiederherstellung der Einheit von Arbeit und Leben, von Berufskultur und Kultur überhaupt? Ist es also wahr, was im Verein mit den Verteidigern der Arbeitsutopie auch linke Autoren wie Kern und Schumann in der BRD, Sabel und Piore in den USA, Mike Cooley in Großbritannien usw. behaupten? Führt wirklich die Reprofessionalisierung der Industriearbeit zu einer Beseitigung von Heteronomie? Gibt sie dem Menschen die Herrschaft über die Maschine zurück, begünstigt sie die volle Entfaltung aller menschlichen Fähigkeiten *innerhalb* der Arbeit, gibt sie dem Arbeiter seine Souveränität wieder? Die Antworten auf diese Fragen fallen unterschiedlich aus – je nach der Dimension, auf die Bezug genommen wird.

Jede Arbeit findet nämlich in einem »dreidimensionalen Raum« statt. Damit die Arbeit insgesamt zur autonomen Tätigkeit werden kann – d.h. frei von Entfremdung oder (was auf dasselbe hinausläuft) frei von Fremdbestimmung –, genügt es nicht, ihr in nur der einen oder anderen dieser Dimensionen eine Autonomie zurückzugeben. Die drei Dimensionen sind:
a) die Organisation des Arbeitsprozesses;
b) die Beziehung zum Produkt, das mit dieser Arbeit hergestellt werden soll; und
c) die Arbeitsinhalte, d.h. die Natur der Tätigkeiten, die diese Arbeit verlangt, und der menschlichen Fähigkeiten, die sie mobilisiert.

Arbeit wird also nur dann zur autonomen Tätigkeit, wenn sie
a) in ihrem Vollzug selbstorganisiert ist;
b) frei ein selbstgesetztes Ziel verfolgt; sowie
c) der Person, die sich ihr widmet, eine humane Selbstentfaltung ermöglicht.

Es bleibt zu untersuchen, wie sich die »reprofessionalisierte« Industriearbeit unter allen drei Aspekten ausnimmt.

a) Die Arbeit in autonomen Teams, deren Mitglieder sich die Aufgaben untereinander aufteilen und auch austauschen, ihre

Arbeit – die Instandhaltung der Maschinen und die Qualitätskontrolle der Produkte – selbstorganisiert durchführen, bedeutet gegenüber der parzellierten repetitiven Teilarbeit im Rahmen tayloristischer Arbeitsorganisation eine einschneidende *Reduktion* des Grades an Fremdbestimmung. *Sie bedeutet jedoch keine Beseitigung von Heteronomie, vielmehr ihre Verlagerung.*

Nach unserer Definition von Heteronomie[6] ist ja die Heteronomie-Sphäre charakterisiert durch spezialisierte Tätigkeiten, die die Individuen als organisatorisch vorbestimmte und von außen koordinierte Funktionen zu einem vorgesetzten Zweck auszuführen haben. Die Natur der Aufgaben ist so festgelegt, daß die Individuen als Rädchen einer großen Maschine funktionieren. Diese Definition trifft auch für die autonomen Teams zu – mit einer Ausnahme: Auf Teamebene wird eine komplexe Aufgabe in selbstorganisierter Weise ausgeführt und als gemeinsame Aufgabe der Teammitglieder begriffen. Innerhalb des Teams verfügen die Individuen also über einen beachtlichen Grad an Autonomie. Dennoch ist die dem Team übertragene Aufgabe kein selbstgewähltes, sondern ein ihr vorgesetztes Ziel, das von außen mit den Arbeitsaufgaben anderer Gruppen koordiniert wird. Die (automatisierte) Fabrik funktioniert weiterhin wie eine große Maschine, ihre Organe sind automatische Fertigungsstraßen von computergesteuerten und koordinierten Industrierobotern – und diese Roboter-Transferstraßen ihrerseits sind untereinander durch weitere Computersysteme integriert. Der wesentliche Unterschied zur tayloristischen Fabrikorganisation liegt darin, daß hier *nicht mehr die Individuen als Rädchen funktionieren, sondern die Arbeitsteams*. Die Teammitglieder verfügen über einen beachtlichen Spielraum für Selbstbestimmung und Eigeninitiative, aber es handelt sich um Autonomie *innerhalb* der Arbeit und nicht um *Autonomie der Arbeit selbst:* Welche Komplexität oder Qualifikation auch immer diese Arbeit haben mag – sie verwirklicht eine für das integrierte Maschinensystem strikt funktionale spezialisierte Aufgabe. Die formelle Autonomie innerhalb der Arbeitsbeziehungen des Teams darf darum auf keinen Fall weder mit existentieller Autonomie bzw. »persönlicher Souveränität« verwechselt werden, wie dies Kern und Schumann nahelegen, noch mit beruflich »souveränem Arbeitshandeln«[7].

b) Alles, was oben Inox zum fehlenden Bezug des »Prozeßarbeiters« zum Produkt ausführte, gilt ebenso für den reprofessionalisierten Arbeiter in der automatisierten Fabrik. Ebensowenig wie der Anlagenfahrer in einer Ölraffinerie, der Führer einer Walzstraße oder einer Nudelproduktionsanlage bearbeitet oder berührt er ja das Produkt selbst. Schlimmer noch: Er überwacht allerhöchstens die Fertigung eines Teilprodukts. Jede polyvalent-autonome Arbeitsgruppe ist nur für ein Bruchteil der automatisierten Fertigungsstraße verantwortlich. Im Grunde genommen kann sie nicht einmal behaupten, sie stelle Motorblöcke oder Zylinderköpfe her: Was sie tut, ist, für das reibungslose Funktionieren von Robotern zu sorgen, die im Rahmen dieser Fertigung bestimmte Operationen ausführen.

In mancher Hinsicht ist somit die Entfremdung gegenüber dem Produkt noch totaler als in der taylorisierten Fabrik. Die spezialisierten Facharbeiter jeder polyvalenten Arbeitsgruppe haben nicht einmal mehr das Produktions-*know-how*, über das – trotz allem – die Angelernten am Fließband noch verfügten: sie bearbeiten ja niemals das Produkt oder Teilprodukt, also das Werkstück selbst, sondern bedienen nur Maschinen, die dann das Material bearbeiten. Sie sind keine Produktspezialisten, sondern Spezialisten für die Reparatur, Einstellung und Programmierung eines bestimmten Maschinentyps. Weder der Produkttyp noch seine Eigenschaften, noch irgendein anderes Parameter des Produktes oder Teilprodukts hängen ab von ihnen: Denn im Unterschied zum traditionellen Bedienungs-, Wartungs- und Mechanikerpersonal führen sie die Maschine nicht selbst, nehmen sie sie gar nicht in die Hand. Sie wachen einzig und allein darüber, daß sie programmgemäß arbeitet. Ist sie einmal programmiert, kontrolliert sich die Maschine selbst und zeigt dem Arbeiter eventuelle Störungen an.[8]

c) Daß eine Arbeit interessant und abwechslungsreich ist, reicht nicht aus, ihr auch die Qualität zuzusprechen, sie entfalte die Persönlichkeit. Sicher ist eine Arbeit, in die ich mich einbringen kann, stets besser als eine repetitive Aufgabe. Doch die entscheidende Frage ist eine andere: Wieweit konstituieren die durch eine Arbeit mobilisierten Kenntnisse und Fähigkeiten eine regelrechte »Berufskultur« und welches Maß an Einheit besteht zwischen dieser beruflichen Kultur und der Alltagskultur – zwischen Arbeit und Leben? Mit anderen Worten: Wieweit bedeutet es eine Bereicherung oder eine Verarmung meines Selbst, mich ganz meiner Arbeit zu widmen? Bin ich am Ende meines Arbeitstages menschlich reicher oder ärmer geworden? Wenn man mich im Zenit meines Lebens fragt: Hast du mit fünfzehn Jahren geträumt, das zu werden[9] –, was werde ich antworten?

Die Arbeitsinhalte müssen im Lichte dieser Art von Fragen beurteilt werden. Und erst in diesem Lichte erscheint die ökonomische Rationalisierung der Arbeit in all der Erbärmlichkeit ihrer armseligen Abstraktion. Arbeiten ist mehr als bloß ökonomische Reichtümer zu erzeugen. Arbeiten, das ist immer auch eine Art und Weise, sich *selbst* zu produzieren. Die Frage, die wir an die Arbeitsinhalte auch der neuen Produktionskonzepte stellen müssen, ist damit *auch* folgende: Ist dies die Art von Männern und Frauen, aus denen sich unserem Willen zufolge die zukünftige Menschheit zusammensetzen soll? Wird aus diesem Blickwinkel der reprofessionalisierte Arbeiter neuen Typs – oder genauer: der »neue Produktionsfacharbeiter«, der nach dem Wunsch von Kern und Schumann, Sabel und Piore persönliches Selbstwertgefühl und Sozialprestige in seine Arbeit investiert – einem möglichen Ideal befreiter Menschheit näherkommen als die traditionellen Arbeitertypen? Wird die ihm zugeteilte komplexe Arbeitsaufgabe sein Leben erfüllen und ihm *einen Sinn geben* können, ohne es gleichzeitig zu verstümmeln? Mit einem Wort: Wie wird diese Arbeit *erlebt?* Diese drei Fragen will ich nunmehr untersuchen:

Erstens: Es ist unmöglich, die Arbeit von Straßenführern an automatisierten Bändern oder von Instandhaltungsspezialisten gleichzusetzen mit der Ausübung vollständiger Berufe: unter dem Vorwand, sie erforderten schließlich denselben Grad an Kenntnissen wie sie auch ein Handwerksmeister haben müsse. Das Merkmal eines vollständigen Berufs besteht darin, die Herstellung eines fertigen Produkts zu meistern. *Im Hinblick* auf dieses Produkt wird der Beruf erlernt und gelehrt; Vollständigkeit und Vollendung des Produkts – des »Werks« – sind es, die dem Berufe – dem »Hand-Werk« – seine Vollständigkeit verleihen. Das Produkt ist dann fertig und vollendet, wenn es für den Endverbraucher den vollständigen Gebrauchswert besitzt. Die Ausübung eines vollständigen Berufs besteht somit darin, fertige Produkte für den Endverbraucher herzustellen. So üben Facharbeiter, die mit einer sorgsam modifizierten programmierbaren Textilmaschine selbstentworfene Kleidungsstücke herstellen, innerhalb eines handwerklichen Kleinbetriebs einen vollständigen Beruf aus. Wenn dagegen dieselben Arbeiter in einer Textilfabrik für die Wartung und Programmierung einer Batterie derselben Maschinen zuständig sind, so üben sie keinen vollständigen Beruf mehr aus: Sie üben dieselben fachlichen Kompetenzen aus wie zuvor – außer einer: Sie haben keinen Zugriff auf das Produkt mehr und ebensowenig auf den Zweck, zu dem die Maschine eingesetzt wird. Sie erfüllen also keine herstellende – *poietische* – Aufgabe mehr, sondern nur noch eine *funktionale* (im Sinne der Definition in Kapitel 3.[10]). Daß diese Aufgabe formell dieselben *technischen* Kompetenzen erfordert wie die vollständige Berufsausübung – diese Tatsache ändert nichts an ihrem funktionalen, also entfremdeten Charakter. Während nämlich der Handwerker – als Meister seines Produkts wie seiner Maschine – im Beruf die Einheit von technischer Kultur und Alltagskultur verwirklichen kann, ist der Beruf beim Wartungs- und Instandhaltungsspezialisten nur noch technische Kultur, bloß spezialistisches Wissen ohne Bedeutung für den Lebensvollzug. Fährt man nun in dieser Situation fort, im Namen einer rein formell und damit ideologisch gewordenen Arbeitsethik weiterhin die Arbeit als Quelle persönlicher Identität und sozialer Integration zu preisen, so erhebt man die Identifikation mit einer spezialisierten *Funktion* in den Rang eines moralischen Ideals: Der bornierte und unverantwortliche Spezialist – der »Fachmensch ohne Geist«, von dem Max Weber sprach[11], sei er nun Techniker oder Bürokrat – wird damit erhoben zum Modell für Humanität.

Zweitens: Die Arbeit des »Prozeßarbeiters« oder des Instandhaltungs- und Überwachungspersonals an automatisierten Anlagen ist diskontinuierlich: Augenblicke intensiver Aktivität wechseln ab mit Ruheperioden, Routinetätigkeiten und Langeweile. Oskar Negt hat diesen Arbeitstyp auf vortreffliche Weise charakterisiert:

»Ein Arbeiter, der an Schaltapparaturen steht und den kontinuierlichen, störungsfreien Ablauf eines Maschinensystems kontrolliert, der ist doch keineswegs *immer* tätig, der arbeitet nicht in der gewohnten Vorstellung, *sondern ist im Dienst.* Wenn Störungen auftreten, muß er sie beseitigen oder sich der Kommunikationsmittel bedienen, um seine Vorgesetzten zu informieren, Hilfe anzufordern, Schaltknöpfe bedienen, um weitere Störungen der Produktion zu vermeiden. Er ist eher *Verwaltungsbeamter* der Maschine, bestimmt von einer Dienstmoral, die seine Anwesenheit und seine Kompetenz erforderlich macht; aber ist das im herkömmlichen Sinne noch Arbeit, wie sie sich als vorherrschender Begriff am Modell der industriellen Lohnarbeit gebildet hat? Obwohl er nur Teilbereiche in ihrem geregelten Ablauf kontrolliert und für sie die Verantwortung hat, sind potentielle Handlungen und konzentrierte Aufmerksamkeit doch auf den Gesamtablauf des Produktionsprozesses gerichtet, und er unterscheidet sich in nichts von dem Beamten einer Behörde, der auch nur für Teilabläufe verantwortlich ist und für die exakte Erledigung von Aufgaben, die ihm vorgegeben sind. (...) Wer Maschinensysteme eines einzelnen Betriebes überwacht, leistet einen Beitrag für die Funktionsfähigkeit von Bereichen, die er in der Regel überhaupt nicht kennt, die aber so zentral von dem, was er tut, abhängen, daß jede Pflichtverletzung unübersehbare Folgen für andere hätte. (...) die Normen der *Verantwortungsethik*, die den einzelnen Arbeiter verpflichten, beziehen sich auf die Gesamtgesellschaft.«[12]

Der Vergleich mit dem Verwaltungsbeamten, »der auch nur für Teilabläufe verantwortlich ist und für die exakte Erledigung von Aufgaben, die ihm vorgegeben sind«, ist besonders treffend. Ebenso wie der Beamte einer Behörde ist also der zum »Verwaltungsbeamten der Maschine« gewordene Arbeiter – eines Chemiekomplexes, eines Elektrizitätswerks oder eines Atomkraftwerks, eines Flughafens, eines Verschiebebahnhofs usw. – gehalten, im Störungsfall die Störungsvorschriften und -verfahren sorgfältig und *unbedingt* einzuhalten. Sein »Dienstethos« befiehlt ihm beispielsweise, um jeden Preis Stromunterbrechungen »mit unabsehbaren Folgen« zu vermeiden, ohne sich um die sozialen und ökonomischen Zwecke des Stromverbrauchs zu kümmern. Er hat der Gesellschaft zu *dienen*, welche Prioritäten und Ziele auch immer diese sich gegeben haben mag.

Unter diesen Bedingungen ist es unmöglich, wie Oskar Negt die Schlußfolgerung zu ziehen, der Arbeiter könne und müsse *in* seiner Arbeit eine politische Verantwortung übernehmen. Dies wäre nämlich nur dann möglich, wenn sich Funktion, Zwecksetzung und gesellschaftliche Konsequenzen einer bestimmten Arbeit dem Arbeiter (oder dem Arbeiterkollektiv) *allein aus* den technischen Prozessen offenbaren würden, für die er verantwortlich ist. Eine derartige Durchsichtigkeit des Ganzen für jedes seiner Bestandteile ist aber keineswegs gegeben; und Negt sagt dies sogar selbst: Die Aufgaben sind vorgegeben, der Arbeiter »kennt in der Regel nicht einmal« die Bereiche, zu deren geordnetem Funktionieren seine Arbeit beiträgt. Sicher, die gesellschaftlichen Zwecksetzungen und Konsequenzen einer Produktion – besser noch: einer diese Produktion vorbereitenden Investitions-*Entscheidung* – zu kennen, ist eine politische Aufgabe. Diese Aufgabe fällt der Gewerkschaft zu, die in dem Maße, wie ihr die ihr zugänglichen (bzw. von ihr

Letzte Gestalten

geforderten) Informationen eine Gesamtsicht erlauben, am ehesten in der Lage ist, sie zu übernehmen. Die politische Verantwortung besteht nun allerdings nicht nur darin, sich diese Gesamtsicht zu verschaffen, sondern davon ausgehend über kontroverse Diskussionen die Zielsetzungen, die Zweckmäßigkeit, die Angemessenheit, die Konsequenzen usw. einer Produktion oder einer Technologieentscheidung öffentlich infragezustellen.

Diese Infragestellung ist aber *im Rahmen des Dienstes* strikt unmöglich. Die technische und die politische Verantwortung können nicht zusammenfallen; der verantwortliche Beamte oder Techniker kann sich *während* seiner Arbeit nicht gleichzeitig als politisch aktiver Bürger verhalten. Er kann in der Schaltzentrale eines Elektrizitätswerks nicht darüber debattieren, ob man dieser oder jener Anforderung von Stromzufuhr stattgeben soll oder nicht. Er kann im Gegenteil seine politische Verantwortung nur wahrnehmen, wenn er sich von seiner Arbeit löst, sie infragestellt *und damit auch sich selbst in seiner beruflichen Funktion und Identität infragestellt*. Ausschließlich *innerhalb* seiner Arbeit kann er diese Fähigkeit zur politischen Infragestellung nicht erwerben oder entwickeln: Setzt sie doch eine Kultur voraus, die weit über die technische Kultur hinausgeht, Interessengebiete und Tätigkeiten, die die Berufsrolle überschreiten, ein Leben, das nicht völlig durch die Arbeit ausgefüllt wird – kurz: Was eine politische Verantwortungsethik voraussetzt, ist *das genaue Gegenteil einer Identifikation mit der Arbeit* oder mit der eigenen Funktion, wie sie für die von der eigenen Bedeutung durchdrungenen Techniker-Bürokraten eigentümlich ist, jenen »Fachmenschen ohne Geist«, von denen Max Weber sagt, daß sie ihre »mechanisierte Versteinerung mit einer Art von krampfhaftem Sich-wichtig-nehmen verbrämt(en)«[13], allzeit bereit, jedem Herrn zu dienen, so dies nur ihrer eigenen Laufbahn förderlich ist.

Unter diesen Bedingungen erhält die Mission der Gewerkschaftsbewegung eine neue Dimension, die in Frankreich die CFDT bis zum Beginn der achtziger Jahre in vorbildlicher

Weise ausgefüllt hat – insbesondere die CFDT-Gewerkschaft bei der staatlichen Elektrizitätsgesellschaft (EDF) und die der Belegschaften von Atomkraftwerken (SNPEA): den »Verwaltungsbeamten der Maschine« überhaupt erst einen Rahmen zu verschaffen, innerhalb dessen sie – als Bürger – öffentlich die gesellschaftlichen Grundentscheidungen infragestellen können, denen sie – in ihrer beruflichen Funktion – zu dienen haben. Können sie »gegenüber der Gesamtgesellschaft« die Verantwortung für diese energiepolitischen Entscheidungen übernehmen? Oder verlangt die Verantwortungsethik von ihnen nicht vielmehr, die Folgewirkungen und Risiken anzuprangern, mit denen das Programm des »totalen Atomstroms«[14] die Gesellschaft bedroht? Fällt ihnen damit nicht die Aufgabe zu, die politischen, ökonomischen und zivilisatorischen Entscheidungen infragezustellen, die von den herrschenden politisch-ökonomischen Eliten als bloß technische Sachzwänge präsentiert werden?

Man ist damit weit entfernt von neo-korporatistischen Auffassungen von Gewerkschaftspolitik; man ist aber gleichfalls weit entfernt von einer »Dienstmoral« oder einer Berufsethik, für die die Arbeit *als solche* bereits – wenn sie nur interessant und verantwortlich genug ist – Sinn und Persönlichkeitsentfaltung bedeutet. Technisch interessante oder verantwortungsvolle Aufgaben allein genügen nämlich auf keinen Fall, um einen Humanismus, eine Moral, einen Lebenssinn zu begründen – ganz im Gegensatz zur Auffassung, die Kern und Schumann mit vielen anderen zu teilen scheinen, wenn sie die Berufswünsche von Massenarbeitern kommentieren und, bezogen auf eine Arbeit, »bei der man noch mitdenken muß«, »wo ich mal was variieren kann«, hinzufügen: »kurz: die Sinn macht«.[15]

Hier liegt nun genau das Kernproblem: *Das in der Arbeitstätigkeit liegende Interesse an einer bestimmten Arbeit ist keine Garantie für ihren Sinn, und ihre Humanisierung garantiert keinesfalls auch die der Zwecke, denen sie dient.* Die »Humanisierung der Arbeit« kann für die beteiligten Individuen Unternehmen von absoluter Barbarei attraktiv machen. Die Arbeit kann die individuellen Fähigkeiten entwickeln, inklusive der Fähigkeit zur Eigeninitiative, ohne daß diese berufliche Autonomie des Individuums auch seine moralische Autonomie zur Folge hätte: d. h. sein Verlangen, nur solchen Zielsetzungen zu dienen, die zuvor Gegenstand einer öffentlichen Debatte waren und die es selbst hat prüfen *und übernehmen* können. Diesem Nicht-Zusammenfallen von technischer und moralischer Verantwortung, dieser Nicht-Identität von beruflicher und existentieller Autonomie müssen wir uns nun zuwenden.

Drittens: Die Entsprechungen von Berufskultur und Alltagskultur, sogar die Übergänge zwischen der einen und der anderen Sphäre sind durch die wachsende Technisierung von immer spezialisierteren Aufgaben unwiederbringlich zerstört worden.

»Die Tatsache, daß man zwar immer etwas zu tun haben kann, der Produktionsprozeß aber weitgehend selbständig abläuft und die eigene Funktion darauf beschränkt ist, durch Steuerung, Korrekturen und Wartungsarbeiten einen reibungslosen Anlagenlauf zu gewährleisten, daß man durch sein eigenes Tun also nichts bearbeitet, kein Produkt herstellt, (...) macht es allein schon schwer, die Tätigkeit überhaupt als produktive, ›richtige‹ Arbeit zu interpretieren, (...) daß es von seinen Dispositionen *entscheidend* abhängt, ob der Produktionsprozeß besonders erfolgreich gelingt oder nicht, kann ›der Anlagenfahrer in der Großchemie‹ sich angesichts der offenkundig vorherrschenden Bedeutung von Anlage und Vorgesetzten nicht sagen.«[16]

»Die Kategorie des ›Berufs‹ ist [bei jungen Chemiefacharbeitern] besetzt mit dem Bild des klassischen Handwerkers und Facharbeiters: der etwas weiß und kann, dessen Fachkompetenz sich umsetzt in ein ›Können‹, das ihm in seiner Ausbildung vermittelt wurde und das sich in spezifischer Leistung vergegenständlicht: dem bearbeiteten Werkstück, dem reparierten Radio. Ein solches Können vermißt der Chemiefacharbeiter trotz seiner Ausbildung. In seinen Augen erhält er Fach*wissen*, aber eben kein Fach*können*, er erhält ›Theorie‹, aber nicht spezifische ›Fertigkeiten‹ – und letztere machen für ihn erst die Kompetenz des wirklichen Facharbeiters aus.«[17]

Diese Skizze von Arbeitern der chemischen Industrie faßt die Scheidung zwischen beruflicher Ausbildung und Alltagskultur, zwischen Arbeit und Leben perfekt zusammen. Und noch beschreibt sie nicht das letzte Stadium der technologischen Entwicklung: die völlig computergesteuerte Fabrik, und wie sie erlebt wird. Der alte Kontrollraum mit seiner Instrumentenschalttafel ist in der vollautomatisierten Meßwarte verschwunden. In einem Raum sitzen drei Personen, jede vor ihrer mit je zwei Bildschirmen bestückten Bildschirmkonsole. Eine Tastatur erlaubt es, über den System-Code Instruktionen an den Computer zu geben, der 1500 Meßwerte, 200 Regelkreise und 600 Alarme in ein Datensystem integriert – und umgekehrt den Computer über die laufenden Prozesse abzufragen.[18] Der materielle Produktionsprozeß ist verschwunden und in ein unsichtbares Jenseits verbannt, mit dem der zum Anlagenfahrer gewordene Arbeiter nur mehr mittels numerischer Symbole kommunizieren kann: Auf seiner Tastatur gibt er Zahlenkombinationen ein und liest die Wirkungen dieser Interventionen auf dem Bildschirm ab.

Hier ist die sinnliche Dichte der Welt verschwunden. Die Arbeit als materielle Tätigkeit wurde beseitigt. Was bleibt, ist nur noch eine rein intellektuelle oder vielmehr mentale Tätigkeit. Dies ist der endgültige, absolute Triumph dessen, was Edmund Husserl als die »Mathematisierung der Natur« definiert hat[19]: Die wahrgenommene Wirklichkeit ist all ihrer sinnlichen Qualitäten entkleidet, das Erlebnis des ursprünglichen Denkens ist ausgeschaltet. Die Arbeit ist verschwunden, weil sich das Leben aus diesem mathematisierten Universum zurückgezogen hat. Es ist niemand mehr da; nur Zahlen, die schweigend andere Zahlen verfolgen – sie können nicht infragegestellt werden, denn sie sind empfindungslos und stumm. Am Ende seines Arbeitstags erhebt sich der Meßwart von seinem Terminal. Von dem, was er den ganzen Tag verrichtet hat, bleibt ihm nichts, kein sichtbares oder meßbares materielles

Ergebnis: *Er hat nichts vollbracht.* Aber dieses Nichts hat ihn erschöpft und ausgelaugt: Während seines Arbeitstags (oder der Nachtschicht) mußte er sich der Askese unterziehen, die eigene sinnliche Existenz in sich zu unterdrücken: Er mußte sich in einer Existenzweise als bloßer Intellekt verausgaben; all das, was in lebendiger, leiblich gelebter Beziehung zur Welt steht, mußte er als mögliche Störfaktoren seiner Funktion unterdrücken oder ausschalten. In ihm findet die Weltauffassung von Thomas Hobbes ihre Vollendung: »Wahr« und wirklich existent sind nur noch die mathematischen Eigenschaften der Natur – ebenso wie auf einer anderen Ebene für die ökonomische Vernunft die »Wahrheit« jeder Sache einzig im Preis (im Tauschwert) liegt, den sie als Ware erzielt. »Wahr« ist somit nur noch, was berechenbar und quantifizierbar ist, was in Zahlen ausgedrückt werden kann. Der gesamte Rest hat nur noch »subjektive« Existenzweise, d.h. er ist in gewisser Weise der wirklichen Welt durch die bloße »Subjektivität« hinzugefügt und muß vom wissenschaftlichen Denken an den Rand gedrängt werden.[20] Die Unterdrückung von allem, das nicht zum Reich des Intellekts und Kalküls gehört, soll den Zugang zur »Wahrheit« verschaffen; einzig der *homo oeconomicus* und sein Zwillingsbruder, der informatisierte Arbeiter, leben im Reiche der Wahrheit.

Hier setzt die triftige Frage Husserls ein, die auch zum Ausgangspunkt für die Reflexion der kritischen Theorie geworden ist: *Bezieht sich die Naturbeherrschung auf die abstrakte Wirklichkeit der mathematisierten Welt* (wissenschaftliche Natur) *oder auf die sinnliche Wirklichkeit der Lebenswelt* (lebensweltliche Natur)?[21] Oder, anders gefragt: Welche Beziehung des Menschen zu sich selbst als sinnlich-leiblichem Wesen, das durch seinen Körper in der Welt ist, beherrscht die methodische Durchführung einer Technik?

Es ist nicht ohne Bedeutung, daß diese vor allem für die Anfänge der kritischen Theorie grundlegende Frage bei Habermas praktisch verschwunden ist. Die »Lebenswelt« bei Husserl, das ist vor allem die Welt in ihrer sinnlichen Schwere und

Dichte, die wir gleichsam leiblich *an uns haben,* mit ebenso starker Gewißheit und Evidenz wie unseren Leib selbst. Die Welt *kommt uns zu* über unseren Leib und wir gehören zu ihr – *wir sind auf der Welt* – durch unseren Leib.[22] Natürlich wird der Sinn dieser dem leiblichem In-der-Welt-Sein innewohnenden Wechselbeziehung von Dasein und Welt beständig durch eine kulturelle Matrix informiert und geformt, die wir zur gleichen Zeit erlernen, in der wir zu sehen, zu gehen, zu sprechen lernen – in der wir lernen, als Leib im Verhältnis zu anderen zu existieren und im Verhältnis zur humanisierten kulturellen Welt, in die wir hineingeboren sind. Doch dies verhindert nicht, daß die sinnlich durch unser leibliches In-der-Welt-Sein erfahrene »Dichte« der Lebenswelt den Boden unserer gelebten Gewißheiten darstellt: die Materie, die von der Kultur geformt, profiliert, stilisiert und modelliert wird – oder von der Barbarei verneint wird.[23]

Die von jedem kultur-soziologischen ebenso wie von jedem funktionalistischen Zugang außer acht gelassene Frage lautet damit: Vermögen ein Aktivitätstypus oder eine Kultur diese leiblichen Möglichkeiten menschlicher Existenz zu Werten zu entwickeln, zu »kultivieren«? Tragen sie zu ihrer Entfaltung bei, gestalten sie die Umwelt so, daß sie die Entfaltung der leiblichen Fähigkeiten erfordert und befördert? Oder vergewaltigt im Gegenteil die Umwelt durch ihre Anordnung, ihre materielle Verfassung und ihre Anforderungen das leibliche Dasein, weil diese (materielle wie sozio-kulturelle) Umwelt selbst aus Aktivitäten entsprungen ist, in denen sich die Individuen selbst Gewalt antun? Die Lebenswelt – das ist nicht zuallererst, wie bei Habermas, die Welt der Traditionen und Normen, denen wir selbstverständlich oder »fraglos« zustimmen; denn jede Norm, jede Tradition, jede Überzeugung kann in einer Krisensituation in Frage gestellt bzw. durch die Arbeit des Zweifels in Krise versetzt werden (etwa anläßlich einer Krankheit, des Todes eines Nahestehenden, einer Trennung, eines Scheiterns). Nichts hingegen kann die Gewißheit erschüttern, mit der wir die Welt in ihren sinnlichen Qualitäten erfahren: mit ihren materiellen Werten (gut, angenehm) oder Unwerten (klebrig, stinkend), mit ihrer Widerständigkeit gegen oder ihrer Eignung für die Entfaltung unserer leiblichen Fähigkeiten.[24] Die ›lebensweltliche‹ Frage, die wir stellen müssen, ist also: Um welchen Preis haben wir eigentlich jene durch die Instrumente unserer Zivilisation informierte und geformte Welt als »Lebenswelt« anzuerkennen gelernt? Bis zu welchem Maße haben wir uns – indem wir uns an diese technisierte »Lebenswelt« gewöhnen – unserer selbst entwöhnt?[25] Produziert unsere Zivilisation eine Lebenswelt, der wir durch die *Kultur unseres Lebensvollzugs* angehören – oder läßt sie den ganzen Bereich der sinnlichen Werte unbehaust, im Zustande der Barbarei?

Die Unfähigkeit der herrschenden Kultur, die Wirklichkeit in ihrem gelebten Vollzug überhaupt denken zu können, ist bereits für sich eine Antwort auf diese Fragen. *Die technische Kultur ist Unkultur all dessen, was nicht technisch ist.* Arbeiten zu lernen bedeutet gleichzeitig, zu verlernen, einen Sinn in nichtinstrumentellen Beziehungen zur Umwelt und zu den Mitmenschen zu finden, ja einen solchen Sinn überhaupt zu suchen. Diese Umwelt trägt selbst bereits das Gepräge der technischen Gewalt; sie wird als ein tägliches Bad in der Gewalt erlebt. Denn die Gewalt ist zunächst und grundlegend eine Beziehung zum Leibe. Das wird unmittelbar einsichtig, wenn wir das entgegengesetzte Extrem zur Gewalt benennen wollen: das Gegenteil von Gewalt ist die Zärtlichkeit. Zärtlichkeit ist eine Beziehung zum Leib eines/r anderen, die ihn als sinnlichen Leib berührt, um sein Selbstempfinden zum Genuß und zur Freude an sich selbst zu steigern; und diese Beziehung zum Leib des anderen geht notwendigerweise mit der Steigerung meines eigenen Empfindens einher. Gewalt hingegen ist eine Beziehung technisch-instrumenteller Verfügung über Gegenstände in der Welt, die in ihren sinnlichen Qualitäten geleugnet werden, und daher auch eine Unterdrückung und Entwertung meiner eigenen Sinnlichkeit. Das Übergewicht der instrumentellen Vernunft ist im Funktionalismus unserer täglichen Gebrauchsgegenstände ebenso eingeschrieben wie in den für unsere Körper entworfenen Stützen und Behausungen: Stühle, Tische, Wohnungen, Straßen, Transportmittel, Stadtlandschaften, Industriearchitektur, Lärmbelastung, Beleuchtungen, Baumaterialien usw. ... Alles läuft darauf hinaus und alles regt dazu an, die Lebens-Umwelt instrumentell zu behandeln, die Natur zu vergewaltigen und unseren Körpern wie denen der anderen Gewalt anzutun. In vielen westlichen Industrienationen ist die Alltagskultur bereits – mit all der beunruhigenden Zweideutigkeit, die allein diese antinomische Wortschöpfung anzeigt – zu einer *Gewalt-Kultur* oder in ihrer extremen Form zu einer *Kultur der Barbarei* geworden: bei den *Punks* wird sie thematisiert und reflektiert, sublimiert und verschärft, sich in ihrer Behauptung lauthals verneinend; bei den *Skins* stellt sie bereits eine protofaschistische Anti-Ästhetik der Gefühllosigkeit, Grausamkeit und Häßlichkeit zur Schau.

Einer Berufskultur, die sich von der Lebenswelt – der in ihrer sinnlichen Dichte *erlebten* Welt – abschneidet, entspricht somit die Produktion einer Welt ohne sinnliche Werte; und dieser Welt entspricht eine ausgedörrte Sinnlichkeit, die wiederum das Denken austrocknen läßt. Dies haben in bewundernswerter Weise bereits Adorno und Horkheimer formuliert, wenn sie davon sprechen, daß die Maschinentechnologie »den selbstherrlichen Intellekt, der von der sinnlichen Erfahrung sich trennt, um sie zu unterwerfen«, zum Pendant hat.

»Die Vereinheitlichung der intellektuellen Funktion, kraft welcher die Herrschaft über die Sinne sich vollzieht, die Resignation des Denkens zur Herstellung der Einstimmigkeit, bedeutet Verarmung des Denkens so gut wie der Erfahrung; die Trennung beider Bereiche läßt beide als beschädigte zurück. In der Beschränkung des Denkens auf Organisation und Verwaltung, von den Oberen seit dem schlauen Odysseus bis zu den naiven Generaldirektoren eingeübt, ist die Beschränktheit mitgesetzt, welche die Großen befällt, sobald es nicht bloß um die Manipulation der Kleinen geht. (...) Je komplizierter und feiner die gesellschaftliche, ökonomische und wissenschaftliche

Apparatur, auf deren Bedienung das Produktionssystem den Leib längst abgestimmt hat, um so verarmter die Erlebnisse, deren er fähig ist. Die Eliminierung der Qualitäten, ihre Umrechnung in Funktionen überträgt sich von der Wissenschaft vermöge der rationalisierten Arbeitsweisen auf die Erfahrungswelt der Völker und ähnelt sie tendenziell wieder den Lurchen an.«[26]

Hier liegt die Wurzel dafür, daß es möglich wird, die Barbarei zu akzeptieren: in der kritiklosen Unterwerfung unter die technischen Imperative jeder beliebigen Maschinerie, auch wenn sie dem Völkermord dient oder zu ihm führt. *Denn nicht in der Theorie liegt das Fundament der Kritik – es liegt im Geschmack des (Er)Lebens*[27], den die Welterfahrung für den hat, der sie (er)lebt. Theorie (oder vielmehr Philosophie) und Literatur haben – jede auf ihrem Niveau und auf ihre Weise – die Aufgabe, die Maschen des herrschenden Diskurses aufzulösen, der das (Er)Leben zum Schweigen verdammt.

Man vermag jetzt besser zu erkennen, was von der Technik erwartet werden darf und was nicht. Man kann von ihr verlangen, die Effektivität der Arbeit zu steigern und ihre Dauer, ihre Mühsal zu mindern. Aber man muß wissen, daß die gewachsene Macht der Technik ihren Preis hat: Sie entzweit Arbeit und Leben und trennt die Berufskultur von der Alltagskultur; sie erfordert im Austausch gegen wachsende Beherrschung der Natur eine despotische Selbstbeherrschung; sie engt das Feld der sinnlichen Erfahrung und der existentiellen Autonomie ein; und sie trennt den Produzenten vom Produkt – bis zu dem Punkt, wo er nicht einmal mehr den Zweck seiner Tätigkeit kennt.

Dieser Preis für die Technisierung wird nur in dem Ausmaß akzeptabel, wie sie Arbeit und Zeit einspart: Dies ist ihr erklärtes Ziel – ein anderes hat sie nicht. Die Technik ist dafür da, die Menschen mehr und besser mit weniger Anstrengung und in kürzerer Zeit produzieren zu lassen. In einer Stunde seiner Arbeitszeit spart jeder »Arbeiter neuen Typs« – sagen wir – zehn

Stunden klassischer Arbeit ein; oder auch dreißig; oder nur fünf, die genauen Zahlen spielen hier keine Rolle. Wenn nun diese Einsparung an Arbeitszeit gar nicht sein Ziel ist, ist sein Beruf sinnlos. Wenn er es sich zur Aufgabe oder zum Ideal gesetzt hat, die Arbeit solle das Leben eines jeden erfüllen und die wichtigste Quelle der Sinnstiftung sein, dann befindet er sich in vollständigem Widerspruch zu seinem Tun. Wenn er also an seinen Beruf glaubt, so muß er gleichzeitig daran glauben, daß die Individuen sich nicht nur in ihrem Beruf verwirklichen. Wenn er also *seine* Arbeit gerne verrichtet, so muß er konsequenterweise auch davon überzeugt sein, daß die Arbeit *nicht* alles ist, daß andere Dinge ebenso wichtig oder noch wichtiger sind. Dinge, für die die Menschen niemals ausreichend Zeit haben, für die er selbst mehr Zeit benötigt. Dinge, für die die »maschinelle Technisierung« den Menschen die Zeit verschaffen wird – und beschaffen muß, um ihnen damit hundertfach zurückzuerstatten, was sie durch die wissenschaftlich-technische »Verarmung des Denkens so gut wie der Erfahrung«[28] verloren haben.

Ich wiederhole es wieder und wieder: *Eine Arbeit, deren Wirkung und Ziel darin liegt, Arbeit zu sparen, kann als wesentliche Quelle von Identität und Persönlichkeitsentfaltung nicht gleichzeitig wiederum... die Arbeit glorifizieren!* Der Sinn der aktuellen technischen Revolution kann nicht darin liegen, die Arbeitsethik zu rehabilitieren und der Identifikation mit der Arbeit wieder Nahrung zu geben. Auch die »Reprofessionalisierung« der Arbeit im Zuge der Automatisierung hat also nur dann einen Sinn, wenn sie das Feld der *nicht*-professionellen Tätigkeiten ausweitet, in denen *jedè/r* – inklusive der Arbeiter neuen Typs – jenen Teil seiner Menschlichkeit entfalten kann, der in der technisierten Arbeitswelt keine Beschäftigung findet.

8. PERSPEKTIVEN DER EMANZIPATION JENSEITS DES MARXISMUS
FRAGEN NACH DEM SINN (II)

Dank der zunehmenden Spezialisierung hat die Arbeitsteilung eine immense Umsetzung wissenschaftlichen Wissens auf gesamtgesellschaftlicher Ebene möglich gemacht. Hier liegt die Wurzel für die rapide technologische Entwicklung, die hohe Produktivität und den Reichtum der Industriegesellschaften.

Doch von dieser wachsenden Menge angewandter Wissenschaft beherrschen die Individuen ein/e jede/r jeweils nur noch einen winzigen Bestandteil. Die in tausend Spezialistentümer zersprungene Kultur der Arbeit wurde somit von der Alltagskultur abgeschnitten. Ihre beruflichen Kenntnisse vermitteln den Individuen weder Anhaltspunkte noch Kriterien, mithilfe derer sie der Welt einen Sinn verleihen, ihre Entwicklung steuern und sich in ihr orientieren könnten. Durch die Eindimensionalität ihrer Aufgaben und Kenntnisse jeglichen Zentrums beraubt und in ihrer leiblichen Existenz vergewaltigt, müssen sie einer sich ständig in Auflösung begriffenen und immer fragmentierteren Umwelt leben, die der Aggression durch die Großtechnologie schutzlos ausgeliefert ist. Diese Welt, die nicht mehr durch gelebte Erfahrung vereinigt werden kann, kennt von der Lebenswelt nur noch ihr schmerzliches Fehlen. Das Alltagsleben ist in voneinander getrennte Zeit- und Raumabschnitte zerstückelt: eine zusammenhanglose Abfolge von Situationen aggressiver Überbeanspruchung, toten Zeiten und Routinetätigkeiten. Dieser Fragmentierung, die ein integriertes (Er)Leben verunmöglicht, entspricht eine (Un)Kultur des Alltags, die sich aus lautstarken Sensationen, flüchtigen Modeerscheinungen, spektakulärer Unterhaltung und bruchstückhafter Information zusammensetzt.

Die Geschichte hat also getrennt, was Marx in seiner Vision

vereinigt hatte. Nach dessen Prognose würden die Individuen kraft der wissenschaftlichen Beherrschung der Natur *innerhalb* der Arbeit eine »Totalität von Fähigkeiten« entwickeln; dank dieser »reichsten Entwicklung der Individuen« werde die »freie Entfaltung der Individualitäten« zum Bedürfnis aller werden; dank der »Reduktion der notwendigen Arbeit der Gesellschaft auf ein Minimum« werde dieses Bedürfnis auch außerhalb der Arbeit Befriedigung suchen und finden.[1]

Diese Reduktion gesellschaftlich notwendiger Arbeit auf ein Minimum ist heute in vollem Gange: Die Industriegesellschaften produzieren eine wachsende Menge von Reichtümern mit abnehmenden Arbeitsmengen.[2] Aber sie haben keine Kultur der Arbeit hervorgebracht, die zur »vollen Entwicklung« der individuellen Fähigkeiten geführt und es damit allen Individuen ermöglicht hätte, während ihrer verfügbaren Zeit in freiwilliger Kooperation ihre wissenschaftlichen, künstlerischen, erzieherischen, politischen usw. Fähigkeiten »frei zu entfalten«. *Es gibt kein »soziales Subjekt«, das eine Umverteilung der Arbeit politisch oder kulturell durchsetzen könnte* – eine Umverteilung, die es möglich machte, daß alle ihren Lebensunterhalt durch Arbeit verdienen, aber immer weniger arbeiten, und in Gestalt wachsender Einkommen ihren Anteil am wachsenden gesellschaftlich produzierten Reichtum erhalten.

Eine solche Arbeitsumverteilung ist jedoch der einzig mögliche Weg, der Abnahme des Volumens an gesellschaftlich notwendiger Arbeit einen Sinn zu geben. Sie allein kann den Zerfall der Gesellschaft und auch die Spaltung der Lohnabhängigen selbst verhindern: eine Aufspaltung in professionelle Eliten einerseits, Massen von Arbeitslosen und prekär Beschäftigten andererseits und – zwischen diesen beiden – eine wachsende Anzahl von beliebig auswechselbaren Arbeitskräften der Industrie und vor allem der informatisierten industrialisierten Dienstleistungen.[3] Nur eine Verkürzung der Arbeitszeit für alle kann immer mehr Frauen und Männern den Zugang zu qualifizierten Arbeitsplätzen eröffnen und allen, die es wünschen, den lebenslangen Erwerb neuer Qualifikationen und Kompetenzen ermöglichen. Allein auf diesem Wege kann dann auch die Polarisierung reduziert werden, die die Arbeit auf Lebensweise, kompensatorische Bedürfnisse und die Persönlichkeit (bzw. Ent-Personalisierung) eines/r jeden ausübt.

In dem Maße nämlich, wie sich die Abschnitte verfügbarer Zeit ausdehnen, kann die Zeit der Nicht-Arbeit aufhören, das bloße *Gegenteil* der Arbeitszeit zu sein: Zeit für Erholung und Entspannung; für Nebentätigkeiten und Ergänzungen zum Arbeitsleben; Zeit für Faulheit, der bloßen Kehrseite von fremdbestimmter, erzwungener Arbeitsanstrengung; Zeit für Unterhaltung, der Kehrseite einer durch ihre Monotonie abstumpfenden und erschöpfenden Arbeit. Mit der Ausbreitung der verfügbaren Zeit werden sich die Möglichkeit und das Bedürfnis dazu entwickeln, diese Zeit selbst durch andere Tätigkeiten und Beziehungen zu strukturieren: in denen die Individuen ihre Talente anders entwickeln, andere Fertigkeiten erwerben und ein anderes Leben führen können. Arbeitsplatz und Beschäftigung können dann aufhören, das einzige Feld für Sozialisierung und die einzige Quelle von sozialer Identität zu sein; die Sphäre der Nicht-Arbeit wird dann nicht mehr bloßes Reich des Privaten und des Konsums bleiben müssen. In der verfügbaren Zeit können neue Kooperations-, Kommunikations- und Austauschbeziehungen geknüpft werden und einen neuen kultur- und gesellschaftsbildenden Raum eröffnen, der sich durch autonome Tätigkeiten und selbstgewählte Ziele definiert. Allmählich setzt sich dann ein neues, umgekehrtes Verhältnis zwischen Arbeitszeit und verfügbarer Zeit durch: Die autonomen Tätigkeiten können gegenüber dem Arbeitsleben, das Reich der Freiheit kann gegenüber dem der Notwendigkeit immer mehr an Bedeutung gewinnen. Die Lebenszeit wird dann nicht mehr als bloße Funktion der Arbeitszeit verwaltet werden müssen; umgekehrt wird die Arbeit ihren untergeordneten Platz im Lebensplan jedes einzelnen erhalten.[4]

Die Individuen werden dann sehr viel anspruchsvoller sein in bezug auf die Natur, die Inhalte, die Ziele und Organisationsformen ihrer Arbeit. »Schwachsinnsarbeit« werden sie ebensowenig akzeptieren wie Unterdrückung durch autoritäre Kontrollen oder Fabrikhierarchie. Die Befreiung von der Arbeit wird also zu einer Befreiung *in* der Arbeit führen müssen, ohne diese jedoch (wie dies Marxens Vorstellung war) zur freien, die eigenen Ziele setzenden, persönlichen Selbstentfaltung machen zu können. In einer komplexen Gesellschaft kann die Heteronomie niemals völlig zugunsten der Autonomie abgeschafft werden. Aber innerhalb der Heteronomie-Sphäre können die Arbeitsaufgaben – ohne damit ihren notwendigerweise spezialisierten und funktionalen Charakter zu verlieren – doch so requalifiziert, neu zusammengesetzt, diversifiziert werden, daß sie mehr *Autonomie innerhalb der Heteronomie* zulassen: vor allem (wenngleich nicht ausschließlich) durch die *Selbstbestimmung der Arbeitszeit*. Man sollte sich darum keinen scharfen Gegensatz zwischen autonomen Tätigkeiten und heteronomer Arbeit – zwischen dem Bereich der Freiheit und dem Reich der Notwendigkeit – vorstellen. Jener findet in diesem seinen Widerhall[5], ohne ihn jedoch jemals absorbieren zu können.

Diese Auffassung einer Gesellschaft der befreiten Zeit – oder einer »Kulturgesellschaft« im Gegensatz zur »Arbeitsgesellschaft« – stimmt zwar in ihrem *ethischen Gehalt* (»freie Entfaltung der Individualität«) mit der Marxschen Utopie überein, weist ihr gegenüber jedoch gleichzeitig wichtige philosophische und politische Unterschiede auf.

*

Marx war davon überzeugt, die volle Entfaltung der individuellen Fähigkeiten werde mit der vollen Entwicklung der Produktivkräfte einhergehen und unweigerlich in einer *Revolution* (im philosophischen Sinne des Wortes) münden, und zwar auf zwei Ebenen:

1. Die Individuen, die *innerhalb* ihrer Arbeit ihre Fähigkeiten voll entwickelt haben, werden sich schließlich der Arbeit bemächtigen, d.h. sich auch *de jure* als Subjekte dessen setzen,

dessen Subjekte sie *de facto* bereits sind. Anders gesagt: Die *Freiheit*, die den Individuen durch die historische Entwicklung als ein Ensemble von Fähigkeiten *übereignet* wurde, diese Freiheit wird sich nunmehr auch *ihrer selbst über eine reflexive Revolution bemächtigen:* als praktische Selbstreflexion einer Rückwendung *(revolutio)* des Subjekts auf sich selbst. So jedenfalls muß man die Unterscheidung begreifen, die Marx zwischen der *vollen* Entwicklung der *Individuen* als Ergebnis der historischen Entwicklung der Produktivkräfte einerseits und der *freien* Entfaltung der *Individualitäten* andererseits trifft: Letztere, als reflexive Freiheit »menschliche(r) Kraftentwicklung, die sich als Selbstzweck gilt«[6], findet für Marx innerhalb der »höheren Tätigkeiten« statt, die er in der *»disposable time«*[7] ansiedelt.

2. Diese reflexive und wahrhaft existentielle Revolution, durch die sich die Freiheit (die individuelle Existenz, die über die Mittel der Autonomie verfügt) zum Selbstzweck macht, ist nun für Marx die eine Seite einer historischen Entwicklung, deren andere Seite die notwendige *ökonomische Revolution* darstellt. In der Tat: In dem Maße, wie die Menge gesellschaftlich notwendiger Arbeit abnimmt, wie »die Arbeit in unmittelbarer Form aufgehört hat, die große Quelle des Reichtums zu sein, hört und muß aufhören die Arbeitszeit sein Maß zu sein und daher der Tauschwert [das Maß] des Gebrauchswerts ... Damit bricht die auf dem Tauschwert ruhende Produktion zusammen«, und das Ziel wird die »freie Entwicklung der Individualitäten« (und damit »die Reduktion der notwendigen Arbeit der Gesellschaft zu einem Minimum«).[8]

Mit anderen Worten: die ökonomische Rationalität als solche – und nicht allein die kapitalistische Rationalität! – hat ihre Grenze erreicht. Ihr Ziel war nie etwas anderes als die effizienteste Anwendung von Mitteln, die effizienteste Organisation von Systemen zweckrationalen Handelns. Sie ist und bleibt eine grundlegend instrumentelle Rationalität, deren Ziel das rationelle Funktionieren von Mittel-Systemen darstellt, mit der Perspektive, über die Akkumulation von (Produktions-)Mitteln aus dem Profit noch effizientere Mittel-Systeme zu konstruieren. Die Mittel sind also Zwecke, die Zwecke Mittel im Dienste anderer Mittel. Der Zweck, zu dem die ökonomische Rationalität »Produktionsfaktoren« (vor allem Arbeit und Zeit) spart, besteht einzig darin, sie »woanders in der Wirtschaft« wieder einzusetzen, um dann dort weiter Arbeit und Zeit zu sparen, die ihrerseits wiederum »woanders« eingesetzt werden müssen, usw.... Das Ziel der Arbeitsersparnis verflüchtigt sich im Unendlichen und ist niemals die Befreiung der Zeit selbst: die Ausdehnung der Zeit zum Leben. Selbst die »Freizeitaktivitäten« haben die Funktion, »Arbeitsplätze zu schaffen«, also wieder der Warenproduktion und Kapital-Rentabilität zu nutzen.

Nun kann, sobald die Produktivkräfte einmal voll entwickelt sind, diese Akkumulationsdynamik nicht mehr weiter funktionieren. Die instrumentelle Rationalität gerät in Krise und offenbart ihre grundlegende Irrationalität. Diese Krise kann nur dadurch gelöst werden, daß die Arbeitszeiteinsparungen eine neue Rationalität erhalten, die dem einzigen Ziel entspricht, das ihnen einen Sinn verleihen kann: der Freisetzung von Zeit für jene »höheren Tätigkeiten«, die als Entfaltung des (guten) Lebens in sich selbst ihren Zweck haben. Solche Tätigkeiten erfordern keine Rationalisierung, um weniger Zeit zu verbrauchen – im Gegenteil: Ihr Ziel ist gerade die Verausgabung, nicht die Einsparung von Zeit; die Tätigkeit trägt ihr Ziel in sich selbst (sie ist *nutzlos* und *zweckfrei*), sie dient keinem äußeren Zweck.

Die Krise der ökonomischen Rationalität ist damit gewissermaßen die Leerstelle einer anderen Rationalität, *die der vorherigen Entwicklung erst ihren Sinn geben wird.* Und diese andere Rationalität ist bei Marx ebendie Rationalität der voll entwickelten Individuen – hervorgebracht durch die Entwicklung der Produktivkräfte –, *die sich reflexiv zum Subjekt dessen machen, was sie bereits sind:* die sich also die freie Entfaltung ihrer Individualität zum Ziel setzen. So bringt die materielle Entwicklung gleichzeitig die Krise der ökonomischen Vernunft und das historische Subjekt hervor, die sie zu überwinden vermag, indem es dem verborgenen Sinn des bisher ungelösten Widerspruchs ans Licht der Welt verhilft.

Für Marx und für die Marxisten vor allem der organisierten Arbeiterbewegung ist die Befreiung *in* der Arbeit die unverzichtbare Voraussetzung für die Befreiung *von* der Arbeit; denn nur durch die Befreiung *innerhalb* der Arbeit könne jenes Subjekt entstehen, das überhaupt in der Lage sei, die Befreiung *von* der Arbeit zu wollen und ihr einen Sinn zu verleihen. Daher wenden marxistische Autoren heute dem reprofessionalisierten polyvalenten Arbeiter derart privilegierte Aufmerksamkeit zu: Die Versuchung ist groß, in ihm das »endlich gefundene« historische Subjekt einer möglichen Wiederaneignung *sowohl* der Produktivkräfte *als auch* der Entwicklung des Individuums durch das Individuum selbst zu erblicken.

Nun haben wir allerdings feststellen müssen, daß es sich hierbei um eine unbegründete Utopie handelt. Schon bei Marx selbst sprang der Widerspruch ins Auge, der zwischen seiner Theorie und seinen eindringlichen phänomenologischen Beschreibungen zum Verhältnis Arbeiter-Maschine bestand: Trennung des Arbeiters von seinen Arbeitsmitteln, von seinem Produkt, von der in der Maschinerie verkörperten Wissenschaft. Nichts in diesen Beschreibungen vermochte die Theorie des *»travail attractif«*[9] zu rechtfertigen: die Aneignung einer Totalität von Produktivkräften (oder doch die strukturelle Möglichkeit dazu) durch die Entwicklung einer Totalität von Fähigkeiten beim Arbeiter. Diese Diskrepanz gilt ebenso für Marxens Frühschriften wie für die *Grundrisse* und das *Kapital*.

Eigenartigerweise mußten wir nun bei Kern und Schumann denselben Widerspruch feststellen: Ihre Forschungsergebnisse zeigen für eine kleine Minderheit »neuer Produktionsfacharbeiter« in der Industrie zwar diese Tendenz zur Neuzusammensetzung und Reprofessionalisierung von Arbeitstätigkeiten – ohne daß diese Reprofessionalisierung jedoch in irgendeiner Weise die These vom »souveränen« Arbeiter, der all seine Fähigkeiten voll entwickelt, rechtfertigen könnte. Im Gegenteil: In ihren einzelnen Fallstudien weisen Kern und Schumann gerade nach, *daß der Grad an Autonomie, über die die Arbeiter innerhalb der Heteronomie verfügen können, selbst Gegenstand von Kämpfen ist,* die stets neu geführt werden müssen – was übrigens im Zusammenhang mit der Qualifikation als Machtfaktor der Arbeiterschaft in der Produktion schon immer der Fall war[10].

Wenn es sich aber so verhält, daß die (stets nur partielle und relative) Befreiung *innerhalb* der Arbeit beständiges Kampfziel bleiben muß, so bedeutet dies schlicht und einfach: *Die Entwicklung der Produktivkräfte bringt aus sich selbst heraus weder diese Befreiung noch ihr soziales und historisches Subjekt hervor.* Anders gesagt: Die Individuen kämpfen für ihre Befreiung in der Arbeit und die damit verknüpfte volle Entwicklung ihrer Talente nicht etwa aufgrund dessen, was sie bereits sind, sondern aufgrund ihres Bestrebens zu sein, was sie nicht (oder noch nicht) sind: also aufgrund ihres Strebens nach Selbstentfaltungsmöglichkeiten, die (noch) nicht gegeben sind. Und die Frage, warum sie diese autonome Entfaltung ihrer Persönlichkeit anstreben, läßt sich innerhalb der Marxschen Perspektive nicht beantworten: Für Marx nämlich stellte sich diese Frage einfach gar nicht. Und zwar deshalb nicht, weil seine Philosophie (oder Anti-Philosophie) ein umgestülpter Hegelianismus war: GESCHICHTE war für ihn der Prozeß, in dem der SINN von der Wirklichkeit Besitz ergriff. Für Marx war dieser SINN nicht wie bei Hegel der sich im geschichtlichen Prozeß selbstbestimmende absolute GEIST, sondern das sich als Herr über die Natur und über die Naturbeherrschung voll entfaltende Individuum – und dieses »totale Individuum« konnte niemand anderes sein als der universelle PROLETARIER.[11]

Diese Utopie ist tot: Kronstadt 1920, Moskau 1928, 1930, 1935, 1937 – nach Belieben; Berlin 1933 oder Treblinka 1943 oder Hiroshima 1945 oder Paris 1968 – jeder möge selbst »sein« Schlüsseldatum wählen. Die GESCHICHTE kann ebenso im nuklearen Winter enden wie in einem planetarischen Bhopal oder Tschernobyl; sie kann sich mit beständiger Befestigung der Herrschaft fortsetzen, die die immer gewaltigeren Instrumente der Naturbeherrschung über die Individuen ausüben; oder mit der Entwicklung von immer barbarischeren Formen der Gewalt gegenüber den wachsenden Massen von Ausgeschlossenen im Innern oder außerhalb der industrialisierten Welt. Sollten wir all dies vermeiden, so nicht deshalb, weil die Geschichte einen anderen Sinn *hätte* – sondern, weil es *uns* gelungen sein wird, ihr einen Sinn zu verleihen. Sollte die volle Entwicklung der Produktivkräfte – dank der Befreiung der Zeit – zu einer Überwindung der ökonomischen Rationalität (und ihrer Krise) und zur freien Entfaltung der Individualitäten führen, so nicht etwa deshalb, weil dies der Sinn der Geschichte *wäre* – sondern einzig deshalb, weil *wir* Geschichte gemacht hätten, damit sie diesen Sinn erhält.

*

Alles ist in der Schwebe, alles bleibt von unserer Freiheit abhängig – auch unsere Freiheit selbst. Die nach-marxistische Situation bedeutet genau dies: Zwar bleibt der Sinn, den Marx in der historischen Entwicklung zu lesen glaubte, auch für uns der einzig mögliche, den die historische Entwicklung erhalten könnte; doch müssen wir diesen Sinn *unabhängig von der Existenz einer sozialen Klasse verfolgen,* die in der Lage wäre, ihn zu verwirklichen. Mit anderen Worten: die einzigen nicht ökonomischen, nach-ökonomischen Ziele, die den ökonomischen Zeit- und Arbeitseinsparungen Sinn und Wert verleihen können, müssen die Individuen in sich selber suchen. Die Revolution, die in der praktischen Selbstreflexion auf den Sinn unserer Tätigkeiten liegt – diese reflexive Revolution wird uns von keiner historischen Notwendigkeit vorgeschrieben. Der politische Willen, diese Ziele zu verwirklichen, beruht auf keiner bereits existierenden sozialen Basis und vermag sich auf keinerlei Klasseninteresse zu stützen, er wird getragen von keiner Tradition oder keinem heute oder früher geltenden Normensystem. Dieser politische Wille und dieses ihn nährende ethische Streben können sich nur auf sich selber stützen: Sie setzen die *Autonomie des Ethischen* und die *Autonomie des Politischen* ebenso voraus, wie sie sie beweisen sollen.

In diesem Sinne schlage ich vor, auch das *Manifest für eine Neue Europäische Linke* von Peter Glotz zu verstehen; stellt doch seine Analyse eine Art Kontrapunkt zum *Kommunistischen Manifest* dar: Die dritte industrielle Revolution zersetzt die überlieferten Solidarbindungen, bringt die Klassengrenzen durcheinander, löst die Familienbande auf und führt zu einem gewaltigen Individualisierungsschub, der ebenso neue soziale Mobilität bedeuten kann wie soziale Isolation, »Vervielfältigung der Chancen oder die Aussperrung aus jeder Gemeinsamkeit. Individualisierung ist die Chance der Befreiung aus vielen Zwängen der Arbeit, der Familie, der Alltagskultur, aber birgt auch die Gefahr der Abkapselung, der Vereinzelung, der Zerstörung von Solidarität«.[12]

Zwar werde die elektronische Zivilisation Millionen von Arbeitsplätzen vernichten, doch biete sie auch die Chance, »ein System der Produktion um der Produktion willen zu überwinden, schwere und unwürdige Arbeit Maschinen zu übertragen und den Menschen *disponible Zeit* in immer größerem Umfange zu verschaffen. Der Arbeitende, dessen Leben heute vom Rhythmus der Arbeit bestimmt ist und für den Freizeit nicht viel anderes ist als ›Reproduktionszeit‹, Erholungszeit, Zerstreuungszeit, könnte zu einer Souveränität über sein Leben (und seine Zeit) finden, die es bisher noch nicht gegeben hat, und dies auch ohne das blutige Vorspiel von Revolution und Konterrevolution, bei dem der Haß sich festfrißt und die Verewigung des Zwangs verlangt.«[13]

Doch die politische Aktion, die diesen technologischen Schub dazu zwingen wollte, die Utopie der »disponiblen Zeit« zur Welt zu bringen, kann längst auf keine homogene soziale Basis mehr zählen – vor allem nicht mehr auf die ebenso zahlreiche wie starke Basis der Arbeiterklasse aus der Zeit der Massenproduktion und der Massenarbeiter. Denn die Sektoren der klassischen Schwerindustrie, deren Beschäftigungsbedeutung mit ihrer ökonomischen und strategischen Bedeutung einherging – also Bergbau, Eisen- und Stahlindustrie, Werften und verwandte Schwerindustrien –, diese politischen und gewerkschaftlichen Bastionen der traditionellen Linken sind allesamt im Niedergang begriffen. Die Schlüsselsektoren der dritten industriellen Revolution aber beschäftigen nur relativ geringe Belegschaften mit einem starken Anteil an Technikern und Angestellten ohne jede gewerkschaftliche Tradition oder politische Verankerung in der Arbeiterbewegung. »Der Weg der modernen Industriegesellschaften geht in die Segmentierung; das ist die dunkle Seite der Individualisierung, das Einfrieren der gesellschaftlichen Bewegung in neue Quasiklassen. Noch nie waren die Lageunterschiede innerhalb der Arbeiterschaft so groß wie jetzt.«[14]

Unter diesen Bedingungen wird die politische Aktion der Linken nur dann erfolgreich sein können, wenn es ihr gelingt, »in mühsamen Verschmelzungsprozessen jeweils ›Mehrheiten‹ (im Sinne lose aufaddierter Gruppen) zustande zu bringen«[15] – und zwar unter Bedingungen einer abnehmenden identitätsbildenden Kraft der Arbeit, der klassischen Arbeitstugenden und Arbeitertypen. »Sicher, die Arbeit bleibt eine wichtige Handlungssphäre, die die Identitätsbildung der Menschen beeinflußt. Aber immer mächtigere Einflüsse kommen plötzlich von ganz neuen Kanzeln. (...) Die Frage ist: Wird die europäische Arbeiterbewegung auch die ›neuen Arbeiter‹ organisieren können? Schafft sie es, ihren Einfluß in den Betrieben, in den Zentren der Produktion zu halten und auf die modernen, schwer erkennbaren Kanzeln der Reproduktion, der Welt der ›Freizeit‹ auszudehnen? ... Entsteht eine europäische Linke, die es sich zutraut, den Prozeß der Innovation *sozial zu steuern?*«[16]

Die Aufgabe ist klar, doch die Lage ist schwierig: Muß die Linke doch »eine Koalition zustande bringen, die möglichst viele Starke« – also Mitglieder der Gruppe, die ich die ›Arbeiterelite‹ nenne (A. G.) – »mit den Schwachen solidarisiert – gegen ihre eigenen Interessen. Für strikte Materialisten, die die Wirksamkeit von Interessen für stärker halten als die Wirksamkeit von Idealen, eine paradoxe Aufgabe und doch die Aufgabe der Gegenwart«[17]. Sie setzt ein kulturelles und gesellschaftliches Projekt voraus, das – wie einst das sozialistische Projekt – moralisches Streben und *das Bedürfnis, der Zukunft einen Sinn zu geben,* in politische Energie umzusetzen vermag.

Damit wird die Autonomie des Politischen zur unverzichtbaren Voraussetzung politischen Handelns selbst. Denn dies kann sich nicht mehr auf die Interessen bestimmter Wählerklientelen stützen, wenn es nicht zu einer Balkanisierung der politischen Landschaft beitragen will, die die Zersetzung der Gesellschaft noch weiter beschleunigt. Sie erfordert vielmehr ein gesamtgesellschaftliches Konzept, das die sektoriellen Interessen durch eine Vision – eine »Utopie« – zu überwinden vermag, die in der Lage ist, der dritten industriellen Revolution einen *Sinn* zu verleihen, eine Richtung voller Hoffnung statt beklemmender Aussichten. Ein politischer Entwurf, der die sozialen Interessengegensätze zugunsten gesamtgesellschaftlicher – ja: gesellschaftsbildender – Ziele überwindet, ist aber ohne eine starke ethische Komponente unmöglich. Ich sage nicht, daß in ihm Politik und Ethik zusamenfallen, sondern daß die notwendige Autonomie des Politischen die Autonomie eines ethischen Anspruchs voraussetzt, an die sie appelliert.

*

Dieses ethische Ziel – die freie Entfaltung der Individuen bei der Verfolgung von Tätigkeiten ohne ökonomische Rationalität – fällt, wie wir sahen, mit keiner ökonomisch ausgerichteten (Berufs-)Arbeit zusammen. Die Subjekte, die Träger eines solchen Verlangens sind, werden weder im Bereich der gesellschaftlich notwendigen Produktion noch in den für die materielle Produktion erforderlichen Randtätigkeiten hervorgebracht. Nahezu alle Berufe und Arbeiten bringen eine Spezialisierung mit sich, die – auch ohne Fachidiotentum und völlige

Verblödung – keinesfalls anregt zur vollen und gleichzeitig intellektuellen, leiblichen, ästhetischen, affektiven, zwischenmenschlichen und moralischen Entfaltung der Individuen, sondern dieser im Wege steht.

Und doch kann schon jeder Bruchteil an *Autonomie innerhalb der Heteronomie,* der in einer wachsenden Anzahl von Berufen möglich wird, ein ausreichender Anstoß dafür sein, die existentielle Autonomie als eine durch die gesellschaftliche Organisation *verhinderte Möglichkeit* zu empfinden. Arbeits- und Sozialisationsweisen ermöglichen für wachsende Teile der Bevölkerung hinreichende, aber doch beschränkte Erfahrungen von Autonomie, so daß sie sich sowohl der Möglichkeiten als auch *der ihrer Autonomie gesetzten Schranken* bewußt werden können. Diese Schranken haben ihre Legitimität verloren: Weder die Dringlichkeit der materiellen Bedürfnisse noch der Zusammenhalt einer bereits zerfallenden Gesellschaft vermögen sie noch zu rechtfertigen. Im Gegenteil existieren die gelebten Formen von Gemeinschaftsbeziehungen und Solidarität, von wechselseitiger Hilfe und freiwilliger Zusammenarbeit nur noch an den Rändern des Gesellschaftssystems und seiner Rationalität, dank der autonomen und uneigennützigen Initiative frei assoziierter Individuen. Ebenso können sich die vitalen Bedürfnisse – nach unverseuchter Luft und unvergiftetem Wasser, nach vor der Industrialisierung bewahrten Räumen, nach chemisch unverfälschten Nahrungsmitteln und »sanften« Heilmethoden – nur in Opposition zur Systemrationalität behaupten: in einem ungleichen, oftmals heftigen Kampf gegen die Funktionäre der industriell-staatlichen Megamaschine.

Die begrenzte Autonomie innerhalb der Arbeit einerseits und der Zerfall der Gesellschaft andererseits, der geradezu dazu zwingt, nach alternativen Weisen von Sozialisierung und gemeinschaftlicher Integration zu suchen – beide bewirken einen Individualisierungsschub ebenso wie einen Rückzug der Individuen auf freiwillige Aktivitäten oder Lebensweisen jenseits des Systems. Die Parteienverdrossenheit und der Rückzug aus Gewerkschaften und anderen, ein Monopol auf die »öffentlichen

Angelegenheiten« beanspruchenden, schwerfälligen Großorganisationen sind eine der Seiten dieses Individualisierungsschubes. Die andere Seite ist das steigende Interesse an religiösen, karitativen, assoziativen, alternativen – kurz: uneigennützigen – Tätigkeiten.

»Der Wille zur Autonomie findet seinen Ausdruck in der Kritik und Bekämpfung jeder nicht legitimierten Fremdbestimmung und der gleichzeitigen Bereitschaft zur Teilnahme an selbstorganisierten Arbeits- und Lebensformen; in der Suche nach partnerschaftlichen Verhaltensweisen; im Vorrang der Lebensqualität gegenüber Karriere und materiellem Erfolg; in einer wachsenden Sensibilität gegenüber der Verwundbarkeit der natürlichen Lebensgrundlagen.« Zu diesen Schlußfolgerungen kam ein Bericht der Grundwertekommission der SPD.[18] Sie konnte sich dabei auf seit über zwei Jahrzehnten durchgeführte repräsentative Meinungsumfragen stützen, die bei einem rapide wachsenden Anteil der Lohnabhängigen (heute ca. die Hälfte, im Gegensatz zu nur 29% i.J. 1962) und vor allem der unter 30jährigen (heute ca. zwei Drittel, im Gegensatz zu 39% i.J. 1962) eine den außerberuflichen Aktivitäten zugeschriebene zunehmend größere Wichtigkeit feststellen als die dem Beruf zugeschriebene Bedeutung. Dabei erklärten 80%, daß sich ihre Arbeitsbedingungen im letzten Jahrzehnt verbessert hätten; und etwa die Hälfte (bzw. mehr als die Hälfte der Jungen) hielten ihre Arbeit für »interessant«, fügten jedoch hinzu, sie dürfe ihr Leben nicht beherrschen.

Skandinavische und britische Untersuchungen weisen in dieselbe Richtung: So kommt etwa die Studie R. E. Lanes zur Feststellung: »Die existentielle Befriedigung hängt von den außerberuflichen Aktivitäten mehr ab als von jedem anderen Faktor.«[19] F. Block und L. Hirschhorn bemerken: »Je mehr Zeit die Menschen außerhalb ihrer Erwerbsarbeit zur Verfügung haben – sei es vor oder nach ihrem Arbeitsleben oder während ihrer Berufszeit –, um so eher sehen sie die Arbeit als einen zur Organisation ihres Lebens ungenügenden Pol an.«[20] Und nach Lane wiederum sind »Waren und das zu ihrem Erwerb nötige

Einkommen nur noch schwach mit den Dingen verbunden, die die Leute wirklich glücklich machen: Autonomie, Familienglück, Fehlen von Konflikten in der Freizeit, Freundschaft«.[21] Mit anderen Worten: die Lebensqualität hängt ab von der Intensität affektiven und kulturellen Austauschs, von freundschaftlichen Beziehungen, Liebesbeziehungen, Verhältnissen der Brüderlichkeit und wechselseitigem Beistand – und nicht von der Intensität der Warenbeziehungen.[22] Das aber bedeutet auch, *daß die soziologischen Kategorien nichts mehr über individuelle Verhaltensweisen und Motivationen aussagen können.* Die Soziologie stößt hier an ihre Grenzen – und diese Grenzen liegen in der Autonomie der Individuen. Diese unabgesicherte entstehende Autonomie, belauert und bedroht von Kulturindustrien und Freizeitmärkten, bildet das Niemandsland, in dem das gesamtgesellschaftliche Konzept einer erneuerten Linken Fuß fassen muß – *wenn* die Linke überhaupt eine Überlebenschance behalten will.[23]

Ich fasse zusammen: Die Funktionalisierung und Technisierung der Arbeit haben die Einheit von Arbeit und Leben gesprengt. Schon vor der Verschärfung der gegenwärtigen Krise hatte die Arbeit Schritt für Schritt aufgehört, eine ausreichende soziale Integration zu gewährleisten. Die fortschreitende Abnahme des gesellschaftlich notwendigen Arbeitsvolumens hat diese Entwicklung nur noch zugespitzt und den Zerfall der Gesellschaft verschärft. Ob in der Form der Arbeitslosigkeit, ob durch Marginalisierung und prekäre Beschäftigungsverhältnisse oder durch eine allgemeine Arbeitszeitverkürzung – die Krise der auf die Arbeit (im ökonomischen Sinne) gegründeten Gesellschaft zwingt die Individuen dazu, woanders als in der Arbeit Quellen für persönliche Identität und soziale Zugehörigkeit zu suchen: Möglichkeiten persönlicher Selbstentfaltung durch sinnvolle Tätigkeiten, durch die sie Selbstachtung und Wertschätzung durch andere erlangen können.

Damit ist die Arbeit dazu bestimmt, zu einer Tätigkeit neben anderen zu werden, die ebenso wichtig, wenn nicht gar wichtiger sind als sie. Die Ethik der freien Entfaltung der Individualitäten, die Marx am Endpunkt der Entwicklung des Arbeitslebens zu immer weniger anstrengenden und immer mehr menschliche Fähigkeiten anregenden Aufgaben ansiedeln zu können glaubte – diese Ethik fordert heute von den Individuen nicht mehr, sich mit ihrem Arbeitsplatz zu identifizieren, sondern von ihm Abstand zu nehmen und auch andere Interessenschwerpunkte und Tätigkeiten zu entwickeln. Sie fordert von ihnen, ihre Erwerbsarbeit, ihren Beruf, als Bestandteil einer mehrdimensionalen individuellen und gesellschaftlichen Existenz zu begreifen. Dabei können die ökonomisch zweckrationalen Tätigkeiten nur eine Dimension von abnehmender Bedeutung darstellen.

Genau in diese Richtung geht das Streben eines wachsenden Anteils der Bevölkerung. Die Krise der politischen Parteien – und der Zuwachs an Interesse, den die Kirchen und humanitären Vereinigungen erfahren – ist zunächst eine Folge der Unfähigkeit der traditionellen politischen Kräfte, solchen Bestrebungen gleichzeitig kulturelle und lebenspraktische Pfade aufzuzeigen, in denen alleine dann auch ihre politische Umsetzung Fuß fassen könnte. So ist die Krise der Parteien nicht in erster Linie eine Krise *des* Politischen, sondern Indiz dafür, daß *der politische Raum selbst* von diesen Organisationen und Apparaten längst verlassen wurde. Begreifen sie sich doch vor allem als Regierungsmaschinen, als Abzüge des Staatsapparats, den sie leiten wollen, während doch das Politische vor allem dort zu finden ist, wo alle neuen politischen Kräfte, stets in Umbruchszeiten entstanden, ihren Ausgang nahmen: Selbst die Arbeiterbewegung mit ihren Gewerkschaften und Parteien entstand aus *Kultur*assoziationen und Assoziationen gegenseitiger Hilfe: d.h. aus einer Arbeit der Reflexion, der Bildung und Selbstbildung, die sich der herrschenden Kultur und den herrschenden Ideen widersetzte; aus Formen der Selbstorganisation und Lebensformen, die eine Alternative zur herrschenden Gesellschaftsorganisation und Lebensweise entwarfen – eine »konkrete Utopie«.

Um also das zu retten, was den ethischen Gehalt der sozialistischen Utopie ausmachte, ist heute eine neue Utopie[24] notwendig: die Utopie einer Gesellschaft der befreiten Zeit. Die Emanzipation der Individuen, ihre freie Entfaltung und die Neuzusammensetzung der Gesellschaft haben die Befreiung *von* der Arbeit zur Voraussetzung. Durch die allgemeine Arbeitszeitverkürzung können die Individuen eine neue (soziale) Sicherheit, den notwendigen Abstand zu den »Notwendigkeiten des Lebensunterhalts« und eine existentielle Autonomie erlangen. Erst diese wird sie dann auch dazu führen können, wachsende Autonomiespielräume *in* der Arbeit und eine politische Kontrolle der Zielsetzungen der gesellschaftlichen Produktion anzustreben, sowie einen gesellschaftlichen Raum, in dem sich freiwillige und selbstorganisierte Tätigkeiten entfalten können.

*

Ich werde weiter unten zu skizzieren versuchen, wie eine solche Gesellschaft der befreiten Zeit aussehen könnte, wie sich in ihr die verschiedenen Tätigkeitstypen aufgliedern könnten und welche politischen Zwischenschritte zu ihr hinführen könnten. Bevor ich mich aber dem Charakter und den Verwirklichungsbedingungen einer derartigen konkreten Utopie zuwende, kommt es mir darauf an, ihre ontologische Grundlage genauer herauszuarbeiten. Denn warum sollten wir gerade für eine Verkürzung der Erwerbsarbeitszeit eintreten? Warum sollten wir innerhalb der Räume befreiter Zeit eine Selbstorganisierung sozialer Dienstleistungen und insbesondere derjenigen personenbezogenen Dienste wollen, die derzeit von öffentlichen oder kommerziellen Organisationen erbracht werden? Warum sollte man nicht im Gegenteil der Professionalisierung und Monetarisierung von Tätigkeiten den Vorzug geben, die die Leute traditionellerweise schlecht oder recht selbst verrichtet haben? Warum sollten die Kinder nicht von Anfang an von professionellen Kindergärtnern und Kinderschwestern versorgt werden? Und warum sollten die Rentner, die ja immer jünger werden, nicht von Tourismusspezialisten, von Kulturarbeitern und Freizeitanimateuren unterhalten werden? Die Alten von professionellen Pflege- und ambulantem Krankenpersonal? Die Sterbenden von Tröstungs- und Erbauungsprofis? Warum also nicht – nach der Formulierung Alfred Sauvys – eine Liste aller Bedürfnisse und potentiellen Nachfragen anlegen, sie in zahlungsfähige Nachfrage verwandeln und die Arbeitsplätze schaffen, die sie befriedigen könnten? Gibt es nicht hier praktisch unerschöpfliche »Lagerstätten« für Arbeitsplätze? Sind die Bedürfnisse nicht unbegrenzt ausdehnbar und ist damit nicht auch das potentielle Wachstum von Waren, Dienstleistungen und Arbeitsplätzen unbegrenzt? Warum sollten wir nicht die »soziale Nützlichkeit« der (sogenannten »Reproduktions«-)Arbeiten im Haushalt anerkennen, diese auch entlohnen und somit die Hausfrau – nach einer Anregung von Barry Jones – als beruflich beschäftigte Erwerbsperson ansehen – womit die Hausarbeit zu einer Anstellung im »quintären Sektor« würde, dessen Basis »in der ständigen Befriedigung ständig wieder entstehender Bedürfnisse (wie nach Speisen, Unterhaltung, sexueller Befriedigung usw.) liegt«.[25]

Es geht hier nicht allein um die Zweckmäßigkeit oder systemgerechte Vorteilhaftigkeit politischer oder ökonomischer Entscheidungen. Es geht auch nicht bloß um in der vormodernen Tradition begründete Werte, von denen uns nunmehr die VERNUNFT befreien könnte, indem sie uns rationellere, praktischere Lösungen finden ließe. Rationell in bezug auf welche Zielsetzung? Gibt es nicht jenseits überkommener Werte und praktischer Lösungen *ganz verschiedene Rationalitätstypen* – und das heißt auch: *Grenzen möglicher Rationalisierung und Sozialisierung* –, die von existentiellen Strukturen, von der ontologischen Vieldimensionalität menschlichen Daseins abhängen? Unter dieser Fragestellung werde ich nunmehr die Angemessenheit des Begriffs ›Arbeit‹ in bezug auf die verschiedenen Tätigkeitsformen untersuchen, um zu einer begründeten Differenzierung zwischen ihnen zu gelangen.

ZWEITER TEIL

KRITIK DER ÖKONOMISCHEN VERNUNFT

»DIE MENSCHEN können es vorziehen, das Geld auch als Maßstab für Tätigkeiten zu benutzen, deren Zweck nicht in der Vergrößerung der gesamtgesellschaftlichen Nutzensumme *(stock of utility)* liegt. Auch wenn das Ziel darin besteht, Solidarität, sozialen Zusammenhalt oder authentisches gesellschaftliches Zusammenleben zu erhöhen, greifen die Menschen, sobald sie sich einmal auf den Weg der Rationalisierung begeben haben, zu ihrer Bewertung auf eine Vielfalt von Kosten-Nutzen-Analysen zurück. (...) Ein ganzes Bündel sozialer Probleme von der Stadterneuerung bis zur Vorbeugung von Kriminalität wird teilweise deshalb vernachlässigt, weil das Geldmedium zu Zwecken eingesetzt wird, denen mit Geld allein nicht beizukommen ist.«[1]

Jürgen Habermas, dessen *Theorie des kommunikativen Handelns* ich dieses Zitat entnehme, schlägt eine komplexere Analyse vor: Ihm zufolge geht es nicht allein um die ungleichmäßige Entwicklung von Steuerungsmedien und Kriterien gesellschaftlicher Handlungskoordination, sondern um das »Muster der kapitalistischen Modernisierung«, »demzufolge die kognitiv-instrumentelle Rationalität über die Bereiche von Ökonomie und Staat hinaus in andere, kommunikativ strukturierte Lebensbereiche eindringt«, was zur Folge hat, daß »in der symbolischen Reproduktion der Lebenswelt Störungen hervorgerufen werden«.[2]

Mit anderen Worten: Die ökonomische Rationalität, als Sonderform der »kognitiv-instrumentellen Rationalität«[3], wird nicht allein illegitimerweise auf institutionelles Handeln ausgedehnt, auf das sie nicht anwendbar ist; sie »kolonialisiert« vielmehr in verdinglichender und verstümmelnder Weise das Netz kommunikativer Beziehungen, von denen die soziale Integration, die Erziehung und Sozialisierung der Individuen abhängt.[4] Die Wurzel für diese »Kolonialisierung« sieht Habermas in der »unaufhaltsamen Eigendynamik«, die das ökonomische und das administrative Subsystem – also die Fremdsteuerungen durch Geld und durch staatliche Macht – entwickeln.

Die Verselbständigung dieser Subsysteme führt zur Spaltung zwischen Expertenkultur und Alltagskultur. Letztere verfügt nicht mehr über Kriterien und Einsichten, die es den Individuen ermöglichen, sich in der Welt zu orientieren und ihre Beziehungen selbst zu steuern. Die Alltagskultur verfällt, verliert ihre Relevanz und wird wehrlos gegenüber dem Eindringen der Technokratie und der »Kolonialisierung der Lebenswelt« durch spezialisiertes Expertenwissen. Die »kommunikative Infrastruktur« wird zersetzt und die Reproduktion der Lebenswelt über freie Diskussion, durch verständigungsorientiertes Handeln und die Erarbeitung gemeinsamer Normen gerät in die Krise.

Diese von mir sehr schematisch zusammengefaßte Analyse von Habermas[5] ist früheren Versuchen der Interpretation und Analyse der aktuellen Krise der Industriegesellschaft offenkundig weit überlegen. Gleichwohl unternimmt es Habermas nicht – oder doch nur in summarischer und rein soziologischer Weise –, das Feld genauer einzugrenzen, innerhalb dessen die ökonomische Rationalität überhaupt anwendbar ist. Ebensowenig wie die administrative Steuerung – sagt er – könne die Steuerung über das Geldmedium im Bereich der »symbolischen Reproduktion der Lebenswelt« Anwendung finden. Anders gesagt: Sobald man Tätigkeiten, deren Ziel in der *Stiftung oder Übermittlung von Sinn* besteht, administrativ reglementiert oder monetarisiert (d. h. in bezahlte Beschäftigungen verwandelt), versetzt man sie unweigerlich in die Krise.

Im weiteren Verlauf unserer Analyse soll versucht werden, diese Tätigkeiten genauer zu differenzieren, ihren Sinn zu erkunden und ihren Stellenwert gegenüber den für ökonomische Rationalisierung geeigneten Tätigkeiten zu erfassen. Vorweg müssen wir jedoch begreifen, worin die ökonomische Rationalität besteht und worin die innerste, motivationale Triebkraft jenes Imperialismus besteht, den sie gegenüber anderen Rationalitätstypen an den Tag legt. Warum traf die »Kolonialisierung der Lebenswelt« nicht bereits früher auf stärkeren Widerstand? Warum konnte das »Muster der kapitalistischen Modernisierung« Fuß fassen und eine »unaufhaltsame Eigendynamik« der ökonomischen und administrativen Subsysteme entfalten? Welche motivationalen Grundlagen gibt es innerhalb der ökonomischen Rationalität, die es ihr erlaubt haben, im Leben der Individuen Platz zu greifen und spontane, affektive, solidarische Beziehungen zu verdrängen?

1. VOM »GENUG« ZUM »JE MEHR, DESTO BESSER«

Die ökonomische Rationalität beginnt mit dem rechnerischen Kalkül. Solange sie ihm noch nicht unterworfen sind, fallen die menschlichen Tätigkeiten nicht unter die ökonomische Rationalität: Sie fallen mit Zeit, Bewegung und Rhythmus des Lebens zusammen.

Solange ich also auf meinem Flecken Land nur soviel anbaue, wie ich zur Ernährung meiner Familie, eines Esels und zweier Ziegen brauche; solange ich das Feuerholz für Herd und Ofen hacke, weil es auf den Böschungen und im Nachbarwald Holz gibt, solange fehlt meiner Arbeit die ökonomische Rationalität: Jedes Ding braucht seine Zeit; und wenn das Notwendige vollbracht ist, kann die Arbeit der Muße weichen.

All dies aber ändert sich von dem Moment an, wo ich nicht mehr für den Eigenverbrauch produziere, sondern für den Markt. Dann nämlich muß ich lernen zu kalkulieren: Ist es unter Berücksichtigung der Qualität meines Bodens für mich vorteilhafter, mehr Gemüse oder mehr Kartoffeln anzubauen? Würde sich der Kauf einer Bodenfräse nicht binnen zweier Ernteperioden durch die damit mögliche Mehrproduktion amortisieren? Habe ich nicht Interesse daran, mir eine Kreissäge zu kaufen, anstatt das Holz von Hand zu verschneiden? Sie würde mir Zeit sparen und sich für mich dadurch rentieren, daß ich auch das Holz der Nachbarn zerkleinern könnte.

Das alles kann berechnet werden. Und all das *muß* berechnet werden, wenn ich meinen Lebensunterhalt verdienen und in der Lage sein will, meine Familie »anständig« zu unterhalten. Also muß der Bodenertrag berechnet werden, die für die verschiedenen Feldfrüchte notwendige Wachstums-, Arbeits- und Erntezeit, die Kosten der Gerätschaften, des Saatguts, des Treibstoffs (usw.) sowie auch meine eigene Arbeitsleistung, d. h. das Ein-

»Je mehr, desto besser«

kommen, das ich – je nachdem, ob ich dieses oder jenes anbaue – aus einer Arbeitsstunde erwarten kann. Ich werde also all dies in die Kalkulation einbeziehen und mein Leben wird sich fürderhin nach dieser Kalkulation richten; es wird ohne Rücksicht auf natürliche Rhythmen von nun an einer linearen, homogenen Zeit folgen.

Der rechnerische Kalkül ist also der Prototyp der verdinglichenden Rationalisierung. Seine Rechengröße ist die *Arbeitsmenge* pro Produkteinheit *an sich*, unter Abstraktion vom (Er)Leben der Arbeit: vom Vergnügen oder Mißbehagen, das mir diese Arbeit verschafft; von der Art der Anstrengung, die sie von mir verlangt; von meiner affektiven und ästhetischen Beziehung zum produzierten Gegenstand. Ich werde somit je nach der Höhe des rechnerisch prognostizierbaren Gewinns eher Zwiebeln, Kohl, Salat oder Blumen anbauen. Meine Tätigkeiten werde ich nach einem Kalkül entscheiden, ohne daß in diese Rechnung auch meine persönlichen Vorlieben oder Geschmacksneigungen Aufnahme fänden. Technische Neuerungen, die meinen Arbeitsertrag erhöhen, werde ich auch dann übernehmen, wenn sie die Arbeit immer mehr technisieren und strengen Imperativen unterwerfen, so daß sie immer mehr der Serienproduktion ähnelt. Außerdem habe ich gar keine andere Wahl: Würde ich der Entwicklung neuer Techniken nicht folgen, ja, ihr sogar voraus sein, so könnte ich bald vom Verkauf meiner Produkte nicht mehr leben – ich wäre nicht mehr »konkurrenzfähig«.

Die Bedingungen, die zusammenkommen müssen, damit die ökonomische Rationalität den Sieg davonträgt, sind also folgende:

1. Die Arbeit muß für den Tauschhandel und nicht für die Selbstversorgung bestimmt sein. Solange Selbstversorgung vorherrscht, werden die Produzenten nämlich mehrere Variablen gegeneinander abwägen: das Niveau der Bedürfnisbefriedigung und die zusätzliche Anstrengung, die eine Anhebung dieses Niveaus erfordert; die Annehmlichkeit von Zeitgewinn und die

Unannehmlichkeit der dazu notwendigen Arbeitsintensivierung (usw.). In der Praxis suchen wir innerhalb der für uns selbst verrichteten (d. h. der in der Privatsphäre verbleibenden) Arbeit niemals die maximale Leistung und kalkulieren auch unsere Zeit nicht: Wir qualifizieren also nicht die Leistung pro Zeiteinheit. Leistungs- und Zeitberechnung tauchen in der Sphäre der *Eigenarbeit* (z. B. der Hausarbeit) erst in dem Maße auf, wie diese von der unser restliches Leben beherrschenden ökonomischen Rationalität angesteckt wird: d. h. in dem Maße, wie die Hausarbeit zur untergeordneten Tätigkeit geworden ist, die man in der Freizeit so schnell wie möglich hinter sich bringt, während die bezahlte Arbeit die Haupttätigkeit darstellt. Für sich genommen widersetzt sich die Eigenarbeit von ihrem Prinzip her der ökonomischen Rationalität. Sie hat nämlich keinen Tauschwert; sie hat nur einen Gebrauchswert und hat diesen Wert auch nur innerhalb der Privatsphäre, in der sie verrichtet wird.[6] Daher sehen – wie Barry Jones zu Recht bemerkt – »in Subsistenzwirtschaften die Bauern die Landwirtschaft nicht als ein ›Gewerbe‹ an; sie ist ihre Lebensweise. Sie produzieren hauptsächlich für den Eigenbedarf. Ein kleines Mehrprodukt wird für unvorhersehbare Notfälle zur Seite gelegt und ist nicht für den Verkauf bestimmt. Sie kümmern sich weder um die Wirtschaftlichkeit des Arbeitsertrags noch um Profitrate, Export oder Spezialisierung; sie berechnen ihre Zeit nicht und konkurrieren nicht mit ihren Nachbarn. Der Fruchtwechsel folgt dem Rhythmus der Jahreszeiten; die Arbeit füllt ein ganzes Leben und ist niemals zuende. Ausdrücke wie Lohn, Arbeitsdauer oder Urlaub sind praktisch unbekannt.«[7]

2. Um der ökonomischen Rationalität zu gehorchen, muß die Produktion nicht nur für den Tauschhandel bestimmt sein; sie muß für den Austausch auf einem freien *Markt* bestimmt sein, auf dem untereinander isolierte Produzenten miteinander in Konkurrenz treten – gegenüber potentiellen Käufern, mit denen sie ebenfalls in keiner Verbindung stehen. Diese Bedingung ist solange nicht erfüllt, wie sich die Produzenten nach Art der

»Je mehr, desto besser«

Berufsstände, Gilden und Zünfte noch untereinander abstimmen können: sei es über den Preis für jeden Produkttyp, sei es vor allem über die Produktionsverfahren und Techniken, die ja bekanntlich noch bis zum 18. Jahrhundert bis ins kleinste Detail reglementiert waren. Diese Übereinkunft über die Preise und Techniken stellt nicht nur eine vertragliche Selbsteinschränkung der Konkurrenz dar; sie impliziert gleichermaßen eine Selbstbeschränkung der Gewinnmöglichkeiten und – damit – auch eine *Selbstbeschränkung der Bedürfnisse*. Damit ist die ökonomische Rationalität an der Wurzel gehemmt: durch die begrenzte Natur der Bedürfnisse und durch den gesellschaftlichen Konsens über ihre Grenzen. Die für den Austausch bestimmte Produktion wird somit durch dasselbe Prinzip des »Genügens« gesteuert wie die Produktion für den heimischen Eigenverbrauch: Mehr zu arbeiten, als es die Befriedigung der *konkret empfundenen Bedürfnisse* verlangt, wäre nutzlos. Ebenso nutzlos wäre es daher, einen maximalen Arbeitsertrag anzustreben, die Zeit zu berechnen und die Arbeit zu rationalisieren, wenn man seine Bedürfnisse auch im natürlichen Arbeitsrhythmus befriedigen kann. Aus diesem Blickwinkel ist somit der rechnerische Kalkül selbst nutzlos. *Die begrenzte Natur der Bedürfnisse verhindert die ökonomische Rationalisierung.*

Daraus erklärt sich die außerordentliche Schwierigkeit, die die ersten Industriellen bei der Suche nach kontinuierlich und vollzeitig arbeitenden Arbeitskräften erfahren mußten. Die Vorstellung, man könne Heimarbeiter dadurch zu kontinuierlicher Anstrengung motivieren, daß man ihnen einen hohen Leistungslohn zahlte, erwies sich nämlich zu Beginn des Industriezeitalters als falsch (ebenso wie übrigens in der heutigen Industrie – im Osten wie im Westen).

»Der Mann, der z. B. bei 1 Mark für den Morgen Getreidemähen bisher 2,50 Morgen täglich gemäht und so 2.50 Mk. am Tag verdient hatte, mähte nach Erhöhung des Akkordsatzes für den Morgen um 25 Pfg. nicht – wie gehofft wurde – angesichts der hohen Verdienstgelegenheit etwa 3 Morgen, um so 3.75 Mk. zu verdienen – wie dies sehr wohl möglich gewesen wäre –, sondern nur noch 2 Morgen am Tag, weil er so ebenfalls 2.50 Mk., wie bisher, verdiente und damit, nach biblischem Wort, ›ihm genügen‹ ließ. *Der Mehrverdienst reizte ihn weniger als die Minderarbeit* (Hervorhebung von mir, A.G.); er fragte nicht: wieviel kann ich am Tag verdienen, wenn ich das mögliche Maximum an Arbeit leiste, sondern: wieviel muß ich arbeiten, um denjenigen Betrag – 2.50 Mk. – zu verdienen, den ich bisher einnahm und der meine *traditionellen* Bedürfnisse deckt? (...)

Es lag nun ... sehr nahe, da der Appell an den »Erwerbssinn« durch höhere Lohnsätze versagte, es mit dem geradezu umgekehrten Mittel zu versuchen: durch *Herabsetzen* der Lohnsätze den Arbeiter zu zwingen, zur Erhaltung seines bisherigen Verdienstes *mehr* zu leisten als bisher.«[8]

Die ökonomische Rationalität findet also keine Anwendung, wenn das Individuum in der Bestimmung seines Bedürfnisniveaus und des Niveaus seiner Arbeitsanstrengungen frei ist. Es wird dann spontan zur Begrenzung seiner Bedürfnisse neigen, um auch seine Anstrengungen einschränken zu können, also die Anstrengung dem Bedürfnisbefriedigungsniveau anpassen, das ihm genügend – *genug* – erscheint. Natürlich kann dieses Niveau mit der Zeit auch variieren; nichtsdestoweniger ist es die Kategorie des Genügenden– des *genug* –, die das Gleichgewicht zwischen dem Niveau der Bedürfnisbefriedigung und der für den Eigenbedarf aufgewandten Arbeitsmenge regelt.

Die Kategorie *genug* ist nun keine ökonomische, sondern eine kulturelle oder existentielle Kategorie. »Genug ist genug« bedeutet, daß mehr zu haben sinnlos wäre, daß dieses Mehr nicht besser wäre. »Enough is as good as a feast«, sagt das englische Sprichwort: Genug ist das Beste, was es gibt.

Als kulturelle Kategorie spielte das *genug* eine zentrale Rolle in der traditionellen Gesellschaft. Die Welt war beherrscht von einer unwandelbaren Ordnung, jeder besetzte die ihm von Geburt an zugewiesene Stellung, hatte, was ihm zukam, und beschied sich darin. Das Verlangen, *mehr* zu haben, stellte in sich bereits einen Angriff auf die Weltordnung dar: War es doch voller »Begehrlichkeit«, »Lust« und »Stolz«, also voller Sünden wider die »natürliche Ordnung«[9] und wider GOTT. Der Zins war seinem Geist nach Teufelswerk: Wenn er auch in der Praxis seinen Nutzen haben mochte und toleriert wurde, so war doch die Figur des Geldverleihers nicht tolerierbar – jenes Midas, für den der Reichtum nur im Geld bestand und der davon nie genug haben konnte, so groß auch sein Vermögen sein mochte, aus dem einfachen Grunde, daß es, sobald man beginnt, den Reichtum *in Zahlen zu messen*, kein *genug* mehr gibt. Wie hoch die Geldsumme auch sein mag, sie könnte immer noch größer sein. Die Rechnungsführung kennt die Kategorien des »mehr« und des »weniger«, das *genug* kennt sie nicht.

Man weiß, daß die Auflösung der traditionellen Ordnung und die Entwicklung des Handels- und dann Finanzkapitalismus, schließlich des Industriekapitalismus einander wechselseitig bedingten, wobei jede gleichzeitig Ursache und Wirkung der anderen war. Worauf es mir hier ankommt, ist, daß der rechnerische Kalkül die traditionelle Ordnung durch eine formale Ordnung von absolut zwingender Härte ersetzt hat. Der Ruin der normativen, religiösen oder moralischen Gewißheiten, der die Korruption der religiösen Institutionen nach sich zog, ließ den Rechenkalkül als Quelle privilegierter Gewißheiten erscheinen: Was rechnerisch beweisbar, organisierbar, vorhersehbar war, brauchte durch keine Autorität mehr verbürgt zu werden, um wahr und von allgemeiner Geltung zu sein.

Der Kalkül ermöglichte somit die Emanzipation von jeder äußeren Schutzmacht und brachte gleichzeitig eine Ordnung hervor, gegen deren objektive Gesetze es keine Berufungsinstanz mehr gab. Diese neue Ordnung lieferte einen strikten Rahmen, der unabhängig von jeder menschlichen Willensentscheidung Sicherheit gewährte, Gehorsam verlangte und unbestreitbar war. Die Organisierung der eigenen Lebenstätigkeiten aufgrund eines Rechenkalküls war selbst eine *Ordnungsleistung* par excellence, durch die der Mensch im Rahmen seines eigenen

Lebens die Arbeit des »großen Uhrmachers« nachahmen konnte, die GOTT auf der Ebene des Kosmos vollbrachte. Die ökonomische Rationalität funktionierte als Ersatz für die religiöse Moral: Mittels ihrer versuchte der Mensch, die ewigen, das Universum regierenden Gesetze auf die wohlbedachte Organisierung seiner eigenen Lebensführung anzuwenden. Jenseits ihrer materiellen Zwecksetzungen bestand das Ziel der ökonomischen Rationalität darin, die Gesetze der menschlichen Tätigkeit ebenso strikt berechenbar und vorhersehbar zu machen wie die Funktionsgesetze des kosmischen Uhrwerks.

Der Sinn des ökonomischen Handelns lag damit in diesem Handeln selbst, insofern es, abgesehen von jedem Zweck, Herstellung von Ordnung und Unterwerfung unter Gesetze bedeutete, die vom menschlichen Willen unabhängig waren. Als Disziplin, Askese, Buße und organisatorische Leidenschaft war ökonomisches Handeln sein eigener Daseinszweck, dem die materiellen Zwecke nur als Träger oder beliebige Mittel dienten. Die Reichtumsakkumulation war nur der Beweis für die Richtigkeit des Kalküls, und diese verlangte unaufhörlich nach erneuter Bestätigung durch die Wiederverwendung der Gewinne.

Entscheidend ist, daß der »Geist des Kapitalismus« das Band zwischen Arbeit und Bedürfnis zerschnitt. Der Zweck der Arbeit war nicht mehr, konkret empfundene Bedürfnisse zu befriedigen, und die Anstrengung bemaß sich nicht mehr am erstrebten Bedürfnisbefriedigungsniveau. Die Leidenschaft der Rationalisierung machte sich gegenüber jedem bestimmten Zweck selbständig. An Stelle der gelebten Gewißheit des »genug ist genug« ließ sie ein *objektives Maß der Effektivität von Mühe und Erfolg* treten: *die Höhe des Gewinns. Der Erfolg war damit keine Frage der persönlichen Wertschätzung und »Lebensqualität« mehr, er war meßbar durch die verdienten Geldmengen, durch das angehäufte Vermögen. Die Quantifizierung ließ ein unabweisbares Kriterium und eine hierarchische Ordnung hervortreten, die durch keine Autorität, keine Norm und keine Werteskala bestätigt werden mußte. Die Effektivität konnte gemessen werden, und mit ihr wurde auch die Fähigkeit des Individuums, seine Tugend meßbar: Mehr gilt mehr als weniger, und der, dem es gelingt, mehr zu verdienen, gilt mehr als jener, der weniger verdient.*

Das Eigentümliche der quantitativen Bemessung ist nun, daß sie kein Prinzip von Selbstbegrenzung zuläßt. Ihr ist nicht nur die Kategorie des *genug* fremd, sondern auch jene des *zuviel*. Keine Menge kann, sobald sie zur Bemessung einer Leistung dient, *zu* groß sein; kein Unternehmen kann *zuviel* Geld verdienen, und kein Arbeiter kann *zu* produktiv sein. Indem sie alles quantifizierte, um alles berechenbar zu machen, vernichtete die ökonomische Rationalisierung somit jedes Kriterium, das es ermöglichte, sich zufrieden zu geben mit dem, was man hatte, was man gemacht hatte oder sich zu tun vornahm. Keine Menge ist die größtmögliche Menge, kein Erfolg ist so groß, daß nicht ein noch größerer Erfolg vorstellbar wäre. Den Rang, den ein jeder in der Hierarchie der Fähigkeiten und Verdienste einnahm, war seinem Wesen nach relativ: Wurde er doch nur durch Vergleich zu den anderen bestimmt – mit ihnen hatte ein jeder sich zu messen, sie galt es in beständigem Konkurrenzkampf zu überholen, wenn man seinen Rang verdienen wollte. Denn keine Autorität, kein Status vermochte ihn ein für allemal zu garantieren.

Dieser Logik der *grenzenlosen* Anstrengung jedes einzelnen, um die anderen zu überholen, hat die Arbeiterbewegung von Anfang an eine umgekehrte Logik entgegengesetzt: die Verweigerung der Konkurrenz zwischen den einzelnen Arbeitern, ihre Solidargemeinschaft mit der gleichzeitigen Perspektive der *Selbstbegrenzung der Anstrengungen eines jeden* und der *Begrenzung* der Arbeitsmenge, die von allen verlangt werden konnte. Der ökonomischen Rationalität der unbegrenzten Maximierung und Maßlosigkeit setzte somit die Arbeiterbewegung eine Rationalität entgegen, die sich auf einen Humanismus des Bedürfnisses und die Verteidigung des Lebens gründete. Der *Bedürfnis-Humanismus* drückte sich aus in der Forderung nach einem für den Bedarf des Arbeiters und seiner Familie *ausrei-*

chenden Lohn; die *Verteidigung des Lebens* fand ihren Ausdruck in der Forderung nach Verkürzung der Arbeitsdauer, nach einem Recht auf die »Zeit zum Leben«.

*

Die ökonomische Rationalität hat also – von ihrem Prinzip her – niemals irgendeinem *bestimmten* Zwecke *gedient*. Sie richtet sich (worauf wir sogleich zurückkommen) auf die Maximierung jenes Typs von Effizienz, den sie rechnerisch messen kann. Der wichtigste Indikator für diese Effizienz ist die Profitrate. Und die Profitrate hängt in letzter Analyse von der Arbeitsproduktivität ab. Um also ein unbeschränktes Maximum von Effizienz und Profit zu erreichen, mußte das Wachstum der Arbeitsproduktivität – und, als Konsequenz, der Produktion – so weit wie möglich gesteigert werden. Wachsende Kapitalmengen mußten in immer effizienteren und zahlreicheren Maschinen akkumuliert werden und dieses erhöhte fixe Kapital mußte sich rentabilisieren, um noch effizientere Maschinen anschaffen zu können (usw.).

Die Rentabilisierung wachsender Kapitalmengen erfordert natürlich, daß die wachsenden Produktmengen auch Käufer finden, daß also der Konsum beständig über das Niveau hinauswächst, das zur Befriedigung der im gegebenen Moment *konkret empfundenen* Bedürfnisse notwendig ist. Die ökonomische Rationalität mußte also ihre »natürliche Grundlage« allmählich verlassen: Sie konnte sich bald nicht mehr auf das Bestehen unbefriedigter Bedürfnisse berufen. Von nun an gab es zwei Alternativen: *Entweder* legte eine andere als die ökonomische Rationalität der Produktion Schranken auf, engte also den Bereich des Ökonomischen zugunsten anderer, anderen Kriterien folgenden Sphären ein; *oder* es gelang der ökonomischen Rationalität, die Konsumbedürfnisse mindestens ebenso schnell auszuweiten wie die Produktion von Waren und warenförmigen Dienstleistungen. In dieser zweiten Alternative aber – es ist die, die sich durchgesetzt hat – *mußte der Konsum in den Dienst der*

Produktion gestellt werden. Funktion der Produktion war es damit nicht mehr, die bestehenden Bedürfnisse so effektiv zu befriedigen wie möglich; diese Bedürfnisse mußten umgekehrt vielmehr die Funktion erhalten, die Ausweitung der Produktion zu ermöglichen.

Die *unbeschränkte* Maximierung an Effektivität in der Kapitalverwertung erforderte somit das *unbeschränkte* Maximum an Ineffektivität der Bedürfnisbefriedigung, an Verschwendung im Konsumsektor. Die Grenze zwischen Bedürfnissen, Begierden und Gelüsten mußte ausgelöscht werden; teurere Produkte mußten verlangt werden, auch wenn sie den gleichen oder sogar geringeren Gebrauchswert hatten als die bisher üblichen; das bloß Wünschbare mußte zum Erforderlichen gemacht werden; Gelüsten galt es, die gebieterische Notwendigkeit von dringenden Bedürfnissen zu verleihen.[10] Kurz gesagt: es galt, eine Nachfrage zu schaffen, Konsumenten für die am rentabelsten produzierbaren Güter zu schaffen und zu diesem Zwecke mitten im Überfluß ohne Unterlaß neue Knappheiten zu produzieren – durch beschleunigte Innovation und damit ständig beschleunigtes Verhalten der Produkte, durch jene Reproduktion von Ungleichheiten auf stets höherer Ebene, die Ivan Illich in seinem Buch *Selbstbegrenzung*[11] die »Modernisierung der Armut« genannt hat.

Wenn nun die ökonomische Rationalität kein subalterner Rationalitätstyp im Dienste von andernorts festgelegten gesellschaftlichen Zielsetzungen werden sollte, so mußte das Konsumniveau beständig angehoben werden, ohne damit jedoch den Grad an Bedürfnisbefriedigung zu erhöhen. Es galt somit, die Grenzen des *genug* beständig weiter zurückzudrängen und das Gefühl am Leben zu erhalten, es könne gar nicht genug für alle geben. Mit anderen Worten: bis in die Arbeiterklasse hinein mußte jedes Prinzip von Selbstbegrenzung – ebenso der Arbeitsanstrengungen wie des Bedürfnisniveaus – durch das Prinzip der unbeschränkten Maximierung verdrängt werden. Was im »Geist des Kapitalismus« aus der Leidenschaft des Organisierens und Quantifizierens entsprang, das mußte bei den Konsumenten der »Überflußgesellschaft« aus einer »Mimesis« entspringen: d. h. aus dem – übrigens durch die kommerzielle Werbung methodisch inszenierten – Verlangen, all das auch zu haben, was »die anderen« haben, ob es nun mehr, besser oder einfach etwas anderes ist als das, was man selber hat. Entscheidend war, daß immer ein hinreichend großer Abstand zwischen der Masse der Bevölkerung und der privilegierten Elite bestehen blieb, deren demonstratives Konsumverhalten die Wünsche der anderen Schichten nach oben ziehen und deren Geschmack in wandelnden Moden prägen sollte.

Diese Fremdbestimmung des Bedürfnisniveaus wäre sehr viel schwieriger gewesen, *wenn die Individuen frei darin gewesen wären, ihre Arbeitsdauer nach der Höhe des Einkommens einzuteilen, dessen sie nach ihrer Einschätzung bedurften.* In dem Maße, wie Produktivität und Reallöhne in Wachstumsphasen anstiegen, hätte sich auch ein wachsender Anteil der Bevölkerung dafür entschieden, weniger zu arbeiten. Doch ebendiese Möglichkeit einer Entscheidung zwischen Arbeitsdauer und Konsumniveau wurde ihm beständig verweigert. Die ökonomische Rationalität hat keinen Raum für die im authentischen Sinne freie Zeit, die einen Gebrauchswert ohne Tauschwert darstellt und Zweck in sich selbst ist, da sie weder Waren produziert noch konsumiert. Die *Vollzeitbeschäftigung der Erwerbstätigen* ist das, was die ökonomische Rationalität verlangt – und zwar nicht etwa aufgrund irgendeiner objektiven Notwendigkeit, sondern ihrer ursprünglichen Logik wegen: Der Lohn muß so festgelegt sein, daß er den Arbeiter zur maximalen Arbeitsleistung anspornt.[12]

Die Gewerkschaften haben sich ihrerseits sehr wohl davor gehütet, das Prinzip der Vollzeitbeschäftigung der Erwerbstätigen infragezustellen. Denn zuzugeben, daß die Menschen vorziehen könnten, weniger zu arbeiten, auch wenn sie dabei weniger verdienen – daß also jeder sein Konsumniveau und seine Arbeitsdauer selbst wählen könnte –, dies hätte auch bedeutet, daß die Höhe des Vollzeitlohns wenigstens für einen Teil der Aktivbevölkerung das Niveau der effektiven Bedürfnisse überschritt. Damit aber hätten höhere Lohnforderungen ihre Legitimität verloren und – schlimmer noch! – die Unternehmer könnten ihrerseits die Löhne reduzieren wollen, wenn sich ein wachsender Teil der Arbeiterschaft mit einer niedrigeren Bezahlung aus dem Vollzeit-Einkommen zufrieden gäbe.

So stellte sich zwischen Unternehmerlager und Gewerkschaft ein objektives Zusammenspiel her: Für beide Seiten sollten sich die Individuen vor allem als *Arbeiter* definieren, der gesamte Rest ihres Lebens hatte als irrelevante Zutat und Privatangelegenheit zu gelten. Für die Unternehmer *war* der Lohnabhängige nichts anderes als seine Arbeitskraft; von dem Augenblick an, wo er die Schwelle des Unternehmens überschritten hatte, hörte er auf, eine Person zu sein, um zur bloßen Funktion zu werden. Mehr Leute als Teilzeitbeschäftigte anzustellen, als man an Vollzeitarbeitskräften benötigte – dies zu akzeptieren, hätte gleichzeitig bedeutet, es nicht mehr nur mit bloßen Arbeitskräften, sondern mit *Personen* zu tun zu haben, die alle ihre je eigene Individualität, ihr eigenes Leben haben und darum weitaus schwieriger zu disziplinieren, zu koordinieren, zu kommandieren sind.

Für die Gewerkschaften galt es gleichermaßen, die Individuen nur als Arbeitskräfte zu verteidigen und zu vertreten. Sicher, ihre Interessen konnten extensiv ausgelegt werden: Schließlich hängt die »Reproduktion der Arbeitskraft« nicht alleine von der individuellen Kaufkraft ab, sondern auch von den Wohnverhältnissen, den Transportbedingungen, den Ausbildungschancen und Erholungsmöglichkeiten (usw.); also waren die Gewerkschaften ermächtigt, all diese Bedingungen in ihre Verhandlungspolitik aufzunehmen. Hingegen ist das Verlangen nach einer Ausweitung der Freizeit oft nur unter dem Druck einer die störrischen Gewerkschaftsapparate überwältigenden Basisbewegung in den Vordergrund gewerkschaftlicher Forderungspolitik geraten. In seiner freien Zeit hört das Individuum allmählich auf, ein Arbeiter zu sein; der Wunsch nach Freizeit ist ja genau der Wunsch, sich durch andere Tätigkeiten, Werte und Beziehungen als die der Arbeit zu definieren.

Kurz gesagt: durch die Ausweitung seiner freien Zeit riskierte das Individuum, sich ebensosehr dem Zugriff des Unternehmens wie dem Einfluß der Gewerkschaften zu entziehen (jedenfalls, solange das Selbstverständnis gewerkschaftlicher Politik nicht selbst ausgeweitet wird, wie dies in jüngster Zeit sowohl italienische als auch deutsche Gewerkschafter dringend gefordert haben[13]). *Vor allem riskierte es, dem Einfluß der ökonomischen Rationalität zu entkommen*, indem es entdeckte, daß »mehr« nicht notwendigerweise »besser« bedeutet, daß mehr zu verdienen und zu konsumieren nicht notwendigerweise bedeutet, besser zu leben, daß es also *wichtigere Forderungen geben könnte als Lohnforderungen.* Wichtigere, aber auch gefährlichere für das Unternehmertum, für die Gesellschaftsordnung, für die kapitalistischen Produktionsverhältnisse, deren radikale Infragestellung sie bedeuten. Lohnforderungen sind nämlich die einzigen, die die Rationalität des ökonomischen Systems nicht verletzen. Bleiben sie doch dem Prinzip des »je mehr, desto besser« treu, dem der Quantifizierung aller Werte. Im Gegensatz dazu gehen Forderungen zur Arbeitsintensität und Arbeitsdauer, zur Arbeitsorganisation und Arbeitsqualität mit einer subversiven Radikalität schwanger: Sie können nämlich nicht mit Geld befriedigt werden, sie verletzen die ökonomische Rationalität in ihrem Wesen und stellen damit einen Angriff auf die Macht des Kapitals dar. Die Ordnung der »Warenwelt« wird in ihren Grundfesten infragegestellt, wenn die Menschen entdecken, daß nicht alle Werte quantifizierbar sind, daß man mit Geld nicht alles kaufen kann und daß das nicht mit Geld Käufliche wesentlich, ja, das Wesentliche ist.

Die Arbeiter werden die Grenzen der ökonomischen Rationalität aber nur dann entdecken können, wenn ihr Leben nicht völlig durch die Arbeit besetzt und ihr Geist nicht völlig von ihr beherrscht wird; mit anderen Worten, wenn ihnen ein genügend großer Raum an freier Zeit offen steht, um eine Sphäre nicht quantifizierbarer Werte zu entdecken: die Werte der »Zeit zum Leben« und der existentiellen Souveränität. Je beherrschender umgekehrt die Arbeit durch ihre Intensität und Dauer

»Je mehr, desto besser«

ist, um so weniger ist der Arbeiter in der Lage, sein Leben als Selbstzweck und als Quelle aller Werte zu begreifen; und um so mehr wird er dazu neigen, es »zu Geld zu machen«, also als Mittel für etwas anderes anzusehen, das an sich, objektiv Wert darstellt: das Geld.

Wir verdanken Charly Boyadjian eine bemerkenswerte Beschreibung dieser Zerstörung der Person des Arbeiters durch den Arbeitszwang, bis zu dem Punkt, wo er sich nichts anderes wünschen kann als mehr Arbeit, um mehr Geld zu verdienen – und dann seiner Wiederentdeckung nicht-ökonomischer, nicht quantifizierbarer Werte, mit all dem darin eingeschlossenen radikalen Protest, sobald der Arbeitszwang nachläßt.

Der Autor ist Arbeiter in einer Schuhfabrik, wo man im »drei mal acht«-Turnus (Drei-Schichtbetrieb à 8 Stunden) arbeitet, 48 Stunden und sechs Tage pro Woche, und »wo du leicht Freiwillige für zusätzliche Sonntagsschichten finden konntest. Ich bin sicher, wenn man zu bestimmten Zeiten von den Leuten verlangt hätte, das ganze Jahr über sieben Tage pro Woche zu arbeiten, wären sie wahrscheinlich gefolgt ... Dann gab es da noch Leute, die nach Arbeitsschluß noch ›schwarz‹ arbeiteten, aus Entfremdung oder manchmal auch aus Notwendigkeit, über ihre ›drei mal acht‹ hinaus. Weißt du, wenn man 48 Stunden in der Woche arbeitet, dann wird die Kohle tatsächlich das einzige, hinter dem du her bist ... Einmal sagte mir ein Kumpel im Scherz (aber da ist ja auch immer ein Stück Ernst dabei): ›Wenn ich frei habe, weiß ich nicht, was ich anfangen soll, und langweile mich zu Tode, besser schon, wenn ich auf Maloche bin.‹ Dein Leben, das ist deine Fabrik. *Wenn du auf Maloche bist, hast du wenigstens deine gewisse Sorglosigkeit, du brauchst dich um nichts mehr zu kümmern, alles wird dir vorgeschrieben und du brauchst keine Eigeninitiative mehr.* Du hast etwas mehr Kohle und wirst dir die letzten schicken *gadgets* anschaffen, einen Haufen unnützes Zeug kaufen. Du rennst dann hinter dem Geld her, das letztendlich zu nichts Rechtem nutze ist. Denn mit dieser Kohle gewinnst du keine Zeit, sondern du verlierst unheimlich viel Zeit: Um bei irgendeiner Sache, die du täglich verrichtest, sagen wir, zehn Minuten zu gewinnen, verlierst du eine Stunde Arbeit am Tag, um sie dir leisten zu können – der reine Wahnsinn. Aber irgendwie schaffst du es sogar, dich dabei wohlzufühlen. *Im Grunde ist es die Sicherheit, daß du überhaupt keine Verantwortung mehr hast, das ist fast schon eine infantile Regression.* Und das funktioniert bei jedem: Ich war z. B., bevor ich in diesen Laden kam, politisch aktiv, hatte also ein ›fortschrittliches‹ Bewußtsein, aber bei mir lief das genauso ab wie bei allen anderen.«

Der Autor erzählt dann, wie die körperliche und nervliche Erschöpfung sein Eheleben verkümmern ließ, die sexuellen Beziehungen ruinierte (»am Ende vergißt du auch deinen Partner völlig, weil du so am Ende bist, du hast einfach keine Zeit mehr«) und die Fähigkeit zum eigenständigen Denken zerstört:

»Auch ich hatte damals, obwohl ich selbst in einem antirassistischen Komitee war, echt rassistische Tendenzen ... Geistig bist du nichts mehr wert, aus dem einfachen Grunde, daß du schon nicht mehr die körperliche Anstrengung aufbringst, jemandem zuzuhören und mit ihm zu diskutieren; du bist also total autoritär. Nach einer Weile bist du so kaputt, daß du schon nicht mehr mit deinem eigenen Verstand denken kannst, sondern nur noch in Werbeslogans.«

Mit dem Beginn der Wirtschaftskrise wird die Arbeitsdauer auf 40 Stunden und dann, einen Monat später, auf 32 Stunden (in vier Tagen pro Woche) reduziert:

»Da setzte, Schritt für Schritt, eine unglaubliche körperliche Erholung ein. Das Geld verlor unheimlich an Bedeutung. Ich will nicht behaupten, daß es völlig unwichtig wurde, doch am Ende sagten sogar die Kollegen, die eine Familie zu versorgen hatten: ›Es ist jetzt besser als vorher.‹ Sicher, man verlor eine Menge Kohle, man erhielt etwa 40 000 oder 50 000 Francs weniger als vorher [d.i. etwa ein Viertel weniger, A.G.], aber sehr bald bedauerte das niemand mehr – bis auf ein oder zwei Typen. In dieser Zeit entstand auch die Protestbewegung; denn man fing an, viel zu diskutieren ... Damals entstanden auch freundschaftliche Beziehungen: Man konnte über den Rahmen

»Je mehr, desto besser«

politischer Diskussionen hinausgehen und mit x-beliebigen Kollegen über sein Gefühlsleben, über Eifersucht, Impotenz und Liebesprobleme reden... Das Eigenartige ist, daß *in dieser Zeit der Kurzarbeit die ›Schwarzarbeit‹ abgenommen hat*... Und genau in dieser Zeit erhielt auch die Arbeit am Samstagnachmittag oder -abend ihren ganzen Schrecken. Vorher hatten die Leute sie akzeptiert, aber jetzt lernte man immer wieder neu, was das Wort ›Leben‹ eigentlich bedeutet, und Samstagsarbeit wurde zur endlosen Qual... Ebenso mußte uns die Betriebsleitung eingestehen, daß sie Schwierigkeiten hatte, für Sonntags oder Feiertage, also die Tage, die dreimal so hoch bezahlt werden, noch Leute zu finden... Es hatte einen Mentalitätswandel gegeben, die Leute ließen sich nicht mehr so einfach kaufen wie früher.«[14]

Charly Boyadjian hat die doppelt irrationale Triebfeder der Leidenschaft des »je mehr, desto besser« präzise hervorgehoben. In den von mir hervorgehobenen Passagen bemerkt er, daß die Arbeits- und Verdienstbesessenheit beim Arbeiter denselben Sinn hat wie die Leidenschaft des Rechenkalküls für die Entstehung des Kapitalismus: Die Arbeit diszipliniert und ordnet das Leben, sie schützt das Individuum vor dem Ruin der normativen Gewißheiten und von der Verpflichtung, sein Leben in die eigenen Hände zu nehmen. Sein Leben ist völlig vorgezeichnet, die »Maloche« ist ein schützendes Gehäuse, »alles ist für dich geregelt«, die Frage nach Sinn und Zweck ist vorab gelöst: Weil es im Leben des Arbeiters für nichts anderes Raum gibt als dafür, für Geld zu arbeiten, kann sein Zweck auch nur im Geld bestehen. In Ermangelung von Zeit zum Leben ist das Geld die einzige Kompensation für die verlorene Zeit, für das durch die Arbeit verdorbene Leben. Das Geld symbolisiert all das, was der Arbeiter nicht hat, nicht ist und aufgrund der Arbeitszwänge nicht kann. Darum kann auch diese Arbeit niemals *genug* bezahlt werden; aber aus demselben Grund muß das durch die Arbeit verdiente Geld von Anbeginn an wahrgenommen werden als etwas *Wertvolleres* als das Leben, das man ihm opfern mußte.

Der Arbeiter wird also auf der Suche nach jener Sache sein, *die dem verdienten Geld seinen Wert verleiht*, die ein besseres Leben symbolisiert als das Leben, das er in Nacht-, Samstags- und Sonntagsarbeit geopfert hat. Diese Sache kann im Studium bestehen, zu dem er seine Kinder drängt (»damit sie es einmal besser haben als ich«), sie ist aber auch und zunächst das Auto als Symbol der Freiheit und Flucht; das Häuschen als Symbol von Souveränität und Schutz vor der Außenwelt; die elektronischen Haushaltsgeräte als Symbole einer bequemen Lebensweise, die man jedoch, wie Boyadjian ausführt, praktisch niemals erreicht, einerseits aus Zeitmangel und zum anderen, weil der symbolische Wert der »schicken *gadgets*« häufig keinerlei wirklichem Gebrauchswert entspricht. So sind 90% der von der *Harvard Business Review* befragten Firmenchefs von Großunternehmen der Meinung, ohne Werbekampagne ließe sich kein einziges neues Produkt verkaufen. 85% meinen, daß die Werbung »häufig« zum Kauf von Produkten verleitet, für die die Käufer keine Verwendung haben, und 51% glauben, die Werbung verleite die Leute dazu, Dinge zu kaufen, die sie in Wirklichkeit gar nicht haben wollen.[15]

Die *Vollzeitbeschäftigung der erwerbstätigen Individuen* entspricht also nicht nur einem unternehmerischen Herrschaftsstreben (im Betrieb), sondern (wurzelt) darüber hinaus – und im »fordistischen Entwicklungsmodell« sehr bewußt – im viel grundlegenderen Bestreben, das Lebensmodell und Konsumverhalten der Individuen ausschließlich nach der ökonomischen Rationalität zu formen, objektiviert im Zwang zur Rentabilisierung ständig wachsender Kapitalmengen. Das Prinzip der Quantifizierung aller Werte gewinnt in dem Maße die Überhand, wie es ihm gelingt, Verhaltensweisen und Vorlieben in allen Bereichen zu steuern: *je mehr, desto besser*, ob es sich um Geschwindigkeit, Kraft, Einkommen, Umsatz, Kapitalisierung, Lebensdauer, Konsumniveau (usw. usf.) handelt, was auch immer der konkrete Inhalt oder Gebrauchswert der wachsenden Größen sei. *Den Individuen muß die Selbstbeschränkung ihrer Arbeit untersagt werden, um ihnen (damit auch) die Selbstbe-*

schränkung ihrer Konsumwünsche zu verbieten. Ein wachsender Anteil von Lohnabhängigen muß also *über ihre tatsächlich empfundenen Bedürfnisse hinaus* arbeiten und verdienen, damit ein wachsender Anteil von Einkommen für Konsum ausgegeben werden kann, für den kein wirkliches Bedürfnis besteht. Denn allein dieser Überflußkonsum kann ausgerichtet, geformt und manipuliert werden nach den »Bedürfnissen« des Kapitals statt denen der Individuen. *In dem Maße, wie der Konsum die Grenze der tatsächlich empfundenen Bedürfnisse überschreitet, kann er in den Dienst der Produktion, d. h. der »Bedürfnisse« des Kapitals gestellt werden.*

Hier liegt das Geheimnis der »unaufhaltsamen Eigendynamik«[16], mit der das »ökonomische Subsystem« seinen Einflußbereich beständig ausweitet. Und hier bricht auch der der ökonomischen Rationalität innewohnende Widerspruch auf, sobald diese, wie im Kapitalismus, im Dienste keiner anderen Rationalität steht, die ihr Grenzen setzt: Erfordert sie doch die *möglichst kostengünstige* Befriedigung der tatsächlich empfundenen Bedürfnisse, aber gleichzeitig auch *das Maximum an Ausgaben* für den diese Bedürfnisse übersteigenden Konsum. Sie hat kein Interesse an der Beseitigung der Armut und der sozialen Ungleichheiten; denn die Bedürfnisse sind begrenzt und können ein unbestimmtes Wachstum der Produktion nicht gewährleisten. Die Gelüste und der Wunsch nach Luxus sind hingegen potentiell unbegrenzt. Unbefriedigte Bedürfnisse durch Einkommensumverteilung von den Reichen zu den Armen zu befriedigen widerspräche somit der ökonomischen Rationalität, wie sie von allen Fesseln befreit in der kapitalistischen Rationalität zum Ausdruck kommt. Liefe dies doch darauf hinaus, die von Bedürfnissen bestimmte Nachfrage auszuweiten, die nach einer Befriedigung *zu den geringstmöglichen Kosten* sucht – zum Nachteil der von Gelüsten und Moden bestimmten und daher zu jeder Extravaganz bereiten Nachfrage.

Das auf Stützung der Konjunktur gerichtete Interesse geht daher dahin, eher für die Reichen als für die Armen zu sorgen (also beispielsweise die Spitzensteuersätze zu reduzieren) und –

konsequenterweise – kontinuierlich im Bereich der »Spitzenprodukte« mit hohem Symbolwert Innovationen zu tätigen als im Bereich der ihres Gebrauchswerts wegen gekauften Produkte.

»Ich halte die Werbung für eine erzieherische und aktivierende Kraft, die in der Lage ist, die notwendigen Veränderungen einzuleiten. Indem sie viele Leute ein höheres Lebensniveau lehrt, läßt sie den Konsum beständig auf das Niveau wachsen, das unsere Produktion und Ressourcen rechtfertigen.« Diese Überlegung des Präsidenten einer der größten US-amerikanischen Werbeagenturen, J. Walter Thomson, stammt aus den fünfziger Jahren. Sie hat das Verdienst, den Sinn jener »Kreativität, Erfindungskraft und Initiative« genau zu definieren, die heute nach Auffassung unserer neuen Saint-Simonisten[17] »das Angesicht der Welt verändern und völlig erneuern« soll (die Formulierung stammt von Serge July[18]). Es handelt sich um nichts Geringeres als darum, »im Geist der Leute Bedürfnisse zu schaffen, von denen sie nicht den Schatten einer Ahnung haben« (in der Ausdrucksweise des Präsidenten der J. Walter Thomson), um den Konsum völlig neuer Produkte zu fördern, die einen neuen Akkumulationszyklus, eine neue Periode ökonomischen Wachstums ankurbeln können.

*

Der Leser wird bemerkt haben, daß die Analysen bisher unaufhörlich zwischen zwei Ebenen hin und her gegangen sind: das Wachstum erschien bald als Bestreben der Individuen, bald als Erfordernis der Einzelkapitale, bald als makro-ökonomische Notwendigkeit für das (kapitalistische) System. Das liegt daran, daß die Erfordernisse auf diesen verschiedenen Ebenen eine nahezu perfekte Übereinstimmung untereinander aufweisen. Es genügt, die Quantifizierung als Bewertungsmethode und Entscheidungskriterium zu übernehmen, damit auf allen Ebenen das Streben nach unbegrenztem Wachstum entsteht: als Unzufriedenheit, Lust und Gier auf »mehr« auf der Ebene der Individuen; als Erfordernis unbegrenzter Maximierung auf der Ebene der Einzelkapitale; als Erfordernis beständigen Wachstums auf der Ebene des Systems; als ideologische Bewertung von Höchstleistungen (Geschwindigkeit, Maschinenkraft, Höhe der Gebäude, landwirtschaftlicher Ertrag usw.) auf der Ebene der Zivilisation. Man spürt dies bereits an der Betonung, mit der das Wort »Wachstum« ausgesprochen wird: es ist werturteilsbeladen, es bezeichnet das höchste Gut und Ziel, sein Inhalt ist völlig gleichgültig, es zählt nur sein Grad, die »Wachstumsrate«, die ihrerseits eine Beschleunigung oder eine Verlangsamung des Wachstums anzeigen kann, also einen Fortschritt oder Rückschritt des Guten. Der affektive, nahezu religiöse Wert, mit dem dieses Wort aufgeladen ist, folgt nicht aus einer expliziten Überlegung, sondern ist Ergebnis eines versteckten Werturteils *a priori*. Denn eine jede Überlegung würde auch eine Kontroverse ermöglichen: über die Vor- und Nachteile, die Finalitäten und Gegen-Finalitäten des kontinuierlichen, beschleunigten, verlangsamten oder negativen Wachstums. Das versteckte normative Urteil stellt hingegen schon eine Vorentscheidung jeder möglichen Kontroverse dar: Behauptet es doch nicht, daß ökonomisches Wachstum für das *derzeitige* ökonomische System unter den *gegebenen internationalen Bedingungen* vonnöten ist – was die Frage nach möglichen Änderungen in dieser oder jener Hinsicht offenließe –, sondern daß es an sich gut ist: *je mehr, desto besser*.

Wachstum des ökonomischen Gesamtsystems, Wachstum des Konsums, Wachstum der Individualeinkommen, des globalen Reichtums, der nationalen Wirtschaftskraft, der Milchproduktion je Kuh, der Geschwindigkeit der Flugzeuge oder der Läufer, Schwimmer, Skifahrer (usw.) – ein und dasselbe quantitative Werturteil wird ohne Unterschied auf alle Ebenen angewandt und schließt überall in seinem Prinzip jede Idee der Begrenzung oder Selbstbegrenzung aus. Das quantitative Urteil als Ersatz eines rational begründeten Werturteils verleiht höchste moralische Sicherheit und intellektuellen Komfort: Das Gute wird meßbar und berechenbar; moralisches Urteil und moralische Entscheidung können aus der Anwendung eines objektiven, unpersönlichen, quantifizierenden Rechenverfahrens abgeleitet werden und müssen nicht mehr vom Subjekt selbst in seiner Angst und Unsicherheit verantwortet werden: »Geld verdienen ist tugendhaft«, erklärte ein großer französischer protestantischer Finanzier im Jahre 1987.

Die »unaufhaltsame Eigendynamik«, mit der das »ökonomische Subsystem« alle Sphären gesellschaftlichen Handelns und Lebens durchdringt, zeigt sich hier in einem neuen Licht: sie wohnt nicht *diesem* ökonomischen System inne; sie ist vielmehr Wesensmerkmal der ökonomischen Rationalität selbst. Vergeblich wäre der Versuch, die kapitalistische Rationalität von der ökonomischen Rationalität trennen zu wollen und zu behaupten, alles bisher Ausgeführte treffe auf erstere, aber nicht notwendigerweise auch auf letztere zu. Vor dem Aufkommen des Kapitalismus konnte nämlich die ökonomische Rationalität niemals voll zum Ausdruck kommen: vorher existierte sie nur eng umschrieben, gefesselt und verrufen in Gestalt von Fernhandel und Zins. Die Rechnungsführung war noch fehlerhaft und unsicher, Kalkulation galt als Zauberkunst, Profitstreben als Sünde und Konkurrenz als Vergehen; und man weiß, daß beim Tode Anton Fuggers, des größten Bankiers des 16. Jahrhunderts, keiner seiner möglichen Erben in seine Nachfolge einwilligte; sie waren der Meinung, es gebe wichtigere oder lohnendere Aufgaben, als Geld zu verdienen. Die ökonomische Rationalität konnte erst in dem Maße zum Ausdruck kommen, wie es ihr die Zersetzung der traditionellen Ordnung erlaubte, sich von den äußeren Schranken und Selbstbeschränkungen zu befreien, die ihr die Gebräuche und Gebote der Religion auferlegten. Bis dahin war sie, auch wenn es sie bereits gab, bloß eine Magd fremder Herren: Mußte sie doch auf Erfordernisse Rücksicht nehmen, die ihr fremd oder sogar entgegengesetzt waren und Zwecken dienen, die ihr die politischen oder religiösen Autoritäten vorschrieben.

Der Kapitalismus wurde zum Ausdruck der endlich von allen Fesseln befreiten ökonomischen Rationalität. So war er die

Kunst der Berechnung, wie sie von der Wissenschaft entwickelt worden war, angewandt auf die Festlegung praktischer Verhaltensregeln. Das Effektivitätsstreben erhob er in den Rang einer »exakten Wissenschaft« und beseitigte damit jedwede moralischen oder ästhetischen Kriterien aus dem Felde der entscheidungsrelevanten Überlegungen. Derart rationalisiert konnte die ökonomische Tätigkeit nun Verhalten und Beziehungen der Menschen in »objektiver« Weise steuern, d.h. unter Absehen von der Subjektivität des sich konkret Entscheidenden, der damit auch der moralischen Kritik entzogen wurde. Denn nun stellte sich nicht mehr die Frage, ob sein Handeln gut oder schlecht war, sondern nur noch, ob es auf richtigen Berechnungen beruhte. Die »ökonomische Wissenschaft« nahm als Richtschnur für Entscheidungen und Verhalten dem Subjekt die Verantwortung für seine Handlungen ab. *Es brauchte seine Entscheidungen nicht mehr selber zu fällen*; denn diese Entscheidungen konnten ihm nicht mehr als Person zugeschrieben werden, sondern waren das Ergebnis eines strikt unpersönlichen Berechnungsverfahrens, in dem die Intentionen des Subjekts (scheinbar) keinen Platz mehr fanden.

Was Husserl über die mathematisierten »Naturwissenschaften« sagt, gilt hier gleichermaßen. Die Mathematisierung übersetzt einen bestimmten Typus von Beziehung zur Lebenswelt in Formalisierungen; und dieses *»Kleid der Symbole*, der symbolisch-mathematischen Theorien ... *vertritt* (und) *verkleidet«* dann unser Weltverhältnis und enthebt uns der Notwendigkeit, es als in unseren eigenen Intentionen wurzelnd anzuerkennen. Die Intention wird gewissermaßen vormundschaftlich durch quasi-automatische und weitgehend verselbständigte Rechenoperationen substituiert: »Die Ideenverkleidung macht es, daß der *eigentliche Sinn der Methode, der Formeln, der ›Theorien‹ unverständlich* blieb und bei der naiven Entstehung der Methode *niemals* verstanden wurde«.[19] Anders gesagt: Einsatz und Sinn der »ökonomisch rationellen« Entscheidung sind jeder Möglichkeit rationaler Überprüfung bereits dadurch entzogen, daß die ökonomische Rationalität selbst in Rechenverfahren und -formeln formalisiert ist, *die ihrerseits der Diskussion und Reflexion entzogen bleiben.* Es bleiben nur Expertendiskussionen, die voller technischer Spitzfindigkeiten zur Methode, aber nicht zur Sache geführt werden, oder die die Sache, um die es konkret geht, nur als verschwiegenen Hintergedanken einer technischen Methodenkontroverse behandeln.

Ein bestimmter Entwurf wurde mittels der Mathematisierung verkörpert in einer bestimmten Methode, die die Übereinstimmung mit den Ursprungsintentionen garantierte; und diese Methode hat durch ihre Verselbständigung und Formalisierung dem Entwurf schließlich jede reflexive Selbstkontrolle verunmöglicht. Das Subjekt denkt und erlebt sich nicht mehr als Subjekt mit einer intentionalen Beziehung zur Realität, sondern als *Rechner*, der eine Serie von Rechenoperationen auszuführen hat. Weder kann es seine Erkenntnisse als eine Beziehung zum »wahrhaft Seienden« noch sein Handeln als zielgerichtete Veränderung des Gegebenen erleben, es erfährt sie nur noch als Beziehung zu einem Korpus formalisierter Verfahren und als Rechnen-Können mit ideellen Größen, als *téchne*: »eine bloße Kunst, durch eine rechnerische Technik nach technischen Regeln Ergebnisse zu gewinnen«[20], *deren Sinn und Wert der Rechner nicht beurteilen kann*: »Eine Technisierung ergreift zudem alle der Naturwissenschaft sonst eigenen Methoden...«[21]. »Das *ursprüngliche* Denken, das diesem technischen Verfahren eigentlich Sinn und den regelrechten Ergebnissen Wahrheit gibt ..., ist hier ausgeschaltet.«[22]

Die Technisierung erlaubt es dem Subjekt somit, sich aus seinen eigenen Operationen zurückzuziehen. Sie garantiert seinem Handeln und Denken Strenge, indem sie es nicht nur seiner Subjektivität, *sondern auch jeder Reflexion und Kritik entzieht.* Der unbedingte Anspruch auf absolute Objektivität hat als Konsequenz die absolute Naivität des Verhaltens von Rechnern zur Folge, die sich über ihr eigenes Tun keine Rechenschaft mehr ablegen können. Am Ende dieses Weges erhebt sich ganz natürlicherweise »die Philosophie vom Tode des Menschen«, die Theorie des Subjekts als »Nichtexistenz, in deren

Leere die Sprache sich endlos ergießt« (die Formulierung stammt von Michel Foucault[23]). Was für den Rechner gilt, der Rechentechniken umsetzt und dabei einen versteinerten, von keiner lebendigen Intention mehr genährten Sinn transportiert, das erhebt die »Philosophie vom Tode des Menschen« in den Rang einer universellen Wahrheit: das Subjekt *wird gesprochen* von der Sprache, es gibt nur noch Sprachmaschinen, Wunschmaschinen (usw.).[24] Die für Kalkulationstechniken typische Selbstverleugnung des Subjekts wird zum Paradigma allen Denkens; der Philosoph folgt den Fußstapfen des Technikers und erklärt sich selbst in seinen philosophischen Konstruktionen für abwesend, wenngleich er dies mit einer Erbitterung und mit einem Kampfesgeist behauptet, die seine Selbstverleugnung wieder dementieren. Der Strukturalismus wird die Ideologie des Triumphs der vervollständigten Technisierung gewesen sein.

Wir finden hier also auf der Ebene des Denkens wieder, was wir im ersten Teil dieses Buches als die Spaltung von Arbeit und Leben beschrieben haben. Die mathematische Formalisierung erlaubt zu denken, was weder erlebt noch verstanden werden kann. Sie macht aus dem Denken eine Technik. Mit ihr entsteht die Fähigkeit, das Sein in seiner gleichgültigen Äußerlichkeit und als Äußerlichkeit zu denken. Es handelt sich dabei – wie Husserl in Bezug auf Galilei ohne Unterlaß betont hat[25] – um eine der größten Errungenschaften des Denkens – *jedenfalls unter der Bedingung, daß diese mathematische Operationen ermöglichende Abstraktion vom Selbst dem Subjekt als seine eigene Tätigkeit und als bloße Methode bewußt bleibt.*

Aber genau diese Bedingung wird mit der zunehmenden Banalisierung von Rechentechniken immer weniger erfüllt werden und erfüllt werden können. Diese Techniken werden erlernt und angewandt als Rezepte, »die jedermann lernen kann, ohne im mindesten die innere Möglichkeit und Notwendigkeit sogearteter Leistungen zu verstehen«.[26] Sie machen Handlungen möglich, die weder gedacht noch gewollt werden können und deren Effektivität von der Anwendung von in sich für das Denken undurchdringlichen Formeln abhängt. Die als solche gedachte Äußerlichkeit richtet sich damit in gewisser Weise im Denken selbst ein, in der Gestalt von Formeln, welche die formalisierte Operation gegenüber dem operierenden Subjekt abschirmen. Das handelnde Subjekt kann dank dieser Formeln aus seinen Operationen fernbleiben und braucht somit für sie auch keinerlei Verantwortung mehr zu übernehmen; es kann wie ein Automat funktionieren, jeden auf seine Äußerlichkeit, d.h. auf einen gesetzmäßigen Mechanismus reduzierbaren Prozeß in mathematische Formeln bringen und seine eigenen Operationen – also sich selbst – *nach dem Modell einer Maschine begreifen* ... bis schließlich diese Maschine entsteht, die das Denken der Äußerlichkeit durch die Äußerlichkeit dieses Denkens selbst ersetzt und seitdem als Bezugspunkt für den menschlichen Geist dient: der Computer, gleichzeitig Rechenmaschine und »künstliche Intelligenz«, Maschine zur Komposition von Musik, zum Schreiben von Gedichten, zur Krankheitsdiagnose, zur Übersetzung, zum Sprechen ... Die Fähigkeit zum Entwurf von Maschinen begreift sich schließlich selbst als Maschine; der Geist, der in der Lage ist, wie eine Maschine zu funktionieren, erkennt sich in der Maschine wieder, die in der Lage ist, wie er selbst zu funktionieren – ohne zu begreifen, daß in Wirklichkeit die Maschine nicht wie *der* Geist funktioniert, sondern nur wie *jener* Geist, der gelernt hat, wie eine Maschine zu funktionieren.

Diese Bemerkungen beanspruchen nicht, eine *Erklärung* darzustellen, sondern eine Klärung. Ich wollte die gemeinsame Wurzel der ökonomischen und der »kognitiv-instrumentellen« Rationalität verdeutlichen: Diese Wurzel liegt in der (mathematischen) Formalisierung des Denkens, die es durch seine Kodifizierung in technische Prozeduren *gegen jede reflexive Selbstkorrektur* und vor den Gewißheiten der gelebten Erfahrung *abschottet*. Die Technisierung, die Verdinglichung, die Monetarisierung haben in jener Technik des Denkens ihre kulturelle Wurzel, deren Operationen ohne Einbeziehung des Subjekts funktionieren – und deren abwesende Subjekte unfähig dazu sind, sich Rechenschaft von sich selbst abzulegen. Nur so konnte sich diese »kalte« Zivilisation etablieren, deren kalte, funktionale, kalkulierte, formalisierte Beziehungen die lebenden Individuen zu Fremden in einer verdinglichten Welt machen, die doch ihr eigenes Produkt ist; eine Zivilisation, deren außerordentliche technische Erfindungskraft einhergeht mit der Verkümmerung der Lebenskunst, der zwischenmenschlichen Kommunikation, der Spontaneität. Weil das (Er)Leben in dieser Zivilisation nicht mehr zu Wort kommt, findet eine technikgläubige und quantitätshörige Kultur ihr Gegenstück in jener *Unkultur des Lebens*, die wir am Ende des 7. Kapitels beschrieben haben.

2. MARKT UND GESELLSCHAFT, KAPITALISMUS UND SOZIALISMUS

Der Imperialismus der »kognitiv-instrumentellen« Vernunft und insbesondere der ökonomischen Rationalität hängt – auf der Ebene des Subjekts – von der scheinbaren Objektivität der Urteilskriterien ab, die der mathematische Kalkül liefert. Dieser ist ja, wie wir sahen, eine Technik, die das Subjekt davon enthebt, der jeweiligen Entscheidung einen Sinn zu verleihen und sie als eigene Entscheidung zu übernehmen: Der Kalkül wird von selbst entscheiden. Das bedeutet aber, daß der ökonomische Kalkül dort, wo das Subjekt bereits zu seinen Gunsten abgedankt hat, nicht dazu in der Lage ist, einen Sinn zu vermitteln; denn der Kalkül selbst kann nicht entscheiden, ob er für einen bestimmten Bereich überhaupt zuständig ist. Als Ersatz für ein Werturteil – ja, als Außerkraftsetzung jedes nicht quantitativen Urteils – kann der ökonomische Kalkül seiner Natur nach die Grenzen seiner Anwendbarkeit nicht selbst definieren. Diese Grenzen können ihm vielmehr nur von außen gesetzt werden, und zwar genau von Werturteilen, die sich als solche behaupten und dem ökonomischen Kalkül entschieden seine Zuständigkeit bestreiten, sobald gewisse ethische Prinzipien im Spiel sind.

Die Geschichte der kapitalistischen Gesellschaften seit ihrer Entstehung läßt sich somit *zunächst* als fortschreitende Abschaffung der die Entfaltung der ökonomischen Rationalität hemmenden Grenzen lesen, der *sodann* die Errichtung neuer Grenzen folgten: Verbot der Sklaverei, des Frauenhandels, des Verkaufs und der Arbeit von Kindern (usw.), bis zur Reglementierung von Dauer und Preis der Arbeit, der Wohndichte, von hygienischen Normen, Grenzwerten für Luft- und Wasserverschmutzung (usw. usf.). Mit anderen Worten: *das Zentralproblem der kapitalistischen Gesellschaften und der zentrale*

Streitpunkt ihrer politischen Konflikte war von Anfang an die Frage nach den Grenzen, die der ökonomischen Rationalität zu setzen seien.

Die Industrie- und Handelsbourgeoisie hat stets alle Einschränkungen des Rechts der Individuen zur Verfolgung ihrer eigenen Interessen bekämpft. Sie führte diesen Kampf im Namen dessen, was man gewöhnlich Wirtschaftsliberalismus nennt, und sie stützte sich dabei auf zwei unterschiedliche Argumentationen, deren Übereinstimmung allerdings keineswegs auf der Hand liegt: eine ökonomische Argumentation für das ungehemmte Spiel der »Marktgesetze« und eine ideologische Argumentation zugunsten der unternehmerischen Freiheit, die »die kreativen Energien der Individuen für die Gesellschaft freisetzt«.

Die Argumentation für das ungehemmte Spiel der »Marktgesetze« hat eine in philosophischer Hinsicht besonders ausgearbeitete Form bei Friedrich A. von Hayek gefunden. In seiner modernisierten und rationalisierten Version der These von der »unsichtbaren Hand« definiert Hayek den Markt als Totalisierung einer Anzahl von Daten und v. a. Kenntnissen und Initiativen der Individuen, die den menschlichen Verstand und die Aufnahmekapazität auch des perfektioniertesten statistischen Apparats bei weitem überschreitet. Anders gesagt: die (sich auf dem Markt ausdrückende) kollektive Resultante der individuellen Initiativen ist prinzipiell unvorhersehbar und unkennbar, wenn die Individuen frei darin sind, ihre Handlungen an ihre wechselnde Situation anzupassen. Daher wird das Ergebnis des *laissez faire*-Prinzips an Effektivität und Rationalität allen Versuchen der Intervention, Steuerung oder Planung immer überlegen sein; denn diese können, so informiert auch immer sie sein mögen, die Tendenz des Marktes zum Optimum nur verfälschen.

Die Gesellschaft muß also gegenüber dem Markt die Waffen strecken; sie muß die Resultante von Myriaden getrennter Einzelinitiativen akzeptieren, die die Wirtschaftssubjekte nach ihrem je eigenen Kalkül unternehmen, ausgehend von den direkten und begrenzten Kenntnissen ihres jeweiligen Ausschnittes aus dem sozialen Feld. Niemand, nicht einmal – oder gerade nicht – ein Staat mit einem mächtigen Apparat zur Prognose und Sammlung von Informationen, kann soviel Kenntnisse versammeln wie die, über die – je vereinzelt – die verstreuten Wirtschaftssubjekte verfügen. Jeder Versuch, das ökonomische Handeln durch globale Maßnahmen zu orientieren, zu steuern oder zu leiten, wäre damit ein riskanter und weitgehend blinder Eingriff, der die optimalen Anpassungsprozesse nur behindern könnte.[1]

Wie alle liberalen Ökonomen geht Hayek davon aus, daß der ökonomische Kalkül nur auf der individuellen Ebene, nicht auf der der Gesellschaft oder des Systems möglich und rational ist. Die Resultante der individuellen ökonomischen Kalküle muß dem Zufall, d.h. dem freien Spiel des Marktes überlassen bleiben. Das bedeutet aber ebenfalls, daß auch die Gesellschaft, die aus den individuellen ökonomischen Handlungen hervorgehen wird, dem Zufall überlassen bleiben muß: Sie soll eine Art Nebenprodukt des Wirtschaftshandelns sein. Die Politik soll zugunsten des Marktes abdanken und *anerkennen, daß die Bestimmung des Optimums ihre Kompetenz überschreitet.* Das einzige allen Individuen gemeinsame Interesse – also ihr einziges soziales Band – besteht im Schutz gegenüber jedem Zwang, der ihre Freiheit in der Verfolgung der eigenen Interessen hemmen könnte.

Vergeblich würde man in der ökonomischen Argumentation auch nur das mindeste Werturteil zur gesellschaftlichen Rolle der Unternehmer und des freien Unternehmens suchen. Ganz im Gegenteil: weder der eine noch das andere verfolgt irgendein gesellschaftliches Ziel; beide sind keine Erzeuger von Gesellschaft. Diese ist ihre geringste Sorge. Und – so sagt man uns – sie wird um so besser ausfallen, wie sie dem Zufall überlassen und niemand sich um ihr Wohl bekümmern wird. Ein jeder möge sich aller Rücksichten frei um sein Interesse sorgen; der Rest – d.h. die gute Gesellschaft – wird allen hinzugegeben werden. Niemand soll für sie verantwortlich sein, sie soll vom

Willen keines einzelnen abhängen, d.h. *sie soll außer Reichweite der Macht eines jeden und aller sein.*

Und genau hier liegt der entscheidende Punkt für die Vertreter des Wirtschaftsliberalismus: Die Freiheit der Individuen in der Verfolgung ihrer Interessen hat ihre Unverantwortlichkeit gegenüber der Gemeinschaft zur Voraussetzung. In der liberalen Theorie wird diese Unverantwortlichkeit damit gerechtfertigt, daß schließlich »*die Menschen nicht gut sind*«; sie wollen das Gute nicht und sind dazu unfähig, es zu wollen. Die Gesellschaft hingegen, die aus den verstreuten Einzelinitiativen hervorgeht, ohne daß irgend jemand sie gewollt hätte, wird immer besser sein als die Zielsetzungen der Individuen; sie wird genau die bestmögliche sein. In letzter Instanz tun die Individuen also nie das, was sie wirklich wollen; *sie tun das Gute, ohne es zu wollen*, besser: sie tun das Gute *nur unter der Bedingung, daß sie es nicht wollen*; sie werden durch die zufällige Resultante ihrer verstreuten Initiativen zum Besseren verfälscht. Moralische Kategorien von »Vergehen« und »Verdienst«, von Fairneß und Gerechtigkeit haben auf dieser Ebene keinerlei Bedeutung.

Man beginnt den Abstand zu ermessen, der zwischen der liberalen *Doktrin* und der liberalen *Ideologie* besteht, insbesondere der Unternehmerideologie, wie sie vor allem die neuen Saint-Simonisten[2] verbreiten. Nach der liberalen *Doktrin* verfolgt jeder Unternehmer sein Interesse, d.h. den größtmöglichen Profit. Seine Initiativen folgen aus einem ökonomischen Kalkül. Dieser Kalkül leitet seine Entscheidungen, bewertet die Risiken, wägt die Alternativen ab und kennt keinerlei moralische oder soziale Belange: Es geht darum, zu gewinnen, sich einen Platz zu erobern oder ihn anderen, die ihn bereits besetzt haben, streitig zu machen. In der liberalen *Ideologie* hingegen ist der Unternehmer ein Gesellschafts- und Kulturschöpfer: Er verfügt über »das Genie, bei seinen Zeitgenossen ein ›latentes Bedürfnis‹ nach einem Gegenstand oder einer Dienstleistung zu entdecken, die wir uns in unserer Alltagsroutine nicht hätten vorstellen können«; sein Unternehmen »vertritt und verwirklicht einen Grundwert, der als Materialisierung der Freiheit erscheint, nämlich die Innovation«; er gehört zu denen, die »für die Gesellschaft das Beste von sich in Bewegung setzen« und der, indem er der Gesellschaft »kreative Impulse« vermittelt, Macht über sie gewinnt. Daher – so sagt man uns – komme es darauf an, die Problemstellung umzukehren: Es handele sich nicht mehr darum, die Wirtschaft in die Gesellschaft einzubetten, sondern es komme umgekehrt darauf an, »Politiken zu entwickeln, die die Gesellschaft in die Wirtschaft einbetten«.[3] Wir haben gesehen, worauf das hinausläuft: nämlich darauf, die Gesellschaft nach den Erfordernissen der ökonomischen Rationalität zu mobilisieren und nur noch Zwecke zuzulassen, die mit dieser verträglich sind.

Die intelligente Regression, die hier im Verhältnis zu den politischen Diskussionen der letzten hundertfünfzig Jahre stattfindet, ist geradezu spektakulär: Die neuen Ideologen des Unternehmertums gehen auf Gegenkurs zu den liberalen Theoretikern, die von Adam Smith bis heute darum besorgt waren, die Gesellschaft der Macht der Menschen zu entziehen, die als Industrielle, Händler oder Bankiers gar nicht das Gute zu wollen brauchen und die aufgrund ihrer Aktivitäten auch unfähig dazu sind. Selbst Hayek ist der Auffassung, daß das Feld, in dem die ökonomische Rationalität ungehemmt wirken kann, durch ein Oberhaus begrenzt werden muß, dessen Mitglieder aufgrund ihrer moralischen Autorität gewählt werden und außerhalb und oberhalb der Parteien stehen. Dem Spiel der ökonomischen Rationalität (und der ihr entspringenden Konkurrenz und Marktgesetze) keine Schranken zu setzen, bedeutet nämlich, sich auf die völlige Zersetzung der Gesellschaft und die irreversible Zerstörung der Biosphäre zuzubewegen.

Es war daher nur konsequent und logisch, daß die ersten, die sich dem uneingeschränkten Spiel der ökonomischen Rationalität widersetzten, aus der Aristokratie und dem Großgrundbesitz kamen. Wie Karl Polanyi[4] gezeigt hat, gab es lange vor der Entstehung eines Arbeiter-Sozialismus einen »konservativen Sozialismus« (*tory socialism*). Polanyi definiert nämlich den Sozialismus völlig zutreffend als *Unterordnung des Ökonomi-*

schen unter die Gesellschaft und der ökonomischen Zwecke unter gesellschaftliche Zwecke, die sie umfassen und ihnen die untergeordnete Stellung von Mitteln zuweisen. Die Wirtschaftstätigkeit muß *im Dienste* von Zwecken stehen, die sie überschreiten und ihren Nutzen, ihren Sinn erst begründen. Es kann daher einen »konservativen Sozialismus« geben, der die auf ökonomische Zwecke gerichtete Tätigkeit so einzuschränken versuchte, daß sie die vorkapitalistischen sozialen Bande auf dem Lande nicht beseitigte oder den gesellschaftlichen Zusammenhalt nicht zerstörte, die Landwirtschaft nicht ruinierte, die Städte nicht unbewohnbar machte usw. oder der auch die ökonomische Rationalität derart beschränken wollte, daß sie keine verelendeten Proletariermassen hervorbrachte, die auf Landstreicherei, Diebstahl, Prostitution, Gelegenheitsarbeiten (usw.) angewiesen wären.[5]

Der »konservative Sozialismus« setzt jedenfalls voraus, daß die Gesellschaft durch ihre intakte Stabilität und ihren sittlichen Zusammenhalt in der Lage ist, den der ökonomischen Rationalität folgenden Handlungsweisen einen begrenzten Platz einzuräumen und *ihre Dynamik in den dadurch festgelegten Grenzen zu halten*. Dies mochte zur Zeit eines Disraeli noch möglich scheinen. Heute ist dies nicht mehr der Fall. Darum wäre es auch abwegig, von Sozialismus zu sprechen, wenn Hayek – wie übrigens auch Christdemokraten in der Bundesrepublik, Zentristen in Frankreich und in den Niederlanden, die Mehrheit der britischen Konservativen, viele US-amerikanische Demokraten (usw.) – sich für ein Subsistenzeinkommen ausspricht, das die Gesellschaft allen Bürgern, die ihren Lebensunterhalt nicht durch Arbeit verdienen können, garantieren soll. Denn dieses Subsistenzeinkommen integriert die Massen der Ausgeschlossenen in keiner Weise in eine *intakte Gesellschaft*. Man kann nicht einmal sagen, daß es *die Gesellschaft* wäre, die ihnen dieses Einkommen aus Fürsorge oder Solidarität zukommen ließe. Denn es ist – im Gegenteil – *die Gesellschaft*, die sie an den Rand drängt, ausschließt und zur Untätigkeit verdammt; und es ist *der Staat*, der ihnen per Verwaltungsakt ein Einkommen bewilligt, von dem sie mehr schlecht als recht überleben können – ohne sie damit jedoch (außer in temporärer oder eben marginaler Weise) in das Gewebe des sozialen Austausches und der sozialen Beziehungen zu integrieren oder reintegrieren. Mit einem Wort: auch wenn die Garantie eines sozialen Minimums der ökonomischen Rationalität zuwiderläuft, unterwirft sie diese doch nicht Zielsetzungen, die einer höheren Rationalität entspringen. Das soziale Minimum stellt vielmehr eine Enklave innerhalb des Reichs der ökonomischen Rationalität dar, *die ihre Herrschaft über die Gesellschaft sozial erträglich zu machen versucht.*

Das Beispiel erhellt die Schwächen der vergangenen sozialdemokratischen Politiken und erklärt, warum die sozialdemokratische Ideologie im Namen ökonomischer Rationalisierungsimperative so leicht durch eine marktwirtschaftliche Ideologie des freien Unternehmertums überholt werden konnte. Denn die Politik der Sozialdemokratie ist niemals in dem Sinne ein Sozialismus gewesen, wie wir ihn mit Karl Polanyi definiert haben: Sie hat sich darum bemüht, *Enklaven* innerhalb der ökonomischen Rationalität freizusetzen, ohne jedoch deren Herrschaft über die Gesellschaft zu erschüttern. Diese Enklaven waren im Gegenteil in das reibungslose Funktionieren des Kapitalismus eingebettet und dazu bestimmt, dieses zu befördern. Ihre schrittweise Ausweitung war nicht Ergebnis des politischen Willens, die ökonomische Rationalität in den Dienst eines Gesellschaftsentwurfs zu stellen; sie folgte aus der offenkundig werdenden Tatsache, daß die kapitalistische Entwicklung kollektive Bedürfnisse hervorbringt, die sich nicht in einer kaufkräftigen Nachfrage ausdrücken und die daher auch kein Angebot an warenförmigen Dienstleistungen hervorrufen können: Bedürfnisse nach Raum, unverseuchter Luft, trinkbarem Wasser; nach Licht, Lärmschutz, öffentlichen Verkehrsmitteln, Unfall- und Krankheitsvorsorge, öffentlicher Hygiene, Erziehung, nach sozialen Dienstleistungen als Ersatz für die Auflösung familiärer und gemeinschaftlicher Solidarität (usw.).

Kurz, das Kriterium ökonomischer Rationalität, wie es von den »Wirtschaftssubjekten« veranschlagt wird – inklusive der »genialsten« Unternehmer –, reicht nicht aus, um die funktionalen und strukturellen Erfordernisse des ökonomischen Systems und des sozialen Lebens zu erfüllen. Sich selbst überlassen treibt die Marktwirtschaft stets auf einen Zusammenbruch zu, gemäß dem oben angeführten Szenario der »Tragödie der Almende«.[6] Um lebensfähig zu sein, mußte sie von Reglementierungen, Verboten, Subventionen, Steuern, öffentlichen Interventionen und Initiativen *eingegrenzt* werden, die allesamt das Spiel des Marktes verfälschen: z. B. durch Steuerung der Landwirtschaftspreise über eine auf den Export und die Lagerung von Überschüssen gerichtete Subventionspolitik; durch die Subventionierung des Wohnungsbaus; durch die Sozialisierung der Kosten der Krankenversorgung, der Kindererziehung und der Altersrenten; durch Benzin-, Tabak- und Alkoholbesteuerung; durch öffentliche Finanzierung der Forschung und Entwicklung; durch städtebauliche und hygienische Normen; durch das Verbot bestimmter Medikamente und die Preiskontrolle für andere (usw. usf.); also insgesamt entweder durch Umverteilung eines immer bedeutenderen Anteils der Ressourcen zum Zwecke der Beschränkung, Orientierung oder Initiierung des Angebots nach *politischen* Kriterien oder aber durch Ersetzen der versagenden Privatinitiative durch öffentliche Leistungen.

Und dennoch erreichen diese politischen Kriterien niemals die Kohärenz einer Gesamtkonzeption: eines Gesellschaftsentwurfs. Die Umverteilung von 40, 50, oder sogar 60% des Sozialprodukts reichte nicht aus, eine *Gesellschaft* entstehen zu lassen, die sich zur Herrin über das ökonomische Handeln gemacht und dieses ihren Zwecken hätte unterwerfen können. Diese Umverteilung blieb eine Ansammlung von *Korrektiven*, Unterstützungen und Ergänzungen, die die ökonomische Rationalität eingrenzten, ohne sie zu beherrschen, zu umfassen oder in den Dienst einer anderen Rationalität zu stellen. Motor bleibt die ökonomisch zweckgerichtete Tätigkeit; sie bestimmt die sozialen Beziehungen, sie bestimmt Art und Weise der Sozialisierung und funktionalen Integration der Individuen; und die kollektiven Bedürfnisse, die zu übernehmen und zu befriedigen das Wirtschaftshandeln nicht in der Lage war, wurden nicht etwa von der Gesellschaft selbst übernommen, sondern – nach festgelegten Verwaltungsprozeduren – von den staatlichen Bürokratien. So hat der Staat, weit entfernt davon, die Wirtschaft seinen Zwecken zu unterwerfen, nur Lückenbüßerfunktion für das Versiegen sozialer und solidarischer Bindungen übernommen und eine wachsende Nachfrage nach Versorgungsleistungen entstehen lassen.

Darum ist es nur Ausdruck einer schwachsinnigen Ideologie, wenn man den Wohlfahrtsstaat im Namen des Wirtschaftsliberalismus an den Pranger stellt. Der Wohlfahrtsstaat hat keineswegs die Gesellschaft erstickt und die spontane Entfaltung der ökonomischen Rationalität gefesselt; er ist vielmehr aus ihrer Entfaltung selbst entstanden: als Ersatz für die gesellschaftlichen und familiären Solidarbeziehungen, die die Ausweitung der Warenbeziehungen zerstört hatte – und als notwendiger Rahmen, um die Marktwirtschaft daran zu hindern, im kollektiven Desaster zu enden.

Es ist jedoch wahr, daß der Wohlfahrtsstaat selbst niemals gesellschaftsschöpferisch war noch sein wird; aber der Markt ist dies ebensowenig und wird es ebenfalls niemals sein. Dies erklärt den schwachen Widerstand gegen die fortschreitende Demontage des Wohlfahrtsstaats: der »Sozialabbau« greift nämlich nicht die Gesellschaft selbst an und ändert die sozialen Beziehungen selbst nicht; er ist ein Angriff auf die Interessen von Individuen, die keine gelebte soziale Solidarität mehr vereint und die keine Konzeption davon, wie die Gesellschaft sein sollte, mehr verbindet.

Damit bleibt das Problem des Sozialismus zur Gänze gestellt – jedenfalls dann, wenn man unter ›Sozialismus‹ die Unterordnung der ökonomischen Rationalität unter *gesellschaftliche Ziele* versteht: d. h. unter Ziele, die ein jeder nur mithilfe der anderen verfolgt und verfolgen kann, Ziele, die ihre gemeinsame Zugehörigkeit zu einem »Gemeinwesen« (Marx) begründen.[7] Das, was wir in unseren bisherigen Ausführungen dazu gesagt haben, dürfte hinreichend deutlich gemacht haben, daß diese Ziele – nachdem die Produktivkräfte einmal weit genug entwickelt und ausdifferenziert sind – keine ökonomischen Ziele sein können. Es können nur *politische* und *ethische* Ziele sein: Sie begrenzen den Raum, den das ökonomisch zweckgerichtete Handeln im Leben der *pólis* – des Gemeinwesens – einnehmen darf; und sie erweitern beständig die Orte des »öffentlichen Raums«, wo sich die individuellen oder kollektiven autonomen Tätigkeiten entfalten können.

Dennoch bleibt noch die Frage offen, welche Tätigkeiten einer ökonomischen Rationalität folgen können, ohne ihren ureigenen Sinn zu verlieren, und für welche Tätigkeiten die ökonomische Rationalisierung eine Pervertierung oder Zerstörung des Sinns bedeuten würde, den sie in sich tragen. Diese Frage will ich nun versuchen aufzuklären.

3. GRENZEN DER ÖKONOMISCHEN RATIONALITÄT
FRAGEN NACH DEM SINN (III)

Das Problem ist nicht neu. Schon Marx hat den Ausdruck »Arbeit« in undifferenzierter Weise verwandt und die Arbeit des Industriearbeiters auf dieselbe Ebene gestellt wie die des Musikers oder Wissenschaftlers. Danach war es ihm natürlich ein Leichtes, zu behaupten, die Arbeit würde zum »ersten Lebensbedürfnis«, sobald sie aufgehört habe, eine Notwendigkeit zu sein.

Um zu beweisen, daß die »Arbeitsgesellschaft« noch nicht am Ende und die Arbeit weiterhin das Zentrum unseres Lebens sei, gehen ihre heutigen Ideologen noch weiter in ihrer Begriffsvermengung: die Tätigkeiten des Technikers, des Polizisten, des Bastlers, des »Frische-Croissants-Frei-Haus«-Lieferanten, des Hausmädchens, der Mutter, des Schuhputzers, des Priesters, der Prostituierten (usw.) – all das gilt ihnen unterschiedslos als »Arbeit«, all das habe seinen sozialen Nutzen und all das verdiene daher auf die eine oder andere Weise eine Vergütung.

Der (übrigens äußerst interessante und dem verbreiteten Ökonomismus entgegengesetzte) Text einer finnischen Feministin ist in dieser Hinsicht recht aufschlußreich. Sie schreibt:

»Nach einer in Finnland durchgeführten Untersuchung verrichtet eine durchschnittliche Familie täglich 7,2 Stunden unbezahlter Arbeit oder 50,4 Stunden wöchentlich. Davon verrichten die Frauen täglich fünf Stunden und die Männer weniger als zwei; die Mädchen 1,2 Stunden und die Jungen 0,7.

Der *Geld*wert der unbezahlten Arbeit entspricht 42% des Bruttosozialprodukts (und 160% des Staatsbudgets). Er wurde auf der Grundlage der Löhne der städtischen Hausgehilf(inn)en für Behinderte, Kranke usw. errechnet ... Die Wirtschaftswissenschaftler haben dieser unsichtbaren Ökonomie für gewöhnlich kaum Aufmerksamkeit zugewandt und sehen sie als bloß *sekundäre Ökonomie* an, die zur Unterstützung der *primären Ökonomie* diene: zur Reproduktion der Arbeitskraft und zum Konsum der im Produktionsbereich gefertigten Güter.«[1]

Und weil alles, was innerhalb des familiären Rahmens geschieht, letztlich für die Gesellschaft unabdingbar und von Nutzen ist, was kann es da Legitimeres geben als die Forderung nach einem »angemessenen Lohn« für »*alle* Arbeit«, die hauptsächlich von Frauen in der häuslichen Sphäre verrichtet wird?

Wo aber beginnt all diese Arbeit und wo hört sie auf? Ist die Hausarbeit (in der Terminologie der Autorin »domestic *labour*« statt »domestic *work*«, um damit zu unterstreichen, daß es sich um eine »Produktion« handelt) in demselben Sinne Arbeit wie die eines Arbeiters? Wenn die Leute sieben oder acht Stunden außer Haus gearbeitet haben, »arbeiten sie« danach noch weitere fünf Stunden zu Hause? Das jedenfalls unterstellt H. Pietilä, wenn sie schreibt: »Der *Geld*wert der unbezahlten Arbeit entspricht 42% des Bruttosozialprodukts ... Er wäre weitaus höher, wenn er zu dem Preis bewertet würde, den die entsprechenden Güter und Dienstleistungen auf dem Markt kosten.« Es wäre also, mit anderen Worten, ein Gebot der Fairneß und der ökonomischen Logik, alles, was die Leute tun, nach ihrem effektiven *Marktwert* zu bewerten: die Nacht, die die Mutter am Krankenbett ihres Kindes verbringt zum Tarif einer Nachtschwester; den Geburtstagskuchen der Großmutter zum Preis, den er beim Konditor kosten würde; die sexuellen Beziehungen zum Preis, den jeder der beiden Partner im Eros-Center berappen müßte; die Mutterschaft zum Tarif von Leihmutterschaften (usw. usf.).

Und warum sollte man nicht zugeben, daß all diese unbezahlten »Arbeiten« es sehr wohl verdienten, in bezahlte und spezialisierte Beschäftigungen verwandelt zu werden? Welche Probleme ließen sich nicht alle dadurch lösen! Und wäre es nicht durch den sozialen Nutzen dieser »Arbeiten« gerechtfertigt? Also setzt sich die Idee eines »Mutterschaftslohns« und eines »Lohns für Hausarbeit« allmählich durch (ich komme darauf noch zurück), denn die Gesellschaft könnte ja ohne Kinder und Haushalte gar nicht existieren. Sie könnte nicht existieren, wenn die Leute aufhörten, sich zu waschen, zu kleiden, sich angemessen zu ernähren (usw.). Bedeutet dies nun, die Leute nützten in der Zeit, in der sie all dies tun, der Gesellschaft? Habe ich das Recht auf eine Vergütung, wenn ich mir dreimal täglich die Zähne putze und damit der Sozialversicherung Kosten spare? Kann man, soll man die »Arbeit« an der Kinder-»Produktion«, bei der Körperpflege und der Pflege von Lebensqualität nach einem demographischen, ökonomischen und sozialen Optimum steuern, durch Geld oder auf administrativem Wege? Gehört unsere Sexualität deshalb zur Arbeit, weil der Orgasmus etwa die berufliche Kreativität stimuliert? Gehört auch sportliche Betätigung zu unserer Arbeit, weil sie uns zu aggressivem Leistungsethos ertüchtigt? Und wenn nicht, warum?

Vielleicht deshalb, weil es Dinge gibt, die man nicht zum Austausch gegen andere Dinge herstellt? Tätigkeiten ohne Preis und ohne Tauschwert? Arbeiten ohne jeden »Nutzen«, die mit der Befriedigung zusammenfallen, die man bei ihrer Verrichtung empfindet – auch wenn sie Anstrengungen und Mühe erfordern? Wenn es aber solche Tätigkeiten gibt, wer sagt uns, worin sie bestehen können?

Gewiß weder die Ökonomen noch die Soziologen. Denn sie gehen vom Funktionieren des Gesellschaftssystems aus und können daher nur die Funktionalität der individuellen Tätigkeiten erfassen, nicht den Sinn, den diese für die Individuen als Subjekte haben. Damit aber stellen sie unweigerlich – und darin gerade besteht das Spezifikum instrumentellen Denkens – *das System als Subjekt* hin und die lebendigen und denkenden Subjekte als die Instrumente, deren es sich bedient. Alles erscheint damit als nützlich für das System, denn dieses ist ja die Totalisierung all dessen, was sich innerhalb seiner abspielt. Daraus wird dann das objektivistische Denken den naiven Schluß ziehen, die Menschen (Männer, Frauen, Kinder) »arbeiteten« für das System, was auch immer sie tun, und bezögen ihre eigentliche Wirklichkeit aus dieser »Funktion«. Hier liegt eine der Wurzeln von Totalitarismus und Barbarei.

Wir müssen also zunächst einmal wieder erlernen, unsere eigene Existenz von uns selber ausgehend zu denken; neu erlernen, daß wir selbst das Subjekt sind; lernen, daß Ökonomie, Soziologie und Sozialisation Grenzen haben. Vor allem aber müssen wir wieder *den Begriff der Arbeit zu differenzieren* lernen, um dem Unsinn zu entgehen, der darin besteht, nunmehr auch Tätigkeiten ohne (ver)käuflichen Zweck zu bezahlen und damit der Leistungslogik auch Handlungen zu unterwerfen, die nur dann sinnvoll sind, wenn ihre Zeit nicht gemessen wird.

Es reicht also nicht, wie wir dies oben versucht haben, die Kriterien der ökonomischen Rationalität zu definieren. Wir müssen vielmehr auch die *Grenzen* definieren, innerhalb derer sie überhaupt sinnvoll anwendbar ist. Und zu diesem Zweck müssen wir die verschiedenen Typen von Tätigkeiten untersuchen: auf den Sinn der Verhältnisse, die sie zwischen Menschen herstellen, und auf die Vereinbarkeit dieser Verhältnisse mit der ökonomischen Rationalisierung.

Die ökonomisch rationale Arbeit

Wir haben oben die Arbeit im modernen ökonomischen Sinne definiert als eine Tätigkeit, die *zum Zwecke ihres warenförmigen Austausches* verrichtet wird und damit notwendigerweise einem *rechnerischen Kalkül* unterliegt.[2] Der Arbeiter arbeitet, um »seinen Lebensunterhalt zu verdienen«, d. h. um im Austausch für eine Arbeit, *deren Ergebnisse für ihn selbst keinen direkten Nutzen haben*, das Geld zu erhalten, von dem er sich all das kaufen kann, dessen er bedarf und das von anderen hergestellt worden ist. Diese von ihm verkaufte Arbeit muß *so effizient wie möglich* ausgeführt werden, um gegen gleich große – oder, wenn möglich, größere – Mengen verkörperter Arbeit in Gestalt von Gütern und Dienstleistungen ausgetauscht werden zu können, die ihrerseits ebenfalls so effizient wie möglich produziert worden sind.

Dieses primäre Ziel der Arbeit schließt keinesfalls aus, daß der Arbeiter an ihr *auch* Interesse und Freude finden und aus ihr persönliche Befriedigung ziehen könnte. Aber dies sind hier zweitrangige Ziele. Die zum Zwecke ihres Austausches auf dem Markt verrichtete Arbeit kann – so interessant sie auch sein mag – nicht mit der Tätigkeit des Malers, des Schriftstellers, des Missionars, des Forschers, des Revolutionärs (usw.) auf eine Stufe gestellt werden, von Menschen also, die ein Leben in Mittellosigkeit akzeptieren, *weil für sie ihre Tätigkeit und nicht deren Tauschwert das primäre Ziel darstellt.*

Das Verfolgen ökonomischer Effizienz setzt voraus, daß die Arbeits*leistung* (d. h. die Arbeitsmenge pro Produkteinheit) gemessen werden kann. Nur dieses quantitative Maß erlaubt es, die Leistungsfähigkeit zu vergleichen, effizienzsteigernde Methoden zu definieren und effizienzsteigernde Techniken zu suchen, d. h. *die Arbeit zu sparen, Zeit einzusparen.* All das liegt für die klassische Industriearbeit auf der Hand. Dadurch aber, daß diese *Lohn*arbeit ist, wird ihre maximale ökonomische Effizienz allerdings nicht vom einzelnen Arbeiter in seinem Eigeninteresse angestrebt, sondern vom Arbeitgeber in dessen Eigeninteresse und im Interesse des Unternehmens – mit allen Schwierigkeiten, die daraus erwachsen, die Arbeiter zu höheren Leistungen zu motivieren.[3]

Die maximale ökonomische Effizienz der Arbeit liegt nur dann im Eigeninteresse des Arbeiters, wenn dieser auf eigene Rechnung arbeitet, z. B. als Handwerker oder Dienstleister. Seine Arbeit wird nur dann ökonomisch rationell sein, *wenn seine Dienstleistungen an Quantität und Qualität die übertreffen, die die Leute mit derselben Arbeitsmenge selbst verrichten könnten.* Dann nämlich kann er sich so bezahlen lassen, als ob ihn seine Arbeit mehr Zeit gekostet hätte, als er tatsächlich verbrauchte und seine Kunden werden trotzdem noch bei diesem Tausch gewinnen. Das ist beispielsweise bei Friseuren oder Installateuren der Fall, die zu den Leuten nach Hause kommen.

Sie tun etwas, was ihre Kunden nicht selbst hätten leisten können: Durch sie kann der Kunde Zeit gewinnen und seine Lebensqualität verbessern. Ohne irgendein Kapital zu verwerten, erhöhen diese Handwerker somit den gesellschaftlichen Reichtum, indem sie Quantität und Qualität des zirkulierenden *know how* erhöhen. Dies wäre unmöglich ohne die Existenz eines *Marktes*, der es erlaubt, eine spezialisierte Arbeit, die für den, der sie verrichtet, ohne Gebrauchswert ist, gegen jenes »allgemeine Äquivalent« für die von der Arbeit der gesamten Gesellschaft produzierten Reichtümer auszutauschen: *das Geld*.

Diese Feststellungen treffen natürlich *a fortiori* auf Tätigkeiten zu, die ein professionelles *know how* mit leistungsfähigen Gerätschaften verbinden, die nicht jedem x-Beliebigen zugänglich sind: d.h. mit einem Kapital. Das ist u.a. der Fall bei Großwäschereien und chemischen Reinigungen, bei Reparaturbetrieben, bei Speisehäusern oder Kantinen (usw.), ebenso wie bei der mechanisierten oder automatisierten materiellen Produktion.

Ich fasse zusammen: Die ökonomische Rationalität scheint damit auf Tätigkeiten anwendbar zu sein, die
a) einen Gebrauchswert schaffen;
b) dies zum Zwecke des Erwerbs tun;
c) in der öffentlichen Sphäre verrichtet werden; sowie
d) zeitlich und im Hinblick auf größtmögliche Leistung gemessen werden können.

*

Im Gegensatz zu einer weitverbreiteten Auffassung *reicht also der Umstand, daß eine Tätigkeit zu Erwerbszwecken (d.h. für Bezahlung) ausgeübt wird, nicht aus, um diese bereits als Arbeit im ökonomischen Sinne ansehen zu können.* Dieser Umstand ist, um die ökonomische Sphäre eingrenzen zu können, von wesentlicher Bedeutung. Um dies zu verdeutlichen, will ich nun verschiedene Tätigkeitstypen untersuchen, die sich durch das Fehlen des einen oder anderen der oben aufgeführten Parameter auszeichnen. Ich unterteile diese Tätigkeiten in zwei große Gruppen:

A. Die für Bezahlung ausgeübten oder *Erwerbstätigkeiten*
B. Die *Tätigkeiten ohne Erwerbszweck*, bei denen eine Bezahlung nicht als primäres Ziel erwogen werden kann

A. DIE ERWERBSTÄTIGKEITEN

1. Arbeit im ökonomischen Sinne als Emanzipation
[a) + b) + c) + d)]*

Ich will hier auf die Definition der im ökonomischen Sinne rationalen Arbeit nicht zurückkommen, sondern mich darauf beschränken, die oftmals kaum bemerkte Wichtigkeit der Parameter b) (Erwerbszweck) und c) (in der öffentlichen Sphäre) hervorzuheben. Die Tatsache, daß eine Tätigkeit *in der Öffentlichkeit* zu Erwerbszwecken ausgeübt wird, signalisiert gleichzeitig, daß es sich um eine gesellschaftlich nützliche, einen Gebrauchswert schaffende und *als solche anerkannte* Tätigkeit handelt. Mit anderen Worten gehört diese Tätigkeit zu einem »Beruf«: sie hat einen öffentlichen Preis und Sozialstatus, ich kann sie mir von einer beliebigen Anzahl von Kunden oder Arbeitgebern bezahlen lassen, ohne mit diesen eine *persönliche* oder *private* Beziehung pflegen zu müssen. Auch diese verlangen von mir übrigens nicht, für sie als Privatperson zu arbeiten (wie man dies z. B. von einem Dienstboten verlangt), sondern eine bestimmte Arbeit zu festgelegten Preisen und Bedingungen zu verrichten.

Der Arbeitsvertrag qualifiziert meine Arbeit also als *Arbeit im allgemeinen*, die sich (und mich) in das System des ökonomischen und sozialen Austausches integriert. Sie qualifiziert mich als gesellschaftliches Individuum *im allgemeinen*, das zum allgemeinen sozialen Nutzen beiträgt, ebenso fähig und mit

* Die Buchstaben beziehen sich auf die auf S. 197 definierten Parameter.

denselben Rechten ausgestattet wie alle anderen, d. h. als *citoyen*. Die in der öffentlichen Sphäre bezahlte Arbeit ist ein Faktor der sozialen Eingliederung.

Bereits an dieser Stelle ahnt man, daß nicht alle Arbeitsleistungen dieselbe Würde und den gleichen Eingliederungseffekt haben. Die »Hausfrau«, die eine Anstellung in einer Schulküche antritt, oder die Bauerntochter, die in einer Konservenfabrik arbeiten geht, tauschen nicht einfach eine unbezahlte Arbeit gegen dieselbe, nur jetzt bezahlte Arbeit ein. Sie erreichen einen neuen Sozialstatus. Vorher »arbeiteten« sie in der Privatsphäre, ihre Arbeit war aufgrund einer persönlichen, *privaten* Beziehung für konkrete Personen bestimmt. Ihre Arbeit hatte keinen *direkt wahrnehmbaren* gesellschaftlichen Nutzen. Das ungeschriebene Gesetz der Familie besagt, daß ihre Mitglieder einander im Interesse der unteilbaren Gemeinschaft gegenseitig verpflichtet sind, so daß es keinen Freiraum gibt, wo sie aufhörten, einander anzugehören. Es kommt daher überhaupt nicht infrage, die eigene Zeit aufzurechnen und zum Schluß zu kommen: »Jetzt habe ich meine Arbeit erledigt. Guten Abend.« Auch ein der »Hausfrau« überlassener »Lohn für Hausarbeit« würde in dieser Hinsicht nichts ändern.

Die Anstellung durch eine Kantine oder Fabrik bedeutet damit für diese Frauen, daß sie sich endlich von ihrem Eingesperrtsein in die Privatsphäre befreien und *Zugang zur öffentlichen Sphäre* finden können. Ihre Pflichten sind jetzt nicht mehr von einer vagen Liebespflicht und Familienzugehörigkeit, sondern durch Rechtsnormen geregelt. Diese verleihen ihnen eine juristische *Bürgerinnen*-Existenz und diese sozial bestimmte und kodifizierte Existenz hat als ihre Kehrseite eine von jeglichen sozialen Regeln und Verpflichtungen freie Privatsphäre, in der das Individuum souverän ist und einzig sich selbst gehört.

Die gesellschaftliche Kodifizierung, Reglementierung und Festlegung sind also weit entfernt davon, bloß negative Konsequenzen zu haben. Sie grenzen eine öffentliche und eine private Sphäre gegeneinander ab, verleihen dem Individuum eine öffentliche soziale Wirkung (was die Soziologen »Identität« nennen), *legen seine Verpflichtungen fest und halten es für quitt, sobald es diese Verpflichtungen erfüllt hat.* Ich bin mit meinem Chef oder meinem Kunden quitt, wenn ich meinen Arbeitstag beendet oder meinen Vertrag erfüllt habe; der Chef oder der Kunde sind mit mir quitt, sobald sie mich bezahlt haben. Die (Ver)kaufsbeziehungen in der öffentlichen Sphäre kennen keine privaten Verpflichtungen. Wenn private Bande bestehen, schließen sich die käuflichen Beziehungen aus.

Auf diesen Punkt werden wir noch unter verschiedenen Blickwinkeln zurückkommen müssen: Es kann zwischen Mitgliedern einer Familie oder Lebensgemeinschaft keine (Ver)kaufsbeziehungen geben – will man diese Gemeinschaft nicht auflösen; und es ist unmöglich, Zuneigung, Zärtlichkeit, Sympathie zu bezahlen oder sich dafür bezahlen zu lassen – will man sie nicht in bloße Scheinbilder verwandeln.

An dieser Stelle ist es mir der entscheidende Gesichtspunkt, daß die Existenz einer öffentlichen ökonomischen Sphäre es möglich gemacht hat, die persönlichen Beziehungen von ihr abzulösen: Der *oíkos*, d. h. die Sphäre des Privatlebens und der persönlichen Beziehungen, hat nur noch eine verschwindende ökonomische Bedeutung. *Das Recht darauf, mittels Arbeit Zugang zur öffentlichen ökonomischen Sphäre zu erhalten, ist untrennbar mit dem Bürgerrecht verbunden.*

2. Die Dienstbotenarbeit
[b) + c) + d)]*

Leistungen, die keinen zusätzlichen Gebrauchswert *schaffen* und gleichwohl zu Erwerbszwecken verrichtet werden, sind die Bediener-Tätigkeiten oder die Arbeit von Dienstboten. Dies trifft beispielsweise auf den Schuhputzer zu, der eine Dienstleistung verkauft, die seine Kunden ebenso und in weniger Zeit selbst hätten verrichten können als in der Zeit, die sie auf ihrem Thron gegenüber einem zu ihren Füßen zusammengekrümmten Menschen verbringen. Sie bezahlen ihn nicht für den Nut-

---
* Die Buchstaben beziehen sich auf die auf S. 197 definierten Parameter.

Die Erwerbstätigkeiten

zen seiner Arbeit, sondern für das Vergnügen, das sie dabei empfinden, sich bedienen zu lassen.

Dasselbe gilt offenkundig für den Arbeiter, der täglich die Wohnung von Leuten aufräumt, die ihn – direkt oder über die Vermittlung eines »Dienstleistungsunternehmens« – dafür bezahlen, obwohl ihnen weder Zeit noch die Kräfte fehlen, um ihre Hausarbeit selbst zu verrichten. Die Arbeit von Putzmännern/frauen setzt also auf gesamtgesellschaftlicher Ebene keine Zeit frei und verbessert nicht einmal das Ergebnis, das die Kunden durch eigene Hausarbeit hätten erreichen können. Die Dienstboten schaffen für ihre Kundschaft ganz einfach ein oder zwei Stunden zusätzliche Freizeit am Tag, indem sie ein oder zwei Stunden an deren Stelle arbeiten.

Diese Arbeit kann dann eine *indirekte* ökonomische Rationalität haben, wenn die Zeit, die die Dienstboten ihren Herren ersparen, von diesen für sehr viel nützlichere oder ertragreichere Tätigkeiten aufgewandt wird als die Tätigkeiten, derer die Bediener selbst fähig sind. *Doch dies wird niemals gänzlich der Fall sein.*

Denn einerseits hindert die Arbeit des Dienstboten diesen daran, selbst höhere Fähigkeiten unter Beweis zu stellen, zu erwerben oder zu entwickeln. Der niedrige Sozialstatus, in dem er gehalten wird, dient dazu, diesen Umstand zu verschleiern und den subalternen Charakter seiner Arbeit seiner angeborenen Minderwertigkeit zuzuschreiben. Das war noch ein Leichtes zu einer Zeit, als man die Dienstboten aus den unterdrückten Klassen oder Völkern rekrutierte; es wird schwieriger, wenn diese Abitur oder Hochschulabschlüsse haben.

Andererseits dienen die Dienstboten ihren Herrschaften oder Kunden niemals nur in der öffentlichen Sphäre (wie dies etwa der Chauffeur eines Staatsoberhaupts tut), sondern auch in seinem Privatleben und zu seiner privaten Annehmlichkeit. Sie werden wenigstens teilweise dafür bezahlt, einer speziellen Person gefällig zu sein und nicht ausschließlich wegen ihres ökonomischen Nutzens.

Ihre Arbeit spielt sich, anders gesagt, *nicht zur Gänze inner-*

halb der öffentlichen Sphäre ab: Sie besteht nicht nur darin, eine vertraglich vereinbarte Arbeitsmenge zum vertraglich vereinbarten Preis zu leisten, sondern auch darin, persönlich zu gefallen, die eigene Person einzubringen. Dieses untertänige Verhältnis bleibt verschleiert, wenn die Arbeit (wie im Fall des Schuhputzers oder der Bediener in Vergnügungslokalen) in der Öffentlichkeit verrichtet wird. Es wird aber offenkundig, wenn der Bediener nach dem Gefallen bezahlt wird, den er seinem Herrn privat leistet. Wir kommen darauf bei der Behandlung der Prostitution zurück.

3. Funktionen, Pflege- und Hilfstätigkeiten
[a) + b) + c)]*

In dieser Rubrik fasse ich die Tätigkeiten zusammen, die Gebrauchswert schaffen, die zu Erwerbszwecken (also gegen Bezahlung) und in der öffentlichen Sphäre verrichtet werden, bei denen jedoch eine Messung und daher eine Maximierung der Arbeitsleistung unmöglich ist.

Zunächst sind dies natürlich die Überwachungs-, Kontroll- und Wartungstätigkeiten, die wir im 7. Kapitel beschrieben haben. Sie ähneln, wie Oskar Negt zutreffend bemerkte, der »Arbeit« des Schutzmanns, des Feuerwehrmanns, des Steuerbeamten, des Beamten im Betrugs-Dezernat usw.: Die beschäftigten Personen sind *im Dienst*, ohne im direkten Sinne *zu arbeiten*; ihre Aufgabe besteht darin, im Notfalle zu intervenieren, aber es ist besser, wenn sich dieser Notfall gar nicht erst einstellt, und so erfüllen sie ihre Funktion dann am besten, wenn sie nichts zu tun haben. Es handelt sich also nicht um Arbeiten, sondern um Funktionen, in denen die »Funktionäre« für die Zeit ihrer Anwesenheit bezahlt werden. Besser ein Übermaß an weitgehend unbeschäftigtem Personal als eine reduzierte Mannschaft, die im unvorhergesehenen Falle oder bei einem schweren Unfall mit ihrer Aufgabe nicht fertig würde. Nun kann man zweifellos das Argument anführen, daß gleichwohl der Umfang

---

* Die Buchstaben beziehen sich auf die auf S. 197 definierten Parameter.

dieser Belegschaft mittels eines Kalküls festgelegt wurde und diese damit einer ökonomischen Rationalität unterliegt. Aber das Argument ist für die Frage, die uns hier beschäftigt, belanglos: die Anwendbarkeit der ökonomischen Rationalität auf eine bestimmte *Tätigkeit* (eine bestimmte Arbeit). Man kann das Paradox der Funktionen folgendermaßen zusammenfassen: *Die ökonomische Rationalität auf der Ebene des Systems erfordert, daß die ökonomische Rationalisierung nicht auf die Tätigkeiten der Agenten angewandt wird.* Sie müssen unabhängig von ihrer Arbeitsleistung bezahlt werden.

Der Grund dafür liegt nicht einfach darin, daß die tatsächliche Arbeitsmenge nicht planbar ist und also nicht von den Agenten selbst abhängt: *diese dürfen gar kein Interesse daran haben, daß es für sie Arbeit zu tun gibt.* Der Feuerwehrmann darf nicht daran interessiert sein, daß Brände ausbrechen, noch der Polizist an Schlägereien, noch der Inspektor an Betrugsfällen, noch der Notarzt an dringenden Krankheitsfällen (usw.). Sie müssen unkorrumpierbar, uneigennützig, loyal und gerecht sein – nach der Art des in US-amerikanischen Filmen idealisierten Polizistenbildes – und »aus Pflicht« im Interesse des Systems oder der Bevölkerung handeln, nicht ihres Standes oder ihrer Person.

Dieselben Bemerkungen lassen sich *mutatis mutandis* auf alle Tätigkeiten anwenden, die Hilfsbedürftigkeit, Pflege- und Unterstützungsbedarf befriedigen. Die Effektivität dieser Tätigkeit kann nicht quantitativ gemessen werden. Nicht allein deshalb, weil Charakter und Ausmaß des Hilfebedarfs nicht von den Pflegedienst und Unterstützung Leistenden abhängt, sondern weil die Ursachen für diesen Hilfebedarf nicht planbar sind. Man kann die Leistung eines Arztes nicht nach der Anzahl seiner täglichen Patienten bemessen, noch die Leistung einer ambulanten Pflegeschwester nach der Anzahl der Behindertenhaushalte, die sie am Tage versorgt, noch die Effektivität einer Kindergärtnerin nach der Anzahl der Kinder, die sie zu beaufsichtigen hat usw. Die Effektivität des Pflegedienste Leistenden kann im umgekehrten Verhältnis zu seinen offenkundigen quantitativen Leistungen stehen.

Das liegt daran, daß seine Leistung *an sich*, also unabhängig von den Personen, deren Bedürfnisse sie befriedigt, gar nicht bestimmt werden kann. Es handelt sich nicht wie in der Produktionsarbeit darum, bestimmte festgelegte Verrichtungen zu vollbringen oder bestimmte Gegenstände herzustellen, die von der Person des Produzenten ablösbar sind, sondern die zu vollbringenden Handlungen oder Gegenstände nach den Bedürfnissen des anderen zu definieren. Anders gesagt: die Anpassung des Angebots an die Nachfrage entspringt hier aus einem direkten interpersonalen Verhältnis und nicht aus der Durchführung festgelegter und quantifizierbarer Akte.

Die perversen Auswirkungen, die die Quantifizierung von Heil- und Pflegetätigkeiten nach sich zieht, sind vor allem im Fall der Medizin offenkundig: Die »Bezahlung nach Einzelleistung«, die für den praktizierenden Arzt eine Leistungsbezahlung einführt, errichtet zwischen dem Patienten und ihm selbst eine doppelte Barriere:

1. Um quantifizierbar zu sein, müssen die Einzelverrichtungen einer Standarddefinition entsprechen. Diese Vorabdefinition (die »Nomenklatur« der Krankenversicherungen) setzt eine Standarddefinition der Bedürfnisse und also eine Standardisierung der Patienten voraus. Diese müssen den vorgesehenen »Fällen« entsprechen und in ein Klassifikationsraster passen. Die erste Aufgabe des praktizierenden Arztes ist damit die Klassifikation des Patienten: Nach »Einzelgespräch« und Einzeluntersuchung wird er den Röntgen- und Laboruntersuchungen überlassen, persönlicher Rat und Erläuterungen weichen dem Rezept. Die Beziehung Arzt-Patient wird zu einer technischen Beziehung. Medikation und Arzneimittelkonsum steigen und gleichzeitig die Frustration der Patienten.

2. Die Bezahlung nach Einzelleistung ist ein Anreiz zur Leistungserhöhung. Der geringste Verdacht jedoch, der Heil- und Pflegedienst Leistende könnte als vorrangiges Ziel die Erhö-

hung seines Verdienstes haben, unterminiert die therapeutische (oder pädagogische oder Hilfe leistende) Beziehung und läßt die Qualität der angebotenen Hilfe zweifelhaft werden. Denn diese muß *im Interesse des Patienten und nicht in dem des Arztes liegen*. Darin liegt das Wesen der therapeutischen (oder pädagogischen oder hilfsleistenden) Beziehung und die Bedingung ihrer Wirksamkeit. Derjenige, der Pflegedienste leistet, darf kein Interesse daran haben, daß die Leute auf Pflege angewiesen sind. Das Geld, das er verdient, muß für ihn *Mittel* dafür sein, seinen Beruf ausüben zu können, nicht Zweck. Er muß in gewisser Weise seinen Lebensunterhalt obendrein verdienen.

Dasselbe gilt für alle anderen Heil-, Pflege-, Hilfs-, Unterrichtsberufe (usw.). Diese Berufe werden nur dann gut ausgeübt, wenn sie einer »Berufung« entsprechen, d. h. dem *unbedingten* Willen, anderen Menschen zu helfen. Die Bezahlung dieser Hilfe kann daher für den Therapeuten gar nicht die entscheidende Motivation sein; sie steht im Wettbewerb mit der im eigentlichen Sinne beruflichen Motivation, die gegebenenfalls die Überhand gewinnen kann oder sollte. In den fraglichen Berufen ist die therapeutische (oder pädagogische oder Hilfe leistende usw.) Beziehung *abgelöst von der (Ver)kaufsbeziehung und steht für sich*: »Ich bin da, um Ihnen zu helfen. Natürlich will ich auch meinen Lebensunterhalt verdienen. Doch das Geld macht es mir möglich, meinen Beruf auszuüben, nicht umgekehrt. Zwischen dem, was ich tue, und dem was ich verdiene, gibt es kein gemeinsames Maß.«[4]

Der Patient (oder der Schüler usw.) erkennt diese Inkommensurabilität dadurch an, daß er sich auch dann nicht mit ihm quitt fühlt, wenn er ihn bezahlt hat. Er hat vom Therapeuten (oder Lehrer usw.) mehr und etwas anderes erhalten als das, was er mit Geld kaufen kann: Die Hilfeleistung hat, selbst wenn sie gut bezahlt wird, *auch* den Charakter einer *Hingabe*, genauer gesagt: eines *Sich-selbst-Gebens* seitens des Therapeuten (oder Lehrers usw.). Dieser hat sich in seine Hilfeleistung in einer Art und Weise eingebracht, die weder durch bloßen Willen *hervorgebracht*, noch gekauft, gelernt, kodifiziert werden kann. Er hat sich für die Person des anderen interessiert und nicht einfach für ihr Geld; er hat mit dem anderen eine Beziehung hergestellt, die nicht in ein festgelegtes technisches Verfahren oder ein Computerprogramm übersetzt werden kann. Diese Beziehung könnte sogar die Grenzen der öffentlichen Sphäre in Richtung auf die Privatsphäre überschreiten, d. h. hin zu Beziehungen, die nicht mehr durch allgemeingültige soziale Konventionen, Regeln und Normen gesteuert werden, sondern durch ein schrittweise zwischen zwei Subjekten entstehendes und nur für sie geltendes persönliches Einverständnis.

Aus diesem Grunde – weil sie das *Sich-selbst-Geben* erfordern – können helfende und heilende Tätigkeiten gut nur von Personen ausgeführt werden, die sich diese als ihre »Berufung« selbst erwählt haben; am besten werden sie von Freiwilligen verrichtet. In einer Gesellschaft, in der Zeit und Kompetenzen ihre Knappheit verlieren, können diese Tätigkeiten darum eine ganz andere Entwicklung erfahren als in ihrer heutigen Konzeption. Diese gründet sich immer noch auf die Vorstellung, daß die ökonomisch zweckbestimmte Arbeit den Hauptteil des Lebens jedes einzelnen ausfüllen soll. Daher bilden dann die sogenannten »konvivialen« (oder mitmenschlichen) Tätigkeiten wie die Hilfe und Krankenbetreuung zu Hause (für Behinderte, alte oder kranke Menschen, für Mütter mit Kleinkindern usw.) einen gesonderten »Sektor«, in dem man sich anschickt, jugendliche Arbeitslose, solange sie auf bessere Chancen warten, als Teilzeitbeschäftigte mit reduzierten Löhnen einzuschleusen. So erblickt dann das, was ein Sozialminister bereits den »konvivialen Sektor« nennt, das Licht der Welt. Damit würde dann die von Max Weber denunzierte Unterteilung der Lebenssphären eine neue Trennlinie erhalten: auf der einen Seite die beruflichen Fachmenschen ohne Herz, auf der anderen Seite die Spezialisten einer Konvivialität ohne Geist. Die »Konvivialität«

(oder Mitmenschlichkeit) würde zu einem Beruf zweiter Klasse, und diejenigen mit »richtigen« Beschäftigungen wären mehr denn je davon dispensiert.

In einer Gesellschaft, in der Zeit und produzierbare Ressourcen aufhören, knappe Güter zu sein, könnte die umgekehrte Lösung angestrebt werden: Die konvivialen Aktivitäten könnten schrittweise *entprofessionalisiert* und mit der Verkürzung der Arbeitszeit als freiwillige Aufgaben im Rahmen von Netzwerken der gegenseitigen Hilfe übernommen werden. Diese freiwilligen Tätigkeiten würden dann zu *einem* der Pole eines multipolaren Lebens, neben der bezahlten Arbeit (20 bis 30 Stunden pro Woche) und neben anderen nicht ökonomischen Tätigkeiten: im Bereich von Kultur, Erziehung, Unterhaltung, Verschönerung und Pflege der Lebensumwelt usw.).

Die Gesamtheit der Tätigkeiten, die ein Sich-selbst-Geben erfordern, muß in Richtung der Entwicklung freiwilliger selbstorganisierter Dienste neu überdacht werden. Die Sackgassen des Wohlfahrtsstaates sind teilweise Folgen der absurden Konzeption, nach der die einen (im Ruhestand oder Vorruhestand) dafür bezahlt werden sollen, passiv zu bleiben; die anderen, um möglichst viel zu arbeiten; die dritten schließlich, um provisorisch und mangels besserer Beschäftigung das zu tun, was erstere nicht tun dürfen und letztere mangels Zeit nicht tun können. Verfolgt man diesen Weg weiter, so wird es im 21. Jahrhundert (gegen 2030) fast genausoviele »Ruheständler« geben wie »Aktive«. Sie werden ca. 30 Jahre Berufsarbeit hinter sich und zum Zeitpunkt ihrer Pensionierung noch etwa 20 bis 25 Jahre vor sich haben, in denen sie noch tätig bleiben können und in der Regel tätig bleiben wollen. Die gesamte gesellschaftliche Organisation der Tätigkeiten ohne ökonomischen Zweck (Hilfe, Pflege, kulturelle Animation, Entwicklungshilfe usw. usf.) muß auf der Basis dieser Gegebenheiten neu definiert werden – in Richtung auf eine *Synergie*, innerhalb eines auf zwei Pfeilern ruhenden Sozialsystems: der institutionalisierten und zentralisierten Dienste einerseits, der selbstorganisierten, kooperativen und freiwilligen Netze andererseits.[5]

Die Analyse von Tätigkeiten, die ein Sich-selbst-Geben ermöglichen, erlaubt uns jetzt, diejenigen zu untersuchen, in denen es gerade die Gabe von sich selbst ist, die zum Gegenstand einer (Ver)Kaufbeziehung wird. Ich gebe mich selbst oder gebe etwas meiner Selbst hin, um dafür bezahlt zu werden; ich münze diese Gabe meiner selbst in Geld um und verleugne sie damit gleichzeitig, ohne doch davon dispensiert zu werden. Diese (Ver)-Käufe, die mein *Sein* betreffen, ohne es doch herstellen zu können, sind Formen der Prostitution. Sie stellen eine Warenbeziehung zwischen Privatpersonen in ihrer Einzigartigkeit her und spielen sich in der *Privat*sphäre ab.

4. Die Prostitution
[a) + b) + d)]*

Der oder die Prostituierte verpflichtet sich, ein bestimmtes Vergnügen innerhalb einer bestimmten Zeit zu bereiten. Diese verkaufte Dienstleistung kann der Kunde so mühelos und mit derselben Qualität und Quantität nicht von unbezahlten Partnern erhalten. Es wird also ein Gebrauchswert geschaffen. Aber es gibt einen offenkundigen Widerspruch zwischen dem Verkauf dieser Dienstleistung und ihrer Natur.

In der (Ver)kaufsbeziehung einigen sich Käufer und Verkäufer für eine vertraglich begrenzte Zeit; sie sind nach der Bezahlung einander nichts mehr schuldig – »quitt«; das Angebot des Verkäufers bestimmt den Käufer als anonymes Individuum, mit jedem beliebigen anderen Individuum austauschbar: Die Zahlungsfähigkeit ist notwendige und hinreichende Bedingung, um bedient zu werden. In diesem Fall aber stellt sich alles so dar, als ob ein Käufer, dessen Zahlungsfähigkeit zur Begründung seines Rechts genügt, als Kunde von der Prostituierten einen Dienst verlangt (und erhält), den *er selbst definieren will*, aus dem einzigen Grund, daß er Lust darauf hat.

Der Verkauf findet sicher zu einem ausgehandelten Preis statt, aber dieser Preis gilt nur für den jeweiligen Kunden »per-

* Die Buchstaben beziehen sich auf die auf S. 197 definierten Parameter.

sönlich«, ebenso wie übrigens die Natur der Dienstleistung selbst. Die kommerzielle Transaktion findet also völlig innerhalb der privaten Sphäre statt und betrifft eine Dienstleistung, die einer privaten Nachfrage entspricht.

Wir treffen hier auf das pure Bedienungsverhältnis in seiner Reinheit: *Die »Arbeit« des einen IST das Vergnügen des anderen.* Sie hat keinen anderen Zweck als dieses Vergnügen. Das Vergnügen des Kunden besteht im Genuß einer an seiner privaten Person verrichteten Arbeit. Diese wird unmittelbar und direkt konsumiert, ohne Vermittlung irgendeines Produktes. Durch diese Unmittelbarkeit unterscheidet sich die als Vergnügen genossene Arbeit von der Arbeit etwa des Küchenmeisters, der seine Stammgäste mit seinen »himmlischen« Gerichten verwöhnt.

Aber das ist noch nicht alles. Dieses Vergnügen wird vom Kunden *grundlos* begehrt. Hier liegt ein erster Unterschied zwischen der »Arbeit« der Prostituierten und der Arbeit z. B. der Bewegungstherapeutin. Auch letztere stellt sich in den Dienst des physischen Wohlbefindens ihrer Kunden, aber diese müssen ihr Bedürfnis begründen; der Grund ist Gegenstand einer Diagnose, nach der der Therapeut kraft seines souveränen Urteils die Kuren und Heilmethoden anwendet, die zwar auf die Person bezogen sind, aber eine wohlbestimmte Technik nach festgelegten Verfahren anwenden.

Wenn der Bewegungstherapeut somit zwar im Dienste des körperlichen Wohlbefindens des Kunden steht, ist er doch nicht Instrument zu dessen Vergnügen. Er befindet sich im Gegenteil in der dominierenden Position: Er entscheidet über die Natur der Operationen, die er vollführt, und er bringt sich persönlich nur *innerhalb der Grenzen eines festgelegten Verfahrens ein, dessen Herr er von Anfang bis Ende bleibt.* Der technische Charakter des Verfahrens funktioniert gleichzeitig als unüberschreitbare Barriere: Sie verhindert, daß sich der Therapeut persönlich bis zur völligen Hingabe oder Intimität in die Therapie einbringt.

Bei der »Arbeit« der Prostituierten ist die Situation genau

umgekehrt: Ihr technisches *know how* muß in der vom Kunden (ohne Grund) gewünschten Weise zur Ausführung gebracht werden. Was der Kunde kaufen will, ist die völlige Einbeziehung der Prostituierten in die Akte, die er von ihr verlangt: Sie soll sich seinen Wünschen beugen *und sich dabei selbst einbringen*, nicht etwa in bloßer Routine. Sie soll ein Freiheits-Subjekt sein, aber von einer Freiheit, die nichts anderes kann, als sich zum willfährigen Instrument des Willens des anderen zu machen. Anders gesagt soll sie jenes widersprüchliche, unmögliche Phantasiewesen der »schönen Sklavin« sein (jene die der Prinz in *Tausendundeiner Nacht* als Geschenk erhält, nackt auf einem Schimmel sitzend); die Sklavin, die in all ihrer intelligenten Sinnlichkeit frei die Begierden ihres Herrn verwirklicht und *nur dazu frei ist*; die Sklavin, die in Wirklichkeit nur eine Person ist, die jenes Phantasiewesen spielt, das den Geist seines Herrn heimsucht.

»Bezahl mich, dann machst du mit mir, was du willst.« Mit diesem Satz ist alles gesagt: Die Prostituierte stellt sich als souveränes Subjekt dar, um ihre Bezahlung zu verlangen, und sobald diese Forderung erfüllt ist, läßt sie ihre Souveränität fahren, um sich in das Lustinstrument des zahlenden Kunden zu verwandeln. Sie stellt sich somit als freies Subjekt dar, das die Sklavin spielen wird. Ihre Leistung wird eine Simulation sein; und sie verbirgt dies nicht. Übrigens weiß auch der Kunde Bescheid. Er weiß, daß er wahre Gefühle, eine wahre Übereinstimmung nicht kaufen kann. Er kauft die Simulation. Und was er schließlich verlangt, ist, daß diese Simulation wahrer sein soll als die Wirklichkeit, daß sie ihn eine käufliche Beziehung erleben läßt, als sei sie eine wahrhafte Beziehung.

Der technische Charakter kommt also in diese käufliche Beziehung in anderer Gestalt und von anderer Seite hinein: durch die Beherrschung der Kunst des Scheins seitens der Prostituierten. Die Akte, die sie anbietet, sind abgelöst von ihrer intentionalen Bedeutung: Ihre Funktion besteht darin, die Illusion einer Intention oder eines Einbezogenseins zu vermitteln, das gar nicht existiert. Ihre Akte sind also nichts als *Gesten*. Und diese Gesten werden mit einem wohlbeherrschten *know how* ausgeführt. Die technischen Simulationsverfahren erlauben es somit der Prostituierten, sich in eine Beziehung, die totales Einbezogensein bedeutet, nicht einzubeziehen; *de facto* löst sie sich aus dieser Beziehung; sie hört in dem Moment auf, ihren Leib, ihre Gesten, ihre Worte zu bewohnen, wo sie sie anbietet. Sie bietet ihren Leib als Körper an, als sei er nicht sie selbst, wie ein Instrument, von dem sie selbst getrennt ist.

Sie überzeugt ihren Kunden, daß sie *sich selbst* verkauft und sie überzeugt sich selbst, daß *sie selbst nicht das ist, was sie verkauft*. In dem Satz »ich verkaufe mich«, stellt sich das verkaufende »ich« (*je*) als jemand anderer hin als das verkaufte (*moi*).[6]

Nun kann aber im Unterschied zu allen anderen Bedienern, die in ihrem Beruf beflissene Fürsorge, gute Laune, Aufrichtigkeit, Sympathie (usw.) simulieren, die Prostituierte ihre Leistung nicht auf jenes rituelle Schauspiel von Gesten reduzieren, welches etwa die zuvorkommenden Verkäuferinnen einer Boutique an den Tag legen. Sie bietet ja nicht nur Gesten und Worte an, die sie *hervorbringen* kann, sondern das, was sie ohne jede mögliche Simulation *ist*: ihren Leib, also das, wodurch das Subjekt sich selbst gegeben ist und was ohne jede Möglichkeit der Abtrennung den Grund und Boden all seines (Er)Lebens darstellt. Es ist unmöglich seinen Leib preiszugeben, ohne *sich selbst* preiszugeben, sich benutzen zu lassen, ohne erniedrigt zu werden.

Die »sexuelle Dienstleistung« könnte also nur dann eine warenförmige Dienstleistung wie andere werden, wenn sie in eine Reihe technisch standardisierter Akte überführt würde, die jeder beliebige nach festgelegtem Verfahren an jedem beliebigen anderen vollführen kann, ohne sich *sich selbst* leiblich hinzugeben. Dann erst könnte »der Sex« zu einer rationalisierten »Arbeit« werden, mittels derer man einen Orgasmus bei jemand anderem nach einer kodifizierten Technik herbeiführt, vergleichbar einem medizinischen »Akt«, ohne jedes (reale oder simulierte) Sich-selbst-Geben und ohne jede Intimität.

In genau diese Richtung ging kürzlich der Vorschlag einer fortgeschrittenen feministischen Autorin.[7] Nach ihrer Auffassung hätte die Immunschwäche AIDS den Vorteil, den Wert von Orgasmen hervorzuheben, die auf anderem Wege als per Koitus zustandekommen. Dies gäbe der Frau das Recht, den »koitalen Mann« zurückzuweisen und die sexuellen Beziehungen auf die um so viel rationelleren und hygienischeren Praktiken der Masturbation zu gründen, deren technische Finessen bis heute zu Unrecht vernachlässigt worden seien.

Die mechanische Masturbation an Kopulationsmaschinen erscheint als die logische Weiterentwicklung dieser Technisierung. Sie würde eine Rationalisierung des »Sex« durch die völlige Abschaffung der Intimsphäre ermöglichen. Die Individuen würden aufhören, einander anzugehören: Der maschinisierte Mann würde sich in der humanisierten Maschine widerspiegeln; der Orgasmus könnte in der öffentlichen Sphäre ebenso wie »hard core«-Pornographie und andere »live«-Spektakel gekauft und verkauft werden.[8]

Aus der bisherigen Analyse wurden zwei Themen deutlich:

1. Es gibt Akte, die ich weder nach Belieben noch auf Kommando *hervorbringen* kann und von denen ich mir nur das Scheinbild bezahlen lassen kann. Dies sind Beziehungsakte, in denen eine Person affektiv an den Gefühlen einer anderen Person teilhat und sie dergestalt als absolut einzigartiges Wesen existieren läßt: Verständnis, Sympathie, Zuneigung, Zärtlichkeit usw. Diese Beziehungen sind in ihrem Wesen privat und entziehen sich auch jeglicher Form von Leistungsmessung.

2. Es gibt eine unveräußerliche Dimension meiner Existenz, deren Genuß ich anderen nicht verkaufen kann, ohne *mich selbst* als Zugabe hinzuzugeben, und deren Verkauf die Gabe meiner selbst entwertet, ohne mich von ihr zu dispensieren. Hier liegt das Paradox der Prostitution, d.h. jeder Form von Verkauf oder Vermietung *meiner selbst*. Nun beschränkt sich die Prostitution natürlich nicht auf »sexuelle Dienstleistun-

gen«. Prostitution findet immer dann statt, wo ich irgend jemandem zur Verfügung nach seinem Belieben etwas von dem überlasse, was *ich selbst bin*, ohne es mit einem technischen *know how produzieren* zu können: z. B. Ruf und Talent eines käuflichen Schriftstellers, oder den Bauch einer Leihmutter.

Es lohnt sich, bei diesem letzteren Beispiel zu verweilen, um die Bedeutung eines öffentlichen »Mutterschaftsgelds« deutlich zu machen, das der Mutter *im Namen der sozialen oder ökonomischen Nützlichkeit* der »Mutterfunktion« zuerkannt wird.

5. Mutterschaft, Mutterfunktion, Leihmütter

Die soziale Funktion der Mutterschaft hat mit ihrem erlebten Sinn kein gemeinsames Maß. Für jede Frau ist die freiwillig akzeptierte oder gewählte Schwangerschaft eine völlig einzigartige Erfahrung der Lebendigkeit eines Lebens, das zu einem anderen Wesen zu werden verlangt und dennoch weiter zu ihr gehört. Wenn es einmal aus ihr geboren ist, wird dieses andere Leben noch von ihr verlangen, *sich selbst gegeben* zu werden. Denn das bedeutet es, ein Kind zu erziehen: einem Leben sich vom Leib der Mutter, an dem es zunächst noch intim Anteil hat, ablösen zu helfen – ihm zu helfen, Besitz von sich selbst zu ergreifen, ein autonomes Subjekt zu werden.

Ebensowenig wie das Leben des Kleinkindes ist damit die Beziehung der Mutter zu *ihrem* Kind eine soziale Beziehung. Mutter zu sein, das bedeutet nicht einfach *ein* Kind zu beschützen, zu pflegen und aufzuziehen, sondern dieses Kind, das mit keinem anderen austauschbar ist: nicht allein, weil es aus mir hervorgegangen ist, sondern weil seine Mutter zu sein in der absoluten Gewißheit erlebt wird, daß dieses Kind *für sich selbst* jenes unvergleichlich und unsagbar einzigartige Bezugszentrum ist, das man ein Subjekt nennt. Zu wollen, daß ein Subjekt zu sich selbst kommt, ihm das Recht zum Selbstsein bedingungslos zu geben, darin liegt das Wesen der Liebesbeziehung. Die Mutterliebe ist eine ihrer Formen.

Kritik der ökonomischen Vernunft

Aber es stimmt gleichzeitig, daß die Mutterschaft ebenso, vom Standpunkt des gesellschaftlichen Systems gesehen, eine »Funktion« darstellt, die die Frau unbedingt im Interesse des Fortbestehens der Gesellschaft erfüllen muß. Der Konflikt ist also radikal. Zu Anfang entzieht der Leib der Mutter das Kind dem Zugriff der Gesellschaft. Und in dem Maße, wie die Mutterliebe dem Kind selbst seine Existenz als absolut einzigartiges Subjekt *mit dem Recht auf seine Einzigartigkeit* enthüllt, ist es nicht mehr allein der Mutterleib, sondern die Beziehung von Mutter und Kind, die das Überleben der Gesellschaft gefährdet.[9]

Aus der Sicht des gesellschaftlichen Systems verfügt in der Tat die Mutter über eine gewaltige Macht, die der Gesellschaft das Recht auf ihre (zukünftigen) Bürger streitig macht. Die Gesellschaft setzt darum alles in Bewegung, um die Macht der Frau über ihr Kind einzuschränken und zu kontrollieren, aber auch, um sich die Frau selbst anzueignen und zu unterwerfen, indem sie sie ihrer Rechte über den eigenen Leib, über ihr Leben, über sich selbst beraubt. Hier liegt die tiefere Ursache für die Unterdrückung der Frau. Die »Vergesellschaftung der Mutterfunktion« könnte diesen radikalen Konflikt zwischen der Gesellschaft und der Frau erst dann lösen, wenn es ersterer ohne die Vermittlung des Leibs der letzteren gelingen würde, Kinder hervorzubringen; oder wenn die Frau darin einwilligte, daß ihre Zeugungsfunktion (der *genitrix*) von ihrer Person abgelöst wird und die Gesellschaft sich des weiblichen Bauchs zu ihren eigenen Zwecken bedient und die Frau für diesen Gebrauch bezahlt.[10]

Von der Beziehung der Frau zu ihrem Leib, zur Mutterschaft, zu ihrem Kind hängt es damit ab, ob eine monetäre und/oder administrative Steuerung der Zeugung möglich ist oder nicht: d. h. die Möglichkeit oder Unmöglichkeit einer kommerziellen und/oder sozialen und politischen Eugenik. Die Art und Weise, in der man eine Vergütung der Mutterfunktion begreift, läuft also auf eine grundlegende Wahl des Charakters unserer Zivilisation hinaus.

Die Erwerbstätigkeiten

Eine spezifische Vergütung für Mütter hat eine grundlegend verschiedene Bedeutung, je nachdem, ob sie im Interesse der Mutter oder im Interesse der Gesellschaft konzipiert wird:
- Im ersten Fall bekräftigt die Vergütung das souveräne Recht der Frau auf Mutterschaft und auf die Erziehung ihres Kindes in völliger Unabhängigkeit, ohne irgend jemandem darüber Rechenschaft ablegen zu müssen. Die Frage ist dann nicht mehr die Nützlichkeit der Mutter für die Gesellschaft, sondern der Nutzen der Gesellschaft für die Mutter und ihr Kind. Die Mutterschaft wird hier als eine selbständige Aufgabe begriffen, die zur Selbständigkeit des Kindes führen kann: die Mutter kann aus ihm ein souveränes Subjekt machen; seine Erziehung kann darin bestehen, es *sich selbst zu geben*.
- Im zweiten Fall wird der Frau die Vergütung aufgrund der gesellschaftlich nützlichen Funktion zugeschrieben, die sie dadurch vollbringt, *der Gesellschaft* die benötigten Kinder zu geben. Die Frau wird also für die Erfüllung ihrer Zeugungsfunktion bezahlt, geehrt und dekoriert; diese Funktion wird einer Arbeit angeglichen. (Sie wird auch als »heroische Mutter der Nation« ausgezeichnet, wenn alle ihre Kinder im Krieg gefallen sind.) Hier zählt nicht mehr ihre persönliche Verwirklichung noch die individuelle Entfaltung des Kindes, sondern der dem Vaterland geleistete Dienst der Mutterschaft.

Im zweiten Falle verliert die Frau also gleichzeitig ihr souveränes Recht über ihre Kinder und ihr Recht über sich selbst. Sie kann ihrer Mutterrechte entkleidet werden, wenn sie die ihr von der Gesellschaft vorgeschriebenen Verpflichtungen nicht erfüllt. Sie wird bis in ihr Innerstes vergesellschaftet und kolonisiert und bleibt als das übrig, was die patriarchalen Gesellschaften schon immer aus ihr machen wollten: ein demütiger Körper, dessen sich die Gesellschaften für ihre eigenen Zwecke bedienen.

Ein im Namen der »sozialen Nützlichkeit der Mutterfunktion« eingerichteter »Mutterschaftslohn« führt also gleichzeitig die Vorstellung ein, daß die Frau zum Äquivalent einer Leihmutter auf Kosten der Gesellschaft werden kann. Der Staat kann ihren Bauch mieten, um sich Kinder zu verschaffen. Und sobald einmal die soziale Nützlichkeit das wichtigste ist, kann die Vergesellschaftung der Reproduktionsfunktion sehr weit getrieben werden. Die Leihmutter vermietet sich nämlich, um ein Kind zu gebären, das genetisch nicht ihr Kind ist. Wenn man dieses Prinzip akzeptiert, so ist es keinesfalls skandalös, wenn sie denselben Dienst nicht für andere Privatpersonen, sondern für den Staat leistet; anders gesagt, daß die Zeugungsfunktion nach eugenischen Prinzipien spezialisiert und professionalisiert werden kann. Körperlich gut gebaute Frauen werden also dafür bezahlt werden, in ihrem Körper von Genbanken gelieferte Embryonen heranreifen zu lassen und Kinder zu gebären, die die für das System nützlichsten genetischen Dispositionen aufweisen.

Wir finden hier *Die beste der Welten* von Aldous Huxley wieder, aber auch die Praktiken des Dritten Reichs: die Mutterschaft wird (per Sterilisation) den Frauen untersagt, deren Nachkommenschaft den eugenischen Normen nicht entspricht; umgekehrt wird die Zeugung in »Lebensbornen« ermuntert, wo junge Frauen nordischen Typs sich von jungen SS-Männern schwängern lassen, um für Reich und Führer die künftigen rassischen Eliten zu produzieren. Die in diesen Zeugungszentren geborenen Kinder haben ihre Eltern niemals kennengelernt.

Man muß sich also entscheiden, im Namen welchen Prinzips man ein spezifisches Mutterschaftsgeld fordern will. Wenn dies im Namen der Emanzipation der Frau geschieht, kann man nicht *außerdem noch* den sozialen Nutzen der Mutterfunktion anführen (und umgekehrt). Die Argumentation mit dem sozialen Nutzen der Mutterschaft verleiht der Sache des Feminismus also kein solides Fundament, sondern schwächt sie nur unnötig. Das Recht der Frau, Mutter zu sein (oder nicht zu sein) bedarf nämlich keiner weiteren Legitimation: Es zieht seine

Legitimität aus den unveräußerlichen Rechten der Person, souverän über sich selbst zu verfügen. Ein spezifisches und ausreichendes Einkommen für die Mutter folgt aus denselben Prinzipien wie der *bedingungslose* soziale Schutz der Integrität der Personen, ihrer Gesundheit, ihrer Freiheit. Ihre ökonomische Rentabilität oder ihre soziale Nützlichkeit dürfen hier keine Rolle spielen.

Dasselbe gilt für die Schaffung von Kinderkrippen und Kindertagesstätten. Ihr ausreichender Grund liegt darin, daß sie für die Emanzipation der Frau notwendig sind: Sie machen ihre Entfaltung als Mutter mit ihrer Entfaltung als Bürgerin vereinbar (und umgekehrt). Sie bedürfen keiner ökonomischen Rechtfertigung.

B. DIE TÄTIGKEITEN OHNE ERWERBSZWECK

Die bisherigen Analysen betrafen ausschließlich Erwerbstätigkeiten, die zum Zwecke ihres warenförmigen Austausches verrichtet werden. Sie zeigten, daß nicht alle (ver)käuflichen Erwerbstätigkeiten im selben Sinne »Arbeit« sind und daher auch weder denselben Rationalitätskriterien entsprechen noch – *a fortiori* – zur ökonomischen Sphäre gerechnet werden können.

Die Arbeiterin arbeitet weder in demselben Sinne wie das Kindermädchen noch arbeiten die Krankenschwestern, die Prostituierte, der Feuerwehrmann (usw.) im selben Sinne wie die Arbeiterin. Es kann zwar keine Gesellschaft und kein Leben ohne »Arbeit« geben, aber nicht alle Gesellschaften und nicht jedes Leben sind Arbeitsgesellschaften und Arbeitsleben. Die Arbeit und die Arbeitsgesellschaft sind nicht deshalb in Krise, weil es nicht genügend *zu tun* gäbe, sondern weil *die Arbeit in einem sehr spezifischen Sinne* knapp geworden ist, und das, was zu tun ist, nur zu einem immer geringeren Teil noch zu dieser Arbeit gehört.

Die Krise der Arbeit und der Arbeitsgesellschaft wird weder durch die Zunahme der Arbeit von Schuhputzern überwunden werden können, wie dies George Gilder glaubte;[11] noch durch die wachsende Anzahl von Dienstboten, Hostessen und Windschutzscheiben-Putzern, wie dies Philippe Seguin behauptete;[12] noch durch die Zunahme der Anzahl von Hausfrauen/männern, Prostituierten, Tagesmüttern oder -vätern, Reiseführern und Disneylands. Nicht weil all diese Leute nicht »arbeiteten«; was sie tun, hat nicht denselben Sinn wie die Arbeit im ökonomischen Sinn, und es ist nicht ungefährlich, ihre Tätigkeit jener gleichzustellen.

Sicher hat »Arbeit« nicht immer den Sinn gehabt, den sie in den Arbeitsgesellschaften angenommen hat. Vor allem war sie nicht immer eine Tätigkeit, die zu Erwerbszwecken in der öffentlichen Sphäre verrichtet wurde. Sie war für die »Arbeiter« nicht immer Quelle der Bürgerschaft. Im Gegenteil galt sie im antiken Griechenland als unvereinbar mit der Bürgerschaft in der *pólis*, weil der Großteil der Produktion des Lebensnotwendigen innerhalb der häuslichen Privatsphäre (im *oíkos*) stattfand. Bis zur Entstehung des Kapitalismus gab es keine öffentliche ökonomische Sphäre im heutigen Sinne. Die Mitglieder der Hausgemeinschaft stellten ihre Nahrung selbst her, spannen ihre Fäden, webten ihr Tuch, nähten ihre Kleider, besorgten ihr Brennholz (usw.). Sie zählten ihre Zeit nicht, wußten übrigens gar nicht zu kalkulieren und lebten nach zwei Gewißheiten: »Das Nötige braucht seine Zeit« und »Genug ist genug«.

Ich nenne *Eigenarbeit* diese Produktion von Gebrauchswert, bei der wir gleichzeitig die Hersteller und die einzigen Nutznießer sind. Sie ist eine der beiden Hauptformen von Tätigkeit ohne Erwerbszweck. Ich will zunächst den ambivalenten Sinn analysieren, den sie bis heute behalten hat, bevor ich schließlich die Tätigkeiten ohne jede Notwendigkeit und ohne jede Nützlichkeit darstelle, die sich selbst ihr eigener Zweck sind: die *autonomen Tätigkeiten*.

1. Die Eigenarbeit

Von der Eigenarbeit sind heute in den Industriegesellschaften nur noch die Tätigkeiten des eigenen Unterhalts übriggeblie-

Die Eigenarbeit

ben: uns zu waschen, uns zu kleiden, Waschen und Spülen, den Haushalt zu führen, Besorgungen zu machen; die Kinder zu waschen, zu füttern und ins Bett zu bringen (usw.). Die Eigenarbeit wurde reduziert auf bloße »lästige Stubenarbeiten« (auf den *pónos*), d. h. auf Tätigkeiten, die nicht nur ohne Erwerbszweck sind, sondern letzteren mangels Tauschwerts auch gar nicht haben können. Denn ihr Resultat ist flüchtig und wird, sobald erbracht, schon wieder konsumiert; es kann nicht aufbewahrt werden; täglich muß man von neuem anfangen; *es ist für keine andere Person von Nutzen*. Die gesamte häusliche Produktion hingegen, die »poïetische« Eigenarbeit, wurde aus der Privatsphäre in die öffentliche ökonomische Sphäre der Industrie und des Warenverkehrs hinausverlagert. Und die Frage, die sich uns heute stellt, ist, ob diese Hinausverlagerung bis zur völligen Beseitigung der Eigenarbeit weitergehen kann und soll.

Ich werde diese Frage unter verschiedenen Blickwinkeln untersuchen. Zuerst gehe ich vom Haushalt als unteilbarer Einheit aus, um dann auf die Beziehungen zwischen den Personen einzugehen, aus denen er sich gegebenenfalls zusammensetzt.

Für die herrschende ökonomische Lehre ist die Tendenz, die Eigenarbeit zur industrialisierten Produktion und auf äußere Dienstleistungen zu transferieren, noch längst in ihrer Dynamik nicht erschöpft. Die per *Btx* (Bildschirmtext) bestellte Lieferung von Waren an die Haustür könnte doch die Einkaufsgänge ersetzen; die Lieferung von warmen Mahlzeiten ins Haus könnte uns von der lästigen Pflicht des Kochens befreien. Den Hausputz könnten dann professionelle Reinigungsmannschaften erledigen, die von Haus zu Haus gehen, wenn die Bewohner auf Arbeit sind – jedenfalls solange, wie nicht programmierbare Haushaltsroboter diese Aufgabe übernehmen. Die Kinder könnten von ihren ersten Tagen an von professionellen Pflegern oder Pflegerinnen in auch nachts funktionierende Kinderkrippen übernommen werden. Hygiene und Körperpflege könnten von in jedem Wohnblock verfügbaren professionellen Service-Centern durchgeführt werden (vergleichbar den Fitness-Centern, Massage- und Schönheitspflegesalons): jede(r) überließe ihnen morgens oder abends oder zweimal am Tag seinen Körper. Und so weiter. Es gibt hier nach den herrschenden Ökonomen beträchtliche »Arbeitsplätze-Vorkommen«.[13]

Das Unbehagen, das diese Art von Zukunftsprojektionen bei uns hinterläßt, kommt aus der Verwirrung, die in bezug auf das angestrebte Ziel herrscht. Denn dieses Ziel ist ja nicht mehr dasselbe wie zu den heroischen Zeiten der kapitalistischen oder sozialistischen Industrialisierung. Damals galt es, die Zeit zu reduzieren, die Männer und Frauen ihren häuslichen Aufgaben widmen mußten, um diese Zeit mit sehr viel höherer Produktivität in der Industrie und den Gemeinschaftsarbeiten einzusetzen. So war in den israelischen Kibbuzim oder den chinesischen Volkskommunen die Gesamtheit der Haushaltsaufgaben vergesellschaftet: Gemeinschaftsküche; gemeinsame Mahlzeit im Speiseraum; von Reinigungskolonnen, die von Zimmer zu Zimmer gingen, erledigter Hausputz; Kinderbetreuung für Tag und Nacht im »Kinderhaus« (außer abends, wenn die Kinder ein oder zwei Stunden mit ihren Eltern verbringen konnten); von der Gemeinschaftswäscherei gewaschene und neubezogene Wäsche usw. Insgesamt ging es darum, daß die Leute »weniger« zu Hause und für sich und mehr für die Gemeinschaft (oder, in kapitalistischen Gesellschaften, für die Unternehmer) arbeiteten. Die Vergesellschaftung und die Industrialisierung (der Brotherstellung, der Produktion von Stoffen und Kleidern, der Wäsche, der Kinderbetreuung usw.) sollten *auf gesamtgesellschaftlicher Ebene* Zeit einsparen und die Wiederbeschäftigung dieser Zeit in der ökonomischen Sphäre ermöglichen.

Unter den heutigen Bedingungen verfolgt aber die Hinausverlagerung häuslicher Aufgaben den umgekehrten Zweck. Handelt es sich doch nicht mehr darum, die Haushaltsaufgaben zu sozialisieren, damit sie *auf gesamtgesellschaftlicher Ebene* weniger Zeit verbrauchen; es handelt sich im Gegenteil darum, daß diese Aufgaben *soviel Menschen wie möglich beschäftigen*

Die Eigenarbeit

und soviel Zeit wie möglich verbrauchen sollen, jedoch in Gestalt käuflicher Dienstleistungen. Denn nicht mehr die Arbeitskraft ist zu einem knappen Gut geworden, sondern die bezahlte Arbeit. Es handelt sich also darum, von nun an auf die häuslichen Aufgaben selbst mehr Stunden bezahlter Arbeit zu verwenden, als sie an Stunden von Eigenarbeit benötigen würden, wenn ein jeder sie selbst verrichtete. »Arbeit zu geben«, »Arbeitsplätze zu schaffen«, das ist das Ziel der neuen tertiären Anti-Ökonomie.

Die Armeen aus Haushaltsgehilfen, Dienstboten, Köchen und Küchenhilfen, Botengängern, Einkaufshilfen, die für uns den Hausputz, das Kochen, die Besorgungen erledigen sollen und uns heiße Mahlzeiten ins Haus bringen, brauchen nicht weniger Zeit (wenn man die Arbeitszeit mitberücksichtigt, die in die von ihnen benutzten Geräte und Installationen eingegangen ist), als wir selbst dafür aufgewandt hätten, um eben das zu tun, was sie für uns erledigen. Die Zeit, die sie für uns gewinnen, ist keine produktive Zeit, sondern reine Konsumzeit, Zeit der Annehmlichkeit. Sie stehen nicht im Dienst von Gemeinschaftsinteressen, sondern in unserem persönlichen Dienst, zu unserer privaten Bequemlichkeit. Ihre Arbeit ist unser Vergnügen, unser Vergnügen »gibt ihnen Arbeit«, die wir direkt konsumieren; und das ist (wie wir am Beispiel der Prostitution gesehen haben) das Charakteristikum der Bediener-Arbeit.

Philippe Seguin hat das offen eingestanden, als er sagte: »Die Qualität von Dienstleistungen ist heute mehr gefragt als ihre bloße Produktivität. Ich bin überzeugt davon, daß bei steigendem Konsumniveau der Konsument auch bereit sein wird, einen höheren Preis zu bezahlen, um eine bessere Dienstleistung zu erhalten.«[14] Und im selben Sinne behauptet eine Broschüre der CFDT:

»Dienstleistungen vorzuschlagen, die an die Stelle von Eigenleistungen treten, zu denen die Haushalte heute mangels passender Dienstleistungsangebote gezwungen sind, bedeutet auch ein Mehr an Arbeitsplätzen. Man könnte das Beispiel von Dienstleistungen anführen, die es den Frauen, die es wünschen (*sic*), ermöglichen, ein Großteil der Haushaltsaufgaben loszuwerden, die immer noch mehrheitlich auf ihnen lasten.«[15]

In diesem Modell scheint alles eine reine Frage des Angebots zu sein. Wenn »die Konsumenten« nicht lieber Dienstleistungen besserer Qualität kaufen, so deshalb, weil man sie ihnen nicht anbietet. Wenn die Haushalte dazu »gezwungen sind«, ihre Küchenarbeit, ihre Einkäufe, ihren Hausputz selbst zu tätigen, so mangels »passender Dienstleistungsangebote«. Wenn es dieses Angebot nur gäbe, würden die Frauen, »die es wünschen«, endlich ihre Stubenarbeiten loswerden können und es gäbe zudem noch »Arbeitsplätze« im Überfluß. Aber *wer* sind die Frauen, die es »wünschen« können, sich von der Hausarbeit zu entlasten? Und *an wen* können sie sie loswerden? Unter welchen Bedingungen sind Leute dazu bereit, für andere die Hausarbeit zu machen? *Wer* bezahlt sie, *womit* und wieviel?

Die abstrakten Kategorien makro-ökonomischer Beweisführung erlauben es, diese Art von Fragen zu umgehen; ebenso wie die Frage, ob diese Haushaltsgehilfen, Pizzalieferanten, Einkaufsboten, Windschutzscheiben-Putzer an Tankstellen (usw.) ebenfalls dazu »bereit sind, einen höheren Preis für Dienstleistungen zu zahlen«, ihre eigenen Haushaltstätigkeiten wiederum Dritten aufzuladen und sich selbst nach ihrer Arbeit warme Mahlzeiten servieren zu lassen. Die Ideologie der Arbeitsplätze um der Arbeitsplätze willen macht ebenso schwachsinnig wie die neo-liberale »Angebotsökonomie«.

Es gilt also, die einfache Wahrheit noch einmal zu wiederholen: Um jemanden zu bezahlen, der an meiner Stelle zwei Stunden »Hausarbeit« verrichtet, die ich ebensogut selbst erledigen könnte, ist es notwendig, daß ich in zwei Stunden *meiner* Arbeit *mehr* verdiene als dieser andere in zwei Stunden *seiner* Arbeit. Andernfalls befände ich mich in derselben Situation wie zwei Mütter, die sich wechselseitig dafür bezahlen, daß jede die beiden Kinder der anderen hütet, und ich hätte mehr davon, zwei Stunden weniger zu arbeiten (ohne Bezahlung), um meine Hausarbeit selber zu verrichten. *Die Entwicklung der persönlichen Dienstleistungen ist also nur in einem Kontext wachsender sozialer Ungleichheit möglich, in der ein Teil der Bevölkerung die wohlbezahlten Aktivitäten ergattert und einen anderen Bevölkerungsteil in die Rolle der Dienstboten zwingt.* Man kann dies als eine Südafrikanisierung der Gesellschaft ansehen, d. h. die Verwirklichung eines kolonialen Gesellschaftsmodells inmitten der Metropolen. Man kann es auch in den Worten einer deutschen Soziologin als »Hausfrauisierung« der Gesellschaft beschreiben,[16] d. h. als die Verlagerung der traditionellerweise der »Hausfrau« zugeschriebenen Tätigkeit auf eine ökonomisch und sozial marginalisierte Masse von Unterprivilegierten.

Die Professionalisierung der häuslichen Aufgaben ist also das genaue Gegenteil einer Befreiung. Sie entlastet eine privilegierte Minderheit von ihrer Eigenarbeit (oder eines Teils davon) und macht daraus den Broterwerb einer neuen Klasse unterbezahlter Dienstboten, *die zu den eigenen häuslichen Aufgaben auch noch die Hausarbeit von anderen übernehmen müssen.*[17]

So wird eine völlig absurde gesellschaftliche Aufgabenteilung installiert. Die einen sind innerhalb der ökonomischen Sphäre derart voll beschäftigt, daß ihnen die Zeit für ihre Hausarbeit fehlt; die anderen sind gezwungen, die häuslichen Aufgaben der ersteren zu übernehmen, deren Arbeitseifer daran schuld ist, daß ihre Bediener selbst keinen interessanteren Broterwerb finden. Nur das hartnäckige Verharren in der Arbeitsideologie hindert die Befürworter dieses Modells an der Einsicht, daß, *wenn alle weniger arbeiten würden, alle ihre eigenen häuslichen Aufgaben übernehmen UND ihren Lebensunterhalt mit Arbeit verdienen könnten.* Ich sage damit nicht, daß die Arbeitszeit von heute auf morgen um beispielsweise zwei Stunden pro Tag reduziert werden kann; ich behaupte, daß eine mit der wachsenden wirtschaftlichen Produktivität fortschreitende Arbeitszeitverkürzung ohne Verlust an Realeinkommen weit mehr als zwei Stunden am Tage betragen könnte – und ich behaupte, daß dies eine wesentlich politische Frage ist.[18] Es geht darum, welche Art von Gesellschaft man errichten will: eine Gesellschaft, in der ein(e) jede(r) sich die Zeit nimmt, die Aufgaben seiner Privatsphäre wahrzunehmen; oder eine Gesellschaft, in der man im Namen der Arbeitsplätze um der Arbeitsplätze willen ein Lebensmodell befördert, das die in der ökonomischen Sphäre Arbeitenden davon abschreckt, auch nur irgendetwas selbst und für sich selbst zu tun.

Diese zweite Option hätte ein *vorherrschendes* Lebensmodell zur Folge (wie es von Kulturindustrie und Freizeitbusiness für die 20% der Wohlhabendsten festgelegt und dem Rest der Gesellschaft als erstrebenswert vorgehalten wird), in dem nur noch zwei Typen von Tätigkeiten übrigbleiben: einerseits Tätigkeiten, die das Geldverdienen zum Zweck haben, und andererseits die Tätigkeiten (Spiele, Spektakel, Tourismus, Therapien, Sportarten mit teuren Ausrüstungen usw.), die das Geld als notwendiges Mittel voraussetzen. Dann wird die Mehrzahl der Menschen darauf spezialisiert sein, einen Sonderaspekt im Leben der anderen professionell zu versorgen und sich in der Mehrzahl der Aspekte des eigenen Lebens von anderen versorgen zu lassen. Die auf die Bereitstellung von personenbezogenen Dienstleistungen gegründete Ökonomie (in Wirklichkeit eine Anti-Ökonomie) organisiert dergestalt die allgemeine Abhängigkeit und Heteronomie und stempelt diejenigen zu »Armen«, die dazu »gezwungen sind«, wenigstens zu einem Teil für sich selbst zu sorgen.

Ein solches Modell paßt jedoch nicht mehr zu den Hoffnungen der von Zeit- und Ressourcenmangel allmählich befreiten Individuen. Die Entwicklung der Kibbuzim war in dieser Hinsicht sehr aufschlußreich. Sobald hier nämlich ein relativer Überfluß eintrat, entwickelte sich innerhalb der Familien die Tendenz, selbst einen wachsenden Teil jener »lästigen Stubendienste« zu übernehmen, die ihnen zuvor die Gemeinschaftsdienste abgenommen hatten. Die Eigenarbeit hörte auf, nur noch als Bürde wahrgenommen zu werden; sie wurde unter bestimmten Hinsichten zum Bedürfnis und zum Mittel, größere persönliche Souveränität zu erlangen, dergestalt, daß man in der Privatsphäre sich selbst gehörte. Die Eltern verlangten, mehr Zeit mit ihren Kindern verbringen zu können, bestanden darauf, sie die ganze Nacht über bei sich zu behalten und kritisierten das betreuende Personal. Die Grenze zwischen der Zeit, die ihnen bestimmte Haushaltstätigkeiten *wegnahmen*, und der Zeit, die man ihnen *widmete*, wurde fließend. Man *zog es vor*, gewisse lästige Hausarbeiten selbst zu übernehmen: nicht allein die Kinderpflege, bei der es unmöglich ist, die Last (sie zu waschen, die Windeln zu wechseln, sie zu füttern) vom affektiven Austausch und Spiel zu trennen; sondern auch die Pflege der persönlichen Gegenstände, die mir nicht wirklich gehören, wenn ich mich nicht mit ihnen beschäftige und sie selbst benutze oder an ihnen herumbastle.

Das liegt daran, daß die Eigenarbeit für die Schaffung und Abgrenzung einer privaten Sphäre unabdingbar ist. Diese kann ohne jene nicht bestehen. Man spürt dies sehr wohl, wenn alle lästigen Hausarbeiten von fremden Dienstboten erledigt werden: ich höre auf, mich bei mir noch »zu Hause« zu fühlen. Die räumliche Anordnung der Wohnung, Charakter, Form und Anordnung der Möbel und familiären Gegenstände müssen an die Dienstleistungen angepaßt werden, die geplant und routinemäßig vom Dienstpersonal oder von Robotern wie in Hotels, Kasernen oder Internaten verrichtet werden. Meine unmittelbare Umgebung hört auf, mir selbst zu gehören, ganz so, wie der von einem Chauffeur gefahrene Wagen mehr dem Chauffeur gehört als seinem Eigentümer.

Jede Aneignung erfordert »Arbeit« (im Sinne des *ergon*, der Verausgabung von Energie) und Zeit, auch die Aneignung meines eigenen Körpers. Die Eigenarbeit ist im Grunde *das, was wir tun müssen, um Besitz zu ergreifen von uns selbst* und von der Anordnung von Gegenständen, die uns verlängert, uns für uns selbst als leibliche Existenz widerspiegelt und damit unsere Nische innerhalb der sinnlich wahrnehmbaren Welt darstellt: unsere private Sphäre.

Das Problem, das die Gesellschaften zu lösen haben, in der die Zeit aufhört, knapp zu sein, erfordert also das Gegenteil des »elektronischen Haushalts« und der Verlagerung aller Eigenarbeit auf professionelle Dienstleistungen. Es handelt sich vielmehr darum, *das Feld der Eigenarbeit zu erweitern*, durch die sich die Personen selbst gehören, durch die sie einander in ihrer Gemeinschaft oder Familie gegenseitig angehören und durch die ein(e) jede(r) in der sinnlich wahrnehmbaren Materialität der Welt Wurzeln schlägt und in dieser Welt mit den anderen gemeinsam haust.

Denn die Eigenarbeit hat sich nicht darauf zu beschränken, was ich für mich alleine tun kann, und auch nicht auf die Privatsphäre und den Intimbereich, der nur mir selbst gehört. Ich bin nicht nur in dem Zimmer oder in der Ecke »zu Hause«, wo ich meinen Leib und meine persönlichen Sachen unterbringe, sondern auch im gewohnten Raum (Haus, Hof, Straße, Viertel, Dorf), den ich zusammen mit anderen Menschen oder privaten Gemeinschaften bewohne. Oder vielmehr: ich bin in diesem Raum gemeinsamen Zusammenlebens dann zu Hause, wenn ich an seiner Einrichtung, seiner Organisation, seinem Unterhalt in freiwilligem Zusammenwirken mit den anderen Benutzern teilnehme. Meine Eigenarbeit (*travail pour soi*) findet also ihre Verlängerung in unserer gemeinschaftlichen Eigenarbeit (*travail pour nous*), ebenso wie die familiäre Zusammenarbeit sich in die informelle Kooperative von Nachbarschaftsdiensten oder den informellen Gegenseitige-Hilfe-Kreis verlängert.

Das setzt selbstverständlich eine Architektur und einen Städtebau voraus, der die Begegnung, den Austausch, das Zusammentreffen und gemeinsame Initiativen befördert und sich für die (Wieder)aneignung des Wohnumfeldes durch seine Bewohner eignet. All dies ist in Skandinavien dank der von Mietern selbstverwalteten Wohnungsbau- und Verwaltungsgenossenschaften weiter entwickelt als in anderen Ländern. Dort ist man bestrebt, für jeden Wohnblock eine Sauna, eine Hobby- und Reparaturwerkstatt, eine Cafeteria, eine Spielzone für Kinder, eine Krippe, einen Bereich für behinderte Personen usw. gleich mit einzuplanen oder, in älteren Mietshäusern, einzurichten. Für Altenwohnungen werden eine medizinische Ministation, eine Gemeinschaftsküche, ein Speisesaal und fahrbarer Mittagstisch eingerichtet und funktionieren dank der freiwilligen

Die Eigenarbeit

Hilfe von (oftmals selbst älteren) Mitbewohnern und/oder der Mitarbeit von Sozialarbeitern, die die städtischen Behörden auf Anfrage den Bewohnern zur Verfügung stellt.

Die kooperativen Tätigkeiten können sich, wenn dies die Vollversammlung beschließt, auch auf die Schaffung eines biologischen Gemüsegartens in unmittelbarer Wohnnähe durch die Bewohner ausweiten; auf den Unterhalt eines Abenteuerspielplatzes; auf die Einrichtung einer Konsumgenossenschaft und eines Trödelmarkts für Kleider, Geräte und Spielsachen; auf gegenseitige Hilfe im Falle von Krankheit, Trauerfällen oder persönlichen Schwierigkeiten; auf die Organisation von Abendkursen oder Festen (usw.).

Jeder Mieter kann wählen, ob er auf die selbstorganisierten Dienstleistungen oder auf die anonymeren der Gemeinde zurückgreifen will. Erstere sind nicht eingerichtet worden, um die Mängel der letzteren zu beheben, sondern um sie einzurahmen und in dezentraler Weise an den von den Bewohnern selbst definierten Bedürfnissen auszurichten.[19]

Hier findet die *Synergie* zwischen freiwilligen Tätigkeiten und institutionellen Dienstleistungen statt, auf die wir oben im Zusammenhang von Pflegediensten angespielt haben.

Die Basisgemeinschaft kann so zum mikro-sozialen Raum werden, der zwischen der Privatsphäre und der makro-sozialen, öffentlichen Sphäre vermittelt. Sie kann die Individuen vor Isolation, Einsamkeit und Rückzug auf sich selbst schützen. Sie kann die private Sphäre hin zu einem Raum *gemeinschaftlicher Souveränität öffnen*, der den (Ver)kaufsbeziehungen entzogen ist und in dem die Individuen *gemeinsam* ihre Gemeinschaftsbedürfnisse ebenso selbst bestimmen wie die geeignetsten Handlungen, um sie zu befriedigen. Auf dieser Ebene können die Individuen (wieder) Herren über ihr eigenes Leben werden, über ihre Lebensweise, über Inhalte und Ausmaß ihrer Gelüste und Bedürfnisse sowie über das Ausmaß der Anstrengungen, die dafür aufzubringen sie bereit sind. In der praktischen Erfahrung solcher mikro-sozialer Tätigkeiten kann sich eine Kritik am kapitalistischen Konsummodell und den durch ökonomische Zwecke und Marktverhältnisse bestimmten Sozialbeziehungen verankern.[20] Auf dieser Ebene können schließlich gesellschaftliche Bande von gelebter Solidarität und Kooperation geknüpft werden, und ich kann die lebendige Erfahrung jener völligen Wechselseitigkeit von Rechten und Pflichten machen, die in der *Zugehörigkeit* zu einer Gemeinschaft besteht: die Rechte, die sie mir verleiht, sind Pflichten, die sie mir gegenüber als ihrem Mitglied eingeht; aber ihr Mitglied zu sein bedeutet umgekehrt, daß ich der Gemeinschaft gegenüber Pflichten habe, die ihre Rechte mir gegenüber als ihrem Mitglied sind.

Die solidarische Kooperation innerhalb freiwilliger Gemeinschaften und Assoziationen ist die eigentliche Grundlage der sozialen Integration und der Produktion gesellschaftlicher Bindungen. Ausgehend von dieser Basis und durch ihre Erweiterung kann eine Wiedereroberung der Gesellschaft und eine Begrenzung der ökonomischen Sphäre unternommen werden.[21]

Bisher habe ich die Eigenarbeit so behandelt, als würde sie von einer ungeteilten Hausgemeinschaft verrichtet. Ich habe also abstrahiert von der Aufgabenteilung und den Herrschaftsverhältnissen, die innerhalb der Hausgemeinschaft zwischen ihren Mitgliedern bestehen können. Insoweit bin ich der *modernen* Familienauffassung gefolgt, wonach eine Frau und ein Mann (oder Frauen und Männer), die sich für ein gemeinsames Leben entschieden haben, juristisch als eine einzige moralische Person anzusehen sind. Ihre Vereinigung gilt als *freiwillige Vereinigung zwischen Gleichen*, die, solange von ihnen nichts Gegenteiliges vorgebracht wird, *eine Gütergemeinschaft* pflegen und eine »Lebensgemeinschaft« führen.

Diese Güter- und Lebensgemeinschaft impliziert, *daß die Familienmitglieder zwischen dem, was ein(e) jede(r) für sich, und dem, was er/sie für den/die andere(n) tut, keinen Unterschied machen*. Ihr gemeinsames Leben spielt sich in der Privatsphäre ab, und diese Sphäre ist ihrem Wesen nach dem Blick der Gesellschaft entzogen und vor jedem äußeren Eingriff ge-

Die Eigenarbeit

schützt. Was auch immer die Mitglieder dieser Gesellschaft in ihr tun oder lassen – die Natur ihrer Beziehungen und Tätigkeiten ist ihre eigene Privatsache. Mit anderen Worten: ihre Gemeinschaft gilt (oder wird unterstellt) als eine Vereinigung zwischen souveränen Personen, die dazu in der Lage und bereit sind, ihre Verhältnisse nach Modalitäten selbst zu bestimmen, die nur sie selbst etwas angehen. Die Vorstellung, ein Mitglied der Gemeinschaft könne dem anderen (oder den anderen) seine Herrschaft aufzwingen, ist somit im Prinzip aus dieser Auffassung der familiären Vereinigung ausgeschlossen. Das Wohlergehen und die Entfaltung der Gemeinschaft gilt als das Ziel eines jeden ihrer Mitglieder und das Wohlergehen, die Entfaltung jedes ihrer Mitglieder als das Ziel aller anderen.

Nun ist diese Konzeption der häuslichen Gemeinschaft eine späte Errungenschaft der Moderne und – was wichtiger ist – eine bis heute noch weitgehend unerfüllte Errungenschaft. Die Frau, die in der Mehrzahl der Fälle noch die gesamte Last der häuslichen Aufgaben zu bewältigen hat, verrichtet in Wirklichkeit mehr »Arbeit für die anderen« als Eigenarbeit.

Wenn nun die Frauen sich dieser Situation bewußt werden und sie nicht länger akzeptieren wollen, stellt sich die Frage, in welche Richtung diese Situation überwunden werden soll:
a) in Richtung auf die Auflösung der als »Vereinigung« aufgefaßten Familie, oder
b) in Richtung auf die Verwirklichung ihrer Einheit?

a) Seit ihrer Renaissance in den fünfziger Jahren gibt es in der Frauenbewegung immer einen radikalen Flügel, der für die Auflösung der Kernfamilie kämpft. Die Frau soll die gesamte »Reproduktionsarbeit« nicht mehr »kostenlos« durchführen müssen. Sie soll nicht mehr »im Dienste« des Mannes, der patriarchalen Familie und – über sie vermittelt – eines Gesellschaftssystems stehen, das sie unterdrückt und ausbeutet. Die »Hausarbeit«, durch die sie die Arbeit im ökonomischen Sinne und die Reproduktion der Gesellschaft ermöglicht, soll in ihrem ökonomischen Nutzen und ihrer sozialen Würde anerkannt werden. Diese Anerkennung soll die Form einer »angemessenen Bezahlung *aller* Arbeit *aller* Frauen« annehmen. Dank dieser Bezahlung könne sich die Frau aus ihrer ökonomischen Abhängigkeit gegenüber dem Manne befreien. Sie werde dann nicht mehr dazu verdammt sein, wider ihren Willen im Interesse der Kinder bei ihm zu bleiben. Sie werde dann nicht mehr zur völligen »Güter- und Lebensgemeinschaft« mit ihm gezwungen sein. Sie werde für die Verrichtung ihrer häuslichen Aufgaben ebenso bezahlt werden, wie der Mann für seine Arbeit. »Hausfrau« oder »Hausfrau und Mutter« wäre dann ein sozial anerkannter Beruf. So könnten sich die Partner ein(e) jede(r) im eigenen Tätigkeitsbereich entwickeln und ihre jeweiligen Sphären würden nur punktuell aufeinander übergreifen. Ihre respektiven Aufgaben und Verpflichtungen wären genau gegeneinander abgegrenzt. Die häusliche Sphäre wäre das exklusive Reich der Frau, in dem sie souverän und ungeteilt herrschte. Es käme nicht mehr in Frage, daß der Mann einen Teil der Haushaltsaufgaben übernähme. Außerdem hätte ja der Hausarbeitslohn der Frau auch die Wirkung (und zusätzliche Funktion), ihn davon abzuhalten.

Diese Konzeption bricht entschieden mit dem Ideal der völligen Gleichstellung der Frau, um an die vorkapitalistische Form der Familie wiederanzuknüpfen. Ivan Illich – der diese Konzeption mit anthropologischen Argumenten vertritt, neben einer einflußreichen Strömung der Frauenbewegung vor allem in der Bundesrepublik Deutschland[22] – behauptet, der Anspruch, die Frauen »als Arbeitskräfte« den Männern gleichzustellen, führe nur zu ihrer Erniedrigung.[23] Überall, wo sich die Frau in Konkurrenz mit dem Manne befindet, wird ihre Arbeit immer geringer eingestuft und weniger bezahlt. Nun hat diese ökonomische Unterlegenheit nicht immer existiert: Sie trat auf mit der kapitalischen Erfindung der *Arbeit* (im modernen ökonomischen Sinne) als quantifizierbare und von der Person, die sie verrichtet, ablösbare Leistung. Vor der Erfindung der Arbeit, die, wie Illich sagt, per Definition *unisex* ist, entwickelten sich Frau und Mann in wohl voneinander verschiedenen Sphären, in denen jede(r) von ihnen souverän war. Ihre Beschäftigungen waren durch die »Genusscheide« getrennt, miteinander unvergleichbar und zueinander komplementär. Es gab zwischen dem, was der eine, und dem, was die andere tat, weder Gemeinsamkeit noch einseitige Aneignung. Die Familie als unteilbare Einheit wurde erst sehr spät in Europa erfunden, zu Beginn der Neuzeit, um die rechtliche Basis für das zunächst ländliche, dann städtische Familienunternehmen abzugeben.

Die Einheit der Familie hat nun, wie Illich sagt, zur Auswirkung, daß die »geschlechtslose« (*unisex*) Arbeitsauffassung bis in die häusliche Sphäre eindringt. »Hinter dem Motto ›Wir tragen unseren Teil der Hausarbeit‹ öffnen [die Männer] ein neues Feld der Konkurrenz und des Ressentiments zwischen den Geschlechtern.« Mit der Verknappung der Arbeitsplätze, »da immer mehr Männer in die Schattenarbeit gedrängt werden, findet die Benachteiligung der Frau mitten in ihrem ureigensten Bereich statt, und diese Situation wird immer deutlicher werden«.[24]

Nach dieser Konzeption handelt es sich darum, die Souveränität der Frau über die häusliche Sphäre dadurch wiederherzustellen, daß die männliche »Arbeit« in dieser Sphäre verboten wird. Hier liegt der (meistens verdeckte) Sinn der Forderung nach einem Lohn für Hausarbeit. Dieser »Hausfrauenlohn« würde die Unabhängigkeit der Frau im häuslichen Bereich sichern und damit gleichzeitig die soziale Nützlichkeit ihrer häuslichen Arbeit festschreiben.

Die Kehrseite der Medaille liegt natürlich darin, die Frau weiterhin auf die Privatsphäre festzulegen: die Gesellschaft wird sie dafür bezahlen, daß sie im Hause bleibt. In einem Kontext allgemeiner Arbeitsplatzknappheit wird hier die »Arbeit« der Frauen sozial und politisch als am nützlichsten eingeschätzt. Dieser soziale Nutzen der Hausarbeit wird aber ein rein *funktionaler* Nutzen sein. Die Frau wird der herrschenden Ordnung damit am besten *dienen*, daß sie der eigentlichen ökonomischen Tätigkeit fernbleibt, die den Zugang zur öffentlichen Sphäre und zur Bürgerschaft gewährt. Damit riskiert die

Frau, von neuem aus der öffentlichen Sphäre ausgeschlossen zu werden. Dieser Gefahr wird sie dauerhaft nur entgehen können, wenn die Frauen sich zur autonomen politischen Kraft konstituieren: mit dauerhaften Organisationen, die zu permanenten Aktionen fähig sind.

Man gelangt auf diesem Wege zu einer Segmentierung der Gesellschaft, die noch komplexer und weit radikaler ist als die in Kapitel 6. erwähnten Formen der »Dualisierung«. Allerdings stellt diese Teilung der Gesellschaft in nach der »Genusscheide« gesonderte Sphären, die dann in sich noch weiter gegliedert sind, das erklärte Ziel dieser Tendenz des Feminismus dar.

b) Der von Illich vertretenen These will ich nunmehr die umgekehrte Konzeption entgegenstellen und dabei eine andere Interpretation der von ihm in *Genus* verwandten Materialien vorschlagen. Meine These wird die folgende sein: Nicht die eheliche Gemeinschaft zu Beginn der Neuzeit, sondern die Nicht-Verwirklichung dieser Gemeinschaft ist es, die die Ausbeutung der Frau innerhalb der Familie erklärt. Und nicht in der Trennung der männlichen und der weiblichen Sphäre sollte daher das Heilmittel gesucht werden, sondern in der Emanzipation der Frau bis in die Beziehungen der häuslichen Sphäre hinein.

Wenn die eheliche Gemeinschaft eine späte Erfindung der Moderne war, so nicht etwa aus dem Grunde, daß sie einen anthropologischen (früher hätte man gesagt »widernatürlichen«) Widersinn darstellte[25]. Der Grund liegt vielmehr darin, daß sich die Familie erst dann als autonome und unteilbare Einheit setzen kann, wenn sich die Partner in ihrer privaten Sphäre gegenseitig angehören können und keine anderen als gegenseitige Pflichten zueinander haben. Solange nämlich Mann und Frau vor allem dem Feudalherrn, dem Klan oder der Dorfgemeinschaft angehörten, bildeten ihre außerehelichen (und für jedes der beiden Geschlechter spezifischen) Verpflichtungen ein unüberwindliches Hindernis, das die *herrschende Ordnung* ihrer gegenseitigen Zugehörigkeit entgegensetzte.

Was sie im Interesse der Gemeinschaft oder ihres Herrn tun mußten, hatte bei weitem die Oberhand über das, was sie in ihrem gemeinsamen Interesse tun konnten. Die ihre jeweiligen Aufgaben festlegenden Regeln der Gewohnheit und/oder des Rechts waren bis in den Haushalt hinein vernehmbar und bedeuteten eine *gesellschaftliche* Festlegung ihrer gegenseitigen Verpflichtungen. Die Vorstellung, Mann und Frau könnten ein gemeinsames Unterfangen beginnen, war undenkbar. Sie hatten nicht die Freiheit, ihre Tätigkeiten und Beziehungen nach eigenem Gutdünken und ihren persönlichen Umständen souverän zu definieren.[26] Ihre häusliche Sphäre war keine im Wortsinne private Sphäre.

Erst nach ihrer Emanzipation aus feudaler Herrschaft (und der diese fortschreibenden Traditionen) konnten Mann und Frau also eine im vollen Sinne personale Vereinigung eingehen und ihre Tätigkeiten innerhalb einer Sphäre gemeinsamer Souveränität zusammentun: der Privatsphäre. Diese ist keine spezifisch kapitalistische Erfindung. Sie taucht zuerst während der Bauernkriege auf und begründet die Autonomie von Familie und Familienunternehmen: Die Früchte der Arbeit sollen dem gehören, der sie herstellt; die Mitglieder der häuslichen Gemeinschaft sind einander verpflichtet (und schulden niemand anderem Rechenschaft); ihre Beziehungen sind privater, nicht rechtlicher Natur; die heimische Sphäre ist der Kontrolle von Gesellschaft und politischer Macht entzogen; nach Überschreiten der häuslichen Schwelle sind die interpersonalen Beziehungen ausschließlich auf die Übereinkunft, auf die gegenseitige Zustimmung und die freiwillige Zusammenarbeit gegründet, nicht mehr auf rechtlich formalisierte Verpflichtungen.

Darin besteht das *Wesen* der Familiengemeinschaft. Diese ist also erst dann ihrem Wesen adäquat, wenn das, was ihre Mitglieder tun, *von jedem von ihnen* als gemeinschaftliches Handeln für die unteilbare Gemeinschaft angesehen wird. Das aber setzt natürlich voraus, daß jedes Familienmitglied das gemeinschaftliche Interesse als sein eigenes ansieht und umgekehrt. Und dies kann nur dann der Fall sein, wenn die Vereinigung der

Partner eine freiwillige Vereinigung und ihre Zusammenarbeit eine *freiwillige Zusammenarbeit von Gleichen* ist, die sich in Freiheit gemeinsame Ziele setzen und sich in freier Verständigung über die Verteilung der Aufgaben einigen.

Die Einheit der Familie besteht also nicht, wenn einer der Partner gesetzlich dazu gezwungen wird, sich dem Willen des anderen zu unterwerfen. Sie hört faktisch auf zu existieren, sobald eine(r) der beiden nach dem Gesetz ruft, um seine Beziehungen zum/r anderen zu regeln: Dann ist die eheliche Gemeinschaft *de facto* aufgelöst, noch bevor sie *de jure* beendet wird; denn es gebricht ihr nunmehr an gegenseitiger Übereinstimmung und freiwilliger Zusammenarbeit. *Solange also die Frau dem Manne Gehorsam und Treue schuldet oder von ihm gesetzlich dazu gezwungen werden kann, ist sie praktisch die Dienerin einer Gemeinschaft, deren Chef der Mann ist. In diesem Falle ist also die eheliche Gemeinschaft nur eine juristische Fiktion.*

Die Familie als Sphäre privater Souveränität, in der eine Frau und ein Mann freiwillig völlige Lebens- und Gütergemeinschaft pflegen, ist also kein Überbleibsel aus vormodernen Zeiten, sondern eine *noch nicht verwirklichte Errungenschaft der Moderne*. Und sie wird erst dann als verwirklicht angesehen werden können, wenn die Emanzipation der Frau zu ihrem Abschluß gekommen ist, was praktisch bedeutet: wenn Mann und Frau sich ebenso in der Privatsphäre wie in der öffentlichen Sphäre ihre Aufgaben freiwillig teilen und *beide gleichermaßen* an beiden Sphären Anteil haben. Erst dann wird die eheliche Gemeinschaft ihrem Wesen entsprechen. Erst dann also, wenn die Beziehung zwischen Frau und Mann in einer Zusammenarbeit zwischen Gleichen besteht, erst dann wird die Frau ihre Tätigkeiten zum Wohle der Familiengemeinschaft als Tätigkeiten (er)leben können, deren Urheberin sie ebenso ist wie deren Nutznießerin: als Eigenarbeit.

Es ist bemerkenswert, daß diese *Idealvorstellung* der Vereinigung zwischen Gleichen ebenso den spontanen Erwartungen der Frauen entspricht wie denen der Männer. Wenn man sie nach dem Lebensmodell fragt, das sie zu verwirklichen wünschen, halten sie mehrheitlich das Modell für das ideale, »in dem Mann und Frau einer Halbzeit-Arbeit nachgehen und sich in ihrer freien Zeit *gemeinsam* einer zweiten Beschäftigung widmen«[27]. In diesem Modell wird natürlich der »Lohn für Hausarbeit« gegenstandslos; denn eine planmäßig fortschreitende Reduzierung der Arbeitszeit für alle muß keinen Einkommensverlust nach sich ziehen.[28] Ein »Hausfrauenlohn« würde hingegen die Frauen weiterhin von der Arbeit in der ökonomischen Sphäre ausschließen und *den Zwang zur Vollzeitarbeit* für die Männer verewigen. Worum es hier also geht, ist eine grundlegende Entscheidung über das anzustrebende Gesellschaftsmodell.

2. Die autonomen Tätigkeiten

In der griechischen Philosophie waren Freiheit und Notwendigkeit Gegensätze. Das Individuum wurde frei, wenn es sich der Bürden der Alltagsnotwendigkeiten entledigte. Soweit das Ausmaß dieser Notwendigkeiten mit dem der Bedürfnisse zunahm, galten Selbstbegrenzung und Askese als notwendige Tugenden des freien Mannes. Diese Tugenden waren aber nicht hinreichend. Um das Individuum von der Unterwerfung unter die Notwendigkeit frei zu machen, mußte diese Notwendigkeit anstelle von freien Männern von Menschen übernommen werden, die per Definition keine Freien waren: den Sklaven und den Frauen. Es gab also auf der einen Seite die Sphäre der Freiheit und auf der anderen die Sphäre der Notwendigkeit. Man lebte entweder in der einen oder in der anderen. Man gehörte entweder zur einen oder zur anderen Sphäre. Seine Zeit zwischen den beiden Sphären aufzuteilen, war unvorstellbar.

In seiner berühmten Passage aus dem dritten Band des *Kapital*[29], in der Marx die Theorie der »beiden Reiche« wiedereinführt, wird die aristotelische Auffassung zwar abgemildert, aber nicht überwunden: Es gibt weiterhin eine Sphäre der Notwendigkeit und eine Sphäre der Freiheit. Diese »beginnt in der Tat erst da, wo das Arbeiten, das durch Not (im französischen

Text: *besoins*, d.Ü.) und äußere Zweckmäßigkeit bestimmt ist, aufhört«. Ganz wie Aristoteles stellt Marx also »Notwendigkeit«, materielle Grundbedürfnisse (*besoins*) und »äußere Zweckmäßigkeit« auf dieselbe Ebene; sind diese doch Bestimmungen, die das Subjekt nicht souverän aus sich selbst schöpft, die also seine Souveränität negieren. Das Reich der Freiheit beginnt »erst jenseits der Sphäre der eigentlichen materiellen Produktion« und fällt mit der »menschliche(n) Kraftentwicklung, die sich als Selbstzweck gilt«, zusammen: der Suche nach dem Wahren, Schönen und Guten.[30] Der einzige, wichtige Unterschied zu Aristoteles besteht darin, daß die Entfaltung der Freiheit bei Marx – d. h. in einer kommunistischen Gesellschaft mit voll entfalteten Produktivkräften – nicht mehr voraussetzt, daß die Last der Notwendigkeit unfreien sozialen Schichten aufgebürdet wird. Die Maschine ist an die Stelle der Sklaven getreten, und »die assoziierten Produzenten« organisieren »ihren Stoffwechsel mit der Natur« so, daß sie die notwendige Arbeit auf das Minimum »mit dem geringsten Kraftaufwand« reduzieren: so daß *alle* arbeiten, aber jede(r) nur wenig, und alle *neben ihrer Arbeit* Tätigkeiten entfalten, die sie um ihrer selbst willen tun. Jede(r) kann seine Zeit zwischen den beiden Sphären teilen.

Autonome Tätigkeiten nenne ich diejenigen Tätigkeiten, die Selbstzweck sind, also um ihrer selbst willen verrichtet werden. Sie gelten durch sich selbst und in sich selbst als wertvoll, und zwar nicht etwa deshalb, weil sie keinen anderen Zweck hätten als die Befriedigung oder das Vergnügen, das sie bereiten, sondern weil *die Verwirklichung des Handlungsziels ebenso wie die es verwirklichende Handlung* Quelle von Befriedigung sind; das Ziel spiegelt sich in den Mitteln und umgekehrt; zwischen Mittel und Zweck gibt es weder Wertunterschied noch Rangordnung; ich kann gleichermaßen das Ziel aufgrund des inneren Werts der dieses Ziel verwirklichenden Tätigkeit wollen wie diese Tätigkeit aufgrund des Wertes des Ziels, das sie verfolgt.

Wenn zu Marxens Zeiten die Freiheit hauptsächlich im Gegensatz zur Notwendigkeit stand, so lag das daran, daß ebenso die ökonomisch zweckbestimmte Arbeit wie die häusliche Eigenarbeit wesentlich zur Produktion des Lebensnotwendigen dienten und praktisch für andere Angelegenheiten keine Zeit mehr ließen. Dieser Zeitmangel machte die Rationalisierung der Eigenarbeit notwendig; bis in die Privatsphäre hinein mußte man seine Zeit berechnen und sparen. Die Privatsphäre wurde gewissermaßen von der ökonomischen Sphäre eingesogen und kolonisiert, die häuslichen Aufgaben wurden – wie Illich gezeigt hat – zur von den Fabrikanten für Haushaltsgeräte vorprogrammierten »Schattenarbeit«.[31]

Heute aber hat die Sphäre der Notwendigkeit weder die gleiche Ausdehnung noch die gleichen Charakteristika wie zur Zeit von Marx. Die Produktionen und Dienstleistungen des Lebensnotwendigen sind nahezu zur Gänze industrialisiert. Das Notwendige wird hauptsächlich durch heteronome Arbeit hergestellt, d. h. durch gesellschaftlich aufgeteilte, spezialisierte und professionalisierte Erwerbsarbeit, wobei weder Gebrauchswert noch Dauer, noch Natur, noch Sinn und Zweck dieser Arbeit souverän von uns selbst entschieden werden können. Außerdem dient diese heteronome Arbeit[32], durch deren Verkauf wir uns so gut wie alles Notwendige verschaffen, ebenso zur Herstellung von überflüssigen Dingen wie dazu, notwendigen Produkten nutzlose Anhängsel beizufügen, deren (realer oder vermeintlicher) Symbolwert einzig das *image* des Produkts verändern und damit seinen Tauschwert (den Preis) erhöhen soll. Wir sind darum weit weniger den »Notwendigkeiten« unserer Existenz unterworfen als der äußeren Festlegung unseres Lebens und Tuns durch die Imperative eines gesellschaftlichen Produktionsapparats und einer Sozialordnung, die unterschiedslos Lebensnotwendiges und Überflüssiges, Ökonomisches und Anti-Ökonomisches, Produktives und Destruktives hervorbringen.

Darum ist in unserer Alltagserfahrung nicht mehr das Gegensatzpaar Freiheit/Notwendigkeit entscheidend, sondern das Paar Selbstbestimmung/Fremdbestimmung: Autonomie/Heteronomie. Die Freiheit besteht weniger (oder immer weniger) darin, uns von der lebensnotwendigen Arbeit zu befreien als darin, uns von der Heteronomie zu befreien: d.h. darin, uns Autonomiespielräume zu erobern, in denen *wir das, was wir tun, auch wahrhaft wollen und verantworten können*.

Es ist bereits soweit gekommen, daß viele das Autonomiestreben nur noch durch die Rückkehr zu vorindustriellen Produktionsweisen des Lebensnotwendigen verwirklichen zu können glauben. Diese Autoren wenden den Ausdruck »autonom« auf diese vorindustriellen Formen handwerklicher Eigenproduktion an; andere auf beliebige »alternative« selbstverwaltete oder selbstbestimmte Formen der Warenproduktion. Die Konfusion ist also perfekt. Die folgenden Beispiele haben zum Ziel, diese Verwirrung aufzulösen. Denn man sollte – unter dem Vorwand, daß Autonomie in unserer Erfahrung vor allem im Gegensatz zu Heteronomie steht – nicht die andere Dimension des Problems vergessen: Autonomie steht *auch* im Gegensatz zu Notwendigkeit, und zwar nicht etwa, weil jede notwendige Tätigkeit unweigerlich fremdbestimmt wäre – *denn dies ist keineswegs der Fall!* –, sondern weil die Autonomie einer durch pure Notwendigkeit gebotenen Tätigkeit dazu verdammt bleibt, eine nur formale Selbstbestimmung zu sein.

Zunächst erinnere ich also noch einmal an die Marx und Aristoteles gemeinsame Definition: Autonom sind die Tätigkeiten, die sich selbst ihr eigener Zweck sind. Das Subjekt macht in ihnen die Erfahrung seiner Souveränität und entfaltet sich als Person. Damit sind Erwerbstätigkeiten *eo ipso* ausgeschlossen:[33] Ihr Zweck besteht im warenförmigen Tausch, wobei – wie wir dies bei den Hilfs- und Pflegetätigkeiten und dann bei der Prostitution gesehen haben – das Zu-Geld-Machen der Leistungen den inneren, inkommensurablen Wert der Handlung oder des Werks relativiert und gewissermaßen »ansteckt«. So malt der Maler seine Bilder nicht, um sie zu verkaufen; er verkauft sie, um sie auszustellen und um weiter malen zu können. Wenn er für den Verkauf malt, muß er malen, um Käufern zu gefallen. Seine Suche wird nicht mehr der immanenten Notwendigkeit seines künstlerischen Ausdrucks folgen, sondern

Die autonomen Tätigkeiten

den Schwankungen der Mode, dem Geschmack, dem Stil der Werbung.

Dasselbe gilt für die handwerklichen Produktionen, die zu Unrecht mit der autonomen Tätigkeit in einen Topf geworfen werden. Der Handwerker oder Modeschöpfer, der selbst zum Verkauf bestimmte Pullover entwirft oder herstellt, hat ein hohes Maß an technischer Autonomie. Dennoch bleibt seine Tätigkeit in weiten Teilen heteronom: er kann seinen Stil, die Modelle seiner Kollektion nicht – wie Kunstwerke – nur nach seinem eigenen Geschmack und seinen persönlichen Schönheitsvorstellungen entwerfen, sondern er muß dies je nach der von ihm erhofften und angepeilten »Marktlücke« und nach dem besten Preis/Kosten-Verhältnis tun. Seine Tätigkeit wird daher weitgehend von den Zwängen bestimmt sein, die seine ökonomischen und technischen Kalkulationen offenlegen. Ganz anders steht es mit einem Nachbarschaftsverein, dessen Mitglieder mit halbprofessionellen Geräten ein Strickatelier einrichten, um ihre eigenen Pullover für den Eigenverbrauch herzustellen, zum eigenen Vergnügen und vielleicht noch für eine Ausstellung oder einen nicht-kommerziellen Wettbewerb. Diese in ihrer verfügbaren Zeit hergestellten Produkte haben keinen Preis: die zu ihrer Fertigstellung notwendige Zeit ist nicht berechenbar; überdies war sie zum großen Teil mit Gesprächen ausgefüllt. Jedes Produkt ist ein »Werk«, dessen Herstellung den Leuten Freude bereitet hat und das zu tragen oder zu verschenken ihnen Freude machen wird.

Das schließt selbstverständlich nicht aus, daß ein Austausch stattfindet. Aber es schließt aus, daß dieser Austausch einen Warencharakter hat. Die einzige Form, die der Austausch in der Sphäre der autonomen Tätigkeiten annehmen kann, ist der des gegenseitigen Schenkens: Ich gebe dir etwas, ohne dafür eine Gegenleistung zu fordern; du nimmst dieses Geschenk mit Freude an und suchst mir etwas zu geben. Es handelt sich nicht darum, mir ein Äquivalent dessen zu geben, was du von mir empfangen hast; das wäre beleidigend, und das weißt du wohl. Es handelt sich darum, eine Beziehung der Großzügigkeit zu stiften, in der ein jeder den anderen *bedingungslos* als absoluten Selbstzweck anerkennt. Wir sind diesem Typus von Beziehung bereits bei den pädagogischen oder therapeutischen Tätigkeiten der Hilfe oder Pflege begegnet. Die künstlerischen Tätigkeiten (ob nun der Interpretation oder Schöpfung von Kunst), das politische Handeln aus Überzeugung (*activité militante*), die karitativen, religiösen, wissenschaftlichen oder philosophischen Tätigkeiten gehören dem Wesen nach zur gleichen Kategorie. Sie sind keine Mittel zum Lebensunterhalt; sie implizieren ein bedingungsloses Sich-selbst-Hin-Geben und dieses wird in seinem *un(er)meßlichen* Wert auch dann anerkannt, wenn z.B. der Künstler vom Publikum durch eine hohe Bezahlung »honoriert« wird. Denn dieses »Honorar« hat niemals den Sinn eines Kaufs, d.h. eines Gegen-(Tausch-)Werts: Das Publikum zeigt durch seine bewegten Ovationen dem Künstler seine Anerkennung auch dann, wenn es die Möglichkeit, ihn zu hören, hat teuer bezahlen müssen.

Die Aussage, daß die autonomen Tätigkeiten ihren Zweck nicht im warenförmigen Tausch finden können, reicht allerdings zu ihrer Charakterisierung noch nicht aus. Darüber hinaus dürfen sie auch aus keiner Notwendigkeit entspringen: sie dürfen kein anderes Motiv haben, als das Wahre oder Schöne oder Gute zur Welt zu bringen. Anders gesagt, müssen sie auf eine bewußte Wahl zurückgehen, zu der mich keine äußere Erwägung oder Notwendigkeit zwingt. Auch die Eigenproduktion eines Teils des Lebensnotwendigen ist nur dann eine autonome Tätigkeit, wenn sie ohne direkte Notwendigkeit erfolgt. Wenn z.B. eine sich nahezu vollständig selbstversorgende Gemeinschaft alles für ihre Subsistenz erforderliche Brot selbst herstellen *muß*, dann ist das Brotbacken für sie eine bestenfalls formal autonome Tätigkeit. Indem sie die Gerätschaften verschönert und die Brotlaibe verziert, das Herausnehmen der Brote aus dem Backofen durch Festlichkeiten oder Gebete feiert (usw.), so verschönt sie damit durch frei gewählte Tätigkeiten doch nur eine Arbeit, die so oder so getan werden muß. Daher bleibt die Dimension von Autonomie hier subaltern: das

Die autonomen Tätigkeiten

Ziel der Tätigkeit besteht im Brotbacken. Dieser Backvorgang kann zum Anlaß von Freude und künstlerischen Tätigkeiten werden; *aber das Umgekehrte ist nicht der Fall*: Diese Freudenfeiern können sich niemals völlig von der notwendigen Arbeit emanzipieren oder diese soweit umgestalten, daß sie als Selbstzweck gelten könnte.

Wenn sich jedoch die Bewohner eines Hochhauses oder eines Wohnviertels, statt ihr Brot billig in der Bäckerei zu kaufen, zusammenschließen, um einen Holzofen zu errichten und in ihrer Freizeit biologisches Brot zu backen, so widmen sie sich (ebenso wie die gerade erwähnte Strickgruppe) einer autonomen Tätigkeit: dieses Brot ist ein frei gewähltes Produkt, sie haben sich zu seiner Herstellung zum bloßen Vergnügen entschlossen, es zu backen, zu essen, es zu verschenken und im ökologischen Backen einen Perfektionsgrad zu erreichen, dessen Normen sie selbst definiert haben. Jedes Brot ist mehr Werk als bloßes Produkt; die Freude am Lernen, an der Zusammenarbeit, an den Fortschritten der Backkunst hat hier die Überhand, und die Sorge um die bloße Ernährung ist zweitrangig. Die auf das Brotbacken verwandte Zeit ist – ebenso wie die mit dem Spielen eines Instruments, mit der Gartenarbeit, dem politischen Engagement oder bei der Erziehung (usw.) verbrachte Zeit – die Zeit des Lebens selbst. Die Tätigkeit trägt ihre Belohnung in sich selbst, ebenso durch ihr Ergebnis wie durch die Fähigkeiten, die ich erlerne, wenn ich sie vollbringe.

Die politische Bedeutung dieser Unterscheidungen liegt auf der Hand: Eigenproduktion und kooperative Tätigkeiten können nur dann autonome Tätigkeiten sein, wenn für jede(n) das Lebensnotwendige anderweitig gesichert ist. Die Entwicklung einer Sphäre autonomer Tätigkeiten kann und darf daher keinen ökonomischen Zielsetzungen entsprechen. Die Vorstellung einer »Dualwirtschaft«, die aus einem marktwirtschaftlichen oder heteronomen Sektor und einem »konvivialen« Sektor autonomer Tätigkeiten bestünde, ist also widersinnig. Die ökonomische Tätigkeit im modernen Sinne, wie wir sie oben definiert haben[34], kann ihrem Wesen nach kein Selbstzweck sein, auch wenn sie – sofern sie kooperativ, selbstorganisiert, selbstverwaltet ist – Dimensionen von Selbstbestimmung beinhalten kann, die sie angenehm und zum Element von Selbstentfaltung werden lassen.

Die Entwicklung eines öffentlichen Raumes autonomer Tätigkeiten kann jedoch eine beschränkte Reduktion der Leistungen und Dienste des Wohlfahrtsstaates *nach sich ziehen*. Anders gesagt, können, wenn die Knappheit der verfügbaren Zeit aufhört, bestimmte erzieherische, heilende, helfende (usw.) Tätigkeiten teilweise wieder in die Sphäre der autonomen Tätigkeiten heimgeholt werden und so – *als indirekte, nicht administrativ geplante Konsequenz* – die Nachfrage nach Versorgung durch äußere, öffentliche oder kommerzielle Dienstleistungen reduzieren. Der umgekehrte Weg ist hingegen ausgeschlossen: Eine Ausweitung der Sphäre der autonomen Tätigkeiten kann prinzipiell nicht aus einer Politik hervorgehen, die ex ante die staatlichen Dienste und Leistungen einschränkt und damit die ungeschütztesten Schichten dazu nötigt, mit ihren Notlagen selbst fertigzuwerden. Die Ausweitung einer Autonomie-Sphäre hat immer zur Voraussetzung, daß die Individuen – sobald die Zeit nicht mehr berechnet werden muß – sich dafür *entschieden* haben, in die häusliche oder die mikro-soziale Sphäre freiwilliger Zusammenarbeit Tätigkeiten heimzuholen, die sie vordem – mangels Zeit – äußeren Diensten überließen.

4. GRENZEN DER SOZIOLOGIE UND GRENZEN DER SOZIALISATION

ZWISCHENBETRACHTUNG ZUM BEGRIFF DER »LEBENSWELT«

Wir haben gesehen, daß die ökonomische Rationalität auf Tätigkeiten anwendbar ist, die vier Kriterien genügen. Sowohl die Tätigkeiten der Privatsphäre als auch diejenigen – autonomen – Tätigkeiten, die sich selbst zum Zwecke haben, widersetzen sich hingegen ihrem Wesen nach der (Ver)Ökonomisierung. Sie kann auf diese nur in widersinniger Weise Anwendung finden, indem sie nämlich gleichzeitig den ureigensten Sinn von Eigenarbeit und autonomen Tätigkeiten zerstört und auch die innere Logik der ökonomischen Rationalität selbst verletzt.

Wenn wir nun mit Jürgen Habermas[1] die Tätigkeiten, auf die die ökonomische Rationalität anwendbar ist, als durch Geld gesteuerte oder über das Geldmedium steuerbare Tätigkeiten ansehen, kommen wir wieder zur Schlußfolgerung, die er mit großer Sorgfalt hervorgehoben hat: Die Steuerung durch das »Medium« Geld ist – ebenso wie die administrative Steuerung – eine Fremdsteuerung, die die »kommunikative Infrastruktur« zersetzt, in der die »symbolische Reproduktion der Lebenswelt« wurzelt. Anders gesagt: alle Tätigkeiten, die kulturelles Erbe übermitteln oder reproduzieren – Erkenntnisse, Geschmack, Bildung, Sitten, Sprache, Gebräuche (usw.) –, kraft derer wir uns in der Welt als einer Welt selbstverständlicher Gewißheiten, Sicherheiten, Wertmuster und sozialer Normen orientieren, all diese Tätigkeiten können nur zum Preis von »Pathologien der Lebenswelt« über das Geld oder durch den Staat gesteuert werden; d. h. zum Preise ihres Zerfalls. Offenbar gehören zu diesen die Integrität der »kommunikativen Infrastruktur« sichernden und übermittelnden Tätigkeiten die erzieherischen, künstlerischen, wissenschaftlichen und theoretischen Tätigkeiten.

Habermas gelangt zu dieser Zeitdiagnose über eine wesentlich theoretische Argumentation, in der die sich der («systemischen«) Fremdsteuerung widersetzenden Tätigkeiten niemals selbst als von Subjekten erlebte und unternommene Handlungsformen auftauchen, sondern nur in ihrer *Funktion der gesellschaftlichen Reproduktion*. Nun ist die Unmöglichkeit, diese Funktion durch Geld steuern zu können, eine sehr viel schwächere Einsicht *(évidence)* als die Unmöglichkeit, Liebe, Wissen, Sorge, Suche nach der Wahrheit oder jedes andere uneigennützige Verhalten zu kaufen. Mit anderen Worten: Die Unmöglichkeit, die »symbolische Reproduktion der Lebenswelt« durch Geld zu steuern, kann nur im Lichte des *Eigensinns* eingesehen werden, den diese Tätigkeiten zwischenmenschlichen Verkehrs, die die besagte »symbolische Reproduktion« gewährleisten sollen, *für die Individuen selbst* besitzen. Die Unmöglichkeit, jene Reproduktion durch Geld zu steuern, ist nur ein matter Abglanz der Unmöglichkeit, diese Tätigkeiten selbst zu (ver)ökonomisieren. Indem das positivistische Denken es »vergißt«, diese Tätigkeiten auf ihren ureigenen Sinn zu befragen, »vergißt« es die ursprüngliche Quelle, der jene Gewißheiten entspringen. Die positivistische Soziologie bemüht sich dann, diese ursprünglichen Einsichten *(évidences)* theoretisch zu begründen, die doch diesem Bemühen selbst vorhergehen und zugrundeliegen. Die Ablehnung der »Naivität bloßen (Er)-Lebens« führt somit in der soziologischen Theoriebildung zur Naivität eines Denkens ohne Subjekt, eines sich selbst undurchsichtigen Denkens.[2]

Darum habe ich in meinen Analysen den umgekehrten Weg eingeschlagen: Ich bin ausgegangen von der erlebten *Erfahrung*, um dann mittels der phänomenologischen oder existentiellen Analyse im ursprünglichen Sinn (d. h. in der *Intention*) einer Reihe von Tätigkeiten den Widerstand (d. h. den *Eigensinn*) auszumachen, der sich ihrer ökonomischen Rationalisierung widersetzt. Dieser unterschiedliche methodische Zugang hat zur Folge, daß uns *vom Standpunkt des Subjekts aus* – d. h. mit einer im lebendigen Verstehen gegründeten Einsicht *(évidence)* – die ökonomische Rationalität nicht anwendbar erschien auf eine Gesamtheit von Tätigkeiten und Beziehungen, die man nicht einfach unter den Begriff der »symbolischen Reproduktion der Lebenswelt« oder der »kommunikativen Vernunft« subsumieren kann. Dieser unterschiedliche methodische Zugang ist von entscheidender Bedeutung in einer historischen Situation, in der es nicht darum geht, *die Gesellschaft zu reproduzieren,* sondern darum, ihr ein *neues* Konzept zu Grunde zu legen: eine Perspektive, die sich nicht aus der bloßen Verlängerung übermittelter Normen ergibt.

Indem sie die Tätigkeiten unter dem alleinigen Blickwinkel ihrer gesellschaftlichen Reproduktionsfunktion untersucht, tut die positivistische Soziologie so, als ob sich diese Tätigkeiten in ihrer gesellschaftlichen Funktion erschöpften und als ob die handelnden Individuen keine andere Wirklichkeit besäßen als eine gesellschaftlich konstituierte. In Wirklichkeit aber überschreitet die soziale Existenz der Individuen immer ihre personale und wird ebenso von letzterer (von der Autonomie und Sensibilität der Person) überschritten. Die Handlungen und Beziehungen, die weder fremdgesteuert noch willentlich hervorgebracht werden können, situieren sich gleichzeitig diessseits und jenseits der sprachlichen Verständigung. Denn die verbale Kommunikation wird sie niemals gänzlich ausdrücken können. Die Beziehung der Mutter zum Kind (und umgekehrt), des Liebenden zur Geliebten, des Freundes zum Freunde, des Therapeuten zum Kranken, des Lehrers zum Schüler (und umgekehrt) erschöpfen sich weder in der Übermittlung kulturellen Erbes noch in einer gegenseitigen Verständigung oder einem Einverständnis, deren einziges Vehikel die Sprache wäre. Die gegenseitige Beziehung ist vielmehr ebensosehr – wenn nicht noch mehr – auf der Ebene des Ungesagten und Unsagbaren angesiedelt wie auf der Ebene sprachlicher Kommunikation.

Die Sprache selbst kann sogar zum einzigen Ziel haben, über das in ihr Gesagte und Sagbare hinaus auf die ursprüngliche

Wortlosigkeit jenes Nicht-Kommunizierbaren zu verweisen, das ein jeder für sich in seiner Innerlichkeit weitererlebt. Auf der Ebene der affektiven Beziehung, die stets ein in meinem Leib erlebtes Verstehen des Leibs des Anderen bedeutet (seiner Art und Weise, in der Welt gegenwärtig zu sein, sich diese Welt *zu eigen zu machen;* des Klangs seiner Stimme und nicht nur dessen, was er sagt; usw.), werden die Bindungen zwischen Personen geknüpft; und durch diese Bindungen – die sehr viel tiefer gehen als die sprachliche Verständigung und Übereinstimmung über praktische Aufgaben oder über die Werte, die die Handlungen steuern sollen – findet ein jeder über seinen Zugang zum anderen auch seinen ursprünglichen Zugang zu sich und zur Welt. So hängt auch das Erlernen der Sprache ab von der affektiven Bindung des Kindes an seine Mutter oder die Bezugsperson, die ihre Stelle einnimmt; der Erwerb von Kenntnissen hängt (wenn er etwas anderes sein soll als bloßes Auswendiglernen und Dressur) von der Zuneigung zur Person des Lehrers ab; der Heilerfolg hängt in einem niemals völlig verschwindenden Maße ab von der persönlichen Ausstrahlung des Therapeuten (usw.).

Diese affektiven interpersonalen Beziehungen sind gleichzeitig die Bedingung für die Sozialisation und widersetzen sich ihr. Sie sind ihre Bedingung, denn niemand kann sich einer sozialen Gruppe zugehörig *fühlen,* wenn seine Zugehörigkeit nicht in einer affektiven Bindung an die Personen dieser Gruppe wurzelt. Die Umkehrung gilt hingegen nicht: die Zuneigung zu Personen hängt nicht ab von ihrer sozialen Zugehörigkeit. Darum kann sich ein Individuum aus Freundschaft, aus Liebe oder aus Menschlichkeit aus seiner Herkunftsgruppe lösen – es kann diese »verraten«, wie das in den Legenden aller Zeiten Hero und Leander, Tristan und Isolde, Romeo und Julia getan haben. Daher ist die Liebe (wie wir oben bei der Mutterliebe festgestellt haben) in ihrem Wesen eine Bedrohung für jede soziale Ordnung. Kurz, *soweit die soziale Integration des Individuums stattfindet, hat sie ihre Wurzeln in einer Bindung, die nicht sozialisierbar ist:* wir lieben uns – oder die Eltern lieben ihre Kinder – als unverwechselbar einzigartige Individuen. Insbesondere die familiäre Sozialisation wird eine um so eher erfolgreiche Erziehung zur Autonomie sein, je mehr das Kind das Gefühl hat, daß seine Eltern ihm bestimmte Anforderungen stellen, *weil* sie es *ohne Bedingung so lieben, wie es ist* – und daß diese Liebe also nicht bedingt gewährt, einem anderen (erzieherischen) Zweck dienlich ist. Mit einem Wort, die geliebte Person kann zwar der notwendige Vermittler meiner Gruppenzugehörigkeit sein, aber meine Liebe als solche akzeptiert keine Vermittlung.

Worum es bei dieser Diskussion geht, ist nichts Geringeres als die individuelle Autonomie und – als Folge davon – die Autonomie der Philosophie oder des Kulturellen, im Verhältnis zur Soziologie oder zum Sozialen. Die Philosophie kann nicht die Suche nach dem Wahren und Guten sein; sie kann nicht die Frage nach dem Wert aller Werte und nach dem Sinn aller Zwecke stellen, wenn das Subjekt nicht in der Lage ist, sich von den Normen und Werten, die das gesellschaftliche Handeln steuern, freizumachen und die empfangenen Wahrheiten infragezustellen. Es kann nur dann eine autonome Reflexion, eine künstlerische oder geistige Schöpfung, eine moralische Revolte geben, wenn ein ureigener Riß das individuelle Subjekt daran hindert, völlig in der »Identität« aufzugehen, die ihm seine soziale Zugehörigkeit verleiht. Wenn ich mich weigere, mich für meine Zuneigung bezahlen oder von Dienstboten bedienen zu lassen, so geschieht dies nicht aufgrund sozialer Normen oder Interpretationen. Diese können ihrem Wesen nach immer neu in Zweifel gezogen oder überwunden werden. Ich weigere mich vielmehr aufgrund des Sinnes, den diese persönliche Beziehung in der absoluten Gewißheit ihrer gelebten Intention (des *cogito*[3]) für mich hat. Dieser Sinn hat zwar *auch* Bestimmungen, für die die soziologische Interpretation zuständig ist, aber er kann niemals von ihr in letzter Instanz ergründet werden.

Die Soziologie überschreitet also ihre Befugnisse, wenn Habermas beispielsweise in seinem Kommentar zu George Herbert Mead schreibt: »Offensichtlich ist auch Individualität ein gesellschaftlich erzeugtes Phänomen, das ein Ergebnis des Vergesellschaftungsprozesses selber ist ... Mead begreift die persönliche Identität genau wie Durkheim als eine Struktur, die aus der Übernahme sozial generalisierter Verhaltenserwartungen hervorgeht: Das ›Me‹ ist die organisierte Menge von Einstellungen, die man von Bezugspersonen übernimmt. Anders als Durkheim geht Mead aber davon aus, daß sich die Identitätsbildung über das Medium sprachlicher Kommunikation vollzieht«.[4] Zusammengefaßt: die Gesellschaft erzeugt die Individuen, die sie benötigt, um als Gesellschaft zu funktionieren und sich über sie zu reproduzieren. Weil die Soziologie von der Gesellschaft als dem ursprünglichen Faktum ausgeht – von einem Faktum also, das man *nicht* aus der gelebten Erfahrung des Individuums her verstehen kann –, setzt sie schließlich die Gesellschaft als Prinzip der Verständlichkeit des Individuums; und dies führt sie unweigerlich zum Postulat, Gesellschaft aus sich selbst zu verstehen, also die Gesellschaft selbst als das eigentliche verstehende Subjekt zu begreifen. (Wie die Gesellschaft dann für die Individuen – und seien sie Soziologen – überhaupt verständlich werden kann, wird somit zu einem unlösbaren Rätsel.) Damit verbietet sich die Soziologie ein Verständnis dafür, daß jedes Individuum auch für sich selbst eine Realität darstellt, die sich nicht in dem erschöpft, was zu tun oder zu sagen ihm die Gesellschaft ermöglicht, und daß niemand gänzlich mit dem, was die Soziologen seine soziale »Identität« oder »Individualität« oder »Persönlichkeit« nennen, zusammenfällt.

Der Grund für dieses Nichtzusammenfallen von Person und gesellschaftlicher »Identität« liegt *nicht* etwa in der Existenz einer *vor*gesellschaftlichen »Natur des Menschen«, die sich jeder Sozialisation entzöge; er liegt vielmehr in der Unmöglichkeit, das Innere zu äußern, das Subjektive zu objektivieren. Jedes Individuum macht auf seine Weise die Erfahrung davon: Die Sprache ist ein Filter, der mich stets dazu zwingt, mehr und weniger zu sagen als das, was ich fühle. Ihr Erlernen ist eine ursprüngliche Vergewaltigung des Erlebten: zwingt sie mich doch, über Erlebnisse zu schweigen, für die es keine Worte gibt, Inhalte zu sagen, die meiner Erfahrung nicht entsprechen, Intentionen zu haben, die nicht die meinen sind. Sie zwingt mich dazu, einen Diskurs, der nicht der meine ist, an die Stelle des mir untersagten zu setzen. Sie ist Disziplin, Zensur, Verführung zur Uneigentlichkeit, zur Verstellung, zur Bemäntelung.

Jede Erziehung ist Gewalt und, schlimmer noch: Vergewaltigung. Man braucht sich nicht auf eine »Natur des Menschen« zu berufen, um das zu verstehen. Die erzieherische Vergewaltigung rührt nicht aus einer Gewalt, die unserem natürlichen Sein angetan würde, sondern aus dem Zwang, uns einem festgelegten Modell einzupassen, das niemals – *ebensowenig wie jedes andere mögliche Modell* – völlig mit unserer innersten Erfahrung übereinstimmt. Die Sozialisierung hindert uns daran, gänzlich uns selbst zu gehören, aber wir würden uns auch dann nicht gehören, wenn sie anders ausgefallen oder – mangels Möglichkeit – unterblieben wäre. Sie ist die kontingente Form unserer Unmöglichkeit, mit uns selbst übereinzustimmen; oder, wenn man dies vorzieht, die kontingente Form unserer genetisch programmierten Eignung zum Erlernen von Fähigkeiten, die nicht von Natur aus die unsren sind – sowie unserer genetischen Unfähigkeit dazu, natürliche Fähigkeiten zu besitzen. Wir sind uns selbst gegeben als Zwang, uns zu dem zu machen, was wir von Natur aus nicht sind (wir sind, nach der Formulierung Sartres, »zur Freiheit verdammt«). Wir lernen in ein und demselben Erziehungsprozeß, daß wir uns selbst als mit niemandem vergleichbares Subjekt gehören und daß es uns verboten ist, uns selbst zu gehören; daß wir dazu verdammt sind, wir selbst zu sein, und uns dies gleichzeitig unmöglich bleibt.

Das Nicht-Zusammenfallen des Subjekt-Individuums mit seinem sozialen Sein kommt z. B. zum Ausdruck, wenn ich sage: »Ich finde keine Worte für das, was ich fühle.«, »Sie verstehen nicht, was ich sagen will«. Daß eine gelebte Erfahrung im Rahmen einer gegebenen Kultur unausdrückbar, unsagbar ist, hindert sie nicht daran, sich beispielsweise in »Verirrungen«, »Abweichungen«, »Neurosen«, »Skandalen«, »Überschreitungen« usw. oder in Kunstwerken zu manifestieren. Hier liegt eine der Bedeutungen von Orwells *1984* und eine der umwälzenden Lehren der Tatsache, daß in China mehr als dreißig Jahre nach der Revolution plötzlich künstlerische Schöpfungen ans Tageslicht traten, die nur das Ergebnis einer untergründigen und zumeist einsamen Suche sein konnten.

Das Nicht-Zusammenfallen des Subjekt-Individuums mit der »Identität«, zu der die Gesellschaft es verpflichtet oder für die allein sie ihm die Ausdrucksmittel bereitstellt, markiert die Quelle ebenso der individuellen Autonomie wie jeder kulturellen Schöpfung. Es ist dieser ureigene Riß, der in jeder Infragestellung oder Verweigerung der zugelassenen Normen und Werte zum Thema wird – durch die Infragestellung der Sprache, die subversive Verdrehung von Gemeinplätzen, das Zutagebringen eines Sinns jenseits jeden Diskurses und des Unsinns, den jeder Diskurs mit sich führt, kurz: durch künstlerische oder intellektuelle Schöpfung. Er ist das Ferment von Negativität in jeder Kultur, das Ferment des Zweifels inmitten der praktischen Gewißheiten, das Ferment der Fremdheit inmitten der Vertrautheit, des Unsinns mitten im Sinn.

Die gelebte Welterfahrung hat also mit jener »Lebenswelt«, wie sie die Soziologen auffassen, nur von ferne etwas gemein. Was diese – im Unterschied zur existentiellen Phänomenologie – mit diesem Ausdruck bezeichnen, ist nämlich nicht die Welt der ursprünglich gelebten Erfahrung, sondern eine durch die gesellschaftlich formalisierten Ausdrucksmittel, vor allem durch die Stereotype der Sprache gefilterte und um ihre Negativität beschnittene »Lebenswelt«. So definiert Habermas die »Lebenswelt« als ein »Reservoir an Selbstverständlichkeiten oder unerschütterten Überzeugungen« und als »einen kulturell überlieferten und sprachlich organisierten Vorrat an Deutungsmustern«.[5] Der Idealismus der Definition läßt sogar die sinnlich erfahrbare Materialität völlig verschwinden, durch die die Lebenswelt beständig all das, was wir über sie wissen oder sagen können, überschreitet: Ist sie doch gleichzeitig (und so wird sie in der phänomenologischen Reflexion aufgefaßt) der Boden aller Gewißheiten und ein unerschöpfliches Reservoir von Ungewißheiten, von Zweifel. Daher konnte Maurice Merleau-Ponty zusammenfassend bemerken: »Die Gewißheit ist Zweifel«.[6]

Was die Soziologie »Lebenswelt« nennt, entspricht sehr viel eher dem, was Heidegger in *Sein und Zeit* als die Welt des »Man«, des »Geredes«, der alltäglichen »Selbstverständlichkeit«, der »Uneigentlichkeit« beschrieben hat.[7] Sicher, auch für die Phänomenologie (der die Soziologie den Ausdruck entliehen hat) ist die Lebenswelt die durch unsere Kenntnisse, Gewohnheiten, selbstverständlichen Beziehungen und vertrauten Techniken organisierte, informierte und interpretierte Welt – allerdings in der Gewißheit, daß sie *nicht nur dies ist* und daß ihre vertraute Wirklichkeit nur eine Profilierung einer sie unendlich überschreitenden fühlbaren Dichte ist, deren undifferenzierter Hintergrund die Beständigkeit und Konsistenz der vertrauten Realität bedroht. Die Lebenswelt hat als ständige Potentialität die Auflösung der Organisation, die sie zur uns vertrauten macht – ebenso wie jede Erkenntnis die Gewißheit ihrer möglichen Unangemessenheit und Korrektur in sich trägt.

Man sieht, worum es in dieser Auseinandersetzung über den Begriff der »Lebenswelt« geht: Wenn wir uns an die soziologische Auffassung halten, so ist die Lebenswelt wesentlich eine Ablagerung von vormodernen und prä-rationalen Sinngebungen und Verhältnissen, deren Infragestellung eine Infragestellung der Individuen in ihrer »Identität« und ihren Grundüberzeugungen selbst bedeutet. Dann wäre sie nur eine Erbschaft aus Bräuchen, Traditionen, Gewohnheiten und Normen, die gegen die sie erschütternden Veränderungen verteidigt werden müßten. Nach dieser Auffassung wäre der Inhalt der für die »Lebenswelt« konstitutiven Traditionen, Normen, Gebräuche usw. gleichgültig. Die Frage, *wie die Lebenswelt erlebt wird*, ließe sich nicht einmal stellen: d. h. die Frage, welchen Preis an Repression, Selbstverleugnung, Gewalt gegen sich selbst und gegen andere es die Individuen gekostet hat, ihre Existenz in das festgelegte Modell einzufügen, in dem alleine ihnen die Gesellschaft die Vermittlung ihrer lebendigen Erfahrung erlaubt. Mit der Negativität des Subjekts und der Negativität der Lebenswelt verschwände also auch die Möglichkeit einer anderen als traditionalistischen und konservativen Kritik an der Moderne und damit auch die Möglichkeit zu autonomen Handeln.

Diese Auffassung von Lebenswelt ist aber in einer Situation, in der »alles Ständische und Stehende verdampft, alles Heilige entweiht wird«[8], weder triftig noch anwendbar: in einer Situation, in der die aus der Vergangenheit ererbten Traditionen, Werte und Normen hinfällig geworden sind; wo das »Reservoir kulturell überlieferter Deutungsmuster« leer ist; wo nichts mehr selbstverständlich ist; wo es keine zu bewahrenden oder zu verteidigenden »unerschütterten Gewißheiten« mehr gibt. Wenn die Kolonialisierung der Gesellschaft durch die Apparate und die Krise ebendieser Apparate die vertrauten Selbstverständlichkeiten ruiniert haben; wenn die Lebenswelt in ihrer sinnlich erfahrenen Materialität als unlebbar erlebt wird, aufgrund der strukturellen Gewalt, die ihre materielle Anordnung und ihre beständige megatechnologische Umwälzung unseren Sinnen antut, unseren Leibern und der Biosphäre, die sie umspült; wenn die kulturell übermittelten diskursiven Stereotypen Kommunikationshindernisse werden und die traditionellen Deutungsmuster die Wirklichkeit verzerren und unserem Erkennen und Handeln entziehen; wenn, mit einem Wort, das (Er)Leben durch seine sanktionierten Ausdrucksformen wortlos und das Gewebe der sozialen Beziehungen in unförmige Fetzen zerrissen ist – dann löst sich der Gegenstand der positivistischen Soziologie selbst auf und verwandelt sie in Mystifikation.

Denn längst ist die Gesellschaft nicht mehr dort, wo sie institutionell ihre Existenz proklamiert, noch findet die Politik in den Kämpfen statt, die Apparate gegeneinander führen, um andere Apparate zu kontrollieren. Gesellschaft gibt es nur noch in den Zwischenräumen des Systems, wo sich Beziehungen und Solidaritäten aufbauen und im Kampf gegen die Mega-Maschine und ihre Verwüstungen neue Öffentlichkeiten schaffen;

Grenzen der Soziologie

Gesellschaft existiert nur noch dort, wo die Individuen die Autonomie beanspruchen, zu der sie die Zersetzung der traditionellen Bindungen und die Brüchigkeit der übermittelten Deutungsmuster verdammt; wo sie es sich zur Aufgabe machen, ausgehend von sich selbst, Werte, Ziele und soziale Beziehungen neu zu erfinden, die zu den Keimen einer zukünftigen Gesellschaft werden könnten. Wichtig ist nicht, was sich im Vordergrund der Szene abspielt, sondern was in den Zwischenräumen des Systems geschieht und in den Lücken der Sprache zum Ausdruck kommt.

Außerdem ist – wie Alain Touraine gezeigt hat – jenes Wichtige einer in objektivierender Einstellung gewonnenen Erkenntnis gar nicht zugänglich. Es erschließt sich vielmehr nur auf dem Wege einer eingreifenden Forschung[9], durch die eine soziale Bewegung lernen kann, ihre untergründige und zunächst noch strukturlose Rede in artikulierte und methodische Form zu bringen, ihrer letzten Handlungsziele bewußt. Es geht heute nicht darum, ein bestehendes Erbe einfach zu schützen oder zu verteidigen, sondern eine Sphäre zu erringen und auszuweiten, in der wir die Art und Weise unserer gesellschaftlichen Zusammenarbeit selbst steuern und die Inhalte unseres Lebens selbst bestimmen können.

DRITTER TEIL

FRAGEN NACH DEM SINN IV
VORSCHLÄGE UND PERSPEKTIVEN

Vorschläge

AUS DER GESAMTHEIT der bisherigen Analysen zeichnet sich bereits – wie in Filigran – das Bild einer möglichen anderen Gesellschaft ab. In ihr wird die fortschreitende Verringerung der ökonomisch zweckbestimmten Arbeit ein Übergewicht der autonomen Tätigkeiten möglich gemacht haben; »die freie Zeit wird den Sieg über die Zeit des Zwangs davontragen, die Freizeit über die Arbeit«; »die Freizeit wird nicht mehr allein der Erholung oder Kompensation dienen, sondern wird die wesentliche Zeit des erfüllten Lebens sein, während die Arbeit auf den Status eines bloßen Mittels reduziert wurde«. »Diese freie Zeit wird die gemeinschaftlichen Werte befördern. Man denke nur, welche Umwälzung es für unsere Gesellschaft bedeuten würde, wenn Kreativität, Konvivialität und Spiel die mit der Arbeit verbundenen Werte von Effizienz und Leistung überwiegen«. »Es geht um nichts Geringeres als darum, Lebenskunst und erneuerte Formen sozialer Kreativität wieder zu erfinden.«[1] Mit einem Wort: es geht um den Übergang von einer produktivistischen oder Arbeitsgesellschaft zu einer Gesellschaft der befreiten Zeit, in der Kultur und Gesellschaftlichkeit das Ökonomische überwiegen – es geht um eine »Kulturgesellschaft«[2].

Dieser grundlegende Wandel (der den Namen ›revolutionär‹ verdiente, wäre dieser Ausdruck nicht längst aus dem Verkehr gezogen und durch die Mode entwertet worden) ist als einziger in der Lage, den laufenden Veränderungen einen Sinn zu geben. Ohne diesen gesellschaftlichen Wandel aber werden sie nur zweifelhafte technische Barbareien mit sich bringen. Ohne ihn werden die Arbeitsersparnisse und Zeitgewinne, die die beschleunigte Entwicklung neuer Techniken hervorbringt, nur zu massenhafter Verarmung, Arbeitslosigkeit und Ausschluß aus der Gesellschaft einerseits und zu einer Verschärfung des »Kriegs aller gegen alle« andererseits führen.

»Da die Erwerbsarbeit immer weniger Zeit erfordert, ist eine Kultur der Eigenarbeit nötig, die auch der Ausbeutung durch Unterhaltungs- und Freizeitindustrie entgegenwirkt. Eigenarbeit in Haus, Garten und Umwelt, aber auch soziales Engagement in der Nachbarschaft können Werte schaffen, vor allem aber menschliche Fähigkeiten und Neigungen zur Entfaltung bringen, die in der Erwerbsarbeit verkümmern oder nicht gefragt sind.

(...)

Wir wollen, daß sich in den Gemeinden eine kommunale Kultur, eine Kultur der Geselligkeit, des Feierns und der Besinnung erhält oder herausbildet.«[3]

Die Übereinstimmung zwischen diesen Passagen am Ende des Entwurfs für ein neues Grundsatzprogramm der SPD und den folgenden Bemerkungen der Autoren von *La révolution du temps choisi* ist bemerkenswert:

»Es ist nicht allzu schwer, uns die bevorzugten Bereiche vorzustellen, in denen sich die durch die freie Zeit ermöglichten Tätigkeiten abspielen könnten: So könnten die Aufgaben der lokalen Selbstverwaltung und der Nachbarschaftshilfe sehr viel leichter von ihren Nutznießern wiederangeeignet werden; Pflege und Instandhaltungsarbeiten an individuellem oder gesellschaftlichem Besitz würden einen neuen Wert bekommen; Mitgliedschaften in verschiedenen Vereinen wären möglich; Amateure könnten künstlerische und kulturelle Tätigkeiten entfalten und Kleinkulturen entstehen lassen, die mehr Sinn hervorbringen als das derzeitige von den Medien fabrizierte Standardangebot. Diese Kultur des unmittelbaren Lebensumfeldes würde das Gemeinschaftsleben stimulieren und damit zur ›Wiederverzauberung der Welt‹, zur ›Wiedergeburt des Gefühls‹ beitragen, derer wir nach Aussage berufener Soziologen (Serge Moscovici, Alain Touraine) so bedürfen. (...) Diese gesellschaftliche Dynamik wird uns auch den Weg zu jenen schönen Ausdrücken des ›Tätig-Seins‹ oder des ›Werks‹ wieder eröffnen, die uns die moderne Arbeit hat vergessen lassen. Und wir setzen darauf, daß sie die Gesellschaft geselliger machen und jeden stärker an seiner Umwelt teilhaben lassen.«[4]

Ich beginne bewußt damit, dieses Leitbild (oder diese »konkrete Utopie«) in synthetischer Manier vorzustellen und dann erst zu den Fragen der Machbarkeit zu kommen. Denn das

Entscheidende an diesem Leitbild besteht darin, daß es den *möglichen Sinn* der laufenden technischen Veränderungen anzeigt und daß diese keinen anderen Sinn haben können als folgenden: wenn die gesparte Arbeitszeit nicht dazu dient, Zeit freizusetzen, und wenn diese befreite Zeit keine Zeit der »freien Entfaltung des Individuums«[5] ist, dann ist dieses Sparen von Arbeitszeit völlig sinnlos.

Wenn man sich hingegen dafür entscheidet, den im Gang befindlichen Prozessen den emanzipatorischen Sinn *zu geben,* den sie haben können, dann stellt sich die Frage der Mittel in konkreter und positiver Weise: Es ist nicht mehr die spekulative und hilflose Frage, zu wissen, »wohin wir gehen«, wenn wir schon irgendwohin gehen sollen; die Frage lautet, *wie* wir in die einzige Richtung *(sens)* gehen können, die uns offensteht, wenn es denn einen Sinn geben soll.[6] Und in ihrem Prinzip ist die Antwort auf diese Frage bereits bekannt: Sie besteht in der planmäßigen, stufenweisen Arbeitszeitverkürzung ohne Verlust an Realeinkommen, kombiniert mit einer Reihe von Begleitpolitiken, die diese freigesetzte Zeit für alle zur Zeit freier Entfaltung werden lassen.

Zusammengefaßt geht es darum, sich der aktuellen Entwicklungen zu bemächtigen, um sie in eine Richtung *(sens)* zu orientieren, die ihren eigenen Tendenzen entspricht. Dieser Sinn wird sich auf keinen Fall von selbst herstellen können. Und wir kennen den Grund dafür: Die Entwicklung der Produktivkräfte kann zwar aus sich heraus das notwendige Arbeitsvolumen verringern; aber sie kann nicht aus sich selbst heraus die Bedingungen schaffen, die diese Arbeitsersparnis zu einer Befreiung für alle machen. Die Geschichte kann Chancen einer größeren Freiheit in unsere Reichweite stellen; doch sie kann uns nicht davon dispensieren, diese Chancen auch emanzipatorisch zu nutzen. Wir werden nicht durch einen materiellen Determinismus und gleichsam ohne unser Mittun befreit werden. Das in einem historischen Prozeß enthaltene Befreiungspotential aktualisiert sich nur, wenn es von den Menschen zu ihrer Befreiung ergriffen wird.

Das Problem ist also seinem Wesen nach politischer Natur. Die Linke wird sich in Zukunft von der Rechten hauptsächlich durch die emanzipatorischen Ziele unterscheiden, auf die hin sie den technischen Wandel lenken will; oder, wie Peter Glotz schrieb, durch ihre Fähigkeit, »der Technik eine Utopie abzuringen«. Sie wird sich von der Rechten durch den Willen unterscheiden, Arbeitsersparnisse für gesellschaftliche und kulturelle Ziele zu verwenden, die die ökonomischen Ziele schließlich überschatten. Wir finden hier das Wesen des Sozialismus wieder, wie wir es mit Karl Polanyi definiert haben[7]: Als Unterordnung der ökonomischen Tätigkeiten unter gesellschaftliche Zwecke und Werte.

Definiert man Sozialismus so, dann war seine Aktualität niemals so groß wie heute. Die Schwierigkeit rührt daher, daß die traditionelle Klassenbasis der sozialistischen Linken durch den technologisch bedingten Wandel zersetzt worden ist und das direkte Band zwischen dem Interesse der *Arbeiter* und ihrem Bedürfnis nach Gesellschaft gerissen ist. Außerdem hat dieses Bedürfnis nach Gesellschaft(lichkeit) niemals die Form angenommen, die es nach der sozialistischen Theorie hätte annehmen sollen. Die Arbeiter hatten zwar das offensichtliche Bedürfnis, die ökonomische Rationalität einzudämmen, den Verkauf ihrer Arbeitskraft den Marktgesetzen zu entziehen. Dabei handelte es sich um ein *Klassen*interesse, auf dessen Grundlage ihre Klassenorganisationen aufbauten. Die Schranken aber, die diese dem Spiel der Marktmechanismen setzten, waren niemals Ausdruck eines anderen gesamtgesellschaftlichen Konzepts. Wenn man so will, hat der Klassenkampf niemals (mit Ausnahme der owenistischen Bewegung in England) die Wendung einer offen revolutionären Bewegung angenommen, die darauf abzielt, die liberalkapitalistische Nicht-Gesellschaft durch eine auf die freiwillige Vereinigung und Zusammenarbeit der Produzenten gegründete Gesellschaft zu ersetzen.

Wir haben gesehen, wo die Gründe für dieses politische Defizit (genauer: ein Defizit an Gesellschaftlichkeit) liegen: Die

Produktionsmittel und die Organisation der Arbeitsteilung (die *auch* eine Produktivkraft ist) innerhalb großer Wirtschaftsräume haben eine derartige Komplexität angenommen, daß es rein materiell für die vereinigten Arbeiter unmöglich wäre, sich diese wiederanzueignen und ihren eigenen Zielen zu unterwerfen. Wenngleich der Klassenkampf *Gesellschaft* produziert, konnte er doch keine Gesellschaft der Produzenten hervorbringen.

Deshalb haben sich die Arbeiterbewegung und die Linke zunehmend dem »fordistischen Kompromiß« angeschlossen. Dieser ersparte es der Arbeiterbewegung, für eine andere Gesellschaft einzutreten, und er maskierte das für den liberalen Kapitalismus charakteristische Defizit an Gesellschaftlichkeit. Er delegierte an den Staat – einen Staat, ausgestattet mit Interventionsmitteln und Steuerungsinstrumenten, die größtenteils jeder sozialen und politischen Kontrolle entzogen sind – die Aufgabe, das Gesellschaftssystem *als verselbständigtes System* nach Rationalitätskriterien zu steuern, die mit den Eigeninteressen keiner der beiden kämpfenden Klassen zusammenfielen, jedoch faßbaren Gewinn und Befriedigung für alle einbrachten.

Der Wohlfahrtsstaat – den Pierre Rosanvallon treffender den »Sozial-Etatismus« genannt hat[8] – muß als *Gesellschaftsersatz* begriffen werden.[9] In Abwesenheit einer zur Selbststeuerung fähigen Gesellschaft hat er während der fünfundzwanzig Jahre des fordistischen Kompromisses das ökonomische Wachstum und das Funktionieren des Marktes gesteuert, die kollektive Aushandlung des (zur »Sozialpartnerschaft« umgetauften) Klassenkompromisses institutionalisiert und die Entfaltung der ökonomischen Rationalität über die Schranken, die er ihr (gleichzeitig) auferlegte, sozial tolerierbar und materiell tragfähig gemacht.

Er war jedoch niemals *Produzent von Gesellschaft* und konnte dies auch gar nicht sein. Die steuerliche Umverteilung der »Früchte des Wachstums«, die sozialen Vorsorgesysteme gesetzlicher Versicherungspflicht, des Gesundheitsschutzes (usw.) traten recht oder schlecht an die Stelle der aufgelösten sozialen Bindungen, aber sie schufen keine neue gesellschaftliche Solidarität: Die so indirekt und unsichtbar wie möglich vorgenommene Umverteilung oder Umwidmung eines Teils des produzierten Reichtums war Sache des Staates, ohne daß irgendein Band *erlebter Solidarität* zwischen den Individuen, Schichten oder Klassen geknüpft wurde. Die Bürger waren nicht die handelnden Subjekte des Sozial-Etatismus; sie waren als Anspruchsberechtigte, Beitragspflichtige und Steuerzahler seine Verwaltungsobjekte.

Diese Trennung zwischen Wohlfahrtsstaat und Bürgern war unausweichlich, da die Wurzeln des für den marktwirtschaftlichen Kapitalismus charakteristischen Gesellschaftsdefizits intakt geblieben waren. Der Sozial-Etatismus wollte nämlich ausdrücklich ein Modell politischer Steuerung der kapitalistischen Marktwirtschaft sein, deren Substanz er genausowenig angreifen wie er deren Hegemonie über die gesellschaftlichen Beziehungen beschneiden wollte. Diese sollten im wesentlichen (Ver)kaufsbeziehungen bleiben, auch wenn die Märkte, auf denen sie sich abspielten, von ferne und von oben durch staatliche Interventionen gesteuert wurden. Nun ist der Markt vor allem ein Ort, auf dem verstreute Individuen aufeinandertreffen, von denen ein jedes seinen privaten Vorteil verfolgt. Markt und Gesellschaft stehen in einem grundlegenden Widerspruch zueinander. Das Recht eines jeden, den eigenen Vorteil souverän zu verfolgen, schließt ein, daß ihm keinerlei Zwang oder Einschränkung im Namen eines »übergeordneten Gesellschaftsinteresses« oder transzendenter Werte auferlegt werden darf. Die »Marktgesellschaft« ist eine *contradictio in adjecto:* soll sie doch hervorgehen aus dem Kampf aller gegen alle. Als rein äußerliche Resultante individuellen Treibens und Ergebnis keines menschlichen Willens hat sie nur statistische Wirklichkeit.

Da der Markt jedenfalls unfähig dazu ist, selbst die Bedingungen seines selbständigen Funktionierens auf Dauer sicherzustellen; und da das souveräne Recht eines jeden, den eigenen Vorteil zu verfolgen, nur unter der Bedingung rechtlicher Begrenzung verallgemeinerbar war, bleibt die »Marktgesellschaft« auf den Staat angewiesen: Sie kann ohne einen Rechtsapparat nicht auskommen, der die Souveränität der Individuen derart einschränkt, daß die Souveränität eines jeden im Recht des anderen seine Schranke findet. Dieser Rechtsapparat muß notwendigerweise von den Individuen selbst und gegenüber der politischen Macht unabhängig sein. So erfordert die »Marktgesellschaft« aus ihrer eigenen Natur heraus die Trennung von Recht und Sitten, die Trennung von Staat und Zivilgesellschaft und die Autonomie des Staates gegenüber den Individuen und der politischen Macht. Die für die liberale Ideologie charakteristische *Staatsablehnung* muß also als indirekter Ausdruck der dem liberalen Kapitalismus innewohnenden *Gesellschaftsablehnung* verstanden werden.

Der »fordistische Kompromiß« stellte somit ein grundlegend instabiles Gebilde dar. Der Staat hatte sich Eingriffs- und Steuerungsinstrumente geschaffen, die zwar – global gesehen – dem Interesse des marktwirtschaftlichen Kapitalismus entsprachen, nichtsdestoweniger aber den Interessen jedes Einzelkapitalisten widersprachen. Dieser hochmütige technokratische und Interventionsstaat wurde von der Bourgeoisie nur deshalb hingenommen, weil er das Wirtschaftswachstum in einem Klima relativen sozialen Friedens sicherstellen konnte. In der Tat wird in einem System beständigen Wachstums der Vorteil eines jeden mit dem Vorteil aller verträglich: alle können gewinnen. Aber mit dem Auftauchen der »Grenzen des Wachstums« wird die Marktwirtschaft wieder zu einem Nullsummenspiel: jeder kann sich nur zum Nachteil von anderen einen Vorteil verschaffen. Das Ende des Wirtschaftswachstums machte also den »fordistischen Kompromiß« hinfällig. Sein Baumeister, der technokratische Staat, verlor in den Augen der Bourgeoisie seine Legitimität. Er hätte seine Steuerungsmacht und Schiedsrichterrolle nur behalten können, wenn er das freie Spiel des Marktes noch mehr als bisher eingeschränkt hätte, wenn er also den marktwirtschaftlichen durch einen verwalteten Kapitalismus ersetzt hätte – der immer näher an den Staatskapitalismus herangerückt wäre. Das aber hätte die offene Auseinandersetzung mit der Bourgeoisie bedeutet.

Die Fortsetzung ist bekannt. Der offene Konflikt wurde gar nicht erst versucht oder sehr schnell wieder eingestellt. Denn die Steuerungsmacht der Nationalstaaten wurde in ihrem Rücken von der Internationalisierung des Kapitals und – vor allem – durch die weltweite Verflechtung der Finanzmärkte übernommen. Um ihre ökonomische Interventionsmacht zu behalten, hätten sich die nationalen Technokratien nicht nur mit der jeweiligen nationalen Bourgeoisie auseinandersetzen müssen, sondern mit den Finanzbourgeoisien und Zentralbanken der Gesamtheit der kapitalistischen Industrieländer. Die Öffnung der nationalen Wirtschaftsräume gegenüber dem Weltmarkt und die Verschärfung der internationalen Konkurrenz wurden damit für die nationalen Bougeoisien zu einer vortrefflichen Waffe in ihrem Kampf gegen den Staatsinterventionismus innerhalb jedes einzelnen Landes. Nur eine transnationale Koalition der Linken, die sich auf gemeinsame politische Ziele geeinigt hätte, wäre in der Lage gewesen, dem Internationalismus des Kapitals dauerhaft zu widerstehen. Sie aber erblickte das Tageslicht nicht: Die Mehrzahl der Linksparteien hatte als einziges Bestreben, sich der Staatsmacht zu bemächtigen oder ihre Kontrolle zu behalten, ohne zu bemerken, daß diese nationalen Strukturen längst ihrer Substanz beraubt wurden und sich die Entscheidungszentren verlagert hatten.

Der Markt – oder genauer, die Öffnung der nationalen Volkswirtschaften gegenüber einem der Steuerungsmacht der Nationalstaaten entzogenen Weltmarkt – fand seine ursprüngliche *politische* Funktion wieder: die Verhinderung einer politischen Kontrolle der Ökonomie. Der »außenwirtschaftliche Zwang«, der ja nichts anderes als das Marktgesetz in einer scheinbar unwiderstehlichen Gestalt war, schien sich den Individuen, Völkern und Staaten wie eine »höhere Gewalt« aufzudrängen. Da sie menschlicher Gewalt scheinbar entzogen war, blieb nichts anderes übrig, als sich ihr zu beugen. Niemand mehr, weder Regierungen noch Unternehmerschaft noch Finanzkapital, war für die Zwänge der Konkurrenz auf dem Weltmarkt verantwortlich zu machen.

So wurden der Markt und der »außenwirtschaftliche Zwang«, wie dies Bernard Manin sehr gut gezeigt hat, wieder zu »Prinzipien von Ordnung und Regierbarkeit«. »Wenn es niemanden gibt, den die Individuen für ihr Schicksal verantwortlich machen könnten, wird dies die Handelnden dazu führen, alles, was ihnen widerfährt, zu akzeptieren. (...) Der Markt stellt also ein äußerst wirksames Prinzip der Begrenzung der politischen Macht dar, weil er eine Steuerungsinstanz darstellt, die sich dem Zugriff der verschiedenen Akteure entzieht.«[10]

Hier liegt die Erklärung für die Krise, den Rückzug und das Elend der europäischen Linken. Sobald man einmal akzeptiert hat, daß der Markt die »Konkurrenzfähigkeit« als erstes und unwiderstehliches Gebot erzwingt, muß – wie Karl Polanyi bemerkte – die Gesellschaft als Hilfsinstrument des Marktes geführt werden. Also muß der Wohlfahrtsstaat geschleift und die Wirtschaft »dereguliert« werden; die liberalkapitalistische Ideologie wird zunehmend hegemonial, und die Linke – soweit sie sich mit dem Sozial-Etatismus identifiziert hat – findet sich in der Defensive, ohne Programm, ohne Konzept, ohne Perspektive. Wenn sie sich noch an der Macht halten kann, verdankt sie dies häufig ihrer Fähigkeit (in Italien, Österreich, Spanien), neoliberale Reformen (oder Gegenreformen) der Arbeiterbewegung aufzuzwingen. Sie regiert im Namen von Effizienz und technokratischer Konsequenz. Sie verkörpert die Kunst, zwischen dem »außenwirtschaftlichen Zwang« einerseits und den Interessen der lohnabhängigen Schichten andererseits zu vermitteln. Kurz: links oder sozialistisch ist sie nur mehr dem Namen nach – und diesen Namen diskreditiert sie. Die Bedingungen ihrer authentischen Wiedergeburt leiten sich aus dieser Analyse ab.

Die erste dieser Bedingungen ist der Internationalismus, oder – wenn man dies vorzieht – eine trans-, supra- und internationale Konzeption der anstehenden Aufgaben und Politiken. »Die

Linke wird entweder als *europäische Kraft* revitalisiert – oder unter würdigen Belobungen für historische Verdienste von der Bühne geschoben«, bemerkte Peter Glotz.[11] Anders gesagt: entweder findet sie zusammen, um die Entstehung eines »europäischen sozialen Baums« auf der Grundlage eines für alle Länder gemeinsamen und an gemeinsamen Zielen ausgerichteten Systems der Sozialgesetzgebung, sozialer Sicherung und Sozialpolitik durchzusetzen – oder sie ist dazu verurteilt, in jedem Land die gesellschaftliche Regression zu erleiden oder anzuerkennen, für die weiterhin der »außenwirtschaftliche Zwang« als Alibi herhalten wird.

Die zweite Bedingung ist, daß die Linke ein Gesellschaftskonzept vorlegt, das die unmittelbar widerstreitenden Interessen der verschiedenen Arbeiter- und Arbeitslosenschichten hin zu gemeinsamen Interessen überwindet. Dies ist keine neue Aufgabe: die Arbeiterbewegung und die aus ihr entstandene politische Linke haben sie von Anbeginn an erfüllen müssen. Und sie waren dazu nur dadurch in der Lage, daß sie sich über die direkten ständischen Interessen hinaus auf moralische, kulturelle und politische Interessen der Frauen und Männer beriefen: auf ihr Bedürfnis, Sinn zu geben, ihr Bedürfnis nach einem »Ideal«. Dieses Bedürfnis findet heute nur noch in den großen kollektiven Bewegungen seinen Ausdruck, die für die Gründungswerte der Linken eintreten (Frieden, Freiheit und Unantastbarkeit der Person, Rechts- und Chancengleichheit usw.). Es kann sich nur außerhalb des parteipolitischen Rahmens äußern, da die Parteien mit den Regierungs- und Verwaltungsmaschinen verwachsen sind, die jede Möglichkeit der Diskussion über gesamtgesellschaftliche Ziele versperren. So stehen politischen Apparaten ohne Leitwerte – Leitwerte ohne politische Übersetzung entgegen. Die Werte, die einst die Linke begründeten, suchen heute Raum in den Kirchen und Vereinen.

Aber die europäische Linke verfügt (ich zitiere wieder Peter Glotz) »über eine konkrete Utopie, die Millionen bewegen könnte: Arbeitszeitverkürzung. Arbeitszeitverkürzung aber

Vorschläge

nicht nur als technokratisches Instrument zur gerechteren Verteilung von Arbeit, sondern als das gesellschaftsverändernde Ziel, den Menschen mehr ›disponible Zeit‹ zu schaffen. Hier liegt eine historische Chance, die in der Geschichte der Menschheit noch niemals gegeben war: zu erreichen, daß die Orientierungszeit eines Menschen größer ist als die Arbeitszeit und die Zerstreuungs- und Ausruhzeit, die einer braucht.

Die Linke hat keine Ziele mehr? Hier hätte sie eins; nicht mehr auf dem Papier, sondern schon in den sozialen Kämpfen. (...) in einer großen Anstrengung wäre es möglich, den Kampf von deutschen Metallarbeitern für systematische Arbeitszeitverkürzung *mit* Lohnausgleich – also *ohne* soziale Abstufung – zu einem Thema der ganzen europäischen Linken zu machen; nicht nur zu einer Spezialfrage der Sozialpolitik, sondern zu einer großen politischen, kulturellen, gesellschaftlichen Initiative. Eine neue Zeitpolitik – das ist kein isoliertes Kampfgebiet für Facharbeiter, sondern eine schichtenübergreifende, verbindende humanistische Idee: Arbeit und Muße in eine prinzipiell neue Balance zu bringen. Es wäre der größte neuere Programmpunkt einer politischen Bewegung, der der Begriff ›Emanzipation‹ nicht peinlich geworden ist.«[12]

Die Übereinstimmung hier ist fast perfekt zwischen der deutschen SPD, den italienischen Kommunisten und den wichtigsten italienischen Gewerkschaften, die sich bis zum Ende dieses Jahrhunderts die 30-Stunden-Woche zum Ziel gesetzt haben[13]; und den niederländischen Linksparteien (Sozialdemokratie inklusive) und Gewerkschaften, deren Ziel die 25-Stunden-Woche ist, gekoppelt mit der Entwicklung von Tätigkeiten ohne ökonomische Zwecksetzung und der Umverteilung der häuslichen Aufgaben zwischen Mann und Frau.

Natürlich bleibt die Frage der konkreten Wege und Mittel. Und um diese Frage dreht sich die entscheidende Auseinandersetzung zwischen den verschiedenen Komponenten innerhalb der Linken einerseits – und zwischen Linker und Rechter andererseits. Die Verkürzung der Arbeitszeit kann nämlich – je nach

ihren Formen – die soziale Ungleichheit verringern oder vermehren, die Sicherheit oder die Unsicherheit erhöhen, ein Faktor sozialer Eingliederung oder des Ausschlusses aus der Gesellschaft sein. Sie kann:
1. für alle einheitlich oder differenziert;
2. allgemein oder selektiv;
3. auf die Wochen-, Jahres- oder Lebensarbeitszeit bezogen sein;
4. mit Einkommenserhöhung, -garantie oder -reduktion einhergehen;
5. die Verbindung zwischen Recht auf Arbeit und Recht auf Einkommen zerbrechen, lockern oder beibehalten.

Ihre Modalitäten implizieren grundlegende Entscheidungen über das angestrebte Gesellschaftsmodell. Ich will versuchen, die umkämpften Angelpunkte deutlich zu machen, indem ich der Reihe nach die oben angeführten fünf Variablen untersuche.

DIE VERKÜRZUNG DER ARBEITSZEIT: KONFLIKTGEGENSTÄNDE UND POLITIKALTERNATIVEN

1. DIE STRATEGIE DER ORIENTIERUNGSDATEN

Bisher ist die Arbeitszeit in extrem unterschiedlicher Weise verkürzt worden: Für die einen fiel sie auf null; für die anderen änderte sie sich nicht. Diese Differenzierung war das Ergebnis einer äußerst selektiven Einstellungs- bzw. Entlassungspolitik. Sie hat zu neuen Formen sozialer Differenzierung und Ausschließung geführt; sie hat die Ungleichheit vermehrt. Derzeit spielt sich alles so ab, als ob die Reduktion der Arbeitsdauer auf eine eingegrenzte Bevölkerungsgruppe konzentriert wäre.

Man kann natürlich weniger extreme Formen der Differenzierung ins Auge fassen. Dies tun die Autoren, die – aus einem strikt ökonomischen Blickwinkel – die Arbeitsdauer von den in den verschiedenen Betrieben erreichten Produktivitätszuwächsen abhängig machen wollen. Die Arbeitszeiten könnten ihnen zufolge dort mit vollem oder particllem Lohnausgleich reduziert werden, wo die Produktivität schnell ansteigt, nicht aber bei den Tätigkeiten mit geringem oder ohne jeden Produktivitätszuwachs. Man kann sich das Ergebnis einer solchen Arbeitszeitpolitik leicht vorstellen: Die Gesellschaft würde sich noch weiter spalten. Auf der einen Seite stünde eine Aristokratie der Arbeit, die in den hochproduktiven Branchen in 20 oder 30 Wochenarbeitsstunden genauso viel oder mehr verdiente wie die Masse der Arbeiter und vor allem Arbeiterinnen auf der anderen Seite, die in Krankenhäusern, Kaufhäusern, im Erziehungswesen und Gaststättengewerbe weiterhin zur traditionellen vollen Arbeitszeit gezwungen wären.

Eine der wichtigsten Funktionen einer Arbeitszeitpolitik besteht aber genau darin, die gesparte Arbeitszeit nicht nach

Prinzipien der ökonomischen Rationalität, sondern der Gerechtigkeit zu verteilen. Diese Zeitersparnisse sind das Werk der Gesamtgesellschaft. Die politische Aufgabe besteht darin, sie auf gesamtgesellschaftlicher Ebene so zu verteilen, daß jeder und jede in ihren Genuß kommt.

Diese Verteilung – mit anderen Worten, die gleichmäßige Verkürzung der *durchschnittlichen* Arbeitszeit für alle – setzt natürlich eine beständige Umverteilung der Arbeitskräfte zwischen den Branchen voraus: in Branchen mit geringem Produktivitätszuwachs müssen die Beschäftigtenzahlen erhöht, in denen mit hohem Produktivitätszuwachs verringert werden, *was sie ohnehin bisher stets getan haben. Aber sie werden ihre Belegschaften nicht mehr so schnell verringern können wie bisher, während die Branchen mit niedriger Produktivität die ihren schneller vermehren werden.*

Diese Umverteilung der Beschäftigtenzahlen zwischen den Branchen wird offenkundig nicht spontan stattfinden können. Sie setzt unter anderem eine vorausschauende Ausbildungs- und Erziehungspolitik voraus, die nach Orientierungsdaten geplant wird: etwa die stufenweise Verkürzung der Arbeitszeit um vier Stunden alle vier Jahre. Welchen quantitativen und qualitativen Arbeitskräftebedarf wird dies innerhalb der verschiedenen Branchen nach sich ziehen? Welche Ausbildungsprogramme? Welcher Reformen bedarf es innerhalb der Programme und Methoden von Erziehung, Lehre und Unterricht, damit die Menschen die notwendigen Qualifikationen erwerben können und wollen? Mit solchen Problemkomplexen haben sich alle Großprogramme (wie der Ausbau der Rüstungsindustrie zu Beginn der beiden Weltkriege; das militärische und zivile Atomprogramm; das Raumfahrtprogramm; die Informatisierung; die weiteren MITI-Programme in Japan usw.) herumschlagen müssen – und sie haben sie gelöst.

Heute *gibt es keine Industrie, keine Verwaltung, keinen öffentlichen Dienst und kein nennenswertes Unternehmen, die ihren qualitativen und quantitativen Arbeitskräftebedarf nicht vier Jahre im voraus planen müßten* – und wenn sie dazu noch nicht in der Lage sein sollten, dann wird es höchste Zeit, daß sie es lernen.

Natürlich besteht der entscheidende Unterschied darin, daß es sich nicht mehr um isolierte Programme handelt, sondern darum, die gesamte Gesellschaft für ein jedermann (und jede Frau) betreffendes Anliegen in Bewegung zu setzen. Die Programme und ihre Zielfestlegungen könnten also nicht auf technokratische Weise durch Dekrete von oben entschieden werden. Schon ihre Ausarbeitung müßte auf allen Ebenen an die Phantasie, an die Kooperationsbereitschaft, an die Innovations- und Selbstorganisierungsfähigkeit appellieren – in Fabrikabteilungen, Büros, Schulen, Gemeindeverwaltungen, in Gewerkschaftssektionen, Qualitätszirkeln, Betriebsräten, Elterngruppen usw.: »Wie stellen Sie sich Ihren Arbeitsplatz, Ihre Abteilung, Ihr Büro nach der Einführung der 35- (oder 32- oder 28-)Stunden-Woche vor? Welche Veränderungen in der Arbeitsorganisation, der technischen Ausrüstung, der Stundenpläne, der Beschäftigtenzahl halten Sie angesichts der vorhersehbaren technischen Umwälzungen für wünschenswert, nützlich, notwendig?« Die kollektive Erörterung dieser Art von Fragen würde viel beitragen zur Erneuerung der politischen Diskussion und Beteiligung, aber auch zur Mobilisierung der verborgenen Schätze an Kreativität und *know-how* der Lohnabhängigen.[14] Ich komme darauf noch zurück.

2. WENIGER, BESSER, ANDERS

Die *allgemeine* Verkürzung der Arbeitszeit entspricht einer gesellschaftspolitischen Entscheidung aufgrund ihrer beiden untrennbaren Ziele:

a) Alle sollen immer weniger arbeiten, damit alle Arbeit finden und außerhalb ihrer Arbeit ihre persönlichen schöpferischen Möglichkeiten entfalten können, die innerhalb der Arbeit nicht zum Ausdruck kommen.

b) Ein sehr viel größerer Teil der Bevölkerung soll Zugang zu qualifizierten, komplexen, schöpferischen und verantwortlichen beruflichen Aufgaben erhalten, die ihm eine kontinuierliche Weiterentwicklung und Erneuerung ermöglichen. Gerade in diesen letzteren Tätigkeiten sind nämlich die Produktivitätszuwächse sehr viel langsamer. Daher würde in den qualifizierten Tätigkeiten die Arbeitszeitverkürzung die meisten zusätzlichen Arbeitsplätze schaffen und gleichzeitig eine Demokratisierung der Kompetenzen erlauben, die heute Beute elitärer Korporationen sind.[15]

Dieses zweite Ziel wird natürlich von den professionellen Eliten bekämpft, die ihre Macht und Privilegien aus ihrem Monopol über bestimmte Kompetenzen ziehen. So behauptete Albin Chalandon, als er Chef der Unternehmensgruppe Elf war[16], in einem Artikel in *Le Monde*, ein Manager, der nicht sechzig Stunden pro Woche arbeite, könne seinen Beruf nicht richtig ausüben. Hören wir die Botschaft: Eine Arbeitszeitverkürzung ist nur selektiv, d.h. nur für taylorisierte und routinisierte Tätigkeiten möglich. Nun werden aber genau diese von der technologischen Revolution zunehmend eliminiert. Die Spaltung der Gesellschaft in eine hyperaktive Elite im Besitz aller Kompetenzen und Machtpositionen und eine zu Gelegenheitsjobs, diskontinuierlichen und undankbaren Tätigkeiten verdammte Masse – diese Spaltung wäre damit unvermeidlich.

Diese implizit von Chalandon verfochtene These wird von gewerkschaftlichen Vertretern der Arbeiterelite explizit vertreten. Ihnen zufolge werde die Arbeit überall dort, wo Erfindungsgeist, Innovation, Verantwortlichkeit und persönliches Sich-Einbringen in eine Aufgabe gefragt ist, weiterhin voll die gesamte verfügbare Zeit der Berufstätigen ausfüllen. Es gäbe in ihrem Leben Platz für nichts anderes mehr. Schöpferische Tätigkeit hätte nun mal den notwendigen Preis einer ausschließlichen Leidenschaft für den Beruf. Die Verkürzung der Arbeitsdauer würde daher einerseits Innovationsfähigkeit und Schöpfertum ersticken und andererseits eine Requalifizierung und Reprofessionalisierung der Arbeitsaufgaben – mit anderen Worten: die Überwindung des Taylorismus – verhindern.

Schlußfolgerung: Arbeitszeitverkürzung darf nicht sein; denn sie würde diejenigen frustrieren, die »die Arbeit als Vergnügen wahrnehmen«.[17]

So dient die Verherrlichung der Arbeit professioneller Eliten als Alibi für die Weigerung, Arbeit *und* Kompetenzen gerechter zu verteilen. Die fragmentierte und sich völlig an die jeweilige Spezialisierung klammernde Expertenkultur gilt als unüberwindbar und die Gestalt des »Fachmenschen ohne Geist, Genußmenschen ohne Herz« als die einzig mögliche. Letztendlich käme einzig eine selektive Arbeitszeitverkürzung für monotone, mühselige, gesundheitsschädliche und nervlich überanstrengende Aufgaben in Frage, d. h. genau für die Personen, die aufgrund ihrer geringen Qualifikation und ihres niedrigen Einkommens am wenigsten darauf vorbereitet sind, aus ihrer verfügbaren Zeit in gesellschafts- und kulturschöpferischer Weise Nutzen zu ziehen.

Aber die zentrale These, auf der diese elitäre Argumentation aufbaut, ist falsch. Es stimmt nicht, daß ständige Arbeitsverbissenheit notwendige Bedingung für beruflichen Erfolg und Kreativität ist. Je qualifizierter eine Arbeit, um so mehr Zeit braucht die Person, die sie verrichtet, um ihre Kenntnisse auf den neuesten Stand zu bringen, sich zu erneuern und durch Vervielfältigung ihrer Interessengebiete offen und aufnahmefähig zu bleiben. Dies gilt vor allem in den Spitzenunternehmen. Um Abstumpfung und Routinegeist zu verhindern, ist es hier die Geschäftsleitung, die Umsetzungen, lebenszeitliche Brüche, Urlaube durchsetzt: Studienreisen, Lehrgänge in Auslandsfilialen, internationale Seminare, *sabbaticals*. Diese Lehrgänge, Seminare usw. bezwecken nicht, jeden in seinem Spezialgebiet zu vervollkommnen, sondern haben im Gegenteil meistens keinen direkten Bezug zu seiner Arbeit: es gilt vielmehr die Leute zu geistiger Beweglichkeit, Abstand, Erweiterung ihres Horizonts und lebendigerer Phantasie anzuregen.[18]

All dies sind, wenngleich verkleidet, substantielle Verkürzungen der Arbeitszeit. In der Tat wird diese um so geringer, je höher (vor allem in der Forschungs- und Entwicklungsabteilung) das Qualifikations- und Kreativitätsniveau ist. Oder will man etwa behaupten, daß für das Spitzenpersonal Reisen, Seminare, künstlerische und handwerkliche Hobbies, Waldspaziergänge, Lektüre von Science Fiction integrale Bestandteile ihrer Arbeit sind? Das Argument fällt hier auf seine Urheber zurück. Denn das würde ja bedeuten, daß die zur »Reproduktion der Arbeitskraft« – die in diesem Falle aus Imagination, kritischer Reflexion usw. besteht – notwendigen Zeiten und Tätigkeiten selbst Bestandteil der Arbeit sind. Und also arbeite ich noch, wenn ich schlafe, wenn ich meine Spaziergänge mache oder mich mit Freunden unterhalte, wenn ich Musik höre oder (wie Seymor Cray[19]) mit Hacke und Schaufel unterirdische Gänge grabe, weil mir manchmal in diesen Momenten die besten Ideen kommen. Dann aber muß der Lohn nicht nach einer *direkt meßbaren Arbeitsmenge*, sondern nach den *Bedürfnissen der Person* bemessen werden, die weit komplexer und vielfältiger sind als seine unmittelbare berufliche Arbeit. *Aber ich sage nichts anderes als das:* Weniger arbeiten (an Stunden direkter Berufsarbeit) heißt besser zu arbeiten, vor allem in innovatorischen und sich in ständiger Entwicklung befindlichen Berufen. Also ist *auch in diesen Berufen* die Arbeitszeitverkürzung möglich und wünschenswert (natürlich unter der Bedingung weitgehender Selbstbestimmung und Selbststeuerung ihrer konkreten Modalitäten, ich komme darauf zurück). *Auch* in diesen Berufen kann die Tätigkeit auf eine sehr viel höhere Anzahl von Personen verteilt werden.

Die Sache ist von entscheidender Bedeutung, denn von der Vervielfältigung der Interessensschwerpunkte gerade der besser qualifizierten Arbeiter hängt – *wenigstens in einer ersten Periode* – auch die Entwicklung einer Kultur ab, die die ökonomisch zweckbestimmte Arbeit in einer umfassenderen Konzeption von Sinn des Lebens verorten kann.

3. ZEITSOUVERÄNITÄT

Die Arbeitszeitverkürzungen haben eine ganz unterschiedliche Qualität je nachdem, ob die Zeit auf die Ebene des Arbeitstages, der Arbeitswoche, des Jahres oder des Arbeitslebens bezogen wird; und vor allem, ob die Abschnitte befreiter Zeit von jedem/r selbst ausgewählt werden können oder nicht. Eine lineare Arbeitszeitverkürzung unter Beibehaltung einheitlicher und strikter täglicher Arbeitsstundenzahl ist die am wenigsten erfolgversprechende und wirksame Freisetzung von Zeit. Denn es ist natürlich unmöglich, einheitlich für alle Unternehmen und alle Beschäftigten die fünf-Tage-Woche mit 35, 30 oder 25 Stunden einzuführen. Hingegen ist es sehr wohl möglich, für alle eine Jahresarbeitszeit von 1 400, 1 200 oder 1 000 Stunden (statt der derzeitigen 1 600 Stunden) einzuführen, wahlweise auf 30, 40 oder 48 Wochen bzw. auf 120 bis 180 Tage verteilt, die sich die Beschäftigten in jeder Abteilung, jedem Büro, jeder Behörde oder jedem Unternehmen auf vierteljährlichen oder monatlichen Vollversammlungen untereinander aufteilen, nach den technischen Erfordernissen und den Bedürfnissen eines/r jeden/r: Alter, familiäre Situation, Wohnentfernung vom Arbeitsplatz, persönlicher Lebensplan (usw.) könnten ein Vorzugsrecht auf bestimmte Stundenabschnitte, bestimmte Tage in der Woche oder Monate im Jahr verleihen.

Die Voraussetzungen dafür liegen auf der Hand: Die *Desynchronisierung* der Stundenpläne und Arbeitsperioden stellt die unverzichtbare Voraussetzung für eine substantielle Verkürzung der Arbeitsdauer dar. Wenn man ein abnehmendes Arbeitsvolumen auf eine wachsende (oder auch nur gleichbleibende) Anzahl von Personen verteilen will, ist es praktisch unmöglich, daß sie alle an denselben Tagen oder zu denselben Stunden am Arbeitsplatz anwesend sind.[20]

Je niedriger die Arbeitsdauer für jede(n) einzelne(n), um so mehr *Arbeitsunterbrechungen für alle* wird es geben müssen – sei es auf wöchentlicher Ebene (zunächst Vier-, dann Drei-Tage-Woche), sei es auf monatlicher, vierteljährlicher oder Jahresebene, schließlich auf der Ebene von Vier- oder Fünf-Jahres-Abschnitten.

Die heute durchschnittliche *jährliche* Arbeitsdauer von 1600 Stunden für Vollzeitarbeitsplätze entspricht 200 Arbeitstagen oder 40 Wochen à 40 Stunden oder neun Monaten Normalarbeitszeit, was die Arbeitnehmer keineswegs daran hindert, das ganze Jahr über jeden Monat ein volles Monatsgehalt zu empfangen. Kein vernünftiger Grund würde es somit verbieten, daß diejenigen, die es wünschen, ihre auf 1400, 1200 und dann 1000 Jahresstunden verkürzte Arbeitszeit sich auf jährlicher Basis in einer Weise einrichten, die ihnen immer längere Perioden freigesetzter Zeit zur Verfügung läßt; während dieser Zeiten bliebe ihnen, so wie es gegenwärtig für die Urlaubsperioden bereits der Fall ist, ihr vollständiges Einkommen erhalten.

Der Vorteil solcher Regelungen liegt auf der Hand: Die Freisetzung fragmentierter Zeitabschnitte – nur einige Stunden pro Woche, einige Tage im Monat, einige über das ganze Jahr verteilte Wochen – wird vor allem zu einer Ausweitung passiver Freizeitaktivitäten und der dem Haushalt gewidmeten Zeit führen; hat man hingegen längere Zeitabschnitte an einem Stück (mehrere Wochen oder Monate hintereinander) zur freien Verfügung, so erlaubt dies die Verwirklichung oder das Angehen eines Projekts. Und diese Entwicklung individueller oder kollektiver, künstlerischer oder technischer, familiärer oder gemeinschaftlicher (usw.) Projekte zu erleichtern, wird – über den Aufbau eines Netzwerks kultureller Einrichtungen – eine der Hauptaufgaben einer »Kulturgesellschaft« sein.

Wenn ich eine immer stärker ausgeprägte Diskontinuität der ökonomisch zweckbestimmten Arbeit ins Auge fasse, so schlage ich damit keine radikale Neuerung vor. Denn diese wachsende Diskontinuität ist längst als Tendenz im Gange. Sie nimmt die Form der Zunahme prekärer Beschäftigungsverhältnisse, von temporärer oder saisonaler Beschäftigung, von Ausbildungs- oder Umschulungslehrgängen, von Interimsverträgen (usw.) an – oder die Form der kurzen Arbeitswoche oder des Kurzmonats: gegenwärtig bereits werden z. B. 30 Wochenstunden an drei Tagen wie eine volle Arbeitswoche bezahlt; oder verleihen 20 bis 24 Stunden Arbeit am Wochenende das Recht auf einen vollen Wochenlohn (eine vor allem von Studenten und Künstlern bevorzugte Form der Arbeitszeitgestaltung); oder, wie in japanischen Großfirmen, wird jeden Monat eine Woche Urlaub gewährt. Was ich vorschlage, ist also, daß sich die Gewerkschaften und die politische Linke dieser Entwicklung fortschreitender Arbeitszeitdiskontinuität bemächtigen, sie zum Gegenstand von Arbeitskämpfen und Tarifverhandlungen machen und somit in neue Freiheitsdimensionen verwandeln – während sie heute vor allem Quelle von Unsicherheit ist.

Denn das Recht auf Arbeitszeitunterbrechung wurde, wie Christian Topalov in einer ausgezeichneten Studie gezeigt hat, zunächst, d. h. bis zur Erfindung der Arbeitslosigkeit um 1910, vor allem als eine Freiheit erlebt:

»Dauerhaft bei demselben Unternehmen beschäftigt zu sein und das ganze Jahr über – manchmal sogar: die ganze Woche über – regulär zu arbeiten, war eine Erfahrung, die für die Mehrzahl der Manufakturarbeiter in den Großstädten fremd war. (...) Dieselben Arbeiter, die gegen fehlende Beschäftigungsmöglichkeiten revoltierten, scheinen deswegen noch lange keine Dauerbeschäftigung und kontinuierliche Arbeitszeiten gefordert zu haben, wie sie erst die industrielle Rationalisierung für viele mit sich bringen sollte. Die Beschwerden der Unternehmer über das Begehen des »Blauen Montags« (des »Saint-Lundi« in Frankreich oder des »St. Monday« in England) sind nur eines der Indizien dafür, daß während der Beschäftigungsperioden der Absentismus völlig üblich war. In einigen Berufen schienen die besten Arbeiter fest entschlossen dazu, ihre Arbeitswoche in drei oder vier Tagen intensiver Arbeit abzuleisten und danach erst dann wieder in die Werkstatt zurückzukehren, wenn sie es für nötig befanden. In der Pariser Metallverarbeitung waren das die ›einfachen Weisen‹, von denen uns Poulot erzählt, daß sie nicht arbeiten, sobald sie genug

Geld haben, und die ›wahrhaft Weisen‹, die ihren Lebensunterhalt mit Dreieinhalb-Tage-Wochen verdienen.«[21]

Der Begriff der Arbeitslosigkeit, wurde – wie Topalov in Erinnerung ruft – ausdrücklich zum Zwecke des Kampfs gegen die verbreitete Praxis der Arbeitsunterbrechungen erfunden, um jene mit Unterbrechung tätigen Arbeiter *(travailleurs intermittents)* zu eliminieren, die häufig Lohnverluste in Kauf nahmen, »um an Unabhängigkeit gegenüber dem Unternehmer und – allgemeiner noch – gegenüber der Lohnarbeit als solcher zu gewinnen«. Das Ziel des 1910 von William Beveridge befürworteten nationalen Netzes von Arbeitsämtern lag »einfach darin, eine ganze Bevölkerungskategorie zu vernichten«: die Kategorie der mit Unterbrechung tätigen Arbeiter. Diese mußten entweder reguläre Vollzeit-Arbeiter oder Vollzeit-Arbeitslose werden. Das Arbeitsamt würde nur für diejenigen Arbeit besorgen, die es akzeptierten, sechs Tage in der Woche zu arbeiten; wer eine diskontinuierliche Arbeit anstrebte, dem sollte sie verweigert werden.[22]

Man wird bemerkt haben, daß im Gegensatz zu den Behauptungen der Unternehmer und den Unterstellungen Beveridges die nur diskontinuierlich tätigen Arbeiter nicht notwendigerweise »unfähige und unwürdige« Nichtstuer waren. Die diskontinuierliche Arbeit war eine »Lebensweise«, die zahlreiche Facharbeiter ebenso (wenn nicht gar noch mehr) nach ihrem Belieben wie nach Bedarf ausübten. Unter denen, die es in den britischen Reparaturwerften vorzogen, »während kurzer Perioden Tag und Nacht zu arbeiten«, um dann für eine gewisse Zeit jeder Arbeit fernzubleiben, gehört – wie 1907 ein Gewerkschaftssekretär und Labour-Abgeordneter bemerkte – »die Mehrzahl zu den besten Arbeitern«.[23] Wir finden hier jene Vorliebe für krampfartige »Arbeitsanfälle« wieder, die heute unter Informatikern äußerst verbreitet ist. Die Abschaffung des Rechts auf diskontinuierliche Arbeit zielte ausdrücklich darauf ab, eine Arbeiterfreiheit zu unterdrücken: die Freiheit der Zeitsouveränität, der Selbstbestimmung seines Lebensrhythmus durch jeden einzelnen.

Das Streben nach dieser Freiheit ist keineswegs verschwunden. So führt eine italienische Untersuchung zur Lage der Jugendlichen an, »daß neuere Untersuchungen selbst bei Universitätsstudenten mit bescheidenen materiellen Mitteln gezeigt haben, daß das Bedürfnis nach Ausbildung meistens uneigennützig und von Einstellungs- und Karrierebestrebungen unabhängig ist und daß die am meisten angestrebte Berufstätigkeit diejenige ist, die für die eigenen kulturellen Beschäftigungen am meisten Zeit läßt. (...) Auch geben die Jugendlichen häufig der Teilzeitarbeit, prekären oder zeitlich beschränkten Arbeitsverträgen den Vorzug sowie der Möglichkeit, häufig die Arbeitsstelle zu wechseln oder abwechselnd verschiedene Arbeiten zu übernehmen. (...) Eine gewisse prekäre Beschäftigungssituation ist nicht mehr allein Quelle von Angst, sondern erlaubt es dem Jugendlichen auch, sich freier zu fühlen: offener für Veränderungen, weniger ›eingepfercht‹ in eine Arbeit, die ihn völlig zu absorbieren und damit seine Identität in unwiderruflicher Weise festzulegen droht.«[24]

Was für die Zeitsouveränität auf Jahresbasis gilt, gilt *a fortiori* für die Zeitsouveränität auf Tages-, Wochen- und Monatsbasis: mit anderen Worten, für den Wunsch nach selbstbestimmten Stundenplänen. Denn die beste tägliche, wöchentliche, monatliche Zeitorganisation wird für eine Einzelperson nicht dieselbe wie für ein junges Paar sein; für Eltern von Kindern im schulpflichtigen Alter oder im Vorschulalter; für Personen, die neben ihrer Arbeit ihre Studien fortführen oder wiederaufnehmen wollen oder die sich ihr Haus selbst bauen wollen oder die eine künstlerische, politische, Vereins-Tätigkeit usw. ohne Bezug zu ihrer Arbeit ausüben wollen.

So gelang es den Beamten des Staates Québec, einen 140-Stunden-Monat mit freier Festlegung der täglichen und wöchentlichen Stundenverteilung zu erkämpfen. Gewisse westdeutsche Großunternehmen haben für ihre Angestellten jede definitiv festgelegte Stundenverteilung abgeschafft; die in der Woche zu verrichtende Arbeit wird jeden Freitag verteilt und muß bis zum folgenden Freitag fertig sein, das ist alles. Ein

System völlig freier Stundenpläne wurde gleichfalls in mittelgroßen metallverarbeitenden und Elektrobetrieben eingeführt: jeder Arbeitsplatz ist von den anderen unabhängig und verfügt über einen eigenen Vorrat an Werkstücken. Sicher ist heute eine solche Aufhebung fester täglicher oder wöchentlicher Arbeitsstundenpläne noch nicht verallgemeinerbar. Die Arbeitsunterbrechung auf monatlicher oder Jahresebene hingegen kann und sollte verallgemeinert werden, um eine Politik der Freisetzung von Zeit zu ermöglichen.

Ich weiß wohl: Gewerkschafter werden mir entgegenhalten, daß die Desynchronisierung und Diskontinuität der Arbeit die gewerkschaftliche Arbeit unmöglich machen. Aber diese *in ihrer überkommenen Form* wird ohnehin unmöglich werden. Die »Flexibilisierung« der Stundenpläne – also die unternehmerische Version der Desynchronisierung; die Vermehrung der Zeitarbeiter, der zeitweilig in Subkontrakt-Verhältnissen Beschäftigten, der kleinen Saison-Unternehmen – also die Unternehmerversionen der diskontinuierlichen Arbeit – werden die Organisierung, Information und Versammlung der Arbeitnehmer am Arbeitsplatz zunehmend schwieriger machen. Denn die tayloristische Großfabrik mit ihren zehntausenden am selben Arbeitsplatz zu denselben Stunden und das ganze Jahr über anwesenden Arbeitern verschwindet zunehmend; die Massengewerkschaften mit ihrem Organisationszentrum in der Fabrik und ihren periodisch wiederkehrenden Streiks sind zum Verschwinden verdammt.

Die Gewerkschaften werden nur überleben können, wenn sie sich ändern. Und diese Veränderung muß in die Richtung gehen, daß die Bestrebungen zur Individualisierung und Desynchronisierung der Stundenpläne Eingang in den Rahmen kollektiver Sicherungen und tariflicher Garantien finden: um daraus neue Arbeitnehmer- und nicht Unternehmer-Freiheiten zu machen. Sich diesen Freiheiten unter dem Vorwand zu widersetzen, sie entzögen die Arbeiter der gewerkschaftlichen Organisierung, heißt, das Problem vom falschen Ende her anzugehen: Die Gewerkschaft hat gefälligst den Interessen der Arbeiter zu dienen und nicht umgekehrt. Wenn sie sie also nicht mehr alle gleichzeitig am Arbeitsplatz erreichen kann, muß sie sie *anderswo* erreichen: Sie muß also in den Vierteln, im Stadtgefüge, Räume der Begegnung einrichten, die häufig zu besuchen den Leuten Spaß macht, weil sie nur hier etwas finden können, was ihnen andernorts fehlt: Etwas, was sie interessiert und was ihrem Bedürfnis nach Brüderlichkeit, gegenseitiger Beratung, Erfahrungsaustausch, kultureller Entfaltung und sozialer Kreativität entspricht. Eine solche Gewerkschaft als soziale und kommunikative Service-Organisation wird sich dann natürlich nicht mehr darauf beschränken können, in den Städten und Großunternehmen ihre üblichen abschreckenden Mitgliederbüros nur zu festgelegten Öffnungszeiten offen zu halten. Was sie brauchen wird, das sind »Häuser für alle«, die bis spät in die Nacht hinein offenstehen und den Arbeitern ebenso wie den Arbeitslosen und ihren Familien, Leuten während ihrer Urlaubszeit oder Pensionierten, Halbwüchsigen und jungen Elternpaaren Begegnungsorte zur Verfügung stellen: Austauschbörsen für Dienstleistungen und Produkte, Reparaturwerkstätten, Kurse, Veranstaltungen, Lehrgänge, Filmclubs (usw.), nach Art der skandinavischen »Volksuniversitäten«, der britischen »community centres«, der dänischen »Produktionsschulen«. Die Gewerkschaft muß *in der Praxis* der Vorstellung entgegentreten, es könne außerhalb der Erwerbsarbeit nur Passivität und Langeweile geben; ebenso wie sie dem kommerziellen Kultur- und Unterhaltungskonsum eine positive Alternative entgegensetzen muß. Sie wird – mit einem Wort – an die Tradition der Genossenschaften, Selbsthilfe- und Arbeiterbildungsvereine anschließen müssen, aus der sie ursprünglich hervorgegangen ist: ein Ort, an dem die Bürger über ihre selbstorganisierten Tätigkeiten, d. h. über die kooperativen Dienstleistungen und Arbeiten an gemeinschaftlichen Interessen diskutieren und entscheiden.

4. MIT ODER OHNE LOHNAUSGLEICH?

Seit dem Beginn der gegenwärtigen Krise hat die gesamtgesellschaftliche Produktion ohne Unterlaß zugenommen, während das Volumen der Erwerbsarbeit unaufhörlich abgenommen hat. Eine wachsende Menge von Reichtümern wird somit mit einer abnehmenden Arbeitsmenge produziert. Aber sowohl der vermehrte Reichtum als auch die gesparte Arbeitszeit werden zunehmend ungerechter verteilt. Eine *Politik* der Arbeitszeitverkürzung wird sich zum Ziel setzen, die ganze Bevölkerung in den Genuß der wachsenden Reichtumsproduktion und der gesamtgesellschaftlichen Arbeitszeitersparnisse kommen zu lassen. Anders gesagt: die Verkürzung der Arbeitsdauer und die Vermehrung der Kaufkraft der Haushalte könnten beständig parallel zueinander stattfinden – wie dies ja faktisch auch bisher der Fall gewesen ist; alle vier oder fünf Jahre könnte die durchschnittliche Arbeitsdauer um 8 bis 10% abnehmen, während die Realeinkommen im gleichen Verhältnis anwachsen könnten.[25]

Man kann auch eine geringere oder gar keine Erhöhung der Realeinkommen anstreben – im Austausch gegen eine einschneidendere Arbeitszeitverkürzung und damit einer Verteilung des gesellschaftlich notwendigen Arbeitsvolumens auf eine immer höhere Beschäftigtenanzahl. Wenn deren Anzahl mit derselben Geschwindigkeit wie das Bruttosozialprodukt (etwa um 2% pro Jahr) wächst, könnte die Kaufkraft der Einkommen nicht mehr erhöht werden; *aber sie könnte beibehalten werden*. Nur wenn im Gefolge von sehr weitgehenden Arbeitszeitverkürzungen die Anzahl der Erwerbstätigen schneller steigt als die gesellschaftliche Produktion, müßte die Kaufkraft abnehmen: Die Umverteilung der Arbeit würde also zugunsten zahlreicher Neueinstellungen mit einer Umverteilung eines (übrigens sehr niedrigen) Anteils der vorherigen Einkommen einhergehen.[26] Der Anstieg der Realeinkommen könnte jedoch wieder einsetzen, sobald die Arbeitslosigkeit beseitigt wäre und sich das Tempo der Arbeitszeitverkürzungen »normalisiert«,

Lohnausgleich

d. h. dem Tempo des *verfügbaren* Produktivitätszuwachses[27] wiederangepaßt hätte. Aber die Arbeitszeitverkürzungen müßten *mindestens* in dieser Geschwindigkeit weitergehen, um zu verhindern, daß die Arbeitslosigkeit wieder auftaucht. Kurz gesagt: *Normalerweise* müßte die Verkürzung der Arbeitsdauer ohne Einkommensverlust stattfinden. Einkommensverluste müssen also nur in Notsituationen und als zeitweilige Übergangslösung in Kauf genommen werden.

Auf makro-ökonomischer Ebene stellt also die Frage des Lohnausgleichs für eine methodische Zeitpolitik keine unüberwindlichen Hürden auf. Aber die Schwierigkeit besteht darin, das, was sich auf gesamtwirtschaftlicher Ebene als scheinbar selbstverständlich ausnimmt, auch auf die mikroökonomische Ebene zu übertragen. Daher rührt die Verwirrung vieler Gewerkschafter: Sie gehen aus von der Wirklichkeit eines Einzelbetriebs und verstehen die Verkürzung der Arbeitsdauer als eine sofortige Maßnahme, die zu einem gegebenen Zeitpunkt eine gegebene Menge von Arbeit und Geld auf eine größere Personenanzahl verteilen soll. Die Arbeitszeitverkürzung erscheint ihnen also vor allem dann, wenn sie zusätzliche Arbeitsplätze schaffen oder Entlassungen verhindern soll, als *Aufteilung* eines gegebenen Arbeits- und Ressourcenvolumens. In dieser Sichtweise scheint eine Verringerung der Löhne unausweichlich.

Deshalb habe ich von vorneherein betont, daß die Verkürzung der Arbeitsdauer ohne Einkommensverluste nicht als *Maßnahme* begriffen werden darf, sondern als eine Gesamt*politik* verfolgt werden muß. Es handelt sich nicht darum, die heute bestehenden Arbeitsplätze und Ressourcen neu zu verteilen, sondern darum, *aus seiner inneren Dynamik heraus einen Prozeß zu steuern, der immer weniger Arbeit erfordert, aber immer mehr Reichtümer schafft*. Nach mikroökonomischer Logik müßten sich die Arbeitszeitersparnisse für die betroffenen Betriebe auch in *Lohnkostenersparnisse* übersetzen: Wenn sie zu geringeren Arbeitskosten produzieren, werden diese Betriebe »konkurrenzfähiger« sein und (unter bestimmten Bedingungen) mehr verkaufen können. *Vom makro-ökonomischen Standpunkt aus aber wird eine Ökonomie, die – weil sie immer weniger Arbeit benötigt – immer weniger Löhne verteilt, unweigerlich auf eine abschüssige Bahn zur Arbeitslosigkeit und Pauperisierung geraten.* Um sie von dieser abschüssigen Bahn zurückzuhalten, kommt es darauf an, daß die Kaufkraft der »Haushalte« nicht mehr vom von dieser Volkswirtschaft verbrauchten Arbeitsvolumen abhängt. Die Bevölkerung muß, auch wenn sie immer weniger Arbeitsstunden verrichtet, genug verdienen, um sich das wachsende Volumen des produzierten Reichtums auch kaufen zu können: *die Verkürzung der Arbeitsdauer darf nicht die Verringerung der Kaufkraft nach sich ziehen.*

Ein *erstes* Element einer Lösung, das ich bereits andeutete, besteht darin, die Verkürzung der Arbeitsdauer in mehrjährigen Stufen und zu einem vorab festgelegten Zeitplan in Angriff zu nehmen. Sie muß *ex ante* und nicht *ex post* entschieden werden. Sie muß das Ziel darstellen, das sich die Gesellschaft selbst gibt, also eine unabhängige Variable, an die sich die anderen Variablen in einem bestimmten Zeitraum anpassen müssen. Auf diese Art und Weise wurden der acht-Stunden-Tag, der bezahlte Jahresurlaub, die Sozialversicherungen, der garantierte Mindestlohn eingeführt; oder in anderen Bereichen die sehr einschränkenden Emissionsnormen zur Umweltverschmutzung in Japan oder den USA oder der »Einheitliche Europäische Binnenmarkt«, der niemals das Licht der Welt erblicken würde, wollte man so lange abwarten, bis alle dazu bereit sind. Die politische Ankündigung, in vier oder fünf Jahren werde die Arbeitsdauer um vier oder fünf Wochenstunden (oder um zweihundert Stunden im Jahr) verkürzt werden, bedeutet auch eine Anregung zur Entfaltung sozialer Phantasie, der Selbstorganisierung und Innovation, die ausbleiben würden, wenn alles weitergeht wie gehabt.

Es ist *zweitens* natürlich unmöglich, von allen Unternehmen zu erwarten, für immer niedrigere Arbeitsleistungen konstante oder gar wachsende Löhne zu zahlen. Dies würde zwar für hochautomatisierte Unternehmen, in denen bereits heute die Lohnkosten nur 5 bis 10% der Gesamtproduktionskosten ausmachen, kein Problem darstellen. Aber langfristig würden damit die *relativen* Preise von arbeitsintensiven Produktionen und Dienstleistungen mit geringen Produktivitätszuwächsen unverhältnismäßig ansteigen: Landwirtschaft und Tierzucht, Baugewerbe, Heil- und Pflegedienste, Erziehung, städtische Dienstleistungen, Reparaturarbeiten, Gaststätten und Hotelgewerbe usw.

Diese Verzerrung der Preise und das Kosten-*handicap* von arbeitsintensiven Unternehmen können durch ein Lösungsmodell vermieden werden, das Michel Albert für die Teilzeitarbeit vorgeschlagen hat:[28] Mit jeder Verkürzung der Arbeitsdauer verringern sich auch in demselben Verhältnis die Löhne. Doch der daraus für die Lohnabhängigen erwachsende Einkommensverlust wird durch eine Garantiekasse ausgeglichen. Guy Aznar hat dies »*den zweiten Scheck*« genannt.[29]

Dieser zweite Scheck würde die freigesetzten Stunden zu demselben Tarif vergüten wie die Arbeitsstunden. Die Tarifverträge würden also praktisch eine Einkommenshöhe vereinbaren, zu der die von den Unternehmen gezahlten Löhne immer weniger beitragen. In einer immer stärker automatisierten Ökonomie, in der die Arbeit nicht mehr die Hauptquelle des Reichtums und die Arbeitszeit immer weniger sein Maß darstellt, würde der zweite Scheck somit zunehmend zur weit wichtigeren Einkommensquelle werden. Auf diesem Umweg knüpfte man schließlich an ein System an, das an das in den dreißiger Jahren von Jacques Duboin und der »distributionistischen« Bewegung theoretisierte »Verteilungsgeld« *(monnaie de distribution)* erinnert; sowie an die Vorstellung eines garantierten »Sozialeinkommens« (eines »citizens' wage«, eines Einkommens als Bürgerrecht), das nicht mehr die Funktion hat, jeden »nach seiner Arbeit« zu entlohnen, sondern die Verteilung der gesellschaftlich produzierten Reichtümer zu gewährleisten.[30] Ich werde weiter unten noch auf die Frage der Verbindung zwischen Sozialeinkommen und Arbeit und auf die Zuteilungsbedingungen für diese Einkommensform zurückkommen, die in der einen oder anderen Version bereits heute in fast allen Industrienationen besteht. Was die Linke von der Rechten unterscheiden wird, wird nicht die *Höhe* dieses Sozialeinkommens sein, sondern die Frage, ob letzteres mit einem *Recht auf Arbeit* verbunden ist oder nicht.

Zur Finanzierung dieses »zweiten Schecks« als Einkommensquelle wurden verschiedene Vorschläge vorgebracht. Guy Aznar nimmt die Idee eines »Robotereinkommens« auf, die in Frankreich vom Taddei-Bericht vorgestellt wurde, in Österreich vom Sozialminister Alfred Dallinger vertreten wird und auch in der Bundesrepublik von sozialdemokratischer Seite in der Form einer »Maschinensteuer« oder Rationalisierungsabgabe der Unternehmen vorgeschlagen wurde. Es handelt sich um ein »von der Maschine bezahltes Einkommen, dessen Sammlung und Verteilung vom Staat organisiert wird«[31]: anders gesagt, um eine Steuer auf die Produktivitätsgewinne infolge der Automatisierung der Produktion. Aber eine derartige »Maschinensteuer« führt offenkundig dazu, für das Einzelunternehmen die Kosten der Automatisierung zu erhöhen; es läuft dann so, als ob die in Fertigungsroboter investierenden Unternehmen auch noch den zweiten Scheck für alle zu finanzieren hätten.[32] Ein solches System kann also nur eine abschreckende Wirkung auf produktivitätssteigernde Investitionen haben; außerdem verhindert es eine Kostentransparenz.

Ich schlage darum eine *indirekte* Steuer vor, die nach Art der Mehrwertsteuer, der Alkohol-, Tabak-, Benzin- oder Automobilsteuer usw. usf. nicht auf die Produktions*mittel*, sondern nach abgestuften Steuersätzen auf die *Produkte* und Leistungen selbst erhoben wird.[33] Dieses Besteuerungssystem wird also die kontinuierliche Verringerung des relativen Preises von leicht automatisierbaren Produktionen bremsen. Es wird sie mit um so höheren Steuersätzen belegen (ob es sich nun um auswärtige oder inländische Produkte handelt), je geringer ihre gesellschaftliche Wünschbarkeit ist. Da diese Steuern für die Exportpreise wegfallen, wäre umgekehrt die internationale Wettbewerbsfähigkeit nicht gefährdet.

Damit würde zunehmend ein System politischer Preise an die Stelle der Marktpreise treten. Auch das wäre nur eine Erweiterung von Praktiken, die längst in allen modernen Volkswirtschaften am Werke sind. Alle Staaten korrigieren das System der Marktpreise über einen Mechanismus aus Steuern (auf Brennstoffe, Automobile, Luxusgüter usw.) und Subventionen (des öffentlichen Nahverkehrs, von landwirtschaftlichen Produkten, Mietpreisen, Theatern, Krankenhäusern, Kinderkrippen, Schulspeisungen usw.). Wenn die Lohnstückkosten für Güter aus automatisierten Produktionen zur verschwindend niedrigen Größe werden und ihr Tauschwert vom Verfall bedroht ist, wird sich die Gesellschaft unausweichlich ein System *politischer Preise* geben müssen, das ihre Grundentscheidungen und Prioritäten für den Bereich individuellen und kollektiven Konsums zum Ausdruck bringt. Bestimmte Produktionen werden endlich ihres Gebrauchswerts wegen beschlossen werden – und das Preissystem wird Ausdruck dieser Entscheidungen sein.

5. RECHT AUF EINKOMMEN, RECHT AUF ARBEIT

Wenn der Produktionsprozeß selbst immer weniger Arbeit erfordert und immer weniger Löhne verteilt, wird es unweigerlich für alle offensichtlich werden: Es ist ebenso unmöglich geworden, das Recht auf Einkommen nur auf die Erwerbstätigen zu beschränken, wie – und vor allem – das Einkommensniveau jedes/r einzelnen nach der von ihm verrichteten Arbeitsmenge zu bemessen. So kam die Vorstellung eines von der Arbeit oder der Arbeitsmenge entkoppelten, jedem Menschen garantierten Einkommens auf.

Dieses Gespenst eines garantierten Mindesteinkommens jagt mittlerweile durch die gesamte Welt der kapitalistischen Industrienationen. Es hat Parteigänger von rechts und solche von links. Um nur die jüngste Geschichte zu nehmen: Der Gedanke eines garantierten Mindesteinkommens wurde Ende der fünfziger Jahre in den USA von linken Demokraten und Libertären einerseits und von Neo-Liberalen – vor allem von Milton Friedman[34] – andererseits wieder in Umlauf gebracht. Seit Ende der 60er Jahre wurden in den USA mit garantierten Mindesteinkommen bereits mehrere örtliche Erfahrungen gemacht. Richard Nixon legte einen Gesetzesentwurf vor, der in diese Richtung ging und schließlich 1972 mit knapper Mehrheit abgelehnt wurde. Im selben Jahr nahm der demokratische Präsidentschaftskandidat George McGovern das garantierte Mindesteinkommen in sein Programm auf. Das Ziel war, dem Elend Abhilfe zu schaffen, das in den USA aufgrund eines fehlenden gesetzlichen Systems sozialer Vorsorge im ganzen Lande offen sichtbar ist. An dessen Stelle sollte das garantierte Mindesteinkommen treten. Seit dieser Zeit träumen europäische Neo-Liberale davon, die bestehenden Systeme sozialer Sicherung durch das Mindesteinkommen zu ersetzen.

In Europa entfachte sich die Debatte über ein von der Arbeit abgekoppeltes Einkommen zu Beginn der achtziger Jahre. In den Niederlanden, Dänemark und Großbritannien war es bereits eingeführt. In der Bundesrepublik Deutschland entwickelte sich seit 1982 die intensivste Debatte unter dem Anstoß der Grünen[35], denen sich bald Konservative und Sozialdemokraten anschlossen. Alle Beteiligten waren sich über das von Claus Offe folgendermaßen formulierte Prinzip einig: »Wir müssen mit einer Entwicklung brechen, die dazu geführt hat, daß die Mehrheit der Bevölkerung für ihren Lebensunterhalt vom Arbeitsmarkt abhängig ist.«[36] Denn der Arbeitsmarkt konnte den Lebensunterhalt offenkundig nicht mehr gewährleisten. Mit anderen Worten: das Recht auf Einkommen konnte nicht mehr mit dem Recht auf Lohn in eins gesetzt werden. Man mußte sich jedoch entscheiden, ob das Recht auf Einkommen gleichfalls vom Recht auf Arbeit (im ökonomischen Sinne) abgekoppelt werden sollte.

An dieser Frage ist dann die Rechts/Links-Spaltung zunehmend wieder aufgetaucht, zumindest in der Bundesrepublik. In Frankreich, wo man das garantierte Mindesteinkommen noch 1983 als »Utopie« (im pejorativen Sinne des Wortes) in allen politischen Lagern abgelehnt hatte, war auf einmal die Mehrheit der Linken, der Zentralisten und der Rechten über seine Notwendigkeit (wenn auch nicht über seine Form) eines Sinnes: Karitative soziale Bewegungen wie »Hilfe für alle Notlagen« (*Aide à toute-Détresse:* ATD), Abbé Pierre, Speisungen für Obdachlose (»Restaurants du Cœur«), die Ausbreitung von Bettelei und Armut hatten Signale gesetzt. Es gibt Leute, die niemals gearbeitet haben; es gibt die, die mit 45 Jahren niemals mehr Arbeit finden werden; dann gibt es die Behinderten, die Kranken, die Obdachlosen, mehr oder weniger kinderreiche Familien mit nur einem Elternteil usw. usf. Man kann doch all diese Menschen nicht vor die Hunde gehen lassen; also muß man »etwas für sie tun« und im Namen der Bekämpfung sozialer Dringlichkeit die Symptome angehen, ohne nach den Ursachen zu fragen.

Die Dringlichkeit dient so als Alibi, um jeder Auseinandersetzung über die gesellschaftlichen Grundentscheidungen auszuweichen, die hier im Spiel sind: Wird das garantierte Mindesteinkommen ein zeitweiliger Notbehelf sein, bis die Politiken der Arbeitsumverteilung ihre Früchte tragen? Soll es den Übergang zu einer Gesellschaft einleiten, in der alle diskontinuierliche Erwerbsarbeit leisten und wo der »zweite Scheck« in den Perioden der Nichtarbeit einen normalen Lebensstandard sichert? Oder wird es zum »Opium des Volkes, das ein Drittel der Bevölkerung ruhigstellt, damit die anderen zwei Drittel den gesellschaftlichen Reichtum ungestört genießen können«?[37] Wird es dazu dienen, eine Ausweitung von Arbeitslosigkeit und Marginalität – verstanden als unausweichliche Konsequenzen (oder sogar Bedingungen) der ökonomischen Rationalisierung – auch gesellschaftlich tolerierbar zu machen?

Die Frage ist ebenso alt wie die industrielle Revolution oder (wenn man diese Ausdrucksweise vorzieht) wie die Desintegrierung der Gesellschaft durch den Kapitalismus. Denn die ersten Formen eines garantierten Minimaleinkommens gehen bis auf die Anfänge der Industrialisierung zurück: auf die Entscheidung von Speenhamland i.J. 1795, gefolgt von den »poor laws«, die ganz verschiedene Ausprägungen erfuhren[38] und deren Spuren noch heute in der britischen Sozialgesetzgebung zu finden sind. Diese seit Ende des 18. Jahrhunderts eingeführten Armengesetze sollten jedem Bewohner einer ländlichen Gemeinde ein (nach dem Brotpreis berechnetes) Subsistenzminimum garantieren. Ebenso wie einige heute von neo-liberaler Seite ausgedachten Formen eines sozialen Minimums war die Entscheidung von Speenhamland von einer Beseitigung der sozialen Schutzrechte begleitet, die die landlosen Arbeiter in den ländlichen Gemeinden bis dahin genossen hatten. In der Vergangenheit hatten diese nämlich stets das Recht gehabt, auf dem Gemeindeland etwas Getreide und Gemüse anzubauen und einige Schafe weiden zu lassen. Dieses Recht wurde aufgehoben, als das Gemeindeeigentum beseitigt und die den Grundeigentümern zugeschlagenen Ländereien eingezäunt wurden. Diese Maßnahme verfolgte einen doppelten Zweck: den kommerziellen Anbau zu Ungunsten des Anbaus für Selbstversorgung und Eigenkonsum zu entwickeln; die landlosen Bauern dazu zu zwingen, sich bei den Grundbesitzern zu verdingen.

Diese hatten jedoch keinerlei Bedarf nach der permanenten Beschäftigung zusätzlicher Arbeitskräfte. Die »poor laws« sollten sie davon dispensieren und die Grundeigentümer von ihren Skrupeln befreien, indem sie das Überleben der Arbeitslosen sicherten. Besser noch (oder vielmehr schlechter): während zuvor die Grundeigentümer eine ziemlich umfängliche Anzahl von Arbeitskräften unterhalten mußten, damit ihnen in den Ackerbau- und Erntemonaten keine notwendige Hand fehlte, ermöglichten es ihnen die »poor laws« nunmehr, ständige Arbeiter durch Tagelöhner zu ersetzen, die sie nach eingefahrener Ernte wieder nach Hause schicken konnten; dort durften sie dann als Mittellose ihr Subsistenzminimum von der Gemeinde beziehen. Die Parallele zur heutigen Situation springt ins Auge. Denn heute setzt die Abnahme des Anteils permanent beschäftigter Lohnarbeiter und die Zunahme der prekär Beschäftigten und Gelegenheitsarbeiter gleichfalls voraus, denjenigen ein Subsistenzminimum zu garantieren, die keine hinreichend dauerhafte Beschäftigung finden, um Anspruch auf Arbeitslosengeld zu erhalten.

So bedeutsam daher auch die Auseinandersetzung um die Höhe des garantierten Minimums für die unmittelbare Situation der Opfer der »Rationalisierung« sein mag – sie verschleiert die tiefere Bedeutung des Prinzips einer derartigen Existenzsicherung selbst. Denn diese ist kein Ergebnis von Solidarität, sondern ein institutionelles Almosen. Und wie alle Wohltätigkeitsinstitutionen verfolgt sie eine konservative Absicht: statt die Segmentierung, die »Südafrikanisierung« der Gesellschaft zu bekämpfen, trägt sie zu ihrer sozialen Akzeptanz bei. Das garantierte Mindesteinkommen funktioniert als Lohn für die Ausgrenzung aus der Gesellschaft. Sofern es sich nicht ausdrücklich als Übergangsmaßnahme versteht – und dann gilt es genauer zu bestimmen, *wohin* der Übergang gehen soll –, ist das garantierte Mindesteinkommen eine Idee von rechts.

Von hier aus kann man erkennen, worin die linke Alternative zu bestehen hat. Sie akzeptiert die wachsende Arbeitslosigkeit nicht als ein unabwendbares Faktum und setzt sich nicht zum Ziel, diese Arbeitslosigkeit und die mit ihr verbundenen Formen sozialer Marginalisierung erträglich zu machen. Sie gründet sich vielmehr auf die Ablehnung einer Gesellschaftsspaltung in vollberechtigte Dauerbeschäftigte und Ausgeschlossene. Im Zentrum eines linken Entwurfs wird darum nicht die von jeder Arbeit abgekoppelte Einkommensgarantie stehen, sondern *die unauflösliche Verbindung zwischen dem Recht auf Einkommen und dem Recht auf Arbeit. Jeder Bürger, jede Bürgerin muß das Recht auf einen normalen Lebensstandard haben; aber jeder und jede muß auch die Möglichkeit (das Recht und die Pflicht) dazu besitzen, für die Gesellschaft das Arbeitsäquivalent dessen aufzubringen, was er oder sie verbraucht:* also das Recht darauf, »seinen Lebensunterhalt zu verdienen«; das Recht darauf, in seinem Lebensunterhalt nicht vom guten Willen der ökonomischen Entscheidungsträger abzuhängen. Diese unauflösliche Einheit zwischen dem Recht auf Einkommen und dem Recht auf Arbeit bildet für jeden und jede die Grundlage seines Bürgerrechts.

Denn – wie ich oben im Zusammenhang mit der Arbeit (im ökonomischen Sinne) als Faktor der Emanzipation gezeigt habe[39] – man gehört als Mitglied zur Gesellschaft (genauer gesagt: zur modernen demokratischen und nicht zu einer Sklavenhaltergesellschaft), man hat ihr gegenüber Rechte oder ist umgekehrt aus ihr teilweise ausgeschlossen, je nachdem, ob man am gesamtgesellschaftlich organisierten Produktionsprozeß teilnimmt oder nicht. Arbeit, die nicht mit der Gesamtgesellschaft, sondern nur mit den Mitgliedern einer Sondergruppe (Familienverband, Nachbarschaft, Dorfgemeinschaft, Viertel, usw.) ausgetauscht wird, bleibt immer eine besondere Arbeit; sie ist Sonderregeln unterworfen, die selbst einem besonderen Kräfteverhältnis oder besonderen Interessen oder Bindungen entspringen. Die Arbeit im ökonomischen Sinne hingegen, die gesellschaftlich bestimmt und vergütet wird, wird von allgemeinen Regeln und Beziehungen geregelt, die das Individuum aus Bindungen besonderer Abhängigkeit befreien und es als allgemeines Individuum, d.h. als *Citoyen(ne)* definieren: Seine bezahlte Tätigkeit ist gesellschaftlich als *allgemeine Arbeit* anerkannt, die einen *allgemeinen gesellschaftlichen Nutzen* hat. Ich kann diese Arbeit an eine unbestimmte Zahl von Unternehmen verkaufen, ohne mit denen, die mich bezahlen, eine persönliche oder private Beziehung eingehen zu müssen. Sie bezahlen mich für den allgemeinen gesellschaftlichen Nutzen meines *know how* und nicht für einen persönlichen Dienst, den ich ihnen erweise. Sie sind in gewisser Weise nur die Zwischenhändler zwischen einer *unpersönlichen Nachfrage* der Gesellschaft als ganzer (ob sich diese nun über den Markt, durch den Plan oder in einem öffentlichen Auftrag äußert) und der Arbeit, mit der ich zur Befriedigung dieser Nachfrage beitragen kann.

Der emanzipatorische Charakter der Arbeit im ökonomischen Sinn kommt daher: Sie verleiht mir die unpersönliche Existenz eines abstrakten gesellschaftlichen Individuums, ebenso fähig wie jede(r) beliebige andere, eine Funktion im gesellschaftlichen Produktionsprozeß zu übernehmen. Und genau deshalb, weil es sich um eine dem Wesen nach unpersönliche *Funktion*[40] handelt, die ich in meiner Eigenschaft als x-beliebiger anderer ausfülle, verleiht mir die Arbeit keine »persönliche Identität«, wie oft behauptet wird, sondern deren genaues Gegenteil: Ich muß mich nicht mit meiner ganzen Person, meinem ganzen Leben in sie einbringen; meine Verpflichtungen sind durch die Natur meines Berufs, durch den Arbeitsvertrag und das Arbeitsrecht wohldefiniert. Ich weiß, was ich der Gesellschaft schuldig bin und was sie mir dafür schuldet. Ich gehöre ihr durch gesellschaftliche Fähigkeiten, die nicht meine persönlichen sind, und dies nur während einer vertraglich begrenzten Zeitdauer; und sobald ich meine vertraglichen Verpflichtungen erfüllt habe, gehöre ich niemand anderem als mir selbst, den Meinen, meiner Gemeinschaft.

Man darf die dialektische Einheit dieser beiden Momente niemals aus den Augen verlieren: Die Arbeit im ökonomischen Sinne befreit mich gerade durch ihre unpersönliche Abstraktion aus besonderen Abhängigkeitsbeziehungen und gegenseitigen Zugehörigkeiten, die die Beziehungen der mikro-sozialen oder Privatsphäre regeln. Und diese kann als Sphäre persönlicher Souveränität und freiwilliger Gegenseitigkeit nur bestehen, weil sie die Kehrseite einer wohlbegrenzten Sphäre *exakt festgelegter* gesellschaftlicher Verpflichtungen ist. Wenn ich jeglicher gesellschaftlicher Verpflichtung entkleidet werde – und insbesondere der Verpflichtung, »meinen Lebensunterhalt durch Arbeit zu verdienen« (und sei es noch so wenig Arbeit) –, höre ich auf, als »x-beliebiges gesellschaftliches Individuum« zu existieren, »ebenso fähig wie irgendein anderes«: ich habe nur noch private oder mikro-soziale Existenz. Und ich höre auf, diese private Existenz als meine persönliche Souveränität zu erleben, weil sie nicht mehr das Gegenbild zwingender gesellschaftlicher Verpflichtungen darstellt. Das gewohnte Gleichgewicht zwischen Privatleben und makro-sozial bestimmter gesellschaftlicher Existenz ist damit zerbrochen: Ich verneine mich nicht mehr als Privatindividuum durch meine allgemeine Arbeit und ebenso nicht mehr als allgemeines Individuum durch meine private Tätigkeit. Meine Existenz löst sich in die Grundlosigkeit des Privaten auf, wo ich – keiner allgemeinen gesellschaftlichen Verpflichtung, keiner gesellschaftlich anerkannten Notwendigkeit mehr unterworfen – nichts anderes tun oder lassen kann als das, was ich selbst entschieden habe, grundlos, ohne Anforderungen: »Ausgeschlossen aus allen Gruppen und Unternehmen, als bloßer Konsument von Luft, Wasser und der Arbeit anderer, reduziert auf die Langeweile[41] des Lebens, auf das schneidende Bewußtsein meiner Kontingenz« – bin ich ein »überzähliges Exemplar der Gattung Mensch«.

Dies ist die Situation des unfreiwillig Arbeitslosen; und daran wird auch die Garantie eines Mindesteinkommens nichts ändern (ebensowenig wie übrigens die Zuteilung einer *Scheinarbeit* ohne gesellschaftlichen Bedarf, eigens dafür geschaffen, um Arbeitslose zu beschäftigen und ihre Geldbezüge zu rechtfertigen). Welche Höhe das garantierte Mindesteinkommen auch immer haben mag, es ändert doch nichts an der Tatsache, daß die Gesellschaft von mir nichts erwartet, mir also die Existenz als allgemeines gesellschaftliches Individuum abspricht. Sie zahlt mir einen bestimmten Beitrag aus, ohne von mir etwas zu verlangen, also *ohne mir ihr gegenüber ein Recht zuzusprechen.* Über diese Geldzuweisung hat sie mich in ihrer Gewalt: Was sie mir heute zugesteht, kann sie mir morgen beschneiden oder verweigern, denn sie bedarf meiner nicht, während ich auf sie angewiesen bin.

Aus all diesen Gründen darf das Recht auf Einkommen nicht vom Recht auf Arbeit in der makro-sozialen Sphäre abgetrennt werden. Oder, was auf dasselbe hinausläuft: das Recht auf Einkommen muß an eine Pflicht gekoppelt werden, zur Erbringung dieses Einkommens zu arbeiten – und sei es noch so wenig. Bei all dem handelt es sich nicht darum, die »Arbeitsgesellschaft«, die Arbeitsethik oder die biblische Moral zu retten; es geht um die unüberwindbare dialektische Einheit von Rechten und Pflichten. Es kann kein Recht ohne Gegenleistung geben. Meine Pflicht ist die Grundlage meines Rechts, und mich jeder Pflichten zu entkleiden heißt, mir die Eigenschaft als Person von Rechten zu bestreiten. Recht und Pflicht sind immer die Kehrseite voneinander: Mein Recht ist die Pflicht anderer mir gegenüber; es schließt meine Pflicht anderen gegenüber ein. Insofern ich *einer von ihnen* bin (ein anderer unter anderen), habe ich Rechte ihnen gegenüber; insofern ich *einer von ihnen* bin, haben sie Rechte gegen mich. Über diese Rechte – also über die Pflichten, denen ich sie verdanke – *erkennen sie mich an* als einen von ihnen. Als Mitglied der Gesellschaft habe ich das Recht darauf, von ihr meinen Anteil am gesellschaftlich produzierten Reichtum zu verlangen; als ihrem Mitglied hat die Gesellschaft mir gegenüber das Recht, von mir den entsprechenden Anteil der gesellschaftlichen Arbeit zu verlangen. Über die Pflicht, die sie mir setzt, erkennt sie mich als ihr Mitglied an. Recht auf Arbeit, Pflicht zu arbeiten und Bürgerrecht sind untrennbar miteinander verknüpft.[42]

Für ein linkes Modell von Grundsicherung kann es sich also nicht darum handeln, ein von *jeder* Arbeit unabhängiges Einkommen zu garantieren; es geht darum, *sowohl* das Einkommen *als auch* die ihm entsprechende Menge gesellschaftlicher Arbeit zu garantieren. Mit anderen Worten, es kommt darauf an, ein Einkommen zu garantieren, das nicht mit der Abnahme der gesellschaftlich notwendigen Arbeitsmenge sinkt. *Nicht von der Arbeit als solcher, sondern nur von der Arbeitsmenge muß somit das Einkommen unabhängig werden.*

Auf diese Weise wird das garantierte Normaleinkommen für jede(n) – so häufig auch die Arbeit unterbrochen oder so niedrig die Arbeitsdauer auch werden mag – sein (oder ihr) Leben lang ein im Austausch gegen ein entsprechendes Arbeitsquantum *verdientes Einkommen* sein, auf das er oder sie durch seine/ihre Arbeit ein Anrecht erworben hat.

Ich will versuchen, dieses Modell präziser auszuführen, um es deutlich von den Formen einer garantierten Grundsicherung und eines allgemeinen Grundeinkommens zu unterscheiden.

a) Garantiertes Einkommen – aus rechter Sicht

Das garantierte Mindesteinkommen wird vom Staat *verliehen* und durch Steuerabzüge von den direkten Einkommen finanziert. Es geht von der Vorstellung aus, daß es auf der einen Seite Leute gibt, die mit Arbeit ihren Lebensunterhalt verdienen, und auf der anderen Seite solche, die nicht arbeiten, weil es für sie keinen Platz auf dem Arbeitsmarkt gibt oder weil sie arbeitsunfähig sind (oder als arbeitsunfähig gelten). Zwischen ersteren und letzteren äußert sich keine lebendige Solidarität. Diese fehlende Solidarität wird durch einen Transfer von Steuergeldern korrigiert: Der Staat nimmt von den einen und gibt den anderen.

Die Rechtmäßigkeit dieses Transfers wird unweigerlich auf mehr oder weniger offene Weise umstritten bleiben. Denn mit ihm hat es den Anschein, als ob diejenigen, die nicht arbeiten, die anderen für sich arbeiten ließen. Der Staat wird darum immer unter Verdacht stehen, Parasiten und Faulpelze zu begünstigen. Und er wird beständig bestrebt sein, diesen Verdacht dadurch zu entkräften, daß er das Sozialeinkommen an mehr oder weniger erniedrigende und schikanöse Kontrollen knüpft. Die Empfangsberechtigten werden immer unter dem Damoklesschwert der nächsten Steuerrevolte oder des nächsten Regierungswechsels stehen. Dies wird auch dann der Fall sein, wenn die Einkommensgarantie die Form eines bedingungslos allen Bürgern zustehenden Grundeinkommens annimmt, wie dies das Kollektiv Charles Fourier[43] oder die deutschen »Ökolibertären« vorschlagen.[44] Dieses Grundeinkommen läuft zudem Gefahr, zum Vorwand für eine Vervielfältigung von Gelegenheitsarbeiten und unterbezahlten Nebenjobs zu werden, die von seiten der Arbeitgeber dann nur noch als »Zusatzeinkommen« begriffen werden. Andererseits riskiert es, als Legitimation für eine verschärfte Diskriminierung gegenüber Frauen herhalten zu müssen.[45] Man wird es mit einem »Hausfrauenlohn« oder »Mutterschaftslohn« in einen Topf werfen, um das Verbleiben der Frauen in der häuslichen Sphäre und (nach einer vom gaullistischen Ex-Premierminister und Parteichef Chirac 1987 verwandten Formulierung) ihre »*berufliche* Anerkennung als Hausfrau und Mutter« zu rechtfertigen.[46]

Die Grundsicherung oder das allgemeine Grundeinkommen entspringen also einer nur oberflächlich die Not lindernden Politik, die die Individuen vor dem Zerfall der (Lohn-)Arbeitsgesellschaft zu schützen verspricht, ohne eine gesellschaftliche Dynamik in Bewegung zu setzen, die ihnen emanzipatorische Zukunftsperspektiven eröffnen kann.

b) Garantiertes Einkommen – aus linker Sicht

In einer linken Perspektive kann die Garantie eines ausreichenden Einkommens für die von der Gesellschaft an den Rand Gedrängten weder Endziel noch Ausgangspunkt eines politischen Konzepts sein. Ausgehen muß man von der Verringerung des ökonomisch notwendigen Arbeitsvolumens; das Ziel muß die Beseitigung ebenso von Armut und unfreiwilliger Arbeitslosigkeit sein wie von Zeitmangel, Leistungshetze, lebenslanger Verpflichtung zur Vollzeitarbeit. Es handelt sich nicht – oder doch höchstens übergangsweise – darum, den aus dem Produktionsprozeß Ausgeschlossenen ein Grundeinkommen zu sichern, sondern um die Beseitigung der Bedingungen, die zu diesem Ausschluß geführt haben.

Dieses Ziel erfordert eine Politik der Umverteilung der ökonomisch notwendigen Arbeit, die stufenweise – in einem Zeitraum von fünfzehn bis zwanzig Jahren – die *normale Vollzeitbeschäftigung* von den heutigen im Durchschnitt 1 600 jährlichen Arbeitsstunden auf 1 400, 1 200 und schließlich 1 000 Stunden verringern wird. Diese 1 000 Jahresarbeitsstunden werden dann als die *normale* Arbeitsdauer einer Vollzeitbeschäftigung gelten, die das Anrecht auf ein entsprechend der Qualifikation normales Volleinkommen verleiht – ebenso wie heute 1 600 Arbeitsstunden im Jahr als normale Vollzeitbeschäftigung gelten und zu einem vollen Einkommen berechtigen (ein Einkommen, dessen Kaufkraft das Vier- oder Fünffache des Einkommens eines Arbeiters beträgt, der um die Jahrhundertwende ca. 3 200 Stunden im Jahr arbeiten mußte).

Oben habe ich bereits gezeigt, daß in dem Maße, wie die durchschnittliche Arbeitsdauer abnimmt, die zeitweiligen Unterbrechungen der Arbeit zunehmen werden. Tausend Stunden im Jahr können entweder, auf das ganze Jahr bezogen, zwei Arbeitstagen pro Woche entsprechen oder zehn Tagen im Monat, oder zwei mal vierzehn Tagen alle drei Monate, oder jede zweite Woche, jeder zweite Monat, jedes zweite Halbjahr usw., usf. – wobei das volle Einkommen (in Gestalt der »beiden Schecks«) das ganze Jahr über weiter bezogen wird, ebenso wie heute für auf zweihundert Tage im Jahr verteilte 1 600 Stunden.

Es liegt in der logischen Konsequenz dieser neuen Zeitorganisation, die Arbeitsdauer nicht mehr allein auf der Ebene eines Jahres, sondern von fünf Jahren, von einem Jahrzehnt, des ganzen Erwerbslebens zu definieren. Diese Vorstellung ist keineswegs so »utopisch« (im pejorativen Wortsinn), wie man dies gemeinhin in Frankreich glaubt. Sie wurde zuerst von Gösta Rehn anläßlich der Reform des schwedischen Systems der Altersvorsorge im Jahre 1960 vorgeschlagen: Sein Vorschlag war, es jedem/r in jedem Lebensalter freizustellen, einen verlängerten Urlaub zu nehmen, der gewissermaßen als »Anzahlung« auf seine Pensionszeit (deren Beginn sich um die entsprechende Periode hinausschieben würde) verrechnet werden sollte. Dieses »Recht auf zeitweiligen Rückzug aus dem Arbeitsleben – präzisierte er mir gegenüber – bedeutet für mich das Recht, während ausgewählter Perioden eine Lebensform gegen eine andere auszutauschen... Es geht mir darum, den Menschen vom Zwang zu befreien, ständig ›leistungsfähig‹ sein zu müssen.«[47]

Gerade eine solche Befreiung ist noch besser dadurch zu

Arbeit und Einkommen

ermöglichen, daß die Arbeitsdauer im Horizont eines Jahres oder von fünf Jahren oder schließlich (wenn die Norm der Vollzeitbeschäftigung bereits stark gesenkt worden ist) innerhalb des ganzen Erwerbslebens festgelegt wird. Ebenso wie 1 000 Stunden pro Jahr eine normale Arbeitszeit darstellen, die das Recht auf ein jährliches volles Einkommen verleiht, so sind dann auch 3 000 in drei Jahren verrichtete Arbeitsstunden oder 5 000 Stunden in fünf Jahren eine normale Arbeitszeit, die für drei oder fünf Jahre das Recht auf Zahlung des vollen Einkommens verleihen – und zwar auch dann, wenn die Arbeit diskontinuierlich, mit Unterbrechungen von sechs Monaten oder sogar zwei Jahren, ausgeübt wird. Während dieser Unterbrechungen wäre das Einkommen weiter das normale Einkommen (mal aufgeschoben, mal antizipiert), auf das man durch seine normale Arbeit Anrecht hat – im Prinzip nicht anders (wenngleich in anderer Weise finanziert) als das Einkommen, auf das man heute während seines bezahlten Urlaubs Anrecht hat. Diese Möglichkeit, seine berufliche Tätigkeit für sechs Monate oder zwei Jahre periodisch zu unterbrechen, würde es jedem/r einzelnen während jedes Lebensalters ermöglichen, seine Studien fortzuführen oder wiederaufzunehmen; einen neuen Beruf zu erlernen; eine Musik- oder Theatergruppe aufzubauen, im Viertel eine Kooperative zu initiieren, ein Unternehmen oder ein Kunstwerk zu schaffen; ein Haus zu bauen; eine Erfindung oder Forschung weiterzuentwickeln; seine Kinder zu erziehen; einer politischen Aktivität nachzugehen; Entwicklungsdienst in einem Land der Dritten Welt zu leisten; einen Verwandten oder Freund in seinen letzten Lebensmonaten zu pflegen (usw.). Und dieselbe Überlegung, die auf der Ebene von drei oder fünf Jahren gilt, gilt auch auf der Ebene eines ganzen Lebens mit seinen zwanzig bis dreißig Arbeitsjahren (20 000 bis 30 000 Arbeitsstunden): Es gibt keinen vernünftigen Grund, der dagegen spräche, diese zwanzig bis dreißig Jahre auf vierzig bis fünfzig Jahre auszuweiten – oder auf zehn oder fünfzehn Jahre zu verdichten – und damit einen neuen »Lebensentwurf« mitten im Berufsalter möglich zu machen: das Recht auf ein »zweites Leben«, auf eine zweite oder dritte Chance im Leben, auf einen zweiten oder dritten Aufbruch.

Man kann an einem solchen System endlos herumfeilen, man kann es verfeinern, Prämien und Strafen, steuerliche Anreize und Abschreckungen für eine kontinuierliche (oder häufig unterbrochene Arbeit) vorsehen; man kann vertraglich festsetzen, daß der zweite Scheck eine Höchstgrenze haben muß (oder eben nicht), daß er gekürzt (oder nicht gekürzt) wird, wenn die Arbeitsunterbrechung eine bestimmte festgelegte Dauer überschreitet (usw.). Und man kann selbstverständlich auch eine Vielfalt von Gegenargumenten vorbringen: etwa die Furcht vor einem »riesigen bürokratischen Verwaltungsapparat« (zu Unrecht: die Verwaltung eines »Lebensarbeitszeit-Kontos« würde sich an Verwaltungsaufwand nicht von der Führung einer Pensionskasse, der Verwaltung von Kindergeld oder Angehörigenrenten oder eines Postscheckkontos unterscheiden); man kann sich auch Sorgen über die Leute machen, »die überhaupt nicht arbeiten *wollen*« oder umgekehrt den Zweifel hegen, ob das garantierte Mindesteinkommen nicht die »Zwangsarbeit« nach sich zieht (als ob das Recht darauf, fürs Nichtstun bezahlt zu werden, heute eine fest verankerte Verfassungsgarantie wäre, die ich mit mangelnder politischer Sensibilität verletzen wollte).

Dieses letzte Gegenargument – »Und was machen Sie mit denen, die *partout* nicht arbeiten wollen?« – kann man gegen jede Verpflichtung vorbringen (seine Rechnung im Restaurant zu zahlen; bei ›Rot‹ an der Kreuzung zu halten; vor dem Sprung ins Schwimmbecken eine Dusche zu nehmen usw.). Es ist um so unseriöser, als im Modell der Lebensarbeitszeit der Arbeitszwang ja *erleichtert* und nicht etwa *geschaffen* wird und hierzu keinerlei Repressions- oder Überwachungsapparat erforderlich ist. Wenn z.B. jemand eine überhöhte Schuld an Arbeitsstunden aufgehäuft hat, so erhält er eine erste – danach eventuell noch eine zweite – Benachrichtigung, die ihn davor warnt, daß zu dem und dem Termin sein Anrecht auf den zweiten Scheck ablaufen werde. Dieser Brief wird von dem Computer ausgefertigt, der auch normalerweise das Sozialkonto des Betreffenden führt – wie dies für alle Bankkonten der Fall ist. Alle kennen die Spielregeln: man kann ebensowenig seinen Bankkredit unbegrenzt überziehen wie sein Konto bei der Sozialkasse, die das zweite Scheckbuch ausstellt. Die Transparenz und Fairneß dieser Regel schließt aus, daß sie als unterdrückerisch und autoritär empfunden wird. Schließlich gilt sie für alle. Sie scheint mir jedenfalls bei weitem den Zwängen vorzuziehen, die zum einen die blinde Herrschaft des Marktes in einer anarcho-liberalen (Nicht)Gesellschaft oder zum anderen der Sozial-Etatismus mit sich bringt, der jeder/m ein »Bürgereinkommen« bewilligt – auf daß dann »die Besten gewinnen«.

Der wesentliche Aspekt der Verpflichtung, als Gegenleistung für ein garantiertes volles Einkommen eine bestimmte Stundenzahl im Leben zu arbeiten, liegt darin, daß erst diese Verpflichtung das entsprechende Recht wahrhaft *garantieren* kann: Indem sie die Individuen dazu verpflichtet, durch ihre Arbeit das ihnen garantierte Einkommen zu erarbeiten, verpflichtet die Gesellschaft sich selbst, ihnen die Möglichkeit zur Arbeit zu geben und erkennt ihnen das Recht zu, Arbeit zu verlangen. Die Verpflichtung, die sie ihnen auferlegt, begründet das Recht, das sie ihr gegenüber haben: das Recht darauf, Vollbürger mit allen Rechten zu sein, »gemeine« Individuen wie alle anderen, die ihren (immer leichter werdenden) Anteil an der notwendigen Arbeitslast übernehmen und dadurch für den Rest ihrer Zeit frei dafür sind, als *unverwechselbare Personen* ihre vielfältigen Fähigkeiten zu entfalten, wenn sie dies wünschen.

Ich will nicht beanspruchen, damit bereits auf alle Einwände und Fragen geantwortet zu haben. Ich weiß nicht, ob es sinnvoll ist, eine Altersgrenze für den Eintritt ins Erwerbsleben festzulegen; ob man diejenigen, die bereits im Alter von 35 Jahren ihr gesamtes Lebensarbeitssoll verrichtet haben, (mit negativen Stimuli) davon zurückhalten sollte, im gleichen Tempo weiterzuarbeiten; noch weiß ich, ob man Gunnar Adler-Karlsson darin folgen soll, weiterhin zwei Wirtschaftssektoren zu befürworten – einen sozialisierten Sektor, der alles Lebensnotwendige unter den für die Arbeiter und die Verbraucher kostensparendsten Bedingungen herstellt, und einen freien Sektor für Gelegenheits- und Zusatzbedarf (usw.).[48] Ich weiß jedoch: Die Vision einer Gesellschaft, in der jede(r) durch Arbeit – aber immer weniger Arbeit – seinen Lebensunterhalt verdienen kann; in der jede(r) das Recht auf einen vollen, durch Arbeit verliehenen Bürgerstatus hat und auf ein »zweites Leben« in der privaten, mikro-sozialen oder öffentlichen Sphäre – eine solche Vision ermöglicht es, die Erwerbstätigen wie die Arbeitslosen, die neuen sozialen Bewegungen und die Arbeiterbewegung im gemeinsamen Kampf zu vereinen.

Auch in strategischer Hinsicht unterscheidet sich ein derartiges Gesellschaftskonzept vom allgemeinen Grundeinkommen oder der Sozialhilfe für Nicht-Erwerbstätige. Letztere Lösungen können allein von der Zentralgewalt oktroyiert werden. Der Entwurf einer Gesellschaft hingegen, die es allen Menschen ermöglicht, erwerbstätig zu sein und bei immer weniger Arbeit besser zu leben, kann von einer Strategie kollektiver Aktionen und Bürgerinitiativen getragen werden. Im Unterschied zu Formen eines garantierten Mindesteinkommens oder einer allgemeinen Grundsicherung bricht dieses Konzept nicht mit der Tradition des gewerkschaftlichen Kampfes für volle Bezahlung an Feiertagen, im Jahresurlaub, Mutterschafts- oder Elternurlaub, für die Zeit von Weiterbildungs- und Umschulungslehrgängen usw. Ich weiß schließlich, daß eine Strategie der stufenweisen Arbeitszeitverkürzung, die flankiert wird von einer Einkommensgarantie, unweigerlich die Reflexion, die Diskussion, die Experimentierfreude und Selbstorganisierung der Arbeiter auf der Ebene ihrer Betriebe, Dienststellen und Branchen beleben wird – daß sie also weit mehr Gesellschaftlichkeit und Demokratie hervorbringen wird als irgendeine sozial-etatistische Formel. Und hierin, in der Belebung gesellschaftlicher Kontrolle über die Ökonomie, liegt das wesentliche.

Das also sind die Gründe für meine Vorschläge. Es sind nicht die einzig möglichen. Ihr könnt selbst andere Vorschläge machen und andere Gründe für sie anführen. Aber eines könnt Ihr nicht: im Namen des Realismus einer Auseinandersetzung über die zukünftige Gesellschaft aus dem Weg zu gehen. Wenn wir an die Stelle der Arbeitsgesellschaft nichts anderes setzen, nehmen wir deren Zerfall einfach hin – und mit ihm alles, was er an Elend, Hoffnungslosigkeit, Unvernunft und Gewalttätigkeit hervorbringt. »Wenn Sie nicht an die Modelle von Gorz oder von mir glauben – sagte Gunnar Adler-Karlsson auf einem Gewerkschaftsseminar[49] – dann machen Sie doch Ihre eigenen Modelle. Aber bitte etwas Neues! Ich sage nur: geben Sie mir 1% von den Leuten und den Wirtschaftlern, die an den konventionellen Arbeitsmarkttheorien arbeiten, um meine und Gorz' Ideen auszuarbeiten, und wir werden eine Menge von Fragen lösen.«

ANHANG

*Zusammenfassung für Gewerkschafter
und andere Linke*

Unter dem Titel »Die Gewerkschaften zwischen Neokorporatismus und Erweiterung ihrer Aufgaben« diente dieser Text auf dem internationalen Kolloquium »Die Gewerkschaften im Jahre 2000« im Dezember 1986 in Brüssel als Diskussionsgrundlage. Das Kolloquium war vom Bund christlicher Gewerkschaften *(Confédération des syndicats chrétiens:* CSC/ACV) organisiert worden.

1. DIE KRISE DER ARBEIT

1.1. Die Arbeitsideologie

Erwerbsarbeit war nicht immer die vorherrschende menschliche Tätigkeit. Auf gesamtgesellschaftlicher Ebene überwiegt sie erst seit dem Auftreten des Industriekapitalismus vor etwa zweihundert Jahren. Vorher – also in den vormodernen Gesellschaften, im Mittelalter und im Altertum ebenso wie in den noch heute bestehenden vorkapitalistischen Gesellschaften – arbeitete man weniger als heute, sogar sehr viel weniger. So sehr, daß die ersten Industriellen im 18. und 19. Jahrhundert die allergrößten Schwierigkeiten hatten, ihre Arbeitskräfte dazu zu zwingen, den ganzen Tag lang – und Tag für Tag – zu arbeiten. Die ersten Fabrikunternehmer erlitten deshalb Bankrott.

Mit anderen Worten: das, was die Briten und Deutschen »Arbeitsethik« und »Arbeitsgesellschaft« nennen, ist historisch relativ jung.

Die Eigentümlichkeit der »Arbeitsgesellschaften« besteht darin, daß in ihnen die Arbeit gleichzeitig als moralische Pflicht, als gesellschaftliche Verpflichtung und als *der* Weg zum persönlichen Erfolg gilt. Die *Arbeitsideologie* hält es also für erwiesen,

- daß es allen um so besser geht, je mehr jede(r) einzelne arbeitet;
- daß diejenigen, die wenig oder nicht arbeiten, der Gemeinschaft schaden und somit nicht würdig sind, ihr anzugehören;
- daß in der Gesellschaft derjenige Erfolg hat, der tüchtig arbeitet, und daß somit der Erfolglose an seinem Scheitern selbst schuld ist.

Viele unter uns sind immer noch zutiefst durch diese Ideologie geprägt, und kein Tag vergeht, an dem uns nicht ein Politiker – ob nun ein rechter oder ein linker – mit der Behauptung zur Arbeit aufruft, daß wir die gegenwärtige Krise nur durch Arbeit überwinden werden. Zur »Bekämpfung der Arbeitslosigkeit« –

wird hinzugefügt – müsse mehr und nicht weniger gearbeitet werden.

1.2. Die Krise der Arbeitsethik

In Wirklichkeit ist die Arbeitsethik längst hinfällig geworden. Es stimmt weder, daß man mehr arbeiten muß, um mehr zu produzieren, noch, daß Mehrproduktion zu besserem Leben führt.

Das Band zwischen dem »mehr« und dem »besser« ist gerissen; denn die meisten unserer Bedürfnisse sind weitgehend gedeckt, während viele unserer unbefriedigten Bedürfnisse nicht durch *Mehr*produktion gedeckt werden können, sondern dadurch, daß *anders* produziert und *anderes* hergestellt wird – ja sogar, daß *weniger* produziert wird. Dies gilt insbesondere für unsere Bedürfnisse nach gesunder Luft, trinkbarem Wasser, nach Raum, Ruhe, Schönheit, Zeit und zwischenmenschlichen Beziehungen.

Ebensowenig trifft zu, daß es aller Welt um so besser ginge, je mehr ein(e) jede(r) arbeitete. Die gegenwärtige Krise hat einen technischen Wandel von beispiellosem Umfang und Tempo in Gang gesetzt: die »mikro-elektronische Revolution«. Deren Wirkung und Zweck liegt in schnell wachsenden Arbeitsersparnissen, und zwar ebenso in der Industrie wie in Verwaltungen und im Dienstleistungsgewerbe. *Durch Automatisierung und Computerisierung können wachsende Produktionsmengen mit abnehmenden Arbeitsmengen gewährleistet werden.* Daraus folgt, daß der gesellschaftliche Produktionsprozeß gar nicht mehr darauf angewiesen ist, daß jede(r) einer Vollzeitbeschäftigung nachgeht. Die Arbeitsethik erweist sich zunehmend als unpraktikabel, und die Arbeitsgesellschaft ist in die Krise geraten.

1.3. Die neokonservative Leistungsideologie

Nicht alle sind sich dieser Krise bewußt; gewisse Kreise aber wissen sehr wohl Bescheid um sie, haben jedoch alles Interesse daran, sie zu verleugnen. Dies ist insbesondere bei vielen »Neokonservativen« der Fall. Sie wollen die Arbeitsideologie in einem gesamtgesellschaftlichen Kontext am Leben erhalten, in dem die Erwerbsarbeit immer mehr zum knappen Gut wird. Daher treiben sie die Erwerbssuchenden zu einer immer erbitterteren Konkurrenz gegeneinander an. Als Ergebnis dieser Konkurrenz erwarten die Neokonservativen eine Senkung des Preises der Arbeit (d.h. der Löhne) und eine Verdrängung der »Schwachen« durch die »Starken«. Von dieser sozialdarwinistischen Selektion der »Geeignetsten« erhoffen sie sich die Wiedergeburt eines dynamischen Kapitalismus, der seine Schlakken, d.h. viele seiner Sozialgesetze losgeworden ist.

1.4. Weniger arbeiten, damit alle arbeiten

Das gemeinsame Interesse der Lohnabhängigen liegt hingegen darin, sich auf diesen *Verdrängungswettbewerb* nicht einzulassen, sondern der Unternehmerschaft in organisierter Einheit entgegenzutreten und mit ihr die Beschäftigungsbedingungen kollektiv auszuhandeln. Die Gewerkschaftsbewegung ist der Ausdruck dieser *Solidargemeinschaft.*

In einem gesellschaftlichen Kontext, in dem es keine ausreichenden Vollzeitarbeitsplätze für alle mehr gibt, wird es somit zum Überlebensgebot für die Gewerkschaftsbewegung selbst, die Arbeitsideologie aufzugeben. Dieser Abschied von der Arbeitsethik ist übrigens in keiner Weise eine Verleugnung der Tradition der Arbeiterbewegung – im Gegenteil: Seit ihren Ursprüngen wurden die Kämpfe der Arbeiterbewegung ebensosehr durch das Thema der Befreiung *von* der Arbeit motiviert wie durch das Thema »weniger arbeiten, damit alle arbeiten können«.

1.5. Die Formen der Arbeit

Wir haben uns daran gewöhnt, unter »Arbeit« eine *bezahlte* Tätigkeit zu verstehen, die im Auftrage eines Dritten (des Arbeitgebers) zu Zwecken verrichtet wird, die man nicht selbst gewählt hat und unter Bedingungen und zu Zeiten, die der zahlende Auftraggeber festsetzt. Die *Verwechslung zwischen »Arbeit« und »Erwerbsarbeit«* ist ebenso geläufig wie die zwischen »Recht auf Arbeit«, »Recht auf einen Lohn« und »Recht auf ein Einkommen«.

Nun ist allerdings in Wirklichkeit keinesfalls jede Tätigkeit auch Arbeit und nicht jede Arbeit auch bezahlte Erwerbsarbeit. Man muß vielmehr drei Typen von Arbeit unterscheiden.

1.5.1. Die ökonomisch zweckbestimmte Arbeit

Das ist die *gegen Bezahlung* verrichtete Arbeit. Hier ist das Geld, d. h. der *Erwerb* der Hauptzweck. Man arbeitet vor allem, »um seinen Lebensunterhalt zu verdienen«, und höchstens in zweiter Hinsicht der Befriedigung oder Freude wegen, die man außerdem noch aus dieser Arbeit ziehen kann. Wir werden sie *ökonomisch zweckbestimmte* Arbeit nennen.

1.5.2. Die Hausarbeit und die Eigenarbeit

Das ist die Arbeit, die man nicht zu Erwerbszwecken verrichtet, sondern um ein *Ergebnis* zu erzielen, dessen Hauptadressat und direkter Nutznießer man selbst ist. Dies gilt u. a. für die sogenannte *»Reproduktionsarbeit«*, d. h. für die Hausarbeit, die Tag für Tag die unmittelbaren Lebensnotwendigkeiten sicherstellt: Zubereitung der Mahlzeiten, Körper- und Wohnungspflege, Kinder zur Welt bringen und sie erziehen (usw.). Diese Arbeit war und ist bis heute den Frauen zusätzlich zur ökonomisch zweckbestimmten Arbeit aufgezwungen: *»Doppelbelastung«*.

Weil die Hausgemeinschaft (Familie oder Großfamilie) eine auf die *Gütergemeinschaft* – und nicht auf die warenförmige Verrechnung der wechselseitigen Leistungen – gegründete Lebensgemeinschaft ist, wurde die Bezahlung der Hausarbeit bis in allerjüngste Zeit noch nie ins Auge gefaßt. Im Gegenteil wurde die Hausarbeit als Arbeit angesehen, die *durch und für* die ungeteilte Hausgemeinschaft selbst verrichtet wurde. Diese

Betrachtungsweise ist allerdings – man muß es hervorheben – *nur dann* gerechtfertigt, wenn die Teilnehmer an der häuslichen Gemeinschaft sich tatsächlich die Aufgaben gleichberechtigt und fair untereinander aufteilen. Die Bezahlung der Hausarbeit über ein staatlich finanziertes Einkommen, das einige Feministinnen im Namen der gesellschaftlichen Nützlichkeit dieser »Reproduktionsarbeit« für die Frau fordern, kann allerdings nicht zu einer fairen Aufgabenteilung führen. Zudem weist ein solcher *»Lohn für Hausarbeit«* folgende Nachteile auf:
- Er verwandelt die häusliche Arbeit in ökonomisch zweckbestimmte Arbeit, d. h. in häusliche *Erwerbs*arbeit – den Hausfrauen/mann-»Beruf«;
- er macht die Hausarbeit zu einer *für die Gesellschaft nützlichen* Arbeit, während ihr Ziel doch nicht die gesellschaftliche Nützlichkeit ist oder sein soll, sondern das Wohlergehen und die persönliche Entfaltung aller Teilnehmer an der Familien- oder Hausgemeinschaft – und dies ist etwas ganz anderes. Die Verwechslung zwischen der Entfaltung der Personen und ihrer sozialen Nützlichkeit folgt aus einer totalitären Gesellschaftsauffassung, die weder für die Einzigkeit und Einzigartigkeit jeder Person Raum läßt noch für die Eigenart der Privatsphäre. Diese nämlich ist in ihrem Wesen der Kontrolle der Gesellschaft und den Kriterien öffentlichen Nutzens entzogen und muß dies sein – soll sie nicht zerstört werden.

1.5.3. Die autonomen Tätigkeiten

Das sind die Tätigkeiten, die man um ihrer selbst willen – als *Selbstzweck* – frei und *ohne Notwendigkeit* ausübt. Es handelt sich hierbei um alle Tätigkeiten, die wir als Entfaltung, Bereicherung, Quellen von Sinn und Freude erfahren: künstlerische, philosophische, wissenschaftliche Tätigkeiten; solche zwischenmenschlicher Beziehung, Erziehung, freiwilliger Nächstenliebe; Tätigkeiten gegenseitiger Hilfe und Tätigkeiten der Selbst-»Bildung« (usw.). Alle diese Tätigkeiten erfordern eine »Arbeit« im Sinne von Anstrengung und methodischem

Vorgehen; doch sie tragen ihren Sinn und »Lohn« ebensosehr im Vollbringen der Handlung selbst wie in ihrem Resultat: sie fallen mit der Zeit des Lebens zusammen. Diese allerdings darf dabei nicht zu knapp bemessen sein.

Dieselbe Tätigkeit – etwa, die Kinder großzuziehen, eine Mahlzeit bereiten, seine Wohnung pflegen – kann nämlich eine Arbeit sein, deren Zwänge man als drückend erleidet, oder eine Tätigkeit, die Freude macht – je nachdem, ob man durch Zeitmangel aufgerieben wird oder ob man sie mit Muße und in freiwilliger Zusammenarbeit und Aufgabenteilung vollführt.

1.6. Das Ende der Utopie

Die ökonomisch zweckbestimmte Arbeit wurde erst mit dem Kapitalismus und der Verallgemeinerung des Warenaustauschs vorherrschend. Sie hat insbesondere zahlreiche Tauschbeziehungen von nicht warenförmigen Dienstleistungen und handwerkliche Produktionen ausgelöscht, in denen sich die ökonomisch zweckbestimmte Arbeit unlösbar mit der Freude verband, etwas Schönes zu schaffen. Deshalb hat die Arbeiterbewegung in ihren Anfängen gegen den Vorrang angekämpft, den der Industriekapitalismus der ökonomisch zweckbestimmten Lohnarbeit gegenüber allen anderen Tätigkeits- und Lebensformen zuwies. Mit seiner Forderung nach Abschaffung der Lohnabhängigkeit, nach einer Regierung oder Selbst-Bestimmung der Gesellschaft durch frei assoziierte Arbeiter stand der Arbeiterwiderstand allerdings der bereits laufenden Entwicklung entgegen. Er hatte utopischen Charakter, zeichneten sich doch keine Möglichkeiten ab, dem Konzept der Beseitigung der Lohnabhängigkeit Gestalt zu verleihen.

Was aber zu Anfang des letzten Jahrhunderts eine Utopie war, ist dies heute teilweise bereits nicht mehr: Der gesamtgesellschaftliche Produktionsprozeß, die Wirtschaft benötigen immer weniger Lohnarbeit. Die Unterordnung aller anderen menschlichen Tätigkeiten und Ziele unter die Lohnarbeit und die ökonomischen Zwecke verliert damit ihre Notwendigkeit und ihren Sinn. *Die Emanzipation von der ökonomischen Rationalität und vom Zwang zur Erwerbsarbeit wird heute zur konkreten Möglichkeit.* Wirklichkeit wird sie nur durch ein Handeln werden können, das sich diese Emanzipation nicht allein als Endziel setzt, sondern ihre Möglichkeit als lebendige Bewegung illustriert. Das kulturelle Handeln, die Entwicklung »alternativer Tätigkeiten« erhalten in diesem Zusammenhang eine ganz besondere Bedeutung. Ich komme weiter unten darauf zurück.

2. KRISE DER ARBEIT – KRISE DER GESELLSCHAFT

2.1. Dem Wandel einen Sinn geben: die Befreiung der Zeit

Die Gewerkschaftsbewegung kann als zukunftsträchtige *Bewegung* nur dann fortbestehen, wenn sie ihre Mission nicht auf die Verteidigung der Sonderinteressen der Lohnarbeiter beschränkt. In der Industrie ebenso wie im klassischen Dienstleistungssektor schreitet die Schrumpfung des Arbeitskräftebedarfs mit immer größerer Geschwindigkeit voran. Nach einer bundesdeutschen gewerkschaftlichen Schätzung finden heute erst 5% der neuen Technologien Anwendung, die am Ende des Jahrhunderts verfügbar sein werden. Die Produktivitätsreserven (d. h. die vorhersehbaren Arbeitseinsparungen) in der Industrie und dem klassischen Tertiärsektor sind gewaltig.

Nur die Befreiung *von* der ökonomisch zweckbestimmten Arbeit durch Arbeitszeitverkürzung und die Entwicklung von »Alternativen zur Lohnarbeit« in Gestalt anderer, selbstbestimmter und selbstgesteuerter Tätigkeitsweisen können den (Lohn)arbeitseinsparungen einen Sinn verleihen, die unweigerlich aus der laufenden technologischen Revolution hervorgehen. Das *Konzept einer Gesellschaft der befreiten Zeit, in der alle Arbeit finden, aber immer weniger ökonomisch zweckbe-*

stimmt arbeiten müssen – dieses Konzept ist der *mögliche Sinn* der gegenwärtigen historischen Entwicklung. Es vermag die verschiedenen Bestandteile der sozialen Bewegung in einer gemeinsamen Perspektive zu vereinen; denn
- *erstens* geht es aus einer Weiterführung der vergangenen Kämpfe und Erfahrungen der Arbeiterbewegung hervor;
- *zweitens* geht es über diese Kämpfe und Erfahrungen dadurch hinaus, daß es sie auf Ziele ausrichtet, die ebenso den Interessen der Beschäftigten wie denen der Arbeitslosen entsprechen, es vermag also ihre Solidarität und ihren gemeinsamen politischen Willen zu festigen; und
- *drittens* kommt es dem Bestreben einer großen Anzahl von Frauen und Männern entgegen, die Macht über und in ihrem Leben (wieder-)zuerlangen.

2.2. *Das Leben wieder selbst gestalten*

Die Kämpfe am Arbeitsplatz behalten all ihre Wichtigkeit, aber die Arbeiterbewegung darf nicht davor die Augen verschließen, daß andere, auf anderen Feldern geführte Kämpfe von wachsender Bedeutung für die Zukunft der Gesellschaft sein werden – und dafür, daß Frauen und Männer die Macht, ihr eigenes Leben zu gestalten, wiedererlangen. So dürfen insbesondere die Gewerkschaften in ihrem Kampf für (Lohn)arbeitszeitverkürzung nicht länger die Augen davor verschließen, daß die Zwänge der unbezahlten, in der Privatsphäre von den Frauen verrichteten Arbeit ebenso drückend sein können wie die Zwänge des Berufslebens. Der Kampf für die Verkürzung der bezahlten Arbeit muß also mit einer neuen fairen Verteilung der unbezahlten Aufgaben der Hausarbeit einhergehen. Die Gewerkschaftsbewegung darf den spezifischen Kämpfen, die die Frauenbewegung in dieser Hinsicht führt, nicht gleichgültig gegenüberstehen, sondern muß ihnen in ihren eigenen Forderungsprogrammen Rechnung tragen. Dies gilt vor allem für die Gestaltung und Selbstbestimmung der Stundenpläne.

Ebensowenig darf die Gewerkschaftsbewegung dem Kampf

von betroffenen Bevölkerungsgruppen gleichgültig gegenüberstehen, die ihre Lebensumwelt gegen das Eindringen von technologischen Mega-Komplexen verteidigen: von Großtechnologien, die den Bewohnern ihre Heimat wegnehmen, die Umwelt nach unmenschlichen Systemzwängen ummodellieren oder zerstören und – im Namen von Sicherheitsimperativen oder logistischen Sachzwängen – eine technokratische Macht errichten, die jeder demokratischen Kontrolle entzogen ist.

Das Recht der Personen auf souveräne Gestaltung des eigenen Lebens und ihrer Art und Weise der Zusammenarbeit mit anderen ist unteilbar. Es kann auf dem Gebiet des Arbeitslebens und der Arbeitsbeziehungen nicht *auf Kosten* von Kämpfen in anderen Bereichen errungen werden – ebensowenig wie Errungenschaften in diesen anderen Feldern *auf Kosten* der Arbeitskämpfe erreicht werden dürfen.

2.3. Bald 50% Randarbeitnehmer

Die fortschreitende und massive Arbeitszeitverkürzung ohne Lohnausgleich ist die notwendige (wenngleich, worauf ich noch zurückkomme, nicht hinreichende) Bedingung ebenso für eine Aufteilung der verfügbaren Erwerbsarbeit auf alle, die arbeiten wollen, wie für eine faire Aufteilung der unbezahlten Arbeit in der Privatsphäre. Es kommt also darauf an, daß alle weniger arbeiten können, damit alle besser leben und ihren Lebensunterhalt durch Arbeit verdienen können. Nur so können die immer tiefere Gesellschaftsspaltung, die Segmentierung des Arbeitsmarkts und die Verdrängung eines wachsenden Bevölkerungsteils aus der Erwerbsarbeit aufgehalten und schließlich rückgängig gemacht werden.

Nach einer Studie Wolfgang Lechers vom Forschungsinstitut des Deutschen Gewerkschaftsbundes (WSI) würde eine Fortsetzung der gegenwärtigen Entwicklung in etwa einem Jahrzehnt zur völligen Segmentierung der Erwerbsbevölkerung führen, und zwar in folgende Bestandteile:
– 25% qualifizierte *Stammarbeitnehmer*, die innerhalb der

Großbetriebe unter tarifvertraglich gesicherten Beschäftigungsverhältnissen arbeiten;
- 25% *periphere Arbeitnehmer*, die in Subkontrakt-Unternehmen und im Dienstleistungsbereich prekären, schlecht qualifizierten und unterbezahlten Beschäftigungen nachgehen, mit je nach unternehmerischem Belieben und den konjunkturellen Nachfrageschwankungen wechselnden flexiblen Stundenplänen;
- 50% *Randarbeitnehmer, Arbeitslose oder periodisch Arbeitslose*, die Hilfs-, Gelegenheits- und Saisonarbeiten verrichten. Bereits heute fallen 51% der Franzosen im Alter von 18 bis 24 Jahren unter diese Kategorie (26% Dauerarbeitslose, 26% »Gelegenheitsjobber«); in Italien, in den Niederlanden und vor allem in Großbritannien ist ihr Anteil noch höher.

2.4. Die neuen Dienstboten

Die Richtung dieser Entwicklung wird von der Rechten (an)erkannt und akzeptiert. Eine *neue Unternehmerideologie* des sogenannten »menschlichen Faktors« bemüht sich darum, den stabilen Kern der qualifizierten Stammarbeitnehmer in die als »Orte intellektueller und persönlicher Entfaltung« präsentierten Unternehmen zu integrieren – während sie für alle anderen nur noch »bescheidene Beschäftigungsverhältnisse« mit »bescheidenen Löhnen« vorsieht: in Dienstleistungsunternehmen und insbesondere im Bereich der »persönlichen« Dienstleistungen.

In den USA, die häufig als Vorbild genommen werden, gehört die Mehrzahl der 13 bis 15 Millionen in den letzten zehn Jahren neu geschaffenen Arbeitsplätze zum Sektor dieser zumeist prekären persönlichen Dienstleistungen, die schlecht bezahlt und ohne jede Möglichkeit beruflicher Qualifizierung und Weiterentwicklung sind: Pförtner, Nachtwächter, Reinigungspersonal, bei »fast food«-Ketten Beschäftigte, Pflegehelfer(innen), Boten, fliegende Händler, Schuhputzer (usw.).

Diese »persönlichen« Dienstleistungen sind in Wirklichkeit

Beschäftigungen von *Dienstboten oder persönlichen Bedienern* in ihrer modernisierten und sozialisierten Form. Es blieb einem französischen Sozialminister vorbehalten, diese einfache Wahrheit anzuerkennen: Er schlug nämlich vor, die Beschäftigung von Hausangestellten durch steuerliche Entlastungen für die sie einstellenden Haushalte zu subventionieren.

Zu dieser Entwicklung gibt es eine frappierende Parallele im letzten Jahrhundert, als sich im Gefolge der Konzentration der Landwirtschaft und der Mechanisierung der Textilindustrie Tausende von Arbeitslosen als Dienstboten einstellen ließen: das »Haus- und Dienstpersonal« machte zwischen 1851 und 1911 14% der britischen Erwerbsbevölkerung aus. Wahrscheinlich stellen heute die »persönlichen« Dienstleistungen – inklusive der Massage- und Entspannungssalons, der Therapiegruppen, psychologischen Beratungsstellen (usw.) – insbesondere in den USA mehr als 14% der Erwerbsbevölkerung dar.

Wie dereinst in den Kolonien und wie noch heute in vielen Ländern der Dritten Welt sieht sich also heute in den industrialisierten Ländern eine wachsende Anzahl von Menschen dazu gezwungen, sich untereinander um das »Privileg« zu streiten, ihre persönlichen Dienstleistungen denjenigen verkaufen zu dürfen, die über ein behagliches Einkommen verfügen.

2.5 Die Gefahren des gewerkschaftlichen Neo-Korporatismus

Damit tut sich eine Brechung auf, die die Grenzen zwischen den gesellschaftlichen Klassen überschreitet. Wie Wolfgang Lecher in seiner bereits angeführten Studie ausführt, wird der »Interessengegensatz zwischen Arbeit und Kapital zunehmend von einem Interessenantagonismus zwischen Stammarbeitnehmern einerseits und Randarbeitnehmern bzw. Arbeitslosen andererseits überlagert. Die Gewerkschaften laufen Gefahr, zu einem Versicherungsverein für eine relativ kleine, privilegierte Stammarbeitergruppe zu werden«.

Wenn die Gewerkschaften die Interessenvertretung der Besitzer eines stabilen Arbeitsplatzes zu ihrer einzigen Aufgabe machen, riskieren sie – wie in einigen lateinamerikanischen Ländern –, zu einer neo-korporativen und konservativen Kraft zu werden!

Wenn die Gewerkschaftsbewegung überleben und sich als Bewegung individueller und gesellschaftlicher Befreiung entwickeln will, muß sie also ihren Aufgabenhorizont weit mehr als in der Vergangenheit über die bloße Verteidigung der Arbeiter am Arbeitsplatz hinaus ausweiten. Die Gewerkschaften können dem Schicksal, zu einer neo-korporativen Kraft und bloß ständischen Interessenorganisation einiger privilegierter Arbeiterkategorien zu werden, nur entgehen, wenn die gesellschaftliche Segmentierung und die Verdrängung wachsender Bevölkerungsteile an den Rand des Arbeitsmarkts verhindert werden können. Eine mutige Politik beständiger und geplanter Arbeitszeitverkürzung ist dafür unabdingbar. Die Gewerkschaften allein werden nicht in der Lage sein, eine solche Politik durchzusetzen und durchzuführen. Doch sie können über ihre Kämpfe zur politischen Akzeptanz dieser Notwendigkeit beitragen – und sie können sie vor allem zum Leitziel ihrer Aktionen und ihres gesamtgesellschaftlichen Konzepts machen.

Das Ziel einer Gesellschaft, in der ein(e) jede(r) weniger arbeitet, damit alle Arbeit finden und besser leben können, wird somit heute zu einem der wichtigsten Faktoren des Zusammenhalts der Gewerkschaft und der Erneuerung sozialer Freiheitsbewegungen.

Wir müssen nunmehr noch untersuchen:
1. das Ausmaß der möglichen Arbeitszeitverkürzung;
2. die daraus für die Gewerkschaften entspringenden Veränderungen und kulturellen Aufgaben;
3. was sie im Leben eines/r jeden verändern kann;
4. wie sie planmäßig angegangen, umgesetzt und mit der Verbesserung des Lebensstandards vereinbar gemacht werden kann.

3. WENIGER ARBEITEN, DAMIT ALLE ARBEITEN

3.1. Auf dem Weg zu 1 000 Arbeitsstunden pro Jahr

Die gegenwärtige technologische Revolution führt zu Arbeitszeiteinsparungen, deren Ausmaß häufig unterschätzt wird. In der Industrie beträgt der jährliche Produktivitätszuwachs seit 1978 zwischen 5 und 6%; auf gesamtwirtschaftlicher Ebene zwischen 3 und 4% pro Jahr. Die Produktion von Gütern und (ver)käuflichen Dienstleistungen hingegen wächst jährlich höchstens um 2%. Mit anderen Worten: ohne Unterbrechung eines beständigen Wachstums nimmt doch jährlich die gesamtwirtschaftlich erforderliche Arbeitsmenge um 2% ab.

Diese *Nettoeinsparung von Arbeit* wird sich aller Voraussicht nach – vor allem dank der prognostizierbaren Perfektionierung der Roboterfertigung und der elektronischen Datenverarbeitung im Verwaltungsbereich – bis zum Ende dieses Jahrhunderts noch beschleunigen. Aber auch ohne diese Beschleunigung wird der gesamtwirtschaftliche Bedarf an Arbeitsstunden in einem Jahrzehnt um mindestens 22% gesunken sein; also in fünfzehn Jahren um etwa ein Drittel.

Die Aussichten von heute bis zum Beginn des 21. Jahrhunderts sind also folgende:
- *entweder* werden die derzeitigen Vollzeitarbeits-Normen beibehalten und zu den derzeitigen Arbeitslosen kommen noch 35% zusätzliche hinzu;
- *oder* die durchschnittliche Erwerbsarbeitszeit wird für alle gemäß den vorhersehbaren Arbeitseinsparungen reduziert und wir werden mindestens 30 bis 40% weniger arbeiten bzw. um die Hälfte weniger, wenn jeder und jede eine Erwerbsarbeit finden soll.

Natürlich sind auch Zwischenlösungen vorstellbar; aber die optimale Lösung ist offenkundig die, die es für eine(n) jede(n) möglich macht, Arbeit zu finden, aber weniger und besser zu arbeiten und in Gestalt *wachsender Realeinkommen seinen/ih-*

ren Anteil am wachsenden gesellschaftlich produzierten Reichtum zu erhalten.* Das setzt voraus, daß die derzeit etwa 1 600 Stunden im Jahr betragende Arbeitszeit im Verlaufe der nächsten 15 bis 20 Jahre stufenweise und geplant auf etwa 1 000 Stunden jährlich reduziert wird – und zwar ohne Senkung des Lebensstandards, ganz im Gegenteil. Dies erfordert ein Bündel von sich wechselseitig stützenden Bereichspolitiken und insbesondere eine Sozialpolitik, die die Realeinkommen *nicht mehr von der geleisteten Arbeitsmenge, sondern von der Menge gesellschaftlich produzierten Reichtums abhängig macht.* Ich komme darauf zurück.

3.2. Neue Werte, neue Aufgaben

Zum ersten Mal in der Geschichte der Neuzeit könnte damit die bezahlte Arbeit aufhören, in unserer Zeit und in unserem Leben die wichtigste Rolle einzunehmen. Die Befreiung *von* der Arbeit wird zum ersten Mal zur greifbaren Perspektive. Doch sollte man die Folgen, die dies für eine(n) jede(n) von uns mit sich bringt, nicht unterschätzen.

Der Kampf für eine beständige und einschneidende Verkürzung der Erwerbsarbeitszeit setzt voraus, daß diese selbst zunehmend aufhört, die einzige oder auch nur die wichtigste Lebensbeschäftigung zu sein. Sie müßte aufhören, unsere wichtigste Quelle sozialer Identität und Zugehörigkeit zu sein.

Andere als ökonomische Werte, andere als funktionale, instrumentelle, entlohnte Tätigkeiten, die unsere gesellschaftlichen Apparate und Institutionen kommandieren, müßten im Leben jedes/r einzelnen vorherrschend werden.

Dieser gesellschaftliche und kulturelle Wandel verlangt von jeder Person eine Arbeit an sich selbst, zu der sie zwar angeregt werden kann, die jedoch kein Staat, keine Regierung, keine Partei und keine Gewerkschaft an ihrer Stelle tun kann. Er erfordert, daß wir einen anderen Sinn in unserem Leben finden

---

* Siehe dazu die Ausführungen im dritten Teil, 4. (S. 282-287).

als die Erwerbsarbeit, die berufliche und Leistungsethik; er erfordert gleichfalls, daß andere als sich um das Lohnarbeitsverhältnis drehende Kämpfe an Bedeutung zunehmen. Die Gesamtheit dieser kulturellen Veränderungen ist von derartigem Ausmaß, daß es vergeblich wäre, sie vorzuschlagen, *wenn ihre Richtung nicht durch die bereits im Gang befindliche Veränderung vorgezeichnet würde.*

3.2.1. Befreiung in der Arbeit und Befreiung von der Arbeit
Der Motivationsverlust gegenüber der Lohnarbeit hat seit etwa zwanzig Jahren beständig zugenommen. Diese Entwicklung wird von periodisch durchgeführten repräsentativen Meinungsumfragen deutscher und schwedischer Institute bestätigt. Besonders spürbar ist sie bei jungen Arbeitnehmern und bringt nicht etwa mangelndes Interesse oder fehlende Leistungsbereitschaft zum Ausdruck, sondern das Bedürfnis, die Arbeit zu einem Teil des Lebens zu machen – anstatt das Leben der Arbeit zu opfern oder unterzuordnen. Das Bestreben, die Macht über das eigene Leben (wieder)zugewinnen, findet sich also auch innerhalb der – insbesondere jüngeren – Arbeiterschaft und macht sie für die neuen sozialen Bewegungen empfänglich, deren Kampf in dieselbe Richtung geht.

Das Bestreben, sich *von* der Arbeit zu befreien oder ihr *gegenüber* größere Freiheitsspielräume zu erlangen, darf jedoch auf keinen Fall den traditionellen gewerkschaftlichen Zielen einer Befreiung *innerhalb* der Arbeit entgegengesetzt werden. Ganz im Gegenteil bedingen beide einander wechselseitig. Aus Meinungsumfragen geht hervor, daß die Arbeiter in Bezug auf ihre Arbeitsbedingungen und die sozialen Beziehungen am Arbeitsplatz umso anspruchsvoller werden, je mehr Zeit und Kräfte ihnen die Arbeit zur persönlichen Lebensgestaltung läßt. Umgekehrt hat die persönliche Entwicklung eine Arbeit zur Vorbedingung, die – in ihrer Dauer und ihrer Natur – die leiblichen und seelischen Fähigkeiten nicht verstümmelt.

Wie in der Vergangenheit muß die Gewerkschaftsbewegung also gleichzeitig auf zwei Ebenen kämpfen: für die »Humanisie-

rung«, die Anreicherung der Arbeit, und für die Arbeitszeitverkürzung ohne Einkommensverlust.

Diese traditionelle Aufgabe der Gewerkschaften hat nichts an ihrer Aktualität eingebüßt. Denn wenn die neue Unternehmerideologie auch die Requalifizierung der Arbeit, ihre Anreicherung mit Verantwortlichkeit und persönlichen Gestaltungsspielräumen an die große Glocke hängt, so betrifft diese Neubewertung der Produktionsarbeit doch in Wirklichkeit nur eine kleine privilegierte Elite.

Die Kehrseite dieser Reprofessionalisierung besteht – außer in Entlassungen – in der Dequalifizierung und Standardisierung zahlreicher bisher qualifizierter Aufgaben und in der permanenten elektronischen Überwachung von Verhalten und Arbeitsleistung von immer mehr Lohnabhängigen in Industrie und tertiärem Sektor. Statt also eine Befreiung zu bringen, führt die Computerisierung häufig zur »Leistungsverdichtung« bei der Arbeit: durch die Beseitigung »toter Zeiten« und den Zwang zu beschleunigtem Arbeitstempo.

Diese häufig von Verkürzungen und »Flexibilisierung« der Stundenpläne begleitete »Leistungsverdichtung« maskiert somit auf willkommene Weise den Umstand, daß die Intensität der menschlichen Anstrengung nur mehr einen *Zusatzfaktor* in der Produktivitätssteigerung darstellt: Der Hauptfaktor besteht im durch die automatisierten Produktionsanlagen ermöglichten Einsparen menschlicher Arbeit. Diese Arbeitsersparnisse *könnten* zur Verringerung von Arbeitsanstrengung, -monotonie und -dauer führen. Die willkürliche und unterdrückerische Natur der Arbeitsintensivierung ist somit nachweisbar.

3.2.2. Neue Formen der Arbeit, neue Verantwortlichkeiten
Allgemein gesehen wird die Arbeit immer mehr zu einer im Verhältnis zur Leistungsfähigkeit komplexer automatisierter Anlagen zweitrangigen Produktivkraft. Immer seltener sind die Arbeitsplätze, für die die Begriffe von Anstrengung und individueller Leistung noch einen Sinn behalten, bei denen Quantität und Qualität der Produkte von Fleiß und Sorgfalt der Arbeiter

Neue Ziele für die Gewerkschaften

abhängen und wo der Stolz auf wohlgefertigte Erzeugnisse noch zur Quelle sozialer und persönlicher Identität werden kann.

Vor allem in den vollautomatischen Fabriken und prozeßgesteuerten Industrien besteht die Arbeit im wesentlichen darin, das Funktionieren der automatisierten Anlagen zu überwachen, (um)zuprogrammieren und im Störungsfalle zu korrigieren oder zu reparieren. Die Arbeiter sind eher *im Dienst* als *bei der Arbeit.* Ihre Arbeit ist diskontinuierlich. Sie ist ebenso entmaterialisiert und auf bloße Funktionszusammenhänge gerichtet wie der Dienst von Verwaltungsbeamten, und ebenso wie diese sind sie an die strenge Beachtung von sehr detaillierten Verfahrensvorschriften gehalten, die oft persönliche Initiative und Kreativität ausschließen. Der Einfluß der Arbeiter auf das »Produkt« und auf die Zwecksetzungen, denen es dient, ist minimal. Die traditionelle Arbeitsethik und Arbeitstugenden müssen also in dem Maße einem »Dienstethos« – und u. U. einer Verantwortungsethik gegenüber dem Gemeinwesen – weichen, wie ein Bewußtsein von beruflicher Identität nicht mehr aus der Identifikation mit dem Arbeits*produkt* erwachsen kann, sondern nur noch aus dem Wert der *Funktion,* die man einnimmt.

Es wird daher unabdingbar, sich nach den Zwecksetzungen zu fragen, denen man durch die Funktion, die man in seiner »Arbeit« ausfüllt, dient. Das berufliche Gewissen muß sich also auf sehr viel weitere Bereiche erstrecken: auf eine Untersuchung der gesellschaftlichen und zivilisatorischen Wirkungen und Konfliktbereiche, die die technischen, ökonomischen, kommerziellen Entscheidungen betreffen. Das gilt in besonderem Maße für die wissenschaftlich-technischen Arbeiter, unter denen es übrigens keine Ausnahme mehr ist, daß Berufsverbände oder Berufsgruppen öffentlich die Ziele, den Wert und die Konsequenzen der technologischen Programme infrage stellen, an denen sie beteiligt sind.

Diese Erweiterung des Berufsgewissens, diese reflexive und kritische Rückwendung auf die Folgen der eigenen beruflichen Tätigkeit kann sicher in Arbeitsgruppen und kritischen Berufsvereinen stattfinden, doch sollte sie auch der Gewerkschaftsbewegung insgesamt nicht fremd sein. Ohne eine aktive und selbstkritische Einmischung der Gewerkschaften ist jedenfalls die Gefahr groß, daß sich eine *technokratische Expertenkaste* herausbildet, die im Namen von technischer Professionalität und Experimentierleidenschaft ihre Kompetenzen zur Verstärkung von Herrschaft und Kontrolle der ökonomischen Machtgruppen und des Staates über die Bürger einsetzen lassen oder gar selbst einsetzen.

In einer Zeit, in der die Vollzeitarbeit aller wirtschaftlich immer weniger notwendig ist, nimmt die Frage »wofür arbeiten? zu welchem Zwecke?« eine immer zentralere Bedeutung ein. Sie allein kann uns vor einer Ethik der »Leistung um der Leistung willen«, der »Produktion um der Produktion willen« bewahren, die ihre höchste Vollendung in der Kriegswirtschaft und im Kriege selbst findet.

3.2.3. Die Bedeutung von nicht-ökonomischen Handlungen und Handlungszielen

Die kapitalistische Ökonomie ist nicht mehr in der Lage, einem/r jedem/r ein *Recht auf eine Arbeit* zu garantieren, die ökonomisch nützlich ist und (daher) bezahlt wird. Darum kann das Recht auf Arbeit für alle nur dann gesichert werden, wenn

1. *innerhalb der Ökonomie* die Arbeitszeit verkürzt wird und wenn
2. *außerhalb der Ökonomie* die Arbeitsmöglichkeiten, die nicht ökonomisch zweckbestimmten Aufgaben entwickelt werden und allen offen stehen.

3.2.3.1. Die Gewerkschaft im Alltagsleben und in der Stadt: Kulturelle Aufgaben

Wir sahen bereits, daß die Möglichkeit zur Arbeit im ökonomischen Bereich nur dann für alle gesichert werden kann, wenn die Arbeitszeit fortschreitend auf ca. 1 000 Stunden im Jahr reduziert wird. Die *bezahlte* Arbeit kann dann nicht mehr der Hauptinhalt des Lebens sein. Wollen sie nicht passive Konsumenten von Unterhaltung werden, die in einer Sintflut von Programmen, Sendungen und Telespielen ertrinken und durch sie manipuliert werden, müssen die Individuen eigene Interessenschwerpunkte und autonome Tätigkeiten – produktive Tätigkeiten eingeschlossen – entwickeln können. Ihre Sozialisierung, d.h. ihre Eingliederung in die Gesellschaft und ihr Zugehörigkeitsgefühl zu einer Kultur werden weit eher von diesen autonomen Tätigkeiten abhängen als von der Arbeit, die ihnen ein Arbeitgeber oder eine Institution vorschreibt. (Dieselben Bemerkungen gelten übrigens auch für die andere hypothetische Entwicklungsvariante, in der es die Gesellschaft vorzöge, statt einer allgemeinen Arbeitszeitverkürzung eine Masse von Arbeitslosen mehr oder minder gut zu unterhalten.)

Die Arbeiterbewegung muß sich hier darauf zurückbesinnen, daß sie ursprünglich aus Selbsthilfegenossenschaften und Vereinen der Arbeiterbildung hervorgegangen ist. Sie wird als Bewegung nur dann weiterbestehen können, wenn sie sich für die menschliche Entfaltung ebenso außerhalb wie innerhalb der Arbeit interessiert, wenn sie die Schaffung von Räumen unterstützt oder mitinitiiert, in der die Individuen die eigene Lebensgestaltung und die Selbstorganisierung ihrer gesellschaftlichen Beziehungen selbst in die Hand nehmen können: »Häuser der offenen Tür« nach Art der skandinavischen »Volksuniversitäten« oder der »community centres« in Großbritannien; »Kooperationsringe« für den Austausch von Dienstleistungen und Vereine gegenseitiger Hilfe; kooperative Reparaturwerkstätten und Zentren autonomer Produktion; Diskussionszirkel, Arbeitskreise zur gemeinsamen Reflexion, »Wissensbörsen« zum Austausch von Erfahrungen und Kenntnissen, »Zukunftswerkstätten«, Handwerks- und künstlerische Zirkel (usw.). Kurz: die Gewerkschaften werden sich zu sozialen und kommunikativen Service-Organisationen auch außerhalb der Arbeitswelt entwickeln müssen.

Dies sind – wohlgemerkt! – nicht etwa entfernte Zukunftsaufgaben, sondern vordringliche Gegenwartsaufgaben, und zwar aus zwei Gründen:

- Die Tendenz der Großunternehmen, ein Maximum ihrer Fertigungen und Dienstleistungen über Subkontraktfirmen abzuwickeln, die fluktuierende und prekäre Arbeitskräfte – u. a. häufig Heimarbeiter(innen) – beschäftigen, macht es notwendig, daß die Gewerkschaften für alle mitten in den Städten und Großstädten präsent und erreichbar sind. Sie müssen auf diese fluktuierenden Arbeitskräfte und die Bevölkerung im allgemeinen eine Anziehungskraft auch unabhängig von ihrer Fähigkeit zur Organisation der Lohnarbeiter am Arbeitsplatz ausüben.
- Mehr als zu irgendeiner anderen Epoche hängt heute der Einfluß der Gewerkschaftsbewegung von ihrer Fähigkeit ab, der Kulturindustrie, den Vergnügungs- und Freizeitunternehmen das Monopol zu bestreiten, das diese über die Bewußtseinsbildung, die Vorstellungen der kommenden Gesellschaft, des guten Lebens und seiner Prioritäten beanspruchen. Diese *kulturelle Aufgabe der Gewerkschaften* ist in Wahrheit eine politische Aufgabe: im ursprünglichen Sinne einer Tätigkeit, die die Organisation, die Zukunft und das Wohl der »Stadt«, des Gemeinwesens, der *Polis* betrifft.

3.2.3.2. Die Gewerkschaft als Bewegung unter anderen
Die Gewerkschaftsbewegung wird auch die Kämpfe nicht ignorieren dürfen, die sich seit etwa fünfzehn Jahren außerhalb der Betriebe entwickeln. Diesen Kämpfen ist bei all ihren äußerst unterschiedlichen Inhalten doch das Bestreben der Individuen gemeinsam, ihre existentielle Souveränität, die Macht zur eigenen Lebensgestaltung (wieder)zuerlangen. Als gemeinsame Zielscheibe haben diese Kämpfe die Diktatur über die Bedürfnisse, die Bürokratie und Industrie im Bunde mit den professionellen »Experten« ausüben, welche das Erkenntnismonopol in so unterschiedlichen Bereichen wie Gesundheit, Erziehung, Energiebedarf, Stadtplanung, Konsummodell und -niveau (usw.) beanspruchen. Auf allen diesen Ebenen versuchen an spezifischen Zielen orientierte *»neue soziale Bewegungen«* das menschliche Recht auf Selbstbestimmung gegen die Mega-

Technologien und die Expertenkulturen zu verteidigen, welche häufig bloßes Legitimationswissen für die ökonomischen und politischen Machtzentren darstellen.

Diese Kämpfe gegen eine Enteignung des Lebens und der Lebenswelt sind Formen eines grundlegenden Kampfes für Emanzipation. Sie enthalten ein Potential an Radikalität, das auch auf die Arbeitskämpfe ausstrahlt, und sie tragen zur Bewußtseinsbildung eines wachsenden Teils der Bevölkerung bei. Es ist daher von entscheidender, ja, lebenswichtiger Bedeutung, daß sich die Gewerkschaftsbewegung auch für die von diesen Bewegungen verkörperten Bestrebungen öffnet und sie in ihre gesellschaftspolitische Perspektive einbezieht.

Mindestens ebenso entscheidend ist in diesem Zusammenhang ein *notwendiger Wandel im gewerkschaftlichen Selbstverständnis:* Die Gewerkschaft muß sich selbst als *Bestandteil* einer sehr viel weiteren und vielgestaltigeren Bewegung für die individuelle und gesellschaftliche Emanzipation begreifen. Der Umstand, daß die Gewerkschaft in diesem vielfältigen und offenen Bewegungsgeflecht die am besten organisierte Komponente darstellt, verleiht ihr keine besonderen politischen Privilegien oder gar »Führungsansprüche«, sondern viel eher eine besondere Verantwortung: *Erfolg oder Niederlage der anderen Bestandteile der Bewegung für gesellschaftliche Befreiung hängen in hohem Maße ab vom Verhalten der Gewerkschaften.* Je nachdem, ob die Gewerkschaften ein Bündnis und gemeinsame Aktionsmöglichkeiten mit ihnen suchen oder ob sie sie bekämpfen, werden sich diese anderen Teilbewegungen innerhalb der Linken verorten oder von dieser an den Rand gedrängt werden; werden sie große kollektive Aktionsformen entwickeln können oder der Versuchung zu gewaltsamen Minderheitsaktionen erliegen.

Von der Einstellung der Gewerkschaftsbewegung zu den anderen sozialen Bewegungen wird daher nicht zuletzt ihre eigene Entwicklung abhängen: Schneidet sie sich von ihnen ab, weigert sie sich, Bestandteil einer umfassenderen Bewegung zu sein, beschränkt sie ihre Mission auf die Verteidigung der lohnabhängigen Arbeitsplatzbesitzer, so wird sie unweigerlich zu einer neo-korporatistischen und gesellschaftlich konservativen Kraft degenerieren.

3.3. Weniger arbeiten, besser leben

3.3.1. Das Feld der autonomen Tätigkeiten

Eine allmählich bis auf 1 000 Stunden pro Jahr fortschreitende Arbeitszeitverkürzung verleiht der verfügbaren Zeit völlig neue Dimensionen. Die Zeit der Nicht-Arbeit ist dann nicht mehr notwendigerweise bloße Zeit zum Ausruhen, für Erholung, Zerstreuung und Konsum; sie dient nicht mehr zur *Kompensation* der Mühen, Zwänge und Frustrationen der Arbeitszeit. Die freie Zeit ist nicht mehr nur die »übrigbleibende Zeit«, die immer zu knapp bemessen ist, die auszunutzen man sich ständig beeilen muß und in der es daher gar nicht infrage kommt, noch etwas Eigenständiges zu unternehmen.

Wenn jedoch die Arbeitszeit auf wenigstens 25 bis 30 Wochenstunden reduziert worden ist, dann *kann* die verfügbare Zeit von Tätigkeiten ausgefüllt werden, die man ohne ökonomische Zwecksetzung unternimmt und die das Leben des einzelnen sowie der Gemeinschaft bereichern: kulturelle und ästhetische Aktivitäten, die darauf abzielen, Freude zu empfinden und zu spenden, die Lebensumwelt zu verschönern und zu »kultivieren«; unterstützende und pflegende Tätigkeiten gegenseitiger Hilfe, die im Stadtviertel oder in der Gemeinde ein Netz solidarischer Sozialbeziehungen knüpfen; Entwicklung von Beziehungen der Freundschaft und des affektiven Austausches; erzieherische und künstlerische Tätigkeiten; Reparaturarbeiten und Eigenproduktion von Nahrungsmitteln »aus Freude am Selber-Tun« und daran, die Gegenstände, an denen man Gefallen findet, zu bewahren und weiterzugeben; Genossenschaften und Austauschbörsen für Dienstleistungen (usw.). Ein nicht zu unterschätzender Teil der heute von professionellen Spezialisten, kommerziellen Unternehmen oder öffentlichen Institutionen verrichteten Dienstleistungen könnten auf diese Weise von den Individuen selbst – als Teilnehmer von Basisgemeinschaften freiwillig und nach den von ihnen selbst definierten Bedürfnissen – übernommen und so gemäß der alten Marxschen Utopie »in die Gesellschaft zurückgeholt« werden. Ich komme darauf noch zurück.

Die Gesamtheit diese Tätigkeiten darf allerdings *nicht* als ein regelrechter »Wirtschaftssektor« der *Alternativökonomie* verstanden werden, der die Grundlage einer »Dualwirtschaft« bildet. Denn diese Tätigkeiten haben ihrem Wesen gemäß keine ökonomische Rationalität und siedeln sich jenseits und außerhalb der ökonomischen Sphäre an. Ihre Verrichtung ist kein *Mittel*, um ein Resultat, eine Befriedigung erst zu erreichen – sie stellen dieses Resultat und diese Befriedigung selbst dar und her. Die der Musik, der Liebe, der Erziehung, dem Gedankenaustausch, der Pflege eines Kranken, der schöpferischen Tätigkeit (usw.) gewidmete Zeit ist die Lebenszeit selbst, und diese hat keinen Preis, um den sie (ver)käuflich wäre. Die Ausweitung der Lebenszeit und die Verkürzung der den notwendigen ökonomisch zweckbestimmten Arbeiten gewidmeten Zeit war seit jeher ein beständiges Menschheitsziel.

3.3.2. Von der Selbstbestimmung der Zeit zur Selbstbestimmung des Lebens

Niemand zwingt uns dazu, die Verkürzung der Erwerbsarbeitszeit als Verkürzung der täglichen oder wöchentlichen Arbeitszeit anzugehen. Mit der Computerisierung und der größeren Flexibilität dezentralisierter Produktionseinheiten erweitern sich die Möglichkeiten individueller und/oder kollektiver *Zeitsouveränität* in der Arbeitsgestaltung. Bereits heute können die Beamten des Staates Québec die 140 Arbeitsstunden, die sie im Monat zu leisten haben, nach Belieben aufteilen. Fabriken und Verwaltungsbehörden wurden umorganisiert, um die einzelnen Arbeitsplätze weitgehend voneinander unabhängig zu machen und somit die täglich obligatorischen Stundenpläne zu beseitigen. *Der unternehmerischen »Flexibilisierung« der Arbeitszeit müssen solche Möglichkeiten einer Selbstbestimmung*

Zusammenfassung

der Arbeitszeit durch die Arbeiter selbst entgegengesetzt werden.

Tausend Stunden im Jahr, das können wöchentlich 20 Stunden einer zweieinhalb-Tage-Woche sein oder zehn Tage im Monat oder fünfundzwanzig Wochen im Jahr oder zehn auf zwei Jahre verteilte Monate – wohlgemerkt, ohne Verlust an Realeinkommen (worauf ich noch zurückkomme). Man kann auch die Arbeitszeit auf das ganze Erwerbsleben bezogen festlegen: z. B. 20 000 bis 30 000 Lebensarbeitsstunden, die in der Zeitspanne der fünfzig aktiven Lebensjahre verrichtet werden und einem/r jeden lebenslang ein volles Normaleinkommen sichern, so wie es heute 1 600 Stunden im Berufsjahr tun.

Eine derartige Selbstgestaltung der Lebensarbeitszeit wird in Schweden aufgrund folgender Vorteile diskutiert: sie ermöglicht es einem/r jeden, während bestimmter Lebensperioden mehr oder weniger zu arbeiten und damit seine/ihre *jährliche* Arbeitszeit zu über- oder zu unterschreiten, gewissermaßen als »Vorschuß« auf oder »Anzahlung« von frei verfügbarer Lebenszeit; seine oder ihre Berufstätigkeit *ohne Einkommensverlust* für mehrere Monate oder Jahre zu unterbrechen, um das Studium wiederaufzunehmen, einen anderen Beruf zu erlernen, ein künstlerisches Projekt, eine wissenschaftliche Forschung, eine humanitäre oder genossenschaftliche Tätigkeit (usw.) in Angriff zu nehmen.

Diese Möglichkeit, eine Erwerbsarbeit und autonome Tätigkeiten nebeneinander oder abwechselnd zu verrichten, sollte nicht als Entwertung der Erwerbsarbeit verstanden werden. Die persönliche Entwicklung durch autonome Tätigkeiten wird immer auf die Berufstätigkeit ausstrahlen und diese befruchten und bereichern. Die Vorstellung, man müsse sich in seiner gesamten Zeit völlig an eine und dieselbe Arbeit verausgaben, um in ihr Erfolg zu haben oder etwas Neues zu schaffen, ist falsch. Die schöpferischen Geister und Pioniere sind in der Regel vielfältig interessierte Menschen, die sehr unterschiedliche und wechselnde Interessensschwerpunkte haben. Einstein konzipierte die Relativitätstheorie während der freien

Zeit, die ihm seine Vollzeitbeschäftigung am Berner Patentamt ließ.

Innovation und schöpferische Erfindung gehen in der Regel nicht aus einer kontinuierlichen und gleichmäßigen Arbeit, sondern aus krampfartigen »Arbeitsanfällen« hervor (20 Stunden ohne Unterbrechung bei Programmierern oder Computerwissenschaftlern, die ein neues Programm oder »design« erfinden; 300 bis 500 Stunden im Monat, mehrere Monate hintereinander beim Aufbau eines neuen Unternehmens, bei der Einführung einer neuen Technologie oder beim Installieren einer neuen Anlage usw.), denen dann Perioden folgen, in denen Reflexion, Lektüre, Herumbasteln, Reisen, affektiver oder intellektueller Austausch überwiegen.

Eine kontinuierliche Arbeitsverbissenheit dient weder ihrer Kreativität noch ihrer Effektivität; sie dient einzig dem Willen zur Macht derjenigen, die ihren Rang und ihre Stellung in der Machtordnung verteidigen. Äußerst selten sind die wirklichen Pioniere, Schöpfer und Forscher mehr als 1 000 Stunden im Jahr *bei der Arbeit*. Außerdem ist längst durch Erfahrung erwiesen, daß, wenn zwei Personen jeweils zweieinhalb Tage arbeiten und sich die Verantwortung für denselben Arbeitsplatz teilen (Universitätsrektor, Personalchef, Jurist, kommunaler Städtebauer, Arzt usw.), die Arbeit besser und effektiver verrichtet wird, als wenn nur eine Person dieselbe Stelle als Vollzeitarbeit ausfüllen würde.

3.3.3. Die Demokratisierung der Kompetenzen

Eine nur auf die unqualifizierten Arbeitsplätze beschränkte Politik der Arbeitszeitverkürzung würde die Gesellschaftsspaltung und -segmentierung, die es ja gerade zu verhindern gilt, nicht vermeiden können. Sie würde vielmehr die Spaltungslinie nur verlagern:
– auf der einen Seite stünden dann die weiterhin vollzeitbeschäftigten professionellen »Eliten«, die alle Macht- und Verantwortungspositionen monopolisieren;
– auf der anderen Seite stünde eine Masse von bloß ausfüh-

rende Tätigkeiten verrichtenden, also dequalifizierten und an den Rand gedrängten machtlosen Arbeitern mit reduzierter Arbeitszeit.

Wenn also so viele Personen wie möglich Zugang zu qualifizierten, kreativen und verantwortlichen Tätigkeiten haben sollen, dann muß auf diesen Arbeitsplätzen die Arbeitszeit ebensoviel verkürzt werden wie anderswo. Die derzeitige Knappheit dieser Beschäftigungen erklärt sich weniger aus dem Mangel an Berufungen und Talenten als durch den Umstand, daß diese qualifizierten, kreativen und verantwortlichen Beschäftigungen von professionellen »Eliten« fest in Besitz gehalten werden, die hier ihre Machtpositionen und ihre ständischen und Klassenprivilegien verteidigen. Der Zugang eines größeren Anteils der Erwerbsbevölkerung zu diesen Beschäftigungen, mit anderen Worten, ihre »Demokratisierung«, wird durch die Arbeitszeitverkürzung selbst erleichtert werden: aufgrund der Möglichkeiten zum Erwerb neuer Kompetenzen und zum Studium in allen Lebensaltern, die sie allen, die dies wollen, eröffnen wird.

4. EIN VON DER ARBEITSMENGE ABGEKOPPELTES EINKOMMEN

Wenn gesamtwirtschaftlich für ein wachsendes Produktionsvolumen immer weniger Arbeit erforderlich ist und damit immer weniger Löhne gezahlt werden, dann darf die Kaufkraft der Bürger und ihr Recht auf ein menschenwürdiges Einkommen nicht mehr von der von ihnen verrichteten Arbeitsmenge abhängig gemacht werden. Die verteilte Kaufkraft muß vielmehr im gleichen Maße wachsen, wie die gesellschaftlich erforderliche Arbeitsmenge (aufgrund der technologischen Produktivitätszuwächse) abnimmt. Die Höhe des verteilten Realeinkommens und die Menge der geleisteten Arbeit müssen voneinander unabhängige Größen werden, würde doch andernfalls die gestiegene Produktion nicht mehr ausreichend Abnehmer finden und zu einer verschärften Wirtschaftsdepression führen. Die Frage, vor der heute alle Industriestaaten stehen, betrifft nicht das Prinzip einer Abkoppelung der Einkommensverteilung von der ökonomisch erforderlichen Arbeitsmenge selbst, sondern die Bedingungen seiner gesellschaftspolitischen Umsetzung. Drei Formeln sind denkbar:

4.1. In der sozialdemokratischen Logik

Die Schaffung neuer Arbeitsplätze außerhalb der Wirtschaft im engeren Sinne wird häufig, insbesondere auf seiten der Linken, nach folgendem Prinzip anvisiert: »Was fehlt, ist nicht die Arbeit, denn die Menge der zu befriedigenden Bedürfnisse ist praktisch unbegrenzt.« Die Frage ist allerdings, ob diese Bedürfnisse durch die bezahlte Arbeit von zu diesem Zwecke beschäftigten Personen tatsächlich am besten befriedigt werden können. Zwei Gruppen von Bedürfnissen, die ihrem Wesen nach nicht zahlungsfähig sind, müssen unterschieden werden:
– Die erste Gruppe von Bedürfnissen bezieht sich auf die Umwelt, von der die *Lebensqualität* abhängig ist: Bedürfnisse nach Raum, unverseuchter Luft, Ruhe, nach einem Städtebau und einer Architektur nach menschlichem Maß usw. Diese Bedürfnisse können sich *nicht* auf dem Markt in einer individuellen zahlungsfähigen Nachfrage ausdrücken. Wie groß die Nachfrage auch sein mag, sie wird niemals ein entsprechendes Angebot hervorrufen. Denn die Ressourcen, auf die sich diese Bedürfnisse beziehen, können weder produziert noch verkauft werden, wie hoch auch immer der angebotene Preis sei. Diese Bedürfnisse werden nicht dadurch befriedigt werden können, daß mehr gearbeitet und produziert wird, sondern nur, indem anders gearbeitet und produziert wird. Zu diesem Zweck könnte eine Politik selektiver öffentlicher Anreize und Subventionen eine *kollektive Nachfrage* zum Ausdruck bringen und damit das entsprechende Angebot rentabel machen (vor allem in Sachen von Wiederaufforstung, der Verringerung von Luft- und Wasserverschmutzung, Ener-

gieeinsparungen, Stadtplanung, Krankheitsvorbeugung usw.). Dies würde auch eine begrenzte Anzahl von Arbeitsplätzen zur Folge haben. Ein Teil der derart geschaffenen Arbeitsplätze würde jedoch anderweitig wieder wegfallen: durch geringeren Energieverbrauch, abnehmenden Medikamentenkonsum und nachlassende Inanspruchnahme medizinischer Dienste und sonstiger Güter und Dienstleistungen; denn die durch öffentliche Nachfrage hervorgerufenen Arbeitsplätze werden ja durch öffentliche Ressourcen finanziert, die mittels Besteuerung von der Wirtschaft abgeschöpft werden.

– Eine zweite Gruppe nicht zahlungsfähiger und nichtökonomischer Bedürfnisse betrifft *Hilfs- und Pflegetätigkeiten* (für alte und leidende Personen, Kinder, Kranke usw.). Eine Wirkung und gleichzeitig ein Antrieb der Industrialisierung war der Verlust an Autonomie und verfügbarer Zeit, die ersetzt wurden durch die Professionalisierung und Monetarisierung von Tätigkeiten, die traditionellerweise in die familiäre oder gemeinschaftliche Privatsphäre fielen. Eine Verarmung und Entpersönlichung der zwischenmenschlichen Beziehungen ist die Folge, ein Zerfall von Basisgemeinschaften, eine Standardisierung und Technisierung von persönlichen Hilfs- und Pflegediensten – all dies Entwicklungen, gegen die auf unterschiedlichen Ebenen die »neuen sozialen Bewegungen« reagieren. Es ist daher an der Zeit, sich die Frage zu stellen, in welchem Maße die personenbezogenen Hilfs- und Pflegebedürfnisse, auf die die privaten oder öffentlichen Dienstleistungen antworten, nicht durch *Zeitmangel* hervorgebracht werden; in welchem Maße sie also besser durch eine Ausweitung der verfügbaren Zeit befriedigt werden können als durch die Einstellung von Erwerbspersonen, die an unserer Statt die Kinder betreuen, unsere Alten versorgen, Jugendlichen in der Adoleszenzkrise oder verwirrten Freunden Rat geben usw. Die Arbeitszeitverkürzung ohne Verlust an Realeinkommen kann dazu beitragen, durch freiwillige Zusammenarbeit in Basisgemeinschaften Beziehungen gegenseitiger Hilfe auf der Ebene von Nachbarschaft, Wohnviertel und

Gemeinde wieder heimisch werden zu lassen: eines wachsenden Geflechts von Diensten, die sehr viel befriedigender ausgeübt und an die konkreten Bedürfnisse angepaßt werden können, wenn wir sie uns einander selbst wechselseitig leisten, als wenn professionelle Experten dafür bezahlt werden, sie uns nach staatlich vorgeschriebenen Normen und Verfahren zu leisten. Es geht somit nicht darum, den Wohlfahrtsstaat zu schleifen, sondern ihn in dem Maße, wie die ökonomisch zweckbestimmte Arbeitszeit abnimmt, um gewisse Aufgaben zu entlasten, die derzeit – von den Kosten einmal abgesehen – von einer bedrückenden fürsorglichen Kontrolle der Wohlfahrtsempfänger durch die Wohlfahrtsbürokratie begleitet werden.

4.2. In der liberalen Logik

Die zweite Formel einer Abkoppelung des Einkommensniveaus von der geleisteten Arbeitsmenge besteht in der Einrichtung eines »*garantierten Mindesteinkommens*« oder »Sozialeinkommens«, das jedem/r Bürger(in) ohne weitere Bedingungen garantiert werden soll. Diese Formel hat sowohl linke wie rechte Befürworter. Allgemein gesprochen bezweckt sie, eine Masse von Arbeitslosen – deren Zunahme als unvermeidlich angesehen wird – vor dem Elend zu schützen. In seinen großzügigsten Varianten soll das jedem/r Bürger(in) garantierte Sozialeinkommen weit oberhalb der Armutsgrenze liegen.

In seiner neo-liberalen Variante hingegen soll das garantierte Mindesteinkommen auf der Höhe des Subsistenzminimums – oder noch darunter – liegen. Das hätte zur Folge, daß seine Empfänger praktisch dazu gezwungen sind, sich über »Gelegenheitsjobs« ein Zusatzeinkommen zu verschaffen, das zum Mindesteinkommen hinzukäme, solange es eine bestimmte Summe nicht überschreitet. In dieser Konzeption soll das garantierte Mindesteinkommen die Höhe der Mindestlöhne nach dem Gesetz von Angebot und Nachfrage auf dem Arbeitsmarkt ermöglichen: im Falle mangelnder Nachfrage können die

Löhne unter das Subsistenzniveau fallen, ohne daß die Menschen gleich verhungern.

In all diesen Fällen ist das garantierte Mindesteinkommen eine verallgemeinerte Form von *Arbeitslosenhilfe* – angepaßt an eine Epoche, in der ein immer größerer Anteil der Arbeitslosen »strukturelle« *Dauerarbeitslose* sind, die noch nie im Leben erwerbstätig waren und kaum Chancen haben, eine feste Erwerbsarbeit zu finden. Dies wäre eine Art von seitens des Staates verliehener Sozialhilfe, die weder eine weitere Erhöhung der Arbeitslosigkeit verhindern könnte noch die *Spaltung der Gesellschaft* in eine Klasse erwerbstätiger Besitzer von Vollzeitarbeitsplätzen einerseits und eine an den Rand des Arbeitsmarktes gedrängte Masse von ganz oder periodisch Arbeitslosen andererseits.

4.3. In gewerkschaftlicher Logik

Die dritte Formel, die das Einkommensniveau von der Menge der geleisteten Arbeit zu entkoppeln vermag, ist die *Arbeitszeitverkürzung ohne Lohnausfall*. Dieses Modell versöhnt das Recht aller auf eine bezahlte Arbeit mit der Möglichkeit einer größeren existentiellen Autonomie für alle, einer besseren Möglichkeit für die Individuen selbst, die Aufgaben ihres persönlichen, familiären und gemeinschaftlichen Lebens wahrzunehmen.

Diese Formel entspricht der gewerkschaftlichen Tradition am weitestgehenden. Während nämlich die Forderung nach einem garantierten Mindesteinkommen eine Forderung nach *Sozialpolitik* ist, die sich an den Staat richtet und von den Gewerkschaften weder durch Kämpfe vor Ort unterstützt noch in der *gewerkschaftlichen Praxis* übernommen werden kann, ist die Forderung einer Arbeitszeitverkürzung auf 32, 28, 24, 20 Wochenstunden ohne Realeinkommensverlust eine Perspektive, die von kollektiven Mobilisierungen getragen werden kann. Vor allem aber vermag diese Zielsetzung eine Einheit von Beschäftigten, Arbeitslosen und jenen (besonders unter den Frauen und Jugendlichen) zahlreichen Menschen herbeizuführen, die die Einfügung der Erwerbsarbeit in ihr persönliches Leben wünschen, anstatt umgekehrt ihr Leben der Arbeit opfern zu müssen.

Im Unterschied zum garantierten Mindesteinkommen, das eine Situation gesellschaftlicher und ökonomischer Ausgrenzung recht oder schlecht kompensiert, antwortet die Arbeitszeitverkürzung also auf eine dreifache Anforderung sozialer Gerechtigkeit:
- die durch den technologischen Wandel ermöglichten Arbeitseinsparungen sollen allen zugute kommen;
- alle sollen immer weniger arbeiten, damit jede(r) Arbeit finden kann;
- die Verkürzung der Arbeitszeit darf nicht zu realen Einkommensverlusten führen, da ja immer weniger Arbeit zur Produktion von immer mehr Reichtümern benötigt wird.

Das sind keine neuen Ziele. Es gibt bereits in der Vergangenheit genügend Tarifverträge, Branchen- oder Betriebsvereinbarungen, die gleichzeitig eine fortschreitende Arbeitszeitverkürzung, Einkommensgarantien und eine Beschäftigungsgarantie bzw. eine Erhöhung der Beschäftigtenzahlen vorsehen.

Das Neue der heutigen Situation besteht darin, daß die technologische Revolution alle Wirtschaftsbereiche betrifft und für eine lange Zeit in diesen Bereichen zu jeweils sehr differenzierten Arbeitsersparnissen führen wird. Um zu Arbeitszeitverkürzungen zu kommen, die dem voraussichtlichen Produktivitätszuwachs entsprechen, ist die gewerkschaftliche Mobilisierung unabdingbar; vor allem aber ist sie unabdingbar, damit die Arbeitszeitverkürzungen zu einer größeren *Zeitsouveränität* der Arbeitnehmer selbst führen statt zu einer Flexibilisierung der Stundenpläne nach unternehmerischem Belieben. Aber die gewerkschaftliche Aktion allein *reicht nicht aus,* um auf gesamtgesellschaftlicher Ebene eine stufenweise und geplante Arbeitszeitverkürzung durchzusetzen. Dazu bedarf es besonderer begleitender Politiken, die die Gewerkschaftsbewegung betreffen, von ihr selbst aber nicht durchgeführt und umgesetzt werden können. Diese flankierenden politischen Maßnahmen müssen vier Bereiche betreffen: Prognose und Planung; Beschäftigungspolitik; Ausbildung; Finanzierung.

4.4. Flankierende Politiken

4.4.1. Produktivitätsverträge

Die Produktivitätszuwächse sind weder unvorhersehbar noch unerwartet. Betriebe, Branchen und Verwaltungen legen sich üblicherweise auf mehrjährige Investitionsprogramme fest, aus denen die prognostizierbaren Produktivitätsgewinne hervorgehen sollen. Die gesellschaftliche Steuerung des technologischen Wandels besteht nun darin, diese prognostizierten Produktivitätsgewinne auf betrieblicher, Branchen- oder Verwaltungsebene in vertragliche Vereinbarungen zu übersetzen, die als Rahmen für permanente Verhandlungen über die notwendigen Umsetzungen und Anpassungen dienen.*

4.4.2. Beschäftigungspolitik

Der *verfügbare* Produktivitätszuwachs ist selbstverständlich nicht für alle Branchen, Unternehmen und Institutionen derselbe. Die soziale Steuerung des technischen Wandels besteht darin, Arbeitskraftüberschuß auf der einen und -knappheit auf der anderen Seite zu vermeiden, hier Entlassungen und dort Überstunden.

Damit sind Arbeitskräftetransfers von Unternehmen oder Branchen mit starken Zuwächsen an verfügbarer Produktivität hin zu solchen mit geringem oder ohne jeden Produktivitätszuwachs unabdingbar. Solche Transfers bilden die Bedingung dafür, daß die Arbeitszeitverkürzung für alle in etwa gleich ausfällt und dem *durchschnittlichen* gesamtwirtschaftlichen Produktivitätszuwachs entspricht – und zwar unter Bedingungen, die so weit als möglich an die Vollbeschäftigung heranreichen. Eine Beschäftigungspolitik, die die *berufliche Mobilität* aktiv fördert, ist mithin notwendig. Dies setzt selbstverständlich die Möglichkeit voraus, in jedem Lebensalter ohne Einkommensverlust einen Beruf zu erlernen oder wiederzuerlernen.

* Siehe dazu dritter Teil, 1., S. 269-271.

Entkoppelung von Arbeitsmenge und Einkommen

4.4.3. Reform des Bildungswesens

Die heutigen Ausbildungsmethoden sind häufig ungeeignet und wenig motivierend. Eine Erziehungsreform auf allen Ebenen der Bildung und Ausbildung ist dringlich angesagt, die ihren Schwerpunkt auf den Erwerb der Fähigkeit zum »Selbst-Denken« (Kant) und Selbst-Lernen legt: d. h. auf den Erwerb einer Grundfamilie an Kenntnissen und Fertigkeiten, die in einem ganzen Feld von Berufen eine vielfältige Entwicklung ermöglicht.

Ebenso müssen auch die Prioritäten der schulischen Bildung umgekehrt werden: statt die Ausbildung »menschlicher Computer« (Klaus Haefner) zu privilegieren, deren Speicher-, Analyse- und Kalkulationsfähigkeiten längst durch Elektronengehirne überholt und weitgehend überflüssig gemacht worden sind, geht es darum, die Entwicklung unersetzlicher menschlicher Fähigkeiten in den Vordergrund zu stellen: manuelle, künstlerische, affektive, zwischenmenschliche, moralische Fähigkeiten; Bereitschaft und Fähigkeit, nicht vorhersehbare Fragen zu stellen, Sinn zu verleihen, auch logisch »stimmigen« Unsinn abzuweisen usw.

4.4.4. Steuerreform

Wenn in Zukunft weniger als 1 000 Stunden im Jahr oder 20 000 bis 30 000 Arbeitsstunden im Leben dazu ausreichen, ebensoviel oder noch mehr Reichtum zu produzieren, wie wir dies heute mit 1 600 Arbeitsstunden im Jahr oder 40 000 bis 50 000 Stunden im Arbeitsleben tun, dann wird ein(e) jede(r) von uns für eine stark reduzierte Arbeitsmenge ein Realeinkommen in der Höhe des heutigen Lohnniveaus (oder darüber) erhalten müssen. Dies läuft praktisch darauf hinaus, daß wir – ebenso wie wir heute im Urlaub, während Weiterbildungs- und Umschulungslehrgängen oder in einigen Fällen während *sabbaticals* (halbjährigen oder ganzjährigen Arbeitspausen) unser volles Einkommen weiterbeziehen – in Zukunft unser volles Monatseinkommen auch dann behalten müssen, wenn wir uns dafür entscheiden, nur an einem von zwei oder an sechs von zwölf

Monaten oder auch zwei von vier Jahren zu arbeiten, um ein persönliches, familiäres, gemeinschaftliches Projekt verwirklichen zu können oder um andere Lebensformen auszuprobieren.

Es handelt sich hierbei nicht mehr – wie im Falle des garantierten Mindesteinkommens – um ein vom Staat an die keine geregelte Arbeit Findenden *verliehenes* Einkommen, sondern um das *Normaleinkommen,* das die normale Arbeitsmenge vergütet, derer die Wirtschaft von einem/r jeden/r bedarf. Der Umstand, daß diese Arbeitsmenge so gering ist, daß die Arbeit diskontinuierlich geleistet werden kann und nur noch eine Beschäftigung unter anderen ist, darf kein Hindernis für ihre lebenslange Vergütung durch ein volles Monatseinkommen darstellen. Dieses Einkommen entspricht dem Teil des gesellschaftlich produzierten Reichtums, der einem/r jeden aufgrund seiner Teilnahme am gesellschaftlichen Produktionsprozeß zukommt. Jedoch ist dieses Einkommen kein wirklicher Lohn mehr, denn es hängt nicht ab von der (monatlich oder jährlich) geleisteten Arbeitsmenge und bezahlt die Individuen nicht mehr *als* Arbeiter. Auch ist es praktisch unmöglich, daß dieses Einkommen wie ein Lohn von den einzelnen Wirtschaftseinheiten oder Unternehmen gezahlt wird – sei es in Gestalt einer Lohnerhöhung pro geleisteter Arbeitsstunde oder in Gestalt von Sozialabgaben. In beiden Fällen nämlich würde z.B. eine Verkürzung der Arbeitszeit um die Hälfte ohne Lohnausfall für die Einzelfirmen die Arbeitskosten um das Doppelte im Vergleich zu heute verteuern.

Außer dem Problem der internationalen Konkurrenzfähigkeit würden damit paradoxerweise gerade Produktionen und Dienstleistungen mit hoher Arbeitsintensität durch eine Verteuerung ihres *relativen Preises* (d.h. im Verhältnis zu leicht automatisierbaren Produktionen) regelrecht bestraft: also Baugewerbe, Landwirtschaft, Unterhalts- und Reparaturarbeiten, kulturelle und erzieherische Tätigkeiten usw. Diese Schwierigkeit kann durch folgende Lösung abgewandt werden:
– Die einzelnen Unternehmen bezahlen nach der (mit den Ge-

Entkoppelung von Arbeitsmenge und Einkommen

werkschaften) ausgehandelten Lohnskala *direkt* nur die tatsächlich im Unternehmen geleisteten Arbeitsstunden; die Kenntnis der realen Produktionskosten ist damit gewährleistet.
– Der aus der Arbeitszeitverkürzung resultierende Lohnverlust wird hingegen von einer *Garantiekasse* ausgeglichen, die die durch den technologischen Wandel gesparten Arbeitsstunden mit demselben Preis bezahlt, den die Unternehmen für die tatsächlich geleisteten Arbeitsstunden bezahlen.

Diese Garantiekasse wird durch Erhebung einer *indirekten Steuer* finanziert, die nach Art der Mehrwertsteuer, der Alkohol-, der Tabak-, Benzin- oder Automobilsteuer nach differenzierten Steuersätzen die automatisierten Produktionen in dem Maße treffen wird, wie ihre Produktionskosten abnehmen. Sie wird sie mit um so höheren Steuersätzen belegen, je geringer die gesellschaftliche Wünschbarkeit oder Nützlichkeit ihrer Produkte ist. Da diese Steuern auf die Produkte, nicht auf die Produktionsmittel erhoben werden und somit für die Exportpreise wegfallen, wird die internationale Wettbewerbsfähigkeit nicht in Mitleidenschaft gezogen.

Was nun das Realeinkommen der Personen angeht, so wird es sich aus *zwei Komponenten* zusammensetzen: einem direkten Arbeitslohn und einem mit dem gesamtwirtschaftlichen Produktivitätszuwachs an Bedeutung zunehmenden Sozialeinkommen, das vor allem in Perioden der Nicht-Arbeit allein den normalen Lebensstandard sichern wird.

Die Einrichtung eines *Systems politischer Preise*, das die gesellschaftlichen Grundentscheidungen und Prioritäten zum Ausdruck bringt, und die Schaffung eines von der geleisteten Arbeitsmenge unabhängigen *Sozialeinkommens* werden sich jedenfalls in dem Maße durchsetzen, wie die Arbeitskosten für die immer zahlreicheren automatisierten Produktionen zu einer vernachlässigbaren Größe werden. Die drastische Verringerung der ausgeschütteten Direktlöhne und der Preisverfall für automatisierte Produktionen können nur durch eine Preis- und Einkommenspolitik abgewandt werden, in der die Gesellschaft ihre

Prioritäten zum Ausdruck bringt und der technologischen Entwicklung einen Sinn gibt. Nichts garantiert allerdings, daß dieser Sinn und diese Prioritäten eher in der Emanzipation und der Autonomie der Personen als in der verstärkten Herrschaft oder Kontrolle über sie liegen wird. Der Sinn der laufenden Veränderungen ist noch unentschieden; er wird der Gegenstand gegenwärtiger und zukünftiger Konflikte und sozialer Bewegungen sein.

5. ZUM ABSCHLUSS

Ich habe versucht, den Sinn herauszuarbeiten, den die Geschichte haben *kann*, den Nutzen, den die Menschheit und den die Gewerkschaftsbewegung aus der laufenden technologischen Entwicklung ziehen kann. Ich habe versucht, anzugeben, in welche Richtung man voranschreiten sollte, welche Politiken man einschlagen sollte, damit dieser Sinn Wirklichkeit wird. Die Entwicklung kann allerdings auch einen Lauf nehmen, der uns den möglichen Sinn des gegenwärtigen Wandels verpassen läßt. In diesem Fall sehe ich keinen anderen Sinn am Horizont: Unsere Gesellschaften werden sich weiter spalten, zerfallen und immer tiefer in Gewalt, Ungerechtigkeit und Angst absinken.

ANMERKUNGEN

Anmerkungen zur Einleitung

1 Diese Idee einer »reflexiven Rationalisierung« entlehne ich dem Buch von Ulrich Beck, *Risikogesellschaft. Auf dem Weg in eine andere Moderne*, Frankfurt/M. 1986.
2 Lionel Stoleru, Ökonom, war bereits 1974-1981 Staatssekretär (unter Präsident Giscard d'Estaing) für arbeitsmarktpolitische Fragen, seit 1988 (also unter Mitterrands zweiter Präsidentschaft) Generalkommissar für Wirtschaftsplanung, Autor u. a. von *Vaincre la pauvreté dans les pays riches*. (A. d. Ü.)
3 Lionel Stoleru, »Le chômage de prospérité«, in: *Le Monde*, 31. Oktober 1986. Alle Hervorhebungen stammen von mir.
4 Diese Tatsache wird immer noch häufig bestritten, und zwar mit folgendem vorgeschobenen Argument: Schließlich zeige in der Industrie und den industrialisierten Dienstleistungen das fixe Kapital *pro Arbeitsplatz* eine beschleunigt anwachsende Tendenz, während die Anzahl der Beschäftigten keinesfalls gleichermaßen abrupt sinke. Nun haben allerdings weder die Höhe des im Durchschnitt pro Arbeitsplatz festgelegten Kapitals noch die Anzahl der Arbeitsplätze für die Entwicklung des von der Gesamtwirtschaft absorbierten Arbeitsvolumens Bedeutung: Die einzige hierfür relevante Größe ist die Gesamtzahl der pro Jahr gesamtwirtschaftlich verausgabten Arbeitsstunden, d. h. das »Arbeitsvolumen«. Diesbezüglich machen nun die westdeutschen Statistiken, die – im Unterschied zu den französischen – dieses Volumen jährlich messen, folgende Angaben: Zwischen 1965 und 1985 hat sich das Bruttoinlandsprodukt um ein 3.02faches vervielfacht, während sich im gleichen Zeitraum das jährliche Arbeitsvolumen um 27% verminderte. Von 1982 bis 1986 nahm das Jahresarbeitsvolumen um ein wenig mehr als 1 Milliarde Arbeitsstunden ab, also um das Äquivalent von 600 000 Vollzeitarbeitsplätzen. Im Zeitraum von 1984 bis Juni 1986 hat nun trotz einer Verringerung des Arbeitsvolumens um 350 Millionen Arbeitsstunden (also um das Äquivalent von mehr als 200 000 Vollzeitarbeitsplätzen) die Beschäftigungszahl der Bundesrepublik um 200 000 zugenommen. Dieser Zuwachs ist zum einen der tariflichen Arbeitszeitverkürzung und zum anderen der Zunahme von Teilzeitbeschäftigung geschuldet.

Mit anderen Worten: Die Arbeitslosenzahlen bzw. die Anzahl der Beschäftigten erlauben es – ich wiederhole! – weder, die Entwicklung der Arbeitsproduktivität noch die Entwicklung des gesamtwirtschaftlich genutzten Arbeitsquantums zu messen.

5 Das französische Wortspiel zwischen *économie* = Wirtschaft und *économiser* = (ein)sparen läßt sich im Deutschen nicht genau nachvollziehen (vergleichbar etwa mit dem Bedeutungswechsel zwischen dem Substantiv *Haushalt* und dem Verb *haushalten*). »(Ver-)ökonomisieren« wird im Folgenden häufig im Sinne von »Sparen« (vgl. auch »unökonomisch«) verwandt. (A. d. Ü.)

6 Edmond Maire, »Le chômage zéro, c'est possible«, in: *Alternatives économiques*, Nr. 48, Juni 1987.

7 Hannah Arendt, *Vita Activa oder Vom tätigen Leben*, München 1981, S. 11 f.

Anmerkungen zum ersten Teil

1. Die Erfindung der Arbeit

1 H. Arendt, *Vita activa*, a.a.O., Kapitel III.
2 Karl Marx, *Das Kapital. Kritik der politischen Ökonomie*, Bd. III., Marx Engels Werke (im Folgenden zitiert als MEW), Bd. 25, Berlin 1969, S. 827 f.
3 H. Arendt, *Vita activa*, a.a.O., S. 33.
4 H. Arendt, a.a.O., S. 34.
5 A.a.O., S. 33.
6 A.a.O., S. 333, Anm. 3.
7 Max Weber, *Die protestantische Ethik und der Geist des Kapitalismus*, hier zitiert nach: Max Weber, *Die protestantische Ethik. Eine Aufsatzsammlung* (hrsg. von Johannes Winckelmann), Bd. I, Gütersloh 1979, S. 55-58.
8 M. Weber, *Die protestantische Ethik*, a.a.O., S. 66.
9 M. Weber, a.a.O., S. 65.
10 M. Weber, a.a.O., S. 64.
11 M. Weber, a.a.O., S. 59.
12 Karl Marx/Friedrich Engels, *Manifest der Kommunistischen Partei*, in: MEW, Bd. 4, S. 464 f.
13 Marx/Engels, *Manifest*, a.a.O., S. 467.
14 Marx/Engels, a.a.O., S. 465.
15 Marx/Engels, a.a.O., S. 468 f.
16 Hannah Arendt behauptet in *Vita activa* (a.a.O., S. 80-82), Marx

habe die Arbeit auf *labor*, Mühsal reduziert, gleichzeitig aber sowohl »der Arbeit Qualitäten (zugeschrieben), die nur dem Herstellen zukommen, bzw. von dem *Animal laborans* so (gesprochen), als sei es eigentlich *Homo faber*«, als auch ihre völlige Abschaffung vorhergesagt (vgl. a.a.O., S. 95, S. 106, S. 120 f.).
17 Das bedeutet nicht, daß sie keine Lehrzeit erfordert hätte, sondern nur, daß diese Lehre keine Formalisierung der vermittelten Kenntnisse verlangte.
18 M. Weber, *Die protestantische Ethik*, a.a.O., S. 50 (Hervorhebung von Weber).
19 J. Smith, *Memoirs of Wool*, zitiert von Stephen Marglin, in: André Gorz (Hrsg.), *Critique de la division du travail*, Paris 1973, S. 71.
20 Andrew Ure, *The philosophy of manufactures*, London 1835, zit. von Marx im ersten Bd. des *Kapital* (MEW, Bd. 23).
21 Die ökonomische Rationalisierung der Moderne ist damit im antiken Sinne gerade nicht »Ökonomie« (Hausverwaltungskunst, *oikonomiké téchne*), sondern »Chrematistik« (*chremastiké téchne*: Gelderwerbskunst), die Aristoteles als zweite, ihr entgegengesetzte Erwerbskunst von der »naturgemäßen Erwerbskunst für die Hausverwalter und Staatsmänner« unterscheidet: »Es gibt hingegen noch eine andere Art von Erwerbskunst, die man vorzugsweise und mit Recht als die Kunst des Gelderwerbs bezeichnet; im Hinblick auf sie scheint keine Grenze des Reichtums und des Erwerbs zu bestehen.« (*Politik*, 1256 b, 40 f.) Aristoteles betont im Folgenden, daß er den Gelderwerb nicht als solchen, als Bestandteil der Haushalts- oder Staatsökonomie, sondern nur insofern als »chremastischen« Irrweg »gegen die Natur« ablehnt, als er zum Selbstzweck wird und sich damit alle anderen Tätigkeiten unterordnen will: »als ob dies (der Gelderwerb) das Ziel wäre, auf das hin alles gerichtet werden müsse« (1258 a, 13 f.). Zitiert nach der Übersetzung Olof Gigons, München 1973, S. 59 ff. (A. d. Ü.)

2. Die Marxsche Arbeitsutopie

1 »Der Arbeiter produziert das Kapital, das Kapital produziert ihn, er also sich selbst, und der Mensch als *Arbeiter*, als *Ware*, ist das Produkt der ganzen Bewegung. Dem Menschen, der nichts mehr ist als *Arbeiter*, und als Arbeiter sind seine menschlichen Eigenschaften nur da, insofern sie für das ihm *fremde* Kapital da sind ... Der Arbeiter ist nur als Arbeiter da, sobald er *für sich* als Kapital da ist, und er ist nur als Kapital da, sobald ein *Kapital für ihn* da ist. Das Dasein des Kapitals ist *sein* Dasein, sein *Leben*, wie es den

Inhalt seines Lebens auf eine ihm gleichgültige Weise bestimmt.« Sobald es also dem Kapital einfällt, »nicht mehr für den Arbeiter zu sein, ist er selbst nicht mehr für sich, hat *keine* Arbeit, darum *keinen* Lohn«. Karl Marx, *Pariser Manuskripte 1844* (Zweites Manuskript: Das Verhältnis des Privateigentums, p. XL), hier zitiert nach: K. Marx, *Texte zu Methode und Praxis II* (hrsg. von G. Hillmann), Reinbek 1968, S. 63 f.

2 Karl Marx/Friedrich Engels, *Die Deutsche Ideologie* (p. 22 des Manuskripts), hier zitiert nach: Institut für Marxismus-Leninismus beim ZK der SED, »Neuveröffentlichung des Kapitels I des I. Bandes der ›Deutschen Ideologie‹ von Karl Marx und Friedrich Engels«, in: *Deutsche Zeitschrift für Philosophie*, Jg. 1966, H. 10, S. 1219.

3 Marx/Engels, *Die Deutsche Ideologie* (Randbemerkung von Marx auf p. 15 des Manuskripts), a.a.O., S. 1213.

4 Marx/Engels, *Die Deutsche Ideologie* (p. 18 d. Mskr.), a.a.O., S. 1216.

5 Marx, *Pariser Manuskripte* (Drittes Manuskript, p. XXXVII), a.a.O., S. 101, Hervorhebung von Marx. (Das Zitat von Say findet sich auf S. 99) Marx setzt hinzu: »Diese letztere Bemerkung ist ein Fortschritt von Say.«

6 Marx/Engels, *Die Deutsche Ideologie* (p. 65 f. d. Mskr.), a.a.O., S. 1246. Die letzte Hervorhebung von mir (A. G.).

7 Karl Marx, *Grundrisse der Kritik der politischen Ökonomie (Rohentwurf)*, hrsg. vom Moskauer Marx-Engels-Lenin-Institut 1939 und 1941, Reprint Frankfurt/M. 1968, S. 908 f.

8 Marx, *Grundrisse*, a.a.O., S. 909. Man findet dieselbe Analyse bei Émile Durkheim, *La division du travail social*, Paris 1930, S. 242 f.

9 Marx/Engels, *Manifest der Kommunistischen Partei*, in: MEW, Bd. 4, S. 470.

10 Die wichtigste der »notwendigen« kollektiven Aneignung und der freiwilligen Zusammenarbeit gewidmete Passage der *Deutschen Ideologie* folgt unmittelbar auf eine Argumentation, in der Marx zeigt, daß die Produktivkräfte (inklusive der Arbeit selbst) »als ganz unabhängig und losgerissen von den Individuen« erscheinen. Diese haben aufgrund ihrer seriellen Zersplitterung keinerlei Gewalt mehr über die Produktivkräfte, obwohl sie doch – kollektiv – ihre Schöpfer sind. »Es ist also jetzt so weit gekommen«, fährt Marx fort, »daß die Individuen sich die vorhandene Totalität von Produktivkräften aneignen müssen, nicht nur, um zu ihrer Selbstbetätigung zu kommen, sondern schon überhaupt, um ihre Existenz sicherzustellen. (...) Die Aneignung dieser Kräfte ist selbst weiter nichts als die Entwicklung der den materiellen Produktions-

instrumenten entsprechenden individuellen Fähigkeiten. *Die Aneignung einer Totalität von Produktionsinstrumenten ist schon deshalb die Entwicklung einer Totalität von Fähigkeiten in den Individuen selbst.* (...) Alle früheren revolutionären Aneignungen waren borniert, Individuen, deren Selbstbetätigung durch ein beschränktes Produktionsinstrument und einen beschränkten Verkehr borniert war, eigneten sich dies beschränkte Produktionsinstrument an und brachten es daher nur zu einer neuen Beschränktheit (...) *bei der Aneignung der Proletarier müssen eine Masse von Produktionsinstrumenten unter jedes Individuum und das Eigentum unter alle subsumiert werden.«* Genau deshalb, weil sie »von aller Selbstbetätigung vollständig ausgeschlossen« sind, sind die »Proletarier der Gegenwart imstande, *ihre vollständige, nicht mehr bornierte Selbstbetätigung,* die in der *Aneignung einer Totalität von Produktivkräften und der damit gesetzten Entwicklung einer Totalität von Fähigkeiten* besteht, durchzusetzen«. Und diese Aneignung erfordert eine »universelle Vereinigung« der Proletarier. »Erst auf dieser Stufe *fällt die Selbstbetätigung mit dem materiellen Leben zusammen,* was der *Entwicklung der Individuen zu totalen Individuen* und der Abstreifung aller Naturwüchsigkeit entspricht; und dann entspricht sich die *Verwandlung der Arbeit in Selbstbetätigung* und die Verwandlung des bisherigen bedingten Verkehrs in den Verkehr der Individuen als solcher.« K. Marx/ F. Engels, *Die Deutsche Ideologie* (p. 65-68 des Manuskripts), a.a.O., S. 1246 f. (Alle Hervorhebungen von mir, A. G.) Vgl. auch *Grundrisse,* a.a.O., S. 505.
11 Jürgen Habermas, *Theorie des kommunikativen Handelns,* Bd. 2, Frankfurt/M. 1981, S. 500. Im Folgenden zitiere ich dieses Werk unter der Abkürzung *TKH.*
12 Max Weber, *Die protestantische Ethik und der Geist des Kapitalismus,* a.a.O., S. 200 f. (Anm. 31)

3. Die funktionale Integration

1 Max Weber, *Wirtschaft und Gesellschaft. Grundriß der verstehenden Soziologie,* 5., revidierte Auflage, besorgt von J. Winckelmann, Tübingen 1972, S. 826 (= M. Weber, *Gesammelte politische Schriften,* 3. Aufl., hrsg. von J. Winckelmann, Tübingen 1971, S. 322).
2 Vgl. dazu André Gorz, *Abschied vom Proletariat. Jenseits des Sozialismus,* Frankfurt/M. 1980, Teil II. »Personale Macht und funktionale Macht«, S. 45-57.

3 Vgl. dazu A. Gorz, *Abschied vom Proletariat*, a.a.O., Abschnitt III. Kapitel 3. b) und 4. (S. 86-114).
4 Vgl. *TKH*, Bd. 2, S. 178 f. und S. 226 f.
5 *TKH*, Bd. 2, S. 226.
6 Jean Paul Sartre, *Kritik der dialektischen Vernunft*, I. Band, *Theorie der gesellschaftlichen Praxis*, Reinbek 1967.
7 Vgl. in Sartres *Kritik der dialektischen Vernunft*, a.a.O., das Kapitel II. A »Von der Gruppe. Die Äquivalenz der Freiheit als Notwendigkeit und der Notwendigkeit als Freiheit. Grenzen und Geltungsbereich jeder realistischen Dialektik« (S. 369-597): Aufgrund des Bandes der »Interiorität« einer sich *in der Aktion* ausdifferenzierenden Gruppe, deren gemeinsame Praxis für jedes teilnehmende Individuum durch einen »regulativen Dritten« vermittelt ist, kann trotz spezialisierter Teilgruppen noch von einer Identität von individueller und kollektiver Handlung gesprochen werden (S. 407).
Von einer solchen »organischen Praxis als regulativen Praxis der Gruppe« unterscheidet dann Sartre am Ende desselben Kapitels die »mechanische Aktion« – und zwar dort, wo er charakteristischerweise auf das Beispiel der »zweiten industriellen Revolution« eingeht (S. 593-597): die *Zerstörung der Gruppenarbeit durch die tayloristische Arbeitsorganisation*, d. i. durch abstrakte Verzeitlichung und Maschinisierung von Arbeitshandlungen. »Die Einheit einer Praxis wird zur falschen Einheit, und diese falsche Einheit wird zur falschen Integration einer objektiven Verschiedenheit von Operationen außerhalb ihrer ... Die Operationen sind passiviert und können von der analytischen Vernunft aufgelöst werden ... Die Spezialisierung geht vom Menschen zur Maschine über ...« (S. 595 f.) An die Stelle der durch Gruppenhandeln vermittelten individuellen Praxis tritt die funktionale Austauschbarkeit der jeweiligen Arbeitshandlung, deren Verkettung nur noch durch den Maschinenkomplex oder durch die »inerte Einheit des Produkts« für den Verbraucher hergestellt wird. (A. d. Ü.)
8 *TKH*, Bd. 2, S. 225 f.
9 Sartre nennt in der *Kritik der dialektischen Vernunft*, a.a.O., ›Exteriorität‹ eine Integration von Handlungen, die nicht im Modus der totalen Totalisierung (als ›Interiorität‹) stattfindet und damit nur relative, teil-passive Totalisierungen ermöglicht. Siehe z. B. das Kapitel I. A. »Von der individuellen Praxis zur Totalisierung« (S. 83-99). Auch hier kommt Sartre charakteristischerweise auf die *Arbeit* zu sprechen. So heißt es zur halb-automatisierten Fabrik: »die halb-automatische Maschine bestimmt ihre Umgebung und schafft sich ihren Menschen, so daß die (falsche, aber wirksame)

Interiorität auf der Seite des Anorganischen und die Exteriorität auf der Seite des organischen Körpers liegt; der Mensch ist hier die Maschine der Maschine und sich selbst seine eigene Exteriorität« (S. 96). Sartre reproduziert hier in seiner Terminologie die Schwierigkeiten der Marxschen Arbeitsutopie – d. h., er faßt mit derselben Begrifflichkeit (Arbeit als »Negation der Negation, kurz, ablaufende Totalisierung«) *sowohl* die selbstbestimmte, freie Tätigkeit *als auch* die funktional integrierte, fremdgesteuerte Tätigkeit. (A. d. Ü.)
10 Vgl. *TKH*, Bd. 2, S. 226.
11 Ich entlehne diesen Ausdruck »spontane Fremdsteuerung« *(hétéro-régulation spontanée)* Edgar Morin, *La vie de la vie*, Paris 1980.
12 Vgl. in Sartres *Kritik der dialektischen Vernunft*, a.a.O., das Kapitel I. D »Die Kollektive« (S. 270-365). (A. d. Ü.)
13 M. Weber, *Wirtschaft und Gesellschaft*, a.a.O., S. 835 (= *Gesammelte politische Schriften*, a.a.O., S. 332).
14 Ebda.
15 Max Weber, *Die protestantische Ethik*, a.a.O., S. 188 f.

4. Von der funktionalen Integration zur sozialen Desintegration

1 Siehe Kapitel 3, S. 58.
2 Siehe oben, Kapitel 1, S. 39 f.
3 Bemerkenswerte Zeugnisse für diese intrumentelle Einstellung zur Arbeit finden sich in einer von Ronald Fraser in Großbritannien veröffentlichten Interviewsammlung. Z. B. Dennis Johnson, Arbeiter in einer Zigarettenfabrik: »Der moderne Arbeiter gibt nichts von sich selbst in seiner Arbeit, und er erwartet von ihr nichts außer seiner Bezahlung. Die Fabrikarbeit an sich ist ohne jeden Wert; das einzige Interesse des Arbeiters liegt in seinem Lohn.« Dieselbe Betonung darauf, daß die Arbeit keinen inneren Wert hat, finden wir auch bei einem Büroangestellten, Philipp Callow (»Das ist eine wertlose Arbeit. Du fühlst dich nutzlos und ersetzbar: früher oder später wird die Automatisierung deinen Job verrichten; du bist sowieso nur des Geldes wegen hier, aus keinem anderen Grund...«), oder bei einem Redakteur in einer Werbeagentur. Vgl. R. Fraser, *Work*, 2 Bde., Harmondsworth 1968 und 1969.
Zur selben Zeit war diese Haltung auch bei den US-amerikanischen Arbeitern sehr verbreitet (ein Bericht an den Kongreß und ein Dossier der Zeitschrift *Fortune* mit dem Titel »Blue Collar Blues« beschrieben den Arbeitsüberdruß und das zunehmende Auftreten von Sabotageakten), aber auch in Italien (die linksradikale Gruppe

Potere Operaio hatte die Parole »Für beschissenen Lohn beschissene Arbeit« ausgegeben – *A salario di merda – lavoro di merda!*) und Frankreich (vgl. dazu Alexis Chassagne/Gaston Montracher, *La Fin du Travail*, Paris 1978).

4 Gorz bezieht sich hier auf die v. a. von Michel Aglietta begründete *»école de régulation«* (»Regulationsschule«) in der neueren politischen Ökonomie. (Siehe: M. Aglietta, *Régulation et crises du capitalisme*, Paris 1976 bzw. *A Theory of Capitalist Regulation*, London 1979.) Vgl. dazu als Überblicke in deutscher Sprache die Artikel von Alain Liepitz, »Akkumulation, Krisen und Auswege aus der Krise. Überlegungen zum Begriff der Regulation«, in: *Prokla*, Nr. 58, März 1985; Joachim Hirsch, »Fordismus und Postfordismus«, in: *Politische Vierteljahresschrift*, Bd. 26, Juni 1985; Bob Jessop, »Der Wohlfahrtsstaat im Übergang vom Fordismus zum Postfordismus«, in: *Prokla*, Nr. 65, Dez. 1986. (A. d. Ü.)
5 Vgl. den Beitrag von Stephen Marglin in: A. Gorz (Hrsg.), *Critique de la division du travail*, a.a.O., S. 77 f. u. S. 88.
6 Den Ausdruck des »kompensatorischen Bedürfnisses« entlehne ich dem Buch von Rudolf Bahro, *Die Alternative*, Köln/Frankfurt 1977.
7 Marx/Engels, *Die Deutsche Ideologie* (p. 18 d. Mskr.), a.a.O., S. 1215.
8 *Contre-finalité*, vgl. J. P. Sartre, *Kritik der dialektischen Vernunft*, a.a.O., Kap. I. C. 1. »Mangel und Produktionsweise«, S. 129-163; vgl. dazu auch Jon Elster, *Logik und Gesellschaft. Widersprüche und mögliche Welten*, Frankfurt/M. 1981, S. 151 ff., S. 167-195. (A. d. Ü.)
9 Garrett Hardin, »The Tragedy of the Commons«, in: *Science*, 162 (1968).
10 Jean Baudrillard, *La societé de consommation*, Paris 1970.
11 John Brunner, *The Shock Wave Rider*, New York 1975 (dt. Ausgabe: *Der Schockwellenreiter*, München 1979).

5. Das Ende des Arbeitshumanismus

1 Siehe oben, Kapitel 4, S. 68 f.
2 Vgl. seinen Beitrag in: André Gorz (Hrsg.), *Critique de la division du travail*, a.a.O.
3 Vgl. André Gorz, *Abschied vom Proletariat*, a.a.O., Teil I., 2. Kapitel »Die unmögliche kollektive Aneignung« (S. 17-26) und 4. »Arbeitermacht?« (S. 36-44).
4 Vgl. Sartre, *Kritik der dialektischen Vernunft*, a.a.O., Kapitel I. C. 2.

»Die bearbeitete Materie als entfremdete Objektivierung der individuellen und kollektiven Praxis« (S. 163-209), v. a. S. 197-203. (A. d. Ü.)

5 M. Weber, *Wirtschaft und Gesellschaft*, a.a.O., S. 835 (= *Gesammelte politische Schriften*, a.a.O., S. 332).

6 Sartre und Gorz verwenden den Ausdruck »Praktisch-Inertes« (*Praktisch-Träges*), um – im Unterschied zur *physikalischen* Trägheit der Materie – *gesellschaftlich* »geronnene« materielle Konditionierung menschlicher Praxis zu bezeichnen (die die Intentionen der handelnden Individuen in ihr Gegenteil, in *»Gegen-Finalität«* verwandelt). Vgl. Sartre, *Kritik der dialektischen Vernunft*, a.a.O., S. 200: »Die Maschine *fordert* also, in Gang gehalten zu werden, und das praktische Verhältnis des Menschen zur Materialität wird *seine Antwort* auf die Forderungen der Maschine. Natürlich ließe sich leicht einwenden, daß die inerte Materie, die die Maschine ist, überhaupt nichts fordern könne. Da wir es jedoch ... *niemals* mit etwas anderem als mit der bearbeiteten und vergesellschafteten Maschine zu tun haben, ist dieses Argument hinfällig.« (A. d. Ü.)

7 K. Marx, *Grundrisse*, a.a.O., S. 583.

8 *Grundrisse*, a.a.O., S. 584 f. (Hervorhebung von mir. A. G.).

9 *Grundrisse*, a.a.O., S. 585 (Hervorhebungen von mir, A. G.).

10 *Grundrisse*, S. 588 (Hervorhebungen von mir, A. G.).

11 *Grundrisse*, a.a.O., S. 590.

12 Vgl. Georg Lukács, »Die Verdinglichung und das Bewußtsein des Proletariats«, in: ders., *Geschichte und Klassenbewußtsein. Studien über marxistische Dialektik* Berlin 1923, S. 94-228. (A. d. Ü.)

13 Bellamy in den Vereinigten Staaten, J. Popper-Lynkeus zu Beginn des Jahrhunderts in Österreich, Jacques Duboin in den dreißiger Jahren in Frankreich.

14 »Dementsprechend gedeihen die Manufakturen am besten dort, wo der Geist am wenigsten zu Rate gezogen wird und wo die Werkstatt, ohne besondere Anstrengung der Einbildungskraft, als eine Maschine betrachtet werden kann, deren einzelne Teile Menschen sind.« So schreibt Adam Ferguson in einem *Essay on the History of Civil Society* (1767), hier zitiert nach der deutschen Ausgabe *Versuch über die Geschichte der bürgerlichen Gesellschaft* (hrsg. von Zwi Batscha und Hans Medick, Frankfurt/M. 1986, S. 340). Marx, der die Stelle im ersten Buch des *Kapital* zitiert (*MEW*, Bd. 23, S. 383), läßt ihr Zitate von Adam Smith und G. Garnier folgen und schließt mit David Urquhart *(Familiar Words as Affecting England and the English)*, dem er die Formulierung entlehnt: »Die Unterabteilung der Arbeit ist der Meuchelmord eines Volks« (S. 385).

Anmerkungen zu S. 89-92

15 Im Original deutsch (A. d. Ü.).
16 Französisch: OS, *ouvrier specialisé* = angelernter Hilfsarbeiter im Gegensatz zum OP, zum *ouvrier professionel* = dem ausgebildeten Facharbeiter (A. d. Ü.).
17 Danielle Auffray/Thierry Baudouin/Michèle Colin, *Le travail et après* ... (Laboratoire de Sociologie de la connaissance), Paris 1978. Dieses Buch nimmt in verständlicher Form die ursprünglich schwieriger lesbaren Arbeiten italienischer Theoretiker (v. a. Mario Tronti und Antonio Negri) des »Massenarbeiters« und der »Arbeiterautonomie« auf – »operaistische« Theorien, die nach 1968 die italienischen linksradikalen Gruppen *Lotta Continua* und *Potere Operaio* inspiriert hatten.
18 Im Französischen: *zéro, boulot, métro, dodo,* also wörtlich »Null, Maloche, U-Bahn, Pennen« (A. d. Ü.).
19 Danielle Affray et al., *Le travail et après* ..., a.a.O., S. 170, S. 13 und S. 152 f.
20 Vgl. für den bisherigen Gedankengang André Gorz, *Abschied vom Proletariat,* a.a.O., Teil III., Kapitel 1. »Tod und Wiederauferstehung des historischen Subjekts: die Nicht-Klasse der nachindustriellen Proletarier« (S. 59-68).
21 Wohlgemerkt: Ich behaupte *nicht,* die ökonomische Krise sei bewußt herbeigeführt worden, um die Arbeiterklasse in die Knie zu zwingen. Ihre Ursachen waren komplexer Natur – u. a. eine Explosion der Arbeitskosten, die trotz wachsender Mengen fixen Kapitals pro Arbeitsplatz mit keiner entsprechenden Steigerung der Arbeitsproduktivität einhergingen –, die ich zusammengefaßt habe in *Wege ins Paradies,* Berlin 1983, S. 18-27 (Thesen 6. bis 8.).

6. Der Arbeitsideologie letztes Gewand

1 William Foot Whyte, *Money and Motivation. An Analysis of Incentives in Industry,* New York 1955 (2. Auflage 1970), S. 65 f. Das Buch, Ergebnis der Untersuchung eines Forschungsteams der New York School of Industrial and Labor Relations an der Cornell University, enthält eine Reihe von instruktiven Einzeluntersuchungen zu den verschiedenen Problemdimensionen von Arbeitsmotivation und -kontrolle.
2 William F. Whyte, *Money and Motivation* ..., a.a.O., S. 259 f. Der Scanlon-Plan, der seinen Namen einem Metallarbeiter verdankt, der Betriebsberater geworden war, wurde seit dem Ende der 40er Jahre in mittleren US-amerikanischen Unternehmen ausprobiert. Davon ließen sich dann japanische Industrielle inspirieren, so daß

Anmerkungen zu S. 92-107

er gegen Ende der 70er Jahre in seiner japanischen Version wieder in die USA importiert wurde.
3 Whyte, *Money and Motivation* ..., a.a.O., S. 166 f.
4 Die großen japanischen Unternehmen, die sich seit Ende 1987 zu Personalkürzungen entschließen mußten, machen zunehmend dieselbe Erfahrung.
5 Danièle Blondel (Prof. an der Universität von Paris-Dauphine), »Mort et réssurection de la pensée économique«, in: *Le Monde*, 1.4.1988.
6 Horst Kern/Michael Schumann, *Das Ende der Arbeitsteilung?*, München 1984, S. 98.
7 Wolfgang Lecher, »Zum zukünftigen Verhältnis von Erwerbsarbeit und Eigenarbeit aus gewerkschaftlicher Sicht«, in: *WSI Mitteilungen*, Heft 3/1986 (Düsseldorf), S. 356 ff.
8 In den USA beträgt der Anteil der Arbeitslosen und Personen, die weniger als sechs Monate im Jahr beschäftigt sind, 25 %; wozu man noch 30 % hinzuaddieren muß, die im tertiären Sektor für Hungerlöhne und ohne jegliche Sozialleistungen arbeiten.
9 Wolfgang Lecher, »Überleben in einer veränderten Welt. Ein Konzept für die zukünftige Arbeit der Gewerkschaften«, in: *DIE ZEIT*, N. 18, 16.4.1985, S. 44 f.
10 Siehe dazu den Text »Die Gewerkschaften zwischen Neokorporatismus und Ausweitung ihrer Aufgaben« im Anhang dieses Buches.
11 Vgl. Peter Glotz, *Manifest für eine Neue Europäische Linke*, Berlin 1985.
12 Daß es auch *außerhalb der Ökonomie* eine Menge zu tun gibt, ist eine andere Frage. Wir kommen darauf noch zurück, um deutlich zu machen, inwiefern sich die außerökonomische »Arbeit« von der unter ökonomischen Zielsetzungen verrichteten Arbeit unterscheidet – und wie ihr Status diesen Unterschied zum Ausdruck bringen muß.
13 Siehe in diesem Buch Teil III.
14 Das ist ein Argument, das von den Befürwortern der Arbeiterselbstverwaltung häufig vorgebracht wird. Vgl. etwa die Argumentation von Daniel Mothé, nach dessen Auffassung Arbeitszeitverkürzung nur für parzellisierte Aufgaben möglich sei und daher – wenn sie zustande käme – eine »erzwungene Rückkehr des Taylorismus« nach sich ziehen müßte, in *Autogestions*, Nr. 19 (1985), S. 16-18 und meine Antwort auf den S. 18-19.

Anmerkungen zu S. 108-118

7. Letzte Gestalten der Arbeit

1 Siehe Michael J. Piore/Charles F. Sabel, *Das Ende der Massenproduktion. Studie über die Requalifizierung der Arbeit und die Rückkehr der Ökonomie in die Gesellschaft*, Berlin 1985.
2 Siehe Oskar Negt, *Lebendige Arbeit, enteignete Zeit. Politische und kulturelle Dimensionen des Kampfes um die Arbeitszeit*, Frankfurt/M.–New York 1984, S. 187.
3 »Denn die Verantwortung, die jeder einzelne Arbeiter gegenüber der in den Apparaten und Maschinensystemen vergegenständlichten *allgemeinen Produktivkraft*, nämlich der angewandten Wissenschaft, trägt, ist eine *politische Verantwortung* ... Die Erzeugung des gesellschaftlichen Reichtums ist mehr ein Produkt verantwortungsbewußter Regulierungstätigkeit als Ausdruck unmittelbarer körperlich-geistiger Arbeit. *Arbeit ist ihrer Struktur nach zu politischer Arbeit geworden*«. Oskar Negt, *Lebendige Arbeit, enteignete Zeit*, a.a.O., S. 192f.
4 Inox, »L'operaio di processo«, in: *il manifesto* (Roma), 12. Nov. 1986.
5 Kern/Schumann (*Das Ende der Arbeitsteilung?*, a.a.O., S. 76f.) geben eine detaillierte Aufstellung der Fortbildungsprogramme für Instandhaltungsspezialisten eines Automobilwerks im Moment der Umstellung auf die automatisierte Rohbaumontage: Von den insgesamt 92 Tagen des Kursprogramms sind allein 62 dem Erwerb von *Grundkenntnissen* in Informatik und Elektronik gewidmet und nur 20 bis 25 Tage den firmenspezifischen Anlagen und Werkstoffen. Man kann daraus schließen, daß ein ausgebildeter Instandhaltungsspezialist beim Wechsel von einer Fabrik oder Industrie zur anderen weniger als einen Monat braucht, um sich an seinen neuen Arbeitsplatz anzupassen.
6 Vgl. oben, Kapitel 3. dieses Buches, S. 53.
7 Vgl. Kern/Schumann, *Das Ende der Arbeitsteilung?*, a.a.O., S. 327.
8 Thomas Adler, Mitglied der gewerkschaftsoppositionellen »Plakat«-Gruppe bei Daimler Benz in Stuttgart, beschreibt z. B. die dezentrale Kontrolle der Maschinen-Diagnose-Systeme in einer Dieselmotor-Transferstraße: »So wird z. B. in der Station, wo die Zylinderbohrungen ausgedreht werden, gleichzeitig jede Maßabweichung im Tausendstel-mm-Bereich registriert und angezeigt. Bei zu großer Abweichung wird das Kurbelgehäuse nach beendetem Maschinenzyklus automatisch aus der Transferstraße ausgesondert – es kann dem Maschinenbediener überhaupt nicht entgehen, daß ein Werkzeug gewechselt werden muß.« Th. Adler, »Produktionszuwächse und Verdrängungswettbewerb. Zur Be-

deutung der ›neuen Produktions-Facharbeiter‹«, in: *express* (Offenbach), Nr. 3 (4. Mai 1986), S. 14-16, hier S. 15.
9 D. h.: noch *bevor* ich vollständig sozialisiert war. Man beachte, daß die Antwort auf diese Fragen nicht nur aus kulturellen Normen bestimmt werden kann. Mit anderen Worten – sie betrifft nicht den Bereich der Soziologie allein. Hier liegt meiner Ansicht nach eine der grundlegenden Unzulänglichkeiten der Theorie von Habermas. Ich komme im Teil II. dieses Buches noch auf diese Distanz zurück, die zwischen dem individuellen Subjekt und seinem sozialen Sein mit Notwendigkeit bestehen bleibt. Nur aufgrund dieses ursprünglichen Nicht-Zusammenfallens *(décalage)* ist eine autonome moralische Beurteilung der sozialen Wirklichkeit durch das Individuum überhaupt *möglich*, und also auch eine Weigerung, sich den soziokulturellen Normen zu beugen.
10 Siehe oben S. 52.
11 M. Weber, *Die protestantische Ethik*, a.a.O., S. 189.
12 O. Negt, *Lebendige Arbeit, enteignete Zeit*, a.a.O., S. 188 f.
13 M. Weber, *Die protestantische Ethik*, a.a.O., S. 189.
14 Im Original: »*tout électrique tout nucléaire*«, wie der energiepolitische Slogan der französischen Regierung lautete (A. d. Ü.).
15 Kern/Schumann, *Das Ende der Arbeitsteilung?*, a.a.O., S. 109.
16 Kern/Schumann, *Das Ende der Arbeitsteilung?*, a.a.O., S. 272.
17 Kern/Schumann, a.a.O., S. 277.
18 Siehe Kern/Schumann, a.a.O., S. 260 (= Meßwarte in Fabrik C).
19 Edmund Husserl, *Die Krisis der europäischen Wissenschaften und die transzendentale Phänomenologie* (zuerst erschienen in: *Philosophia*, Bd. I, Belgrad 1936), hier zitiert nach der Ausgabe der Philosophischen Bibliothek. Bd. 292, hrsg. von E. Ströker, Hamburg 1982, S. 49 ff. (§ 9, g): »Die Sinnentleerung der mathematischen Naturwissenschaft in der ›Technisierung‹«).
20 »Ich meine Galileis berühmte Lehre von der *bloßen Subjektivität der spezifisch sinnlichen Qualitäten*, die bald nachher von Hobbes konsequent gefaßt wurde als Lehre von der Subjektivität der gesamten konkreten Phänomene der sinnlich anschaulichen Natur und Welt überhaupt. Die Phänomene sind nur in den Subjekten; sie sind in ihnen nur als kausale Folgen der in der wahren Natur stattfindenden Vorgänge, die ihrerseits nur in mathematischen Eigenschaften existieren. Ist die anschauliche Welt unseres Lebens bloß subjektiv, so sind die gesamten Wahrheiten des vor- und außerwissenschaftlichen Lebens, welche sein tatsächliches Sein betreffen, entwertet.« E. Husserl, *Die Krisis der europäischen Wissenschaften*, a.a.O., S. 58 (§ 9, i): »Verhängnisvolle Mißverständnisse als Folge der Unklarheit über den Sinn der Mathematisierung«).

21 William Leiss, *The Domination of Nature*, Boston 1974, S. 135 ff.
22 Das französische *corps, corporel* kann im Deutschen sowohl mit ›Körper‹, ›körperlich‹ als auch mit ›Leib‹, ›leiblich‹ übersetzt werden. Wo es um die »subjektive«, *gelebte* Beziehung zum je eigenen ›leiblichen‹ In-der-Welt-Sein, nicht um die objektivierende, naturwissenschaftliche Betrachtung des ›Körpers‹ geht, wurde *corps* – auch wenn es altertümlicher klingt – mit ›Leib‹ und ›leiblich‹ übersetzt, mit ›Körper‹ hingegen in Passagen, wo technisch-instrumentelle Beziehungen beschrieben werden. Vgl. zu dieser terminologischen Frage auch Gernot Böhme, *Anthropologie in pragmatischer Hinsicht*, Frankfurt/M. 1985, 7. und 8. Vorlesung (S. 113 ff.). (A. d. Ü.)
23 Vgl. dazu André Gorz, *Fondements pour une morale*, Paris 1977, S. 165 ff.: »Nature, valeurs vitales, valeurs du corps«.
24 Vgl. A. Gorz, *Fondements pour une morale*, a.a.O., S. 146 ff.: »Le désir, le bon«.
25 Mit dieser Art von Fragen beziehe ich mich keineswegs auf eine »Natur« oder ein »Wesen des Menschen«. Ich komme darauf noch zurück.
26 Max Horkheimer/Theodor W. Adorno, *Dialektik der Aufklärung. Philosophische Fragmente*, Amsterdam 1947 (Reprint 1968), S. 50.
27 Im Original: *le vécu*, wörtlich: das Gelebte/Erlebte; *le monde vécu* ist die »Lebenswelt« (A. d. Ü.).
28 Adorno/Horkheimer, *Dialektik der Aufklärung*, ebenda.

8. Perspektiven der Emanzipation jenseits des Marxismus

1 Marx, *Grundrisse*, a.a.O., S. 439 f., S. 505, S. 593.
2 Vgl. dazu detaillierter Anm. 4 zur *Einleitung* dieses Buches.
3 Vgl. dazu ausführlicher in Kapitel 6 dieses Buches die Zusammenfassung der Analyse von Wolfgang Lecher.
4 Vgl. dazu O. Negt, *Lebendige Arbeit, enteignete Zeit*, a.a.O., S. 167 und 178; sowie Peter Glotz, *Manifest für eine Neue Europäische Linke*, a.a.O., S. 54 und 92.
5 Vgl. A. Gorz, *Abschied vom Proletariat*, a.a.O., S. 79 f., 88, 93 f., wo ich, im Gefolge von Adret (*Travailler deux heures par jour*, Paris 1977) und v. a. von Charly Boyadjian, diesen Aspekt betont habe – entgegen der These eines scharfen Gegensatzes zwischen beiden Bereichen, die mir einige gültige Leser zugeschrieben haben.
6 Marx, *Das Kapital*, Bd. III, MEW, Bd. 25, S. 828.
7 Siehe Marx, *Grundrisse*, a.a.O., S. 595 ff.
8 Marx, *Grundrisse*, a.a.O., S. 593.

9 Marx, *Grundrisse*, a.a.O., S. 505.
10 Vgl. dazu den hervorragenden und immer noch aktuellen Artikel von Antonio Lettieri, Gewerkschaftssekretär der italienischen CGIL, »Fabrik und Schule«, in: André Gorz (Hrsg.), *Schule und Fabrik*, Berlin 1972.
11 Vgl. dazu A. Gorz, *Abschied vom Proletariat*, a.a.O., Abschnitt I., Kap. 1. »Das Proletariat nach Sankt Marx« (S. 11 f.), wo ich diese Analyse ausgeführt habe.
12 P. Glotz, *Manifest für eine Neue Europäische Linke*, a.a.O., S. 34.
13 Glotz, *Manifest*, a.a.O., S. 35.
14 Glotz, *Manifest*, a.a.O., S. 38.
15 Ebenda, S. 35.
16 Ebenda, S. 36.
17 Ebenda, S. 37.
18 Vgl. Erhard Eppler (Hrsg.), *Grundwerte für ein neues Godesberger Programm*, Reinbek 1984, Kap. V. (v. a. S. 111-126).
19 R. E. Lane, »Market and the Satisfaction of Human Wants«, in: *Journal of Economic Issues*, Bd. 12 (1978), S. 815.
20 F. Block/L. Hirschhorn, »New Productive Forces and the Contradictions of Contemporary Capitalism: a Post-Industrial Perspective«, in: *Theory and Society*, Bd. 7 (1979), S. 373. Ich entnehme diese Zitate dem hervorragenden Aufsatz Claus Offes, »Arbeit als soziologische Schlüsselkategorie?«, in: ders., *»Arbeitsgesellschaft«. Strukturprobleme und Zukunftsperspektiven*, Frankfurt/M.–New York 1984, S. 13-43.
21 Lane, »Market and the Satisfaction of Human Wants«, ebda.
22 Man spürt bereits, wie sehr dies der Vorstellung zuwiderläuft, man müsse die Freizeitaktivitäten und persönlichen Dienstleistungen professionalisieren und monetarisieren, um »neue Arbeitsplätze zu schaffen«. Ich komme im zweiten Teil darauf zurück.
23 In diese Richtung weisen die Arbeiten von Alain Touraine, und darum überschreiten sie die Grenze der Soziologie und dringen auf eine von den Parteien vernachlässigte *terra incognita* vor.
24 In dem Sinne, wie ich ihn in der *Einleitung* zu diesem Buch formuliert habe.
25 Barry Jones, *Sleepers Awake! Technology and the Future of Work*, Oxford 1983.

Anmerkungen zum zweiten Teil

1. Vom »genug« zum »je mehr, desto besser«

1 R. C. Baum, »On Societal Media Dynamics«, in: *FS Parsons* (1976), Vol. II, S. 604 ff. (hier zitiert nach J. Habermas, *TKH*, Bd. 2, S. 435.)
2 Habermas, *TKH*, Bd. 2, S. 451.
3 Max Horkheimer hatte statt des Weberschen Begriffs der »Zweckrationalität« den Begriff der instrumentellen Rationalität geprägt. Habermas verwendet in impliziter Übereinstimmung mit Adorno den Ausdruck »kognitiv-instrumentell« zur Bezeichnung der Gemeinsamkeit technisch-wissenschaftlichen, ökonomischen und administrativen Handelns, welches »vorgegebene Zwecke« voraussetzt und »für sie die richtigen Mittel sucht«.
4 *TKH*, Bd. 2, S. 483 f.
5 Sie füllt nahezu das gesamte Kapitel VIII. des Habermas'schen Werkes: »Schlußbetrachtung: Von Parsons über Weber zu Marx«, in: *TKH*, Bd. 2, S. 445 ff.
6 Dieses Prinzip wurde bereits von Adam Smith aufgestellt, als er im dritten Buch des *Reichtums der Nationen* die *Arbeit, die gegen keine andere Arbeit ausgetauscht werden kann* oder, wie er schrieb, »nichts herstellt, das anschließend gegen eine gleich große Arbeitsmenge ausgetauscht werden könnte«, aus dem Bereich der ökonomischen Bewertung ausschloß. Adam Smith (und nicht erst Marx, der ihm in diesem Punkt einfach folgte) definierte solche nicht austauschbare Arbeit als ökonomisch »unproduktiv« und endete: »Die unproduktiven Arbeiter und die, die überhaupt nicht arbeiten, leben allesamt von *Revenue*« (eine Bemerkung, die sich ebenso auf die Landaristokratie und die landbesitzende Bourgeoisie bezog wie auf ihre Bediensteten und die Bürokratie).
7 B. Jones, *Sleepers Awake!*, a.a.O., S. 82.
8 Max Weber, *Die protestantische Ethik*, a.a.O., S. 50. Im ersten Band des *Kapital* von Marx und im »Entfesselten Prometheus« von D. Landes findet man zahlreiche Beispiele, die in die gleiche Richtung gehen, aus der Entwicklung der britischen Textilmanufakturen des 18. Jahrhunderts. Siehe David S. Landes, *The Unbound Prometheus. Technological Change and Industrial Development in Western Europe from 1750 to the Present*, Cambridge 1969. Ich habe gegen Ende des 1. Kapitels am Beispiel der *Memoirs of Wool* von J. Smith darauf angespielt.
9 Es ist für den Heiligen Thomas von Aquin, die mittelalterliche

Anmerkungen zu S. 161-174

Autorität in diesen Fragen, das Charakteristikum gerade der *unnatürlichen* Begierlichkeit (concupiscentia), keine innere Begrenzung zu kennen: *concupiscentia non naturalis omnino est infinita*, da in ihr (im Unterschied zur natürlichen Begierde) das Ziel nicht von Natur aus begrenzt ist. Siehe S. Thomae Aquinatis *Summa Theologiae* (cura Sac. Petri Caramello), Pars Ia IIae, *qu.* 30: »de concupiscentia«, a. 4. (Torino 1952, S. 144). Zur Verdeutlichung des Unterschieds von natürlich = begrenzt und unnatürlich = unbegrenzt verweist übrigens Thomas charakteristischerweise auf »den Philosophen«: auf Aristoteles' Unterscheidung zwischen (in sich begrenzter) »Hausverwaltungskunst« und (in sich unbegrenzter) »Gelderwerbskunst« oder Chrematistik (*Politik* 1257b). Auf dieselbe Aristoteles-Stelle kommt er dann in seiner ausführlichen Verurteilung des Zinses als »an sich ungerecht«, *secundum se iniustum*, zurück: *Summa Theologiae*, a.a.O., Pars Ia IIae, *qu.* 78: »de peccato usurae« (Torino 1962, S. 367f.). Vgl. dazu auch oben im 1. Kapitel die Anm. 21. (A.d.Ü.)

10 Ich habe diese Aspekte in *Zur Strategie der Arbeiterbewegung im Neokapitalismus*, Frankfurt/M. 1967, S. 97-126, ausführlicher behandelt.

11 Ivan Illich, *Selbstbegrenzung. Eine politische Kritik der Technik*, Reinbek 1975. Vgl. zu diesem Thema auch meine Ausführungen in: André Gorz, *Ökologie und Freiheit*, Reinbek 1980, S. 28 ff. (»Wenn Reichtum arm macht«).

12 Eines der seltenen Bücher, das den Beweis antrat, daß der Bruch mit dem kapitalistischen Entwicklungsmodell das Recht zur Selbstbestimmung der Arbeitsdauer erfordern würde, ist das hervorragende Werk *La révolution du temps choisi* (Paris, 1980), das hauptsächlich von Laurence Cossé und Jean-Baptiste de Foucauld für die als Verfasser zeichnende Gruppe »Echanges et Projets« redigiert wurde.

13 Vgl. dazu den *Anhang* zu diesem Buch.

14 Auszug aus Adret, *Travailler deux heures par jour*, Paris 1977 (Alle Hervorhebungen von mir, A.G.).

15 Zitiert vom schwedischen Ökonomien Gunnar Adler-Karlsson in seinen »Gedanken zur Vollbeschäftigung«, in: *Mitteilungen zur Arbeits- und Berufsforschung*, 4/1979.

16 Habermas, *TKH*, Bd. 2, S. 484 und passim.

17 Polemische Anspielung: André Gorz bezieht sich hier auf die in Opposition zur Staatsfixiertheit der französischen kommunistischen und sozialistischen Tradition sozial-liberal oder gar neoliberal gewordenen Intellektuellen aus den Reihen der ehemaligen 68er oder Selbstverwaltungs-Linken (wie z.B. Pierre Rosanvallon), die

mit Vordenkern eines postmodern-flexiblen Unternehmertums (wie z. B. Alain Minc) und anderen Vertretern der intellektuellen Elite (etwa dem bedeutenden Historiker François Furet, dem Direktor des *Nouvel Observateur* Jean Daniel, dem 1988 zurückgetretenen Direktor von *Esprit*, Paul Thibaud, usw.) in der *Fondation Saint-Simon* zusammenarbeiten, einer der wichtigsten Denkfabriken des sozialpolitischen Zeitgeistes in Frankreich. Gemeinsam mit ihrem Namensgeber, dem utopischen Sozialisten Henri de Saint-Simon, ist dieser Denkrichtung oder »Stimmung« vor allem der Glaube in die gesellschaftsreformerische Kraft der technologischen Innovation und ihrer Träger in technischer Intelligenz und risikofreudigem Unternehmertum (vgl. auch die Ausführungen im folgenden Kapitel); gegenüber sozialistischen Zielsetzungen herrscht bei den »neuen Saint-Simonisten« eher Tocquevillesche Skepsis vor. (A. d. Ü.)

18 Serge July, einer der Protagonisten der maoistischen Gruppe *La cause du peuple* nach dem Mai 68, ist Chef der von Jean-Paul Sartre mitgegründeten Tageszeitung *Libération*, die sich von ihren linksradikalen Anfängen zum wohl wichtigsten Meinungsblatt der linksliberalen Intelligenz in Frankreich gemausert hat. Vgl. das Interview, das Dany Cohn-Bendit mit Serge July geführt hat, in: D. Cohn-Bendit, *Wir haben sie so geliebt, die Revolution*, Frankfurt/M. 1987. (A. d. Ü.)

19 Edmund Husserl, *Die Krisis der europäischen Wissenschaften und die transzendentale Phänomenologie*, a.a.O., § 9 h): »Die Lebenswelt als vergessenes Sinnfundament der Naturwissenschaft« (S. 55 f.).

20 Husserl, *Die Krisis der europäischen Wissenschaften*, a.a.O., § 9, g): »Die Sinnentleerung der mathematischen Naturwissenschaft in der ›Technisierung‹«, (S. 49).

21 Husserl, a.a.O., S. 51.

22 Husserl, a.a.O., S. 49.

23 Michel Foucault, »Das Denken des Außen« (1966), in: ders., *Von der Subversion des Wissens*, München 1974 (Neuauflage Frankfurt/Berlin/Wien 1978), S. 55.

24 Siehe diesbezüglich auch Klaus Gabbert, »Menschenmaterial. Zur Technologisierung der inneren Natur«, in: Winfried Hamman/Thomas Kluge (Hrsg.), *In Zukunft. Bericht über den Wandel des Fortschritts*, Reinbek 1983, sowie A. Bammé u. a., *Maschinen-Menschen, Mensch-Maschinen. Grundrisse einer sozialen Beziehung*, Reinbek 1983.

25 Vgl. Husserl, *Die Krisis der europäischen Wissenschaften*, a.a.O., § 9 h), S. 56 ff.

26 Husserl, *Die Krisis der europäischen Wissenschaften*, a.a.O., § 9 h): »Die Lebenswelt als vergessenes Sinnesfundament der Naturwissenschaft« (S. 56).

2. Markt und Gesellschaft

1 Vgl. Friedrich A. von Hayek, *Der Wettbewerb als Entdeckungsverfahren*, Kiel (Institut für Weltwirtschaft) 1968. (A. d. Ü.)
2 Vgl. die Anmerkung 17 zum vorigen Kapitel (A. d. Ü.).
3 Ich entnehme diese Zitate dem Artikel von Paul Thibaud, »Le triomphe de l'entrepreneur«, in: *Esprit*, Dezember 1984.
4 Karl Polanyi, *The Great Transformation. Politische und ökonomische Ursprünge von Gesellschaften und Wirtschafssystemen*, Frankfurt/M. 1978, S. 227 ff.
5 Für einen Überblick über die verschiedenen Wellen und Strömungen des konservativen, romantischen oder Tory-Sozialismus vgl. jetzt die materialreiche Arbeit des konservativen Historikers Ernst Nolte, *Marxismus und industrielle Revolution*, Stuttgart 1983, v. a. die Kapitel II. B, C und III. (S. 112-155). Nolte spricht von einer »Ausgangsähnlichkeit« der Reaktion von Toryismus und Frühsozialismus auf die industrielle Revolution: beider Wurzeln liege in der Verteidigung der »gewohnten Arbeitsweise und überlieferten Lebenswelt« (S. 33). (A. d. Ü.)
6 Siehe oben, Teil I, Kapitel 4., S. 75 f.
7 Der Nationalismus ist ein Ersatz für diese Zugehörigkeit (zum Gemeinwesen), der um so trügerischer ist, als er an die Stelle *gesellschaftlicher* Zielsetzungen *staatliche* Ziele von Machtpolitik und »Größe« setzt, die vom Staate festgelegt und verfolgt werden – gemäß der Staatsraison, ohne und nach Bedarf auch gegen die Gesellschaft.

3. Grenzen der ökonomischen Rationalität

1 Hilkka Pietilä, »Tomorrow Begins Today. Elements for a Feminine Alternative in the North«, in: *IFDA Dossier* 57/58, Nyon (Schweiz), S. 37-54. Die Autorin verlangt dann im Folgenden, die angeblich primäre Ökonomie in den Dienst der sogenannten unsichtbaren Ökonomie zu stellen, und vergrößert damit die Verwirrung noch: Der Idee, alles sei »Arbeit«, fügt sie die Vorstellung hinzu, alles sei ökonomisch. Was sie tatsächlich verlangt, ist ein ökonomisches System im Dienste der familiären Privatsphäre, die

»auch Dinge *(sic!)* herstellt, die man nicht auf dem Markte kaufen kann, wie das Gefühl von Identität, Intimität, Ermutigung, Anerkennung und Lebenssinn«.
2 Vgl. oben, Teil II., Kapitel 1., S. 156-160.
3 Vgl. oben Teil I., Kapitel 1.
4 Die »integrierten Gesundheitsnetze« (oder »health maintainance organizations«, HMO) entkoppeln die warenförmige Beziehung von der therapeutischen Beziehung ohne die Zentralisierung und Anonymität eines staatlichen Gesundheitsdienstes. Darin liegt der Wert dieser »dezentralen Gesundheitsvorsorge«. Bewohner und Ärzte haben gleichermaßen Interesse an der Selbstbeschränkung von Medikamentenkonsum oder Pflegeleistungen. Damit wird vor allem die Vorsorge aufgewertet, die verschiedene Formen annehmen kann: Beseitigung von Krankheitsursachen, öffentliche Aufklärung über Hygiene, gesunde Ernährung, selbstverantwortliche Gesundheitsvorsorge des einzelnen, Berücksichtigung der Umwelt usw.
5 Unter den Pionieren der in diese Richtung zielenden Vorschläge muß man den Aargauer Nationalrat Werner Geissberger anführen, der schon zu Beginn der 70er Jahre die Idee der »kleinen Netze« vorgeschlagen hat: eine Art von genossenschaftlichen Nachbarschaftsdiensten, die jeweils etwa zwei Dutzend Haushalte umfassen; ebenso den österreichischen Sozialisten Egon Matzner, dessen Vorschlag der »Selbstorganisierung öffentlicher Aufgaben« in Wien bereits erste Anwendungen gefunden hat. Siehe sein äußerst interessantes Buch *Wohlfahrtsstaat und Wirtschaftskrise,* Reinbek 1978, v. a. die Kapitel 5., 6. und 10. (Zuletzt siehe Egon Matzner, *Der Wohlfahrtsstaat von morgen. Entwurf eines zeitgemäßen Musters staatlicher Interventionen,* Wien bzw. Frankfurt/M.-New York 1982, v. a., die Kapitel 2.5 und 4.4., A. d. Ü.)
In jüngster Zeit hat der christdemokratische Westberliner Sozialsenator Ulf Fink eine Reihe origineller Vorschläge gemacht, um freiwillige Selbsthilfe- und Pflegedienste für ältere und behinderte Menschen zu mutualisieren. So schlägt er beispielsweise vor, daß diejenigen, die freiwillige Hilfs- und Pflegedienste leisten, damit auch das Recht darauf erwerben, selbst in ihren Genuß zu kommen, wenn sie darauf angewiesen sein sollten. Angebot und Nachfrage dieser freiwilligen Pflegedienste sollen von Agenturen nach dem Modell der britischen *houses of volunteers* koordiniert werden, und die freiwilligen Hilfsleistungen sollen von den öffentlichen Sozialverwaltungen registriert werden, so daß die Hilfe Leistenden ihr Anrecht auch bei Wechsel ihres Wohnorts behalten können. Vgl. Ulf Fink, »Der neue Generationenvertrag«, in: *DIE ZEIT,* Nr. 15

(3. 5. 1987, S. 24). Siehe auch in diesem Kapitel weiter unten das Beispiel skandinavischer Hausverwaltungsgenossenschaften.
6 Das ist genau die Haltung, die Sartre in *L'être et le néant* als *mauvaise foi*, d. h. als »unaufrichtige Verhaltensweise«, definiert hat. (A. d. Ü.: Vgl. Jean-Paul Sartre, *Das Sein und das Nichts. Versuch einer phänomenologischen Ontologie*, Reinbek 1962, Erster Teil, zweites Kapitel, S. 91-121. Dort wird *mauvaise foi* noch mit »Unwahrhaftigkeit« übersetzt, vgl. die Anm. auf S. 117. Die neue, von Traugott König vorbereitete Übersetzung wird hingegen *bonne* bzw. *mauvaise foi* mit »aufrichtig/unaufrichtig« übersetzen: Siehe Martin Löw-Beer, »Ist Leugnung von Willensfreiheit Selbsttäuschung? Zu Sartres Begriff der *mauvaise foi*«, in: Traugott König (Hrsg.), *Sartre. Ein Kongreß*, Reinbek 1988, S. 71, Anm. 7.)
7 Monika Goletzka, »Der Abschied vom koitalen Mann«, in: *DIE ZEIT*, Nr. 10 (27. 2. 1987).
8 Eine Kopulationsmaschine wurde in der Bundesrepublik von Beate Uhse vorgestellt, deren Gesellschaft eine Kette von Sex-Shops, Eros-Centers, Porno-Kinos und Porno-Magazinen betreibt. Der Antrag, diese »love-machine« auf den Markt bringen zu dürfen, wurde 1985 an die bundesdeutschen Gesundheitsbehörden gestellt, die allerdings mit ihrer Meinung auf sich warten lassen; siehe Arno Bammé u. a., *Maschinen-Menschen, Mensch-Maschinen*, a.a.O., S. 281 ff.
9 Zwei Personen, die einander gegenseitig angehören, sind immer eine Gefahr für die Gesellschaftsordnung: die sozialen Regeln verlieren in dieser Beziehung ihre Geltung. Orwell hat dies – aus der Sicht des Staates – sehr genau in *1984* gezeigt und vor ihm Baxter und Sade. In ihrem Kommentar zu Sade schreiben Horkheimer und Adorno: »Nicht bloß die romantische Geschlechtsliebe verfiel der Wissenschaft und Industrie als Metaphysik, sondern jede Liebe überhaupt, denn vor Vernunft vermag keine standzuhalten: die der Frau zum Mann so wenig wie die des Liebhabers zur Geliebten, die Eltern- sowenig wie die Kindesliebe.... Die Familie, zusammengehalten nicht durch die romantische Geschlechtsliebe, sondern durch die Mutterliebe, die den Grund aller Zärtlichkeit und sozialen Gefühle bildet, gerät mit der Gesellschaft selbst in Konflikt.« Und die Autoren zitieren Sade: »Bildet euch nicht ein, gute Republikaner zu machen, so lange ihr die Kinder, die nur dem Gemeinwesen gehören sollen, in ihrer Familie isoliert ... Wenn es nun den größten Nachteil mit sich bringt, die Kinder so in ihren Familien Interessen einsaugen zu lassen, die häufig von denen des Vaterlands stark verschieden sind, so hat es den größten Vorteil, sie davon zu trennen.« Horkheimer und Adorno fahren fort: »Die ›Bande des

Hymen‹ sind aus gesellschaftlichen Gründen zu zerstören, den Kindern ist die Kenntnis des Vaters ›absolument interdite‹, sie sind ›uniquement les enfants de la patrie‹ ... Sade hat den Staatssozialismus zu Ende gedacht, bei dessen ersten Schritten Saint-Just und Robespierre gescheitert sind.« *Die Dialektik der Aufklärung*, a.a.O., S. 139-151.

10 Dies schlägt der folgende Text vor, den ich dem marxistisch-feministischen Schrifttum entnehme: »Der Körper und die Arbeitskraft der Frau wurden bisher ständig *kostenlos* für fremde Zwecke gebraucht. Es gilt jetzt für die Frau, von ihm Besitz zu ergreifen und sich den Gebrauch bezahlen zu lassen.«

11 Der neoliberale US-amerikanische Ideologe G. Gilder behauptet, daß der Wirtschaftsaufschwung auf die Blumenverkäufe an der Straßenecke und die Schuhputzer gegründet werden könne (»a shoeshine-led economic recovery«).

12 In der *Revue française d'économie*, Nr. 3 (Sommer 1987).

13 Vgl. zum Beispiel Michel Drancourt/Albert Merlin, *Demain la croissance*, Paris 1986, und Octave Gelinier, *Le chômage guéri... si nous le voulons*, Paris 1986.

14 Philippe Seguin, a.a.O.

15 CFDT, *Activités en friche... gisements d'emploi*, März 1987, S. 9.

16 Dieser Ausdruck wurde von Claudia von Werlhof geprägt.

17 Die große Mehrheit der im letzten Jahrzehnt in der Vereinigten Staaten neu geschaffenen Arbeitsplätze sind irreguläre und unterbezahlte Dienstleistungstätigkeiten. Vgl. André Gorz, »Dualisierung der Arbeit in den USA«, in: *Links*, Nr. 174 (Offenbach), September 1984.

18 Ich komme im 3. Teil dieses Buches ausführlicher darauf zurück.

19 Für weitere Details siehe *Scandinavian Housing and Planning Research*, Nr. 2/1985 und Nr. 2 und 3/1986; sowie Cornelia Cremer, Hans-Joachim Kujath, »Wohnreform als Reform des Alltagslebens«, in: *Neue Gesellschaft/Frankfurter Hefte*, Nr. 2/1988.

20 Von daher rührt der außerordentliche Erfolg, den in Dänemark und Norwegen eine Bewegung zur Selbstbeschränkung des Konsums hat (»The future in our hands«), wobei die eingesparten Summen an Hilfsprojekte für die Dritte Welt überwiesen werden.

21 Man sollte hier daran erinnern, daß zunächst die Arbeiterbewegung selbst eine »mutualistische« Bewegung gegenseitiger Hilfe aus Kooperativen (in England) und Bildungsvereinen mit ihren Zentren in den Arbeiterstädten war. Über die Chancen einer neuen Kooperativen-Bewegung in den Vereinigten Staaten siehe Harry C. Boyte, *The Backyard Revolution. Understanding the New Citizen Movement*, Philadelphia 1980.

22 Siehe etwa Claudia von Werlhof, »Hausfrauisierung der Arbeit«, in: *Courage*, Nr. 3/1982; dies., »Der weiße Mann versucht noch einmal durchzustarten. Zur Kritik dualwirtschaftlicher Ansätze in der neueren Diskussion über ›die Zukunft der Arbeit‹...«, in: *Kommune*, Nr. 11/1984, S. 61-70; sowie Michael Opielka (Hrsg.), *Die ökosoziale Frage*, Frankfurt/M. 1985, S. 164-182 (A. d. Ü.).
23 Siehe Ivan Illich, *Genus. Zu einer historischen Kritik der Gleichheit*, Reinbek 1983.
24 Illich, *Genus*, a.a.O., S. 40. In der Bundesrepublik wird dieselbe These von Claudia von Werlhof verfochten.
25 Illich, *Genus*, a.a.O., S. 68 ff.
26 Martine Segalen schreibt in *Mari et femme dans la societé paysanne*, Paris 1980 (zitiert von I. Illich, *Genus*, a.a.O., S. 75), daß bis ins 19. Jahrhundert hinein Männer und Frauen im ländlichen Frankreich ihre täglichen Aufgaben eher als Mitglieder ihres jeweiligen Geschlechts denn als durch die Ehe vereinigte Partner verrichteten. »Dem verheirateten Paar kam so im ländlichen Frankreich noch keine große Bedeutung zu.« Wenn ihre Mitglieder nicht »nach den Regeln ihrer Geschlechtszugehörigkeit handeln, dann maßregelt die Dorfgemeinschaft das Individuum, das die Regeln verletzt, auf direkte Weise«.
27 Vgl. dazu Guy Aznar, *Tous à mi-temps!*, Paris 1981.
28 Vgl. meine Ausführungen im Teil III. dieses Buches.
29 K. Marx, *Das Kapital*, Bd. III., MEW, Bd. 25, S. 827 f.
30 Im Gegensatz zum Reichtum der »nur als Mittel zu anderen Zwecken zu gebrauchen ist«, muß für Aristoteles das Gute, die *eudaimonia*, in Zielen bestehen, die »um ihrer selbst willen geschätzt« werden (*Nikomachische Ethik*, 1095 b, 7-10). Instrumentelle Ziele »wie Reichtum, Flöten und überhaupt alle Instrumente«, die wir nur als Mittel »um anderer Dinge willen wählen« (*ebda*, 1097 a, 25-30), können also nicht das höchste Gut, die Glückseligkeit sein: »Denn diese (Glückseligkeit) suchen wir stets wegen ihrer selbst und niemals wegen eines anderen« (*ebda*, 1097 b, 1). Darum ist das höchste Gut auch durch Selbstgenügsamkeit *(autarkeía)* gekennzeichnet: Das sich-selbstgenügende *autonome* (bzw. im aristotelischen Sinne *autarke*) Handeln verwirklicht sich jedoch, wie der Philosoph sogleich (b, 5-10) hinzufügt, »nicht einfach für den Einzelnen, der für sich allein lebt, sondern auch für seine Eltern, Kinder, Frau und überhaupt seine Freunde und Mitbürger, da ja der Mensch seiner Natur nach in der Gemeinschaft lebt« *(phýsei politikón)*. Zitiert nach der Übersetzung Olof Gigons, München 1972, S. 60 und S. 64 f. (A. d. Ü.)
31 Vgl. Ivan Illich, »Schattenarbeit oder vernakuläre Tätigkeiten. Zur

Kolonisierung des informellen Sektors«, in: *Technologie und Politik*, Bd. 15, Reinbek 1980.
32 Zur Erinnerung: Die Heteronomie (oder Fremdbestimmung) der Arbeit *liegt nicht einfach darin,* daß ich mich den Befehlen eines hierarchischen Vorgesetzten fügen oder – was auf dasselbe hinausläuft – dem Arbeitstakt einer vorher eingestellten Maschinerie folgen muß. Auch wenn ich Herr über meine Arbeitsstunden, mein Arbeitstempo und meine Arbeitsmodalitäten bei der Verwirklichung einer komplexen und hochqualifizierten Aufgabe bin, bleibt meine Arbeit fremdbestimmt, wenn der Zweck oder das Endprodukt, zu dem sie beiträgt, meiner Kontrolle entzogen sind. Eine heteronome Arbeit muß also nicht jedes Moments von Autonomie beraubt sein; sie kann allein deshalb heteronom sein, weil die spezialisierten Tätigkeiten – auch wenn sie komplex sind und Arbeiter mit hoher technischer Autonomie verlangen – festgelegt werden durch das System der Arbeitsorganisation, zu dessen Funktionieren sie wie die Rädchen einer Maschinerie beitragen. Vgl. dazu oben meine Ausführungen im Kapitel 3. (S. 53 ff.) und Kapitel 7. (S. 114 ff.).
33 »Die kaufmännische Lebensform hat etwas Gewaltsames an sich, und offensichtlich ist der Reichtum nicht das gesuchte Gute, denn er ist nur als Mittel zu anderen Zwecken zu gebrauchen.« Aristoteles, *Nikomachische Ethik*, 1096 a, 6-8 (Übersetzung Gigon, a.a.O., S. 60). (A. d. Ü.)
34 Vgl. oben S. 156-160, 195 ff.

4. Grenzen der Soziologie

1 Jürgen Habermas, *TKH*, Bd. 2, Kap. VII (S. 173 ff.).
2 Vgl. E. Husserl, *Die Krisis* ..., a.a.O., S. 64: »Daß der rechte Rückgang zur Naivität des Lebens, aber in einer sie über sich erhebenden Reflexion, der einzig mögliche Weg ist, um die in der ›Wissenschaftlichkeit‹ der traditionellen objektivistischen Philosophie liegende philosophische Naivität zu überwinden, wird sich allmählich und schließlich vollkommen erhellen ...« (§ 9 i): »Methodische Charakteristik unserer Auslegung«).
3 Gorz bezieht sich hier natürlich nicht auf Descartes' *cogito* des (auf sich selbst) reflektierenden Zweifels, sondern auf das »präreflexive cogito« der phänomenologischen Ontologie, das als »Existenzbewußtsein« die Reflexion erst möglich macht (und damit auch erst die Voraussetzung für das Cartesianische *cogito* ist): »jedes bewußte Dasein existiert als Existenzbewußtsein ... es bildet eine

Einheit mit dem Bewußtsein, dessen Bewußtsein es ist« (J.-P. Sartre, *Das Sein und das Nichts*, a.a.O., S. 19; vgl. dazu auch die berühmte Rede vor der Société Française de Philosophie im Juni 1947: J.-P. Sartre, *Bewußtsein und Selbsterkenntnis. Die Seinsdimension des Subjekts*, Reinbek 1973).

Die potentiell moralische Sprengkraft, die dieses Existenzbewußtsein entfaltet, wenn es sich reflexiv seiner Autonomie bewußt wird, hat Gorz in seinen 1946-1955 entstandenen *Fondements pour une morale* – die sich stärker als Sartre darum bemühen, den leiblich verankerten, »inkarnierten Sinn« (Merleau-Ponty) als Fundament moralischen Engagements im Wortsinne zu *begründen* – folgendermaßen angesprochen:

»In der Tat beginnt die Revolte, wenn das Kind entdeckt, daß es eine von der der anderen unterschiedene und getrennte Existenz hat und seine Einzigartigkeit beansprucht. Nach der Bemerkung von Camus *ist* das Cogito Revolte. ›Ich bin ich selbst‹ *(Je suis moi)*, das bedeutet, daß ich die Macht habe, mich selbst zu setzen, und durch diese Setzung meine Selbstheit *(ipséité)* begründe.« Dieses Meiner-Selbst-Gewahr-Werden konstituiert damit im sinnlich-erfahrenden Gegenwartsbewußtsein ein »absolutes Ereignis«, nämlich die »reflexive Entdeckung des Für-sich durch sich ... Die Selbstheit bin ich selbst, insofern ich Grundlage meiner selbst bin, also das, was mir weder durch meine Geburt noch durch die Erziehung hat gegeben werden können, daß ich ein ›selbst‹ und nicht Sache, Eigentum, Sohn, Sklave der anderen bin.« (André Gorz, *Fondements pour une morale*, Paris 1977, S. 376). (A. d. Ü.)

4 Habermas, *TKH*, Bd. 2. S. 92 f.
5 Habermas, *TKH*, Bd. 2, S. 189. Ebenso nennt es Pierre Bourdieu eine »phänomenologische« Erkenntnis, die »die Wahrheit der ursprünglichen Erfahrung der sozialen Welt expliziert, d. h. der Beziehung der Vertrautheit mit der vertrauten Umgebung, die Aufnahme der Welt als selbstverständlicher, natürlicher Welt ...« (Pierre Bourdieu, *Esquisse d'une théorie de la pratique*, Paris 1972, S. 163). Die Beziehung von Vertrautheit mit einer selbstverständlichen Welt ist jedoch niemals die ursprüngliche Erfahrung, die des Kindes. Die ursprüngliche Beziehung ist die eines Staunens angesichts der unheimlichen Dinge und Lebewesen und der willkürlichen kulturellen Normen, die so wenig selbstverständlich sind, daß man sie mit großer Mühe erlernen muß.
6 Maurice Merleau-Ponty, *Phénoménologie de la perception*, Paris 1945, S. 454 (dt. Ausgabe: *Phänomenologie der Wahrnehmung*, Berlin 1966, S. 451).
7 Siehe Martin Heidegger, *Sein und Zeit* (15. Auflage), Tübingen

1979, § 27. »Das alltägliche Selbstsein und das Man«, S. 126-130. (A. d. Ü.)
8 K. Marx/F. Engels, *Manifest*, in: MEW, Bd. 4, S. 465.
9 Man findet ein lebendiges Resumé der Methode dieser eingreifenden Forschung *(recherche-intervention)* in: Alain Touraine (Hrsg.), *Mouvements sociaux d'aujourd'hui, acteurs et analystes*, Paris 1982.

Anmerkungen zum dritten Teil

1 Échanges et Projets, *La révolution du temps choisi*, mit einem Vorwort von Jacques Delors, Paris 1980, S. 107.
2 Im Original deutsch. (A. d. Ü.)
3 SPD, *Entwurf für ein neues Grundsatzprogramm der Sozialdemokratischen Partei Deutschlands* (Entwurf: Irsee, Juni 1986), Kapitel XII. »Auf dem Weg zur Kulturgesellschaft«.
4 Échanges et projets, *La révolution du temps choisi*, a.a.O., S. 109.
5 Vgl. in diesem Buch, Kapitel 8.
6 Das Wortspiel mit *sens*, das im Französischen sowohl ›Richtung‹ als auch ›Sinn‹ bedeutet, läßt sich im Deutschen nicht nachvollziehen. (A. d. Ü.)
7 Karl Polanyi, *The Great Transformation*, a.a.O., S. 224 ff. (Kapitel 14.: »Markt und Mensch«); vgl. auch oben im Teil II. das 2. Kapitel.
8 P. Rosanvallon/P. Viveret, *Pour une nouvelle culture politique*, Paris 1977.
9 Siehe oben im Teil II. das Kapitel 2.
10 Bernard Manin, »Les deux liberalismes: marché et contrepouvoirs«, in: *Intervention*, Nr. 9 (Mai-Juni 1984).
11 Peter Glotz, »Die Malaise der Linken«, in: *Der Spiegel*, Nr. 51 (1987).
12 Glotz, »Die Malaise der Linken«, a.a.O.
13 Auf der Konferenz der kommunistischen Arbeiterinnen und Arbeiter am 3. März 1988 gab im Namen der PCI-Leitung Antonio Bassolino die 35-Stunden-Woche als unmittelbares Kampfziel und als Ziel bis zum Ende des Jahrhunderts »in einer europäischen Optik« die 30-Stunden-Woche an. Er stellte die Verkürzung der Arbeitsdauer vor als »Bindeglied zwischen dem Kampf um die Befreiung *in* der Arbeit und um die Befreiung *von* der Arbeit: um uns von der Herrschaft der Ökonomie über das Leben zu befreien.«

14 Die Methode der »Zukunftswerkstätten«, die im deutschsprachigen Raum vor allem von Robert Jungk initiiert worden ist, könnte einen Leitfaden dafür liefern, wie Potentiale sozialer Innovation auf allen gesellschaftlichen Ebenen freigesetzt werden können. Vgl. dazu zuletzt Robert Jungk, *Projekt Ermutigung. Streitschrift wider die Resignation*, Berlin 1988, Kap. V. und VI. (A. d. Ü.).
15 Vgl. zur technischen Möglichkeit dieser Demokratisierung (oder Banalisierung) von Kompetenzen auch meine Ausführungen im 7. Kapitel dieses Buches, oben S. 114 f.
16 Später trug er als Justizminister viel zur Diskreditierung der Regierung Chirac bei. (A. d. Ü.)
17 Siehe v. a. Daniel Mothé, »Faut-il réduire le temps de travail?«, in: *Autogestions*, Nr. 19 (April 1985), S. 16 f.
18 Vgl. Bruno Lussato, *Bouillon de culture*, Paris 1987.
19 Der Konstrukteur des schnellsten Großcomputers der Welt: *Cray* I, *Cray* II, *Cray* III (jetzt die dritte Generation). (A. d. Ü.)
20 Das hochinteressante Werk Jean-Louis Micheaus, eines libertären und neo-liberalen Ökonomen, ist von grundlegender Bedeutung zur Frage der Machbarkeit dieser Desynchronisierung der Arbeitszeiten: »Wenn wir die Ausnützung des hervorragenden industriellen Apparats, den wir errichtet haben, und die individuelle Entfaltung als gemeinsame Ziele anerkennen – schreibt er –, dann wird die Entscheidung zu einer Zeitaufteilung zwischen der Arbeit und den anderen Tätigkeiten von grundlegender Bedeutung; ja, sie stellt die erste aller Freiheiten dar (...). Organisieren wir die Arbeit so, daß sie den Individuen größere Freiheitsspielräume läßt; so werden daraus ganz natürlich bedeutende Veränderungen erwachsen. Diese Arbeitszeitgestaltungsmethode ... nennen wir ›Stundenplan nach dem Baukastensystem‹ *(horaire modulaire)*. Ihr Prinzip besteht darin, die Arbeit in voneinander unabhängige Zeitblöcke *(modules)* zu unterteilen und so zu organisieren, daß an einem Arbeitsplatz mehrere Arbeiter einander abwechseln können. Jeder Arbeiter stellt selbst seinen Arbeitsablauf danach zusammen, welche Zeitblöcke *(modules)* noch frei sind, indem er selbst sowohl die Anzahl dieser ›Module‹, also die Dauer seiner Arbeit, als auch ihre Aufteilung, d. h. die Gestaltung seines Stundenplans bestimmt. Auch andere Techniken sind mit diesem Baukastensystem vereinbar: der variable Stundenplan, die verdichtete Arbeitswoche (also etwa 30 Stunden in 2½ Tagen), die Gruppenarbeit, die ›à la carte‹ zusammengestellte Urlaubszeit oder die Teilzeitarbeit.« Der Autor weist nachdrücklich darauf hin: »Stundenplangestaltung, Arbeitszeitverkürzung und individuelle Arbeitszeitsouveränität sind nur unter der Voraussetzung einer gut organisierten Arbeiterschaft

möglich.« J.-L. Micheau, *L'horaire modulaire*, Paris 1981, S. 164 und 150.
(Zur bundesdeutschen Diskussion von derartigen »optionalen Arbeitszeitverkürzungen« mit dem Ziel einer Erhöhung der individuellen »Zeitsouveränität« des Arbeitnehmers vgl.: Benjamin Teriet, »Die Verteilung der Erwerbsarbeit durch individuelle Zeitsouveränität«, in: Wolfgang Klein/Werner Krämer (Hrsg.), *Sinn und Zukunft der Arbeit. Konsequenzen aus Laborem exercens*, Mainz 1982, S. 131-148; Helmut Wiesenthal, »Themenraub und falsche Allgemeinheiten«, in: Thomas Schmid (Hrsg.), *Das Ende der starren Zeit. Vorschläge zur flexiblen Arbeitszeit*, Berlin 1985, S. 9-24; sowie die Beiträge von C. Offe (u. a.) im II. Teil von C. Offe, »*Arbeitsgesellschaft«. Strukturprobleme und Zukunftsperspektiven*, a.a.O., S. 139-226 und die dort jeweils angegebene Literatur (A. d. Ü.).

21 Christian Topalov, »L'invention du chômage«, in: *Les Temps Modernes*, Nr. 496/497 (November-Dezember 1987), S. 65-68. Hier ist ebenfalls daran zu erinnern, daß sich die britischen Arbeiter, als die Regierung Heath während des großen Bergarbeiterstreiks 1974 zum Sparen von Brennstoffen die Schließung aller Unternehmen für vier Tage in der Woche dekretierte, so organisierten, daß sie die Produktion auf ihrem normalen Niveau aufrechterhalten konnten. Dies war einer der erstaunlichsten Beweise für die Arbeiterselbstverwaltung in der Geschichte des Industriezeitalters.

22 C. Topalov (»L'invention du chômage«, a.a.O., S. 60) führt hierzu einen erstaunlichen und völlig unmißverständlichen Text von William Beveridge an: »Wer nur einmal in der Woche arbeiten und den Rest der Zeit im Bett bleiben will, dem wird das Arbeitsvermittlungsbüro seinen Wunsch unmöglich machen. Wer eine prekäre Beschäftigung von Zeit zu Zeit sucht, dem wird das Arbeitsamt seine Lebensweise nahezu unmöglich machen. Es wird nämlich diesen einen Tag in der Woche, den der eine haben wollte, jemandem anderen geben, der bereits vier Tage pro Woche arbeitet, und es damit dem letzteren möglich machen, einen anständigen Lebensunterhalt zu verdienen. Der erstere wird dann in Ihre Hände zurückgegeben werden (Beveridge antwortet hier auf eine Frage von Professor Smart), um zu einer besseren Lebensweise geformt und diszipliniert zu werden.« *Royal Commission on the Poor Laws and Relief of Distress*, 1910, Appendix V, 8, Q 78153, S. 35.

23 C. Topalov, »L'invention du chômage«, a.a.O., S. 68.

24 Sergio Benvenuto und Riccardo Scartezzini, »Verso la fine del giovanilismo?«, in: *Inchiesta* (Bari), November/Dezember 1981, S. 72.

25 Vgl. die Anmerkung 4 zur *Einleitung* dieses Buches. Zur Erinne-

rung: Die Produktion nimmt seit Beginn der Krise jährlich um 1 bis 3% durchschnittlich zu, während die Produktivität pro Arbeitsstunde auf gesamtwirtschaftlicher Ebene um ca. 3 bis 4% pro Jahr wächst. Die jährliche Gesamtzahl an Arbeitsstunden (genannt das Jahresarbeitsvolumen) verringert sich also pro Jahr durchschnittlich um 1 bis 2%. Ein Teil dieser Verringerung wird durch verschiedene Kunstgriffe verschleiert, vor allem durch die Ausdehnung von bezahlten Tätigkeiten ohne jede gesamtgesellschaftliche ökonomische Rationalität, darunter die Dienstbotentätigkeit.
Eine jährliche Verkürzung der durchschnittlichen Arbeitsdauer um etwa 2% könnte von einem jährlichen Zuwachs des Realeinkommens um ebenfalls ca. 2% begleitet werden. Weil aber die Verkürzung der Arbeitszeit den Produktivitätszuwachs beschleunigt und weil geringe und fragmentierte Arbeitszeitverkürzungen (2% entsprechen pro Arbeitstag etwa zehn Minuten!) meistens durch kaum merkliche Arbeitsintensivierungen kompensiert werden, ist ein Weg vorzuziehen, der die Arbeitsdauer stufenweise alle vier oder fünf Jahre merklich senkt. Dadurch würden sowohl die Arbeiter als auch die Unternehmen dazu angeregt, die jeweils fällige Etappe bewußt vorzubereiten und ihren Vorteil daraus zu ziehen.
26 Vgl. dazu Alain Liepitz, *L'audace ou l'enlisement*, a.a.O., S. 284-286, wo er insbesondere die These betont, »ein Kompromiß über den Lohnausgleich« könne »unter der Bedingung ausgehandelt werden«, daß »die Arbeitszeitverkürzung wirklich ein neues Leben ermöglicht und tatsächlich für die Arbeitslosen neue Arbeitsplätze schafft.«
27 Die verfügbare Produktivität ergibt sich aus der Differenz zwischen Produktivitätszuwachs (z. B. 4% für die Gesamtwirtschaft) und Wirtschaftswachstum (z. B. 2%).
28 Siehe Michel Albert, *Le pari français*, Paris 1982.
29 Guy Aznar, »Le deuxième chèque«, in: *Futuribles*, Nr. 101 (Juli-August 1986), S. 66f.
30 Auf den ersten Blick scheint diese Formel die Markt- und Warenbeziehungen nur zu verlängern, während doch eine sozialistische (genauer gesagt: kommunistische) Wirtschaftsordnung die Warenverhältnisse durch das Prinzip der Kostenlosigkeit aller Produkte ersetzen müßte. (Vgl. dazu die jüngste Kontroverse zwischen Ernest Mandel und Alec Nove in *New Left Review*, Nr. 159 und 161, September/Oktober 1986 und Januar/Februar 1987.) Ich habe jedenfalls im Zusammenhang mit der Eigenarbeit darauf hingewiesen, daß die Befreiung der Zeit den Raum für nicht marktorientierte Produktions- und Austauschbeziehungen von Gütern und

Dienstleistungen beträchtlich erweitern wird, ebenso wie nichtindividualistische Konsumformen, so daß die ökonomisch zweckbestimmte Arbeit immer mehr zu einer zusätzlichen Tätigkeit werden könnte. Hier liegt der entscheidende Punkt. Nach dieser Perspektive stellt sich nämlich das ›Übergangsproblem‹ nicht mehr so wie in einer kommunistischen Wirtschaft kostenloser Bereitstellung. Deren Errichtung setzt eine revolutionäre Arbeiterklasse voraus, die über äußerst starke Formen der Selbstorganisation verfügt, innerhalb einer nach dem Modell der Föderation von Kibbuzim strukturierten Gesellschaft. Nun habe ich aber im ersten Teil dieses Buches gezeigt, daß die Industriegesellschaften noch auf unabsehbare Zeit von der Arbeitsteilung und Spezialisierung innerhalb ökonomischer Großräume beherrscht bleiben werden – also (im Marxschen Sinne des Wortes) von der ökonomischen Arbeits*abstraktion*. Unter diesen Bedingungen bleibt aber – nach der Ausdrucksweise von Ivan Illich – das Geld die billigste Austauschwährung (»the cheapest currency«), was allerdings nicht bedeutet, daß die Endpreise Marktpreise zu sein hätten.

31 Guy Aznar, »Le deuxième chèque«, a.a.O.
32 Wenn man den zweiten Scheck nicht nur auf die Beschäftigten der automatisierten Unternehmen selbst beschränken will – aber das würde uns wieder zur Gesellschaftsspaltung in Rationalisierungsgewinner und ausgeschlossene Massen zurückführen.
33 Der Ausbau von (indirekten) Konsumsteuern wird in jedem Fall mit dem Schrumpfen des Arbeitsvolumens und der direkten Arbeitseinkommen unausweichlich werden. Schon heute ist die Finanzierung der Altersrenten mittels bloßer auf die Lohnhöhe berechneten Beitragssätze unmöglich geworden.
34 Siehe Milton Friedman, *Capitalism and Freedom*, Chicago 1962 (dt. Ausgabe: *Kapitalismus und Freiheit*, Stuttgart 1984). Zu den US-amerikanischen Erfahrungen mit Modellen des garantierten Mindesteinkommens und der »negativen Einkommenssteuer« vgl. den ausführlichen Literaturbericht »Garantiertes Mindesteinkommen« von Klaus-Uwe Gerhardt/Arndt Weber, in: *Alemantschen. Materialien für radikale Ökologie*, Bd. 3 (1983), S. 69-99. (A. d. Ü.)
35 Breitere Resonanz fand diese Debatte vor allem durch den Sammelband von Thomas Schmid (Hrsg.), *Befreiung von falscher Arbeit*, Berlin 1984. (A. d. Ü.)
36 Vgl. ausführlich C. Offe, »Perspektiven auf die Zukunft des Arbeitsmarktes. ›Orthodoxie‹, ›Realismus‹ und ›dritte Wege‹«, in: ders., »*Arbeitsgesellschaft*«, a.a.O., S. 340-358. (A. d. Ü.)
37 Alfred Dallinger, Einleitung zu »Basislohn/Existenzsicherung, Garantiertes Grundeinkommen für alle?«, *Forschungsberichte aus So-*

zial- und Arbeitsmarktpolitik, 16, Frauenrat des Bundesministeriums für Arbeit und Soziales, Wien 1987.
38 Vgl. dazu E. P. Thompson, *The Making of the English Working Class*, Harmondsworth 1980; sowie K. Polanyi, *The Great Transformation*, a.a.O., Kapitel 7. (S. 113-124 sowie den Literaturbericht S. 371 ff.).
39 Siehe oben Teil II., 3. Kapitel, S. 198-200.
40 Vgl. oben, Teil I., 3. Kapitel, S. 52 f.
41 »*Langeweile.*

Nichts ist dem Menschen so unerträglich wie die völlige Untätigkeit, wie ohne Leidenschaften, ohne Geschäfte, ohne Zerstreuungen, ohne Aufgabe zu sein.

Dann spürt er seine Nichtigkeit *(néant)*, seine Verlassenheit, seine Unzulänglichkeit, seine Abhängigkeit, seine Ohnmacht, seine Leere.

Allsogleich wird dem Grunde seiner Seele die Langeweile entsteigen und die Düsternis, die Trauer, der Kummer, der Verdruß, die Verzweiflung.«

Blaise Pascal, *Pensées*, Fragment Nr. 131 Brunschvicgscher Zählung (= Nr. 622 Lafuma), hier zitiert nach: Blaise Pascal, *Pensées. Über die Religion und über einige andere Gegenstände*, übers. und hrsg. von F. Wasmuth, Heidelberg 1978, S. 75; Übers. leicht modifiziert. (A. d. Ü.)
42 Ich spreche bewußt von der sozialen *Zugehörigkeit* und nicht von sozialer *Integration*. Ich habe nämlich ausführlich gezeigt (im 3. Kapitel des I. Teils, S. 67-73), daß die Arbeit nicht mehr Quelle der *sozialen*, sondern der *funktionalen* Integration ist: Sie integriert uns in ein soziales System, das uns äußerlich bleibt, nicht in ein Gewebe von Kooperationsbeziehungen für gemeinsame Ziele. Sie verleiht uns die durch eine Gesamtheit kodifizierter Rechte und Pflichten definierte Eigenschaft von *Citoyens*, nicht die von »Teilnehmern«, die ein(e) jede(r) die mit allen gemeinsam verfolgten Ziele als die eigenen übernimmt. Arbeit verschafft uns im bestmöglichen Falle höchstens mikro-soziale Integration (Kameradschaftsbeziehungen, gegenseitige Hilfe).
43 Siehe Kollektiv Charles Fourier, »Das allgemeine Grundeinkommen«, in: Michael Opielka (Hrsg.), *Die ökosoziale Frage*, Frankfurt/M. 1985, S. 235-244; dass., »L'allocation universelle, une idée pour vivre autrement?«, in: *La Revue Nouvelle* (Brüssel), Nr. 4, April 1985. Ein komplexeres System, das »ein allgemeines und bedingungsloses Bürgergrundeinkommen (70% des Mindestlohns) und darüber hinaus mit der jeweiligen Tätigkeit zusammenhängende sowie von Quantität und Qualität der Arbeit abhängige Ein-

kommenskomponenten« vorsieht, wird von Bernard Guibert (»Un revenu minimum, et après?«, in: *Projet*, Nr. 208, November/Dezember 1987) und in verwandter Form von Michael Opielka vorgeschlagen: 1000 DM monatlich und zwanzig Wochenstunden Arbeit für jeden. Vgl. vor allem Michael Opielka/Georg Vobruba (Hrsg.), *Das garantierte Grundeinkommen*, Frankfurt/M. 1986.

44 Vgl. die Beiträge in: Th. Schmid (Hrsg.), *Befreiung von falscher Arbeit*, a.a.O. (A. d. Ü.)

45 Vgl. zu diesen Gefahren zuletzt den Beitrag von Gisela Anna Erler, in: Thomas Schmid (Hrsg.), *Befreiung von falscher Arbeit*, zweite völlig überarbeitete Auflage, Berlin 1986. (A. d. Ü.)

46 Zur notwendigen Unterscheidung zwischen einem »Mutterschaftslohn« und einem spezifischen Mutterschaftsgeld vgl. oben meine Ausführungen im Teil II. dieses Buches, 3. Kapitel (S. 213-217).

47 In einem persönlichen Brief, Juli 1982. Für detailliertere Hinweise vgl. Gösta Rehn, »Die Gesellschaft der freien Wahl«, in: B. Külp/ W. Stützel (Hrsg.), *Beiträge zu einer Theorie der Sozialpolitik*, Berlin 1973; sowie ders., *On Incomes Policy*, Stockholm 1969, S. 167 ff.

48 Ich selbst hatte ein Zwei-Sektoren-Modell im *Abschied vom Proletariat* und dann in etwas ausgefeilterer Version in den *Wegen zum Paradies* vorgelegt (wo ein mikro-sozialer kooperativer Sektor zwischen den beiden anderen als Puffer und Schiedsrichter fungieren sollte), ohne damals zu wissen, daß bereits Josef Popper-Lynkeus in *Die allgemeine Nährpflicht* (Leipzig 1912, auszugsweise wiederabgedruckt in Norbert Preusser (Hrsg.), *Armut und Sozialstaat*, Bd. III, München 1982) eine ähnliche Lösung vorgeschlagen hatte. (Sie sah allerdings einen obligatorischen Arbeitsdienst im sozialisierten Sektor der Produktion von Basisgütern vor, im Austausch für eine lebenslange Einkommensgarantie.) Vor allem aber wußte ich damals noch nicht, daß der schwedische Ökonom Gunnar Adler-Karlsson 1977 in Dänemark eine Broschüre mit dem Titel »Nein zur Vollbeschäftigung – ja zum garantierten Grundeinkommen« veröffentlicht hatte, die mein eigenes ›Modell‹ in einigen wichtigen Punkten vorwegnahm. Diese Broschüre spielte eine wichtige Rolle in der Diskussion Skandinaviens und der Bundesrepublik, wo sie unter dem Titel »Gedanken zur Vollbeschäftigung« in den *Mitteilungen zur Arbeits- und Berufsforschung*, Bd. 4 (1979), S. 481-505 erschienen ist.

49 Siehe G. Adler-Karlsson, in: *Weniger arbeiten, anders arbeiten, besser leben? Zukunft der Gewerkschaften*, Protokoll des 4. Hattinger Forums, 20.-24. November 1985, DGB-Bundesjugendschule Hattingen (S. 47-48).

Literaturverzeichnis*

ADLER, THOMAS, »Produktionszuwächse und Verdrängungswettbewerb. Zur Bedeutung der ›neuen Produktions-Facharbeiter‹«, in: *express* (Offenbach), Nr. 3 (4. Mai 1986).

ADLER-KARLSSON, GUNNAR, »Gedanken zur Vollbeschäftigung«, in: *Mitteilungen zur Arbeits- und Berufsforschung*, 4/1979.

ADRET, *Travailler deux heures par jour*, Paris 1977.

AGLIETTA, MICHEL, *Régulation et crises du capitalisme*, Paris 1976.

ALBERT, MICHEL, *Le pari français*, Paris 1982.

ARISTOTELES, *Die nikomachische Ethik* (übersetzt und hrsg. von Olof Gigon), München 1972.

ARISTOTELES, *Politik* (Übersetzt und hrsg. von Olof Gigon), München 1973.

ARENDT, HANNAH, *Vita Activa oder Vom tätigen Leben*, München 1981.

AUFFRAY, DANIELLE u. a. (Laboratoire de Sociologie de la connaissance), *Le travail et après ...*, Paris 1978.

AZNAR, GUY, *Tous a mi-temps!*, Paris 1981.

AZNAR, G., »Le deuxième chèque«, in *Futuribles*, Nr. 101 (Juni-Juli 1986).

BAHRO, RUDOLF, *Die Alternative*, Köln/Frankfurt 1977.

BAMME, ARNO u. a., *Maschinen-Menschen, Mensch-Maschinen. Grundrisse einer neuen sozialen Beziehung*, Reinbek 1983.

BAUDRILLARD, JEAN, *La société de consommation*, Paris 1970.

BECK, ULRICH, *Risikogesellschaft. Auf dem Weg in eine andere Moderne*, Frankfurt/M. 1986.

BENVENUTO, SERGIO/SCARTEZZINI, RICCARDO, »Verso la fine del giovanilismo?«, in: *Inchiesta* (Bari), Nov.-Dez. 1981.

BÖHME, GERNOT, *Anthropologie in pragmatischer Hinsicht*, Frankfurt/M. 1985.

BOURDIEU, PIERRE, *Esquisse d'une théorie de la pratique*. Paris 1972 (dt.: Frankfurt/M. 1976).

BOYTE, HARRY C., *The Backyard Revolution. Understanding the New Citizen Movement*, Philadelphia 1980.

BRUNNER, JOHN, *Der Schockwellenreiter*, München 1979.

CFDT, *Activités en friche ... gisements d'emploi* (Gewerkschaftsbroschüre, März 1987).

* Im Text zitierte Artikel aus Tages- und Wochenzeitungen werden hier nicht wieder aufgeführt, ebensowenig indirekt zitierte Werke.

CHASSON, ALEXIS/MONTRACHER, GASTON, *La Fin du Travail*, Paris 1978.
CREMER, CORNELIA/KUJATH, HANS-JOACHIM, »Wohnreform als Reform des Alltagslebens«, in: *Neue Gesellschaft/Frankfurter Hefte*, Nr. 2/1988.
DRANCOURT, MICHEL/MERLIN, ALBERT, *Demain la croissance*, Paris 1986.
DURKHEIM, ÉMILE, *La division du travail social*, Paris 1930.
ELSTER, JON, *Logik und Gesellschaft. Widersprüche und mögliche Welten*, Frankfurt/M. 1981.
»Échanges et projets«, *La révolution du temps choisi*. Mit einem Vorwort von Jacques Delors, Paris 1980.
EPPLER, ERHARD (Hrsg.), *Grundwerte für ein neues Godesberger Programm*, Reinbek 1984.
ERLER, GISELA A., »Wenn's denn nicht anders geht. Zauderndes zum Mindesteinkommen für Frauen«, in: Thomas Schmid (Hrsg.), *Befreiung von falscher Arbeit*, 2., veränderte Auflage 1986.
FERGUSON, ADAM, *Versuch über die Geschichte der bürgerlichen Gesellschaft* (hrsg. von Zwi Batscha und Hans Medick), Frankfurt/M. 1986.
FOUCAULT, MICHEL, *Von der Subversion des Wissens*, München 1974.
FRASER, RONALD, *Work*, 2 Bde., Harmondsworth, Middlesex, 1968 und 1969.
FRAUENRAT DES BUNDESMINISTERIUMS FÜR ARBEIT UND SOZIALES, »Basislohn/Existenzsicherung, Garantiertes Grundeinkommen für alle?«, *Forschungsberichte aus Sozial- und Arbeitsmarktpolitik*, 16, Wien 1987.
FRIEDMAN, MILTON, *Kapitalismus und Freiheit*, Stuttgart 1984.
GABBERT, KLAUS, »Menschenmaterial. Zur Technologisierung der inneren Natur«, in: W. Hammann/Th. Kluge (Hrsg.), *In Zukunft*, Reinbek 1983.
GELINIER, OCTAVE, *Le chômage guéri... si nous le voulons*, Paris 1986.
GERHARDT, KLAUS-UWE/WEBER, ARND, »Garantiertes Mindesteinkommen«, in: *Alemantschen. Materialien für radikale Ökologie*, Bd. 3 (1983).
GLOTZ, PETER, *Die Arbeit der Zuspitzung. Über die Organisation einer regierungsfähigen Linken*, Berlin 1984.
– *Manifest für eine Neue Europäische Linke*, Berlin 1985.
GORZ, ANDRÉ, *Zur Strategie der Arbeiterbewegung im Neokapitalismus*, Frankfurt/M. 1967.
– *Fondements pour une morale*, Paris 1977.
– *Abschied vom Proletariat. Jenseits des Sozialismus*, Frankfurt/M. 1980.

Literatur

- *Ökologie und Freiheit*, Reinbek 1980.
- *Wege ins Paradies. Thesen zur Krise, Automation und Zukunft der Arbeit*, Berlin 1983 (Rotbuch 279).
- »Dualisierung der Arbeit in den USA«, in: *Links*, Nr. 174 (Offenbach), September 1984.

DERS., (Hrsg.), *Schule und Fabrik* Berlin 1972.
DERS., (Hrsg.), *Critique de la division du travail*, Paris 1973.
GUIBERT, BERNARD, »Un revenu minimum, et après?«, in: *Projet*, Nr. 208 (Nov.-Dez. 1987).
HABERMAS, JÜRGEN, *Theorie des kommunikativen Handelns*, 2 Bde., Frankfurt/M. 1981 (zitiert unter der Abkürzung *TKH*).
HAYEK, FRIEDRICH A. VON, *Der Wettbewerb als Entscheidungsverfahren*, Kiel (Institut für Weltwirtschaft) 1968.
HAMMANN, WINFRIED/KLUGE, THOMAS (Hrsg.), *In Zukunft. Bericht über den Wandel des Fortschritts*, Reinbek 1983.
HARDIN, GARRET, »The Tragedy of the Commons«, in: *Science*, 162 (1968).
HEIDEGGER, MARTIN, *Sein und Zeit* (1927), 15. Aufl., Tübingen 1979.
HIRSCH, JOACHIM, »Fordismus und Postfordismus«, in: *Politische Vierteljahresschrift*, Bd. 26, Juni 1985.
HORKHEIMER, MAX/ADORNO, THEODOR W., *Dialektik der Aufklärung. Philosophische Fragmente*, Amsterdam 1947 (Reprint 1968).
HUSSERL, EDMUND, *Die Krisis der europäischen Wissenschaften und die transzendentale Phänomenologie* (1936), hrsg. von Elisabeth Ströker, Hamburg 1982.
ILLICH, IVAN, *Selbstbegrenzung. Eine politische Kritik der Technik*, Reinbek 1975.
- »Schattenarbeit oder vernakuläre Tätigkeiten. Zur Kolonisierung des informellen Sektors«, in: *Technologie und Politik*, Bd. 15, Reinbek 1980.
- *Genus. Zu einer historischen Kritik der Gleichheit*, Reinbek 1983.

JESSOP, BOB, »Der Wohlfahrtsstaat im Übergang vom Fordismus zum Postfordismus«, in: *Prokla*, Nr. 65, Dez. 1986.
JONES, BARRY, *Sleepers Awake! Technology and the Future of Work*, Oxford 1983.
JUNGK, ROBERT, *Projekt Ermutigung*, Berlin 1988.
KERN, HORST/SCHUMANN, MICHAEL, *Das Ende der Arbeitsteilung?*, München 1984.
KOLLEKTIV CHARLES FOURIER, »Das allgemeine Grundeinkommen«, in: M. Opielka (Hrsg.), *Die ökosoziale Frage*, Frankfurt/M. 1985.
- »L'allocation universelle, une idée pour vivre autrement?«, in: *La Revue Nouvelle* (Brüssel) 4, 1985.

LANDES, DAVID S., *The Unbound Prometheus. Technological Change*

and Industrial Development in Western Europe from 1750 to the Present, Cambridge 1969.
LECHER, WOLFGANG, »Zum zukünftigen Verhältnis von Erwerbsarbeit und Eigenarbeit aus gewerkschaftlicher Sicht«, in: *WSI-Mitteilungen*, Heft 3/1986.
LEISS, WILLIAM, *The Domination of Nature*, Boston 1974.
LETTIERI, ANTONIO, »Fabrik und Schule«, in: André Gorz (Hrsg.), *Schule und Fabrik*, Berlin 1972.
LIEPITZ, ALAIN, *L'audace ou l'enlisement*, Paris 1984.
– »Akkumulation, Krisen und Auswege aus der Krise. Überlegungen zum Begriff der Regulation«, in: *Prokla*, Nr. 58, März 1985.
LUKÁCS, GEORG, *Geschichte und Klassenbewußtsein. Studien über marxistische Dialektik*, Berlin 1923.
LUSSATO, BRUNO, *Bouillon de culture*, Paris 1987.
MAIRE, EDMOND, »Le chômage zéro, c'est possible«, in: *Alternatives économiques*, Nr. 48, Juni 1987.
MANIN, BERNARD, »Les deux liberalismes: marché et contrepouvoirs«, in: *Intervention*, 9, Mai-Juni 1984.
MARX, KARL »Ökonomisch-philosophische Manuskripte« oder *Pariser Manuskripte 1844*, in: ders., *Texte zur Methode und Praxis II* (hrsg. von G. Hillmann), Reinbek 1968.
– *Grundrisse der Kritik der politischen Ökonomie (Rohentwurf)*, hrsg. vom Moskauer Marx-Engels-Lenin-Institut 1939 und 1941, Reprint Frankfurt/M. 1968.
– *Das Kapital. Kritik der politischen Ökonomie*, Bd. I.-III., zitiert nach: *Marx Engels Werke* (= MEW), Bd. 23-25, Berlin 1969.
MARX, KARL/ENGELS, FRIEDRICH, *Die Deutsche Ideologie*, zitiert nach: Institut für Marxismus-Leninismus beim ZK der SED, »Neuveröffentlichung des Kapitel I des I. Bandes der ›Deutschen Ideologie‹ von Karl Marx und Friedrich Engels«, in: *Deutsche Zeitschrift für Philosophie*, Jg. 1966, H. 10.
– *Manifest der Kommunistischen Partei*, in: MEW, Bd. 4.
MATZNER, EGON, *Wohlfahrtsstaat und Wirtschaftskrise*, Reinbek 1978.
– *Der Wohlfahrtsstaat von morgen. Entwurf eines zeitgemäßen Musters staatlicher Interventionen*, Wien (bzw. Frankfurt/M.–New York) 1982.
MERLEAU-PONTY, MAURICE, *Phänomenologie der Wahrnehmung* (1945), Berlin 1966.
MICHEAU, JEAN-LOUIS, *L'horaire modulaire*, Paris 1981.
MORIN, EDGAR, *La vie de la vie*, Paris 1980.
MOTHÉ, DANIEL, »Faut-il réduire le temps de travail?«, in: *Autogestions*, 19 (April 1985).
NEGT, OSKAR, *Lebendige Arbeit, enteignete Zeit. Politische und kultu-*

relle Dimensionen des Kampfes um die Arbeitszeit, Frankfurt/ M.–New York 1984.
NOLTE, ERNST, *Marxismus und industrielle Revolution*, Stuttgart 1983.
OFFE, CLAUS, *»Arbeitsgesellschaft«. Strukturprobleme und Zukunftsperspektiven*, Frankfurt/M.–New York 1984.
OPIELKA, MICHAEL (Hrsg.), *Die ökosoziale Frage*, Frankfurt/M. 1985.
OPIELKA, MICHAEL/VOBRUBA, GEORG (Hrsg.), *Das garantierte Grundeinkommen*, Frankfurt/M. 1986.
PASCAL, BLAISE, *Pensées. Über die Religion und über einige andere Gegenstände*, übers. und hrsg. von F. Wasmuth, Heidelberg 1978.
PIETILÄ, HILKKA, »Tomorrow Begins Today. Elements for a Feminine Alternative in the North«, in: *IFDA Dossier* 57/58 (Nyon).
PIORE, MICHAEL J./SABEL, CHARLES F., *Das Ende der Massenproduktion. Studie über die Requalifizierung der Arbeit und die Rückkehr der Ökonomie in die Gesellschaft*, Berlin 1985.
POLANYI, KARL, *The Great Transformation. Politische und ökonomische Ursprünge von Gesellschaften und Wirtschaftssystemen*, Frankfurt/M. 1978.
PREUSSER, NORBERT (Hrsg.), *Armut und Sozialstaat*, Bd. III., München 1982.
REHN, GÖSTA, *On Incomes Policy*, Stockholm 1969.
– »Die Gesellschaft der freien Wahl«, in: B. Külp/W. Stützel (Hrsg.), *Beiträge zu einer Theorie der Sozialpolitik*, Berlin 1973.
ROSANVALLON, PIERRE/VIVERET, PATRICK, *Pour une nouvelle culture politique*, Paris 1977.
SARTRE, JEAN-PAUL, *Das Sein und das Nichts. Versuch einer phänomenologischen Ontologie* (1943), Reinbek 1962.
– *Bewußtsein und Selbsterkenntnis. Die Seinsdimension des Subjekts* (1947), Reinbek 1973.
– *Kritik der dialektischen Vernunft*, I. Band, *Theorie der gesellschaftlichen Praxis* (1960), Reinbek 1967.
Scandinavian Housing and Planning Research, Nr. 2/1985, Nr. 2 und 3/1986.
SCHMID, THOMAS (Hrsg.), *Befreiung von falscher Arbeit. Thesen zum garantierten Mindesteinkommen*, Berlin 1984 (2., veränderte Aufl. 1986).
SPD, *Entwurf für ein neues Grundsatzprogramm der Sozialdemokratischen Partei Deutschlands* (Irsee, Juni 1986).
TERIET, BERNHARD, »Die Verteilung der Erwerbsarbeit durch individuelle Zeitsouveränität«, in: Wolfgang Klein/Werner Krämer (Hrsg.), *Sinn und Zukunft der Arbeit. Konsequenzen aus Laborem exercens*, Mainz 1982.
THOMAS VON AQUIN: S. Thomae Aquinatis *Summa Theologiae* (cura

Sac. Petri Caramello) cum textu ex recensione Leonina, Ia-IIIa Pars et Supplementum, Augusta Taurinorum (= Turin) 1955, 1962 (Reprint 1976).

THOMPSON, EDWARD P., *The Making of the English Working Class*, Harmondsworth 1980.

THIBAUD, PAUL, »Le triomphe de l'entrepreneur«, in: *Esprit*, Dezember 1984.

TOPALOV, CHRISTIAN, »L'invention du chômage«, in: *Les Temps Modernes*, Nr. 496/497 (Nov.-Dez. 1987).

TOURAINE, ALAIN (Hrsg.), *Mouvements sociaux d'aujourd'hui, acteurs et analystes*, Paris 1982.

WEBER, MAX, *Die protestantische Ethik und der Geist des Kapitalismus*, in: ders.; *Die protestantische Ethik. Eine Aufsatzsammlung* (hrsg. von Johannes Winckelmann), Bd. I., Gütersloh 1979.

– *Wirtschaft und Gesellschaft. Grundriß der verstehenden Soziologie*, 5., revidierte Auflage, besorgt von J. Winckelmann, Tübingen 1972.

– *Gesammelte politische Schriften*, 3. Aufl., hrsg. von J. Winckelmann, Tübingen 1971.

Weniger arbeiten, anders arbeiten, besser leben? Zukunft der Gewerkschaften, Protokoll des 4. Hattinger Forums, DGB-Bundesschule Hattingen (Nov. 1985).

WERLHOF, CLAUDIA VON, »Hausfrauisierung der Arbeit«, in: *Courage*, Nr. 3/1982.

– »Der weiße Mann versucht noch einmal durchzustarten. Zur Kritik dualwirtschaftlicher Ansätze in der neueren Diskussion über die ›Zukunft der Arbeit‹ ...«, in: *Kommune*, Nr. 11/1984.

WHIYTE, WILLIAM FOOT, *Money and Motivation. An Analysis of Incentives in Industry*, New York 1955 (2. Aufl. 1970).

WIESENTHAL, HELMUT, »Themenraub und falsche Allgemeinheiten«, in: Thomas Schmid (Hrsg.), *Das Ende der starren Zeit. Vorschläge zur flexiblen Arbeitszeit*, Berlin 1985.

INDEX
Begriffs- und Stichwortverzeichnis zum Text

Allgemeinwohl 77 ff.
Almende, »Tragödie der« 75 f., 189
Alternativökonomie 329 *siehe* Dualwirtschaft
Aneignung (kollektive) 46 f., 62
Angelernte (Hilfsarbeiter) 90, 92, 118 *siehe* Massenarbeiter
Anlagenfahrer 125 ff.
Asoziale Sozialisierung 74, 78
Arbeit 27-32, 40, 192-197, 217 f., 230, 309-313
– abstrakte 40
– in der Antike 28 f.
– Aufteilung der 283 f.
– Effizienz der, A.-Ertrag 195 f.
– als Emanzipation 198-200, 293 ff.
– Erfindung der 27, 40
– Ethik der *siehe* Arbeitsethik
– für sich *siehe* Eigenarbeit
– im Haushalt *siehe* Hausarbeit
– Humanismus der 87, 102
– Ideologie der *siehe* Arbeitsideologie
– industrielle 38 f., 43 f., 81 f.
– Inhalt der 116 ff.
– Kultur der 87
– Krise der 308 ff.
– Marxsche Auffassung der 37 f.
– im modernen ökonomischen Sinne 157-160, 195-197, 229 f., 291-295
– ökonomische Arbeit als Faktor der Emanzipation 198-200, 292 f.
– Monetarisierung der 41
– Parzellisierung der 85 f., 88 f., 95, 109
– Pflicht zur 300 f.
– Rationalisierung der 38 ff.
– Recht auf 291-296
– Unterbrechung der 275 f., 297 f., 339 *siehe* Zeitsouveränität
– A.-Utopie *siehe* Utopie
– Vergütete *siehe* Erwerbsarbeit, Lohnarbeit
– Verweigerung der 90
– und Werk 31
– Zwang zur 68 f.
Arbeiter 28, 38 f., 165 ff.
– funktionaler 68 f., 72 f., 77 f.
– informatisierter 125 ff.
– neuen Typs 98 f., 102, 108 f., 119 ff., 131 f., 139 f. *siehe* Produktionsfacharbeiter, Prozeßarbeiter
Arbeiterbewegung 312 ff.
– Werte der 107 *siehe* Linke, Gewerkschaft, Solidarität
Arbeiterelite 97-99, 102-105, 108-111, 134, 272
Arbeiter-Konsument *siehe* funktionaler Arbeiter, Massenarbeiter
Arbeiterkontrolle (»workers' control«) 46
Arbeiterkultur 87 *siehe* Kultur
Arbeitnehmer *siehe* Randarbeitnehmer
Arbeitsethik 89, 308
Arbeitsgesellschaft *siehe* Gesellschaft
Arbeitsideologie 307 ff.
Arbeitslose (Situation) 98, 290, 294
Arbeitslosigkeit (Erfindung der) 277 f.
Arbeitsplätze um die Arbeitsplätze willen 222, 224
Arbeitsteilung 43 f., 85 f., 88, 133
– funktionale 68 f.
– makro-soziale 85
Arbeitsutopie 42-50, 102
Arbeitszeitverkürzung 107, 115, 134-136, 149 f., 163 f., 223 f., 234 f., 266 f., 269-303, 318-320, 336 f.
– differenzierte 269
– geplante 270 f., 336
– jährliche 275 f., 297 f., 329 f.
– selektive 272

Index

– stufenweise 270 f., 284, 302
– verkleidete 273
Austausch, Tausch(Handel) 157, 239
Autogestion (Selbstverwaltung) 46
Autonomie 247, 250, 253
– (innerhalb) der Arbeit 117, 136, 140
– innerhalb der Heteronomie 136, 140, 145
– der künstlerischen Schöpfung (des Kulturellen) 247, 250
– des Ethischen 142-144
– der Philosophie 247
– des Politischen 142-144
Autonome Tätigkeiten 116, 136 f., 138, 219, 234-242, 311 f., 325
Autopoíesis 37

Banalisierung (bzw. Demokratisierung) von Kompetenzen 114 f., 272
Banausoi 28
Barbarei 125, 128 f., 131, 195, 257
Basisgemeinschaft (als mikro-sozialer Raum) 227
Bediener, Bedienung siehe Dienstboten
Bedürfnis-Humanismus 163
Bedürfnisse
– empfundene (effektive) 158-160, 162-166, 173
– entfremdete 41
– unbefriedigte 308, 333-335
Beruf 86 f., 109-113, 120
Berufskultur siehe Kultur
Bürgereinkommen 285, 301 siehe Garantiertes Grundeinkommen
Bürger(existenz) siehe Citoyen
Bürokratisierung 52 f., 60 f., 67

Charismatischer Führer 79
CFDT 20, 123 f., 221
Citoyen(ne), Bürger(schaft in der öffentlichen Sphäre, Bürgerrechte und -pflichten) 199, 271 f., 291-295
Citizens' wage 285 siehe Garantiertes Grundeinkommen

Demokratisierung von Kompetenzen siehe Banalisierung

Desintegration, soziale 68 ff.
Desynchronisierung (der Stundenpläne) 275 siehe Zeitsouveränität
Dienstboten, Bediener, Bedienung 21 f., 200-202, 209 f., 220-225, 316 f.
– D.-Arbeit 200-202
– D.-Klasse (neue) 21 f., 316 f.
– Bedienungsverhältnis 209
Dienstleistungen 196 f., 201, 219-228
– sexuelle 211 f.
Dualisierung der Gesellschaft, dual society, Gesellschaftsspaltung 18-20, 98, 103, 115, 134, 232, 272, 291, 301
– Dualwirtschaft, ökonomischer Dualismus 18 f., 107, 241, 301, 329

Eigenarbeit 27, 158, 218-235, 310 f.
Einkommen(sgarantie), Recht auf E. 291-296 siehe Garantiertes Grundeinkommen
Entfremdung 41, 117 f.
Erwerbsarbeit, Erwerbstätigkeit 27, 197-217, 309 f.
Eugenik 214-216

Familie 199 f., 228-234 siehe Hausgemeinschaft, oîkos
Feminismus siehe Frauenbewegung
Flexibilität, Flexibilisierung
– numerische und funktionale der Arbeitskräfte 100 f.
– der Stundenpläne 280 f., 329–331
Formalisierung des Denkens 179-181
Fordismus, fordistischer Kompromiß 261-265
– fordistische Regulierung 70, 73
Frau(en)
– Diskriminierung der 230 f.
– Emanzipation der 216, 229-235
– Unterdrückung der 28, 233 f.
– Frauenbewegung, Feminismus 216, 229
Freiheit 28 f., 136, 141, 235-239, 266 f.
Freiwillig(keit)
– f. Dienst- und Hilfeleistungen 206 f., 226 f.

Index

- f. Vereinigung der Produzenten 46
Freizeit(aktivitäten) 16-18
- befreite Zeit 136 *siehe* Kulturgesellschaft
Fremdbestimmung des Bedürfnisniveaus 166
Fremdsteuerung 53-55, 153-155, 243
siehe Steuerungsmedien
Funktion, Funktionalität, Funktionalisierung (funktionale Integration, funktionale Differenzierung) 52-59, 68 f., 120 f., 147, 202 f., 293
siehe Mutterfunktion
Funktionär 202
Fusionsgruppe 55

Garantiertes Grundeinkommen (bzw. Grundsicherung, Minimaleinkommen) 187 f., 287 f., 291 ff., 335-338
- aus gewerkschaftlicher Sicht 336 f.
- aus liberaler Sicht 335 f.
- aus linker Sicht 297-303
- aus rechter Sicht 296 f.
Gemeinschaft (häusliche, eheliche, Familien-, Güter-) 229-235
Gegenfinalität 75 f.
»genug«, das Genügen(de) 160 ff., 171
Geist
- »Geronnener Geist« 61, 81
- »G. des Kapitalismus« 162
Gerechtigkeit *siehe* Solidarität
Geschichte (Sinn der) 140, 342
Gesellschaft, gesellschaftlich, (Sozialsystem u. ä.) 57 f. 62-64, 182-191, 251 f., 293-296 ;
siehe Kultur(gesellschaft)
- Arbeits-G. 23, 28, 104 f., 147 f., 190, 303, 307-309
- G. der befreiten Zeit 136, 148 f., 257 f., 276 f., 302 f., 313
- Bürokratisierung der G. 78
- G.-Defizit sozialdemokratischer Politik 260 f.
- duale G. *siehe* Dualisierung
- G.-Ersatz (Sozialstaat als) 190, 261 f.
- Fabrik-G. 66 f.

- g. Integration *siehe* Sozialintegration
- Markt-G. 186 ff.
- g. Nutzen 292
- Überfluß-G. 166
- g. Utopie, Vision (Gesellschaftsentwurf, gesamtgesellschaftliches Projekt) 23 f., 144, 148 f., 189 f.
- zivile G. 58
Gesellschaftsmaschine 79
siehe Mega-Maschine
Gesellschaftsspaltung *siehe* Dualisierung
Gesellschaftstheorie *siehe* Soziologie
Gesten 210 f.
Gewerkschaften 108 f., 123 f., 166 f., 277, 280 f., 305, 309, 313, 317 ff., 336
- Krise der 102-105, 142-144, 317 f.
- neue Aufgaben für die 123 f., 280 f., 317-331
- als kommunikative und soziale Service-Organisationen 281, 325 f.
Gewerkschaftsbewegung *siehe* Gewerkschaften
Grenzenlos 163 f. *siehe* Selbstbegrenzung
Grundeinkommen, Grundsicherung *siehe* garantiertes Grundeinkommen
Gütergemeinschaft *siehe* Hausgemeinschaft

Handwerker 28, 120, 197
Hausarbeit 27, 193, 219-225, 229-235, 310 f.
- Professionalisierung der 223
- Lohn für, »Hausfrauenlohn« 235, 310 f.
»Hausfrauisierung« 223
Hausgemeinschaft, -wirtschaft (Familie, Güter- und Lebensgemeinschaft) 29 f., 218, 226-235, 310 f.
Haushalt *siehe* Hausarbeit, Hauswirtschaft
Heimarbeit (System der) 32-34
Herrschaft, Beherrschung 69, 80, 84, 96, 233

Index

– über die Natur 34, 63, 84, 127, 131 f., 134, 140
heteronom, Heteronomie-Sphäre 53, 117, 136, 224, 237-239, 241
Human resource, Ideologie der 99 f.

Ideologie, liberale 75 *siehe* Utopie
Identität 199 f., 247, 250, 292 f.
Individualisierung (I.s-schub) 142 f., 145, 248, 280
Industrialisierung, Industrie 80 f.
Institution
– Markt als 57
Integration
– funktionale 54 f., 58, 62, 67 f., 72 f., 76 f., 92
– soziale *siehe* Sozialintegration
– im Unternehmen 94, 98-100, 102
inzitative Steuerung 75 f.

Kalkül (rechnerischer, Rechen-) 156 f., 160-163, 178-181
Kapital, fixes 51, 81-85
Kapitalismus 33-36, 51, 80 f., 162, 173, 176, 182, 261 f., 290, 309
– Geist des 34 f., 162, 164
Kauf/Verkauf, Käufer/Verkäufer 208
Kibbuzim 220, 224 f.
Knappheit (Milieu der) 74
Knechtschaft 31 *siehe* Sklaven
Kommunismus 48 f.
Konsum
– im Dienste der Produktion (der Akkumulation) 163 f., 173
– kompensatorischer Konsum (bzw. Konsumismus), kompensatorische Konsumgüter 69-76, 91, 165 f.
Konsumgesellschaft *siehe* kompensatorischer Konsum
Konsumverhalten, demonstratives 166
Konvivialität (konviviale Tätigkeiten, »konvivialer Sektor«) 206 f., 226
Kooperation 226 f., 281
Kultur 128 f.
– Alltagskultur (und Berufskultur) 119 f., 125, 127-131, 133, 154, 274
– Arbeiterkultur 87, 89, 133
– Expertenkultur 89, 154
– Gewaltkultur (Kultur der Barbarei) 129 f.
– technische Kultur 120, 129-131
Kulturgesellschaft 136, 257 f., 276

Lebensgemeinschaft *siehe* Hausgemeinschaft
Lebenswelt 54 f., 127-131, 243-253
– Kolonialisierung der 153 f.
Lebenszeitbeschäftigung 97 f.
Leib 128 f., 211
Leihmutter 216
Leistung 39, 158 f., 195-197, 203, 205
– Leistungslohn 39, 159
Liebe 213, 246 f.
Liberalismus
– ideologischer 185 f., 190
– Wirtschaftsliberalismus 183 f., 190
– liberale Utopie/Ideologie 74 f.
Linke (europäische) 142 f., 265-268
Lohn
– Lohnarbeit 27 *siehe* Erwerbsarbeit
– für Hausarbeit, »Hausfrauenlohn« 199, 229-232, 235, 297, 310 f.
– Leistungslohn 39, 159
– Mutterschaftslohn, M.s-Vergütung 214-217, 297

makro-soziale Sphäre 294 *siehe* öffentliche Sphäre
Markt 55 f., 72 f., 75, 156, 158 f., 183-190, 197, 261-265, 286 f., 333 f.
Maschinensteuer 286
Massenarbeiter 90-92, 104
– Revolte der 90
Masturbation 212
Mathematisierung (der Naturwissenschaften) 126 f., 177-180
Maximierung (unbeschränkte) 164-166, 173
Megamaschine (industriell-staatliche) 53, 57-61, 67 f., 78 f., 145, 252 f., 314 f.
mikro-sozialer Raum 227, 242
Mimesis 166

384

Index

Mindesteinkommen 290 *siehe* Garantiertes Grundeinkommen
Minimum, soziales 187 *siehe* Garantiertes Grundeinkommen
Mutterfunktion 213-216
Mutterliebe 213 f.
Mutterschaft 213 f.
Mutterschaftsvergütung 214 f.

Nationalismus 66
Neuer Produktionsfacharbeiter *siehe* Produktionsfacharbeiter neuen Typs)

öffentliche Sphäre 27-29, 197-202, 294-296
Oíkos, Oikonomía (Hausgemeinschaft, Hauswirtschaft) 30, 200, 218
Organisation 52 f., 67-69, 95

Pädagogische Beziehung 205 f.
Parteien (Krise der, P.-Verdrossenheit) 78 f., 145 f., 148, 264-266
Plan 63-66, 270 f.
plebiszitäre (Führer-) Demokratie 78 f.
Poíesis 38, 46, 81 f.
Polis (-Bürgerschaft) 28-30, 191, 218
Politisch, das Politische 30, 48, 148, 188-191, 252 f., 326 f.
– politische Macht 76 f.
Pónos (»lästige Arbeiten«) 219
Prekär Beschäftigte, prekäre Beschäftigungsverhältnisse 97, 100-102, 291
Privat
– private Bande 200
– Privatsphäre 28 f., 74, 199-202, 225-229, 233 f., 310 f.
Produktionsfacharbeiter (neuen Typs) 98-107, 108 f., 119
Produktionswissen
– intuitives know how 39
– der Fach- und Massenarbeiter 89 f.
Produktiver Gesamtarbeiter 86
Produktivitätsreserven 313
Produktivitätszuwächse 269, 319 f.
– verfügbare 282 f., 338

Proletariat (als universelle Klasse) 43
Proletarier 36 f.
Propaganda 71, 77
Prostitution 208-213, 238
Prozeßarbeiter 111-115, 121
Punk 130
Puritanismus 48, 64 f.

Quantifizierung
– von Pflege- und Hilfstätigkeiten 204 f.
– von Werten 162 f., 168, 172 f.

Randarbeitnehmer 101, 104
Rationalisierung 13 f., 35, 157
– funktionale 79
– ökonomische 15, 35 f., 51, 81, 88 f., 90-94, 137 f. *siehe* ökonomische Rationalität
– umfassende, völlige 49, 51 f.
– der Arbeit 92
– der Tätigkeitssphären 51 f.
– Grenzen der 13, 92-94
Rationalität
– funktionale 52 f.
– instrumentelle 130, 137, 153, 180
– kapitalistische 137, 174-176
– ökonomische 15, 35 f., 88, 137 f., 156-169, 172, 180, 195-198, 243 f.
– Kriterien der Anwendbarkeit der ö. R. 195-198
– Grenzen der ö. R. 168, 182, 186 f., 189
Rechnen, berechnen, Rechenkalkül *siehe* Kalkül
Rechner, Computer 178-180, 308
Recht 263, 290, 293, 294 f.
– auf Arbeit/auf Einkommen 291-296
– Rechte und Pflichten 227 f., 294 f., 300 f.
Reproduktionsarbeit *siehe* Hausarbeit
Reprofessionalisierung 100
Revolution 136 f., 141 f.
Rittertum (neues) 109

Schattenarbeit 237
Segmentierung der Gesellschaft 143
siehe Dualisierung

Index

Selbstbeschränkung 159-161, 163, 165, 172, 235
Selbstbestimmung der (Arbeits-) Zeit 136, 278-280, 337 f.
Selbststeuerung 53-55, 58, 253
Selbstverwaltung
– Utopie der 46 f.
Selbstzweck(tätigkeiten) 236, 311 *siehe* autonome Tätigkeiten
Serialisierung, serialisierte Handlungen 55 f.
Sich-selbst-gehören 249
Sich-selbst-geben 205-208, 211-214
– gegenseitiges 239 f.
Simulation 211
Sinnliche Dichte der Welt 126, 130
Sklaven 28, 210, 235 f.
Solidarität 296
– S., Gerechtigkeit, Brüderlichkeit als Wert der Arbeiterbewegung 107
Solidargemeinschaft 309
Sowjet-System 62 f., 66 ff.
Sozialdemokratie 188-191, 258, 267
Sozial-Etatismus 261-264
Sozialintegration 54 f., 62 f., 65 f., 227 f., 246
– soziale Desintegration 68-70, 334
Sozialisation 245-253
Sozialismus 186-191, 260
– konservativer, tory socialism 186 f.
– sozialistische Moral 48-50, 64 f.
– ethischer Gehalt der s. Idee 148 f.
Sozialpartnerschaft 261
Soziologie
– Grenzen der 243-253
Souveränität (persönliche) 224
Spaltung 59 f., 76 f., 154, 179 f.
– der Gesellschaft *siehe* Dualisierung
Sprache 248-253
Staat, staatlich 64-66, 71, 74-79, 187, 261, 263 *siehe* Wohlfahrtsstaat
Stammarbeitnehmer (Kernbelegschaften) 98, 101 ff.
Standardisierung 88
Steuerung, Steuerungsmedien 57
– Fremdsteuerung, spontane und geplante 55 f., 68
– inzitative und präskriptive (Fremd)

Steuerung, inzitative und präskriptive Steuerungsmedien 57 f., 69, 76
Subjekt 86, 136-140, 178-181, 194, 213, 236, 245-252
– Selbstverleugnung des 179 f.
Subkontraktfirmen 93, 97, 101 f.
Subsistenzeinkommen, S.-Minimum 187, 290 f. *siehe* Garantiertes Grundeinkommen
Subsistenzwirtschaft 156-158
Subsysteme 57, 153 f.
»Südafrikanisierung« 107, 291 *siehe* Dualisierung
Synergie 208, 227
System(integration) 54 f. *siehe* Steuerung(smedien)
– System als Subjekt 194

Taylorismus 70, 89, 272
Teamarbeit 98
Téchne 178
Technik 131 f.
Techniker 143
Technisierung 129 ff., 178-181, 211 f.
Thatcherismus 105
Therapeutische Beziehung 203-207
»Tod des Menschen« 178 f.
Totalisierung 55
»Travail attractiv« 139

Überfluß 172-174, 237
– Ü.-Gesellschaft 166
Unternehmen
– neuer U.-Typ 93 f., 99 f., 106
Unternehmer(ideologie) 184-186, 190
Untervertragsfirmen *siehe* Subkontraktfirmen
Utopie
– der Arbeit 23 f., 43 f., 87, 102-104
– gesellschaftliche *siehe* Gesellschaft
– industrialistische 23 f.
– des Kommunismus 45 f.
– liberale 75
– Marxsche 43-49, 67, 136-139
– der Selbstverwaltung 46 f.

Verdinglichung 88 f., 157, 180
Verdrängungswettbewerb 309

Index

Vernunftglaube 64 f.
»Verwaltungsbeamter der Maschine« 121, 202
Vollzeitbeschäftigung der Erwerbstätigen 166 f., 172

Wachstumsideologie, Wachstumsdynamik 174-176
Weber, Heimarbeit der 32 ff.
Werbung 71, 74, 77, 165, 172-174
Werk 31, 238-240
Wissen(schaft) 84, 126 f. *siehe* Mathematisierung der Wissenschaft
– Produktionswissen (der Facharbeiter bzw. Massenarbeiter) 89 f.
– Spezialisierung 85 f., 133
Wohlfahrtsstaat 74-79, 190 f., 207, 242, 261 f., 335

– Sackgassen des 207

Zärtlichkeit 129, 200
Zeit
– Befreiung der 313 ff.
– disponible/verfügbare 134-136, 142, 146 f., 166-168, 257 f., 267 *siehe* Zeitsouveränität
– Z.-Ersparnis, Einsparung von Arbeitszeit 142, 257 f., 267
Zeitpolitik *siehe* Arbeitszeitverkürzung
Zeitsouveränität 275-281, 337 ff.
Zins(verbot) 161
Zivilgesellschaft 58
Zugehörigkeit 228, 246, 293
– gegenseitige 272 f.
Zweiter Scheck 285 f., 289, 300, 341

ANDRÉ GORZ
WERKE IN DEUTSCHER SPRACHE

Zur Strategie der Arbeiterbewegung im Neokapitalismus, Frankfurt/
   M. 1967 (2., erweiterte Auflage 1974)
Der schwierige Sozialismus, Frankfurt/M. 1968
Reform und Revolution, Frankfurt/M. 1968
Die Aktualität der Revolution, Frankfurt/M.–Köln 1970
Kritik der Arbeitsteilung, Frankfurt/M. 1974
Ökologie und Politik. Beiträge zur Wachstumskrise, Reinbek 1977
Ökologie und Freiheit. Beiträge zur Wachstumskrise 2, Reinbek 1980
Der Verräter, Vorwort von Jean-Paul Sartre, Frankfurt/M. 1980
Abschied vom Proletariat. Jenseits des Sozialismus, Frankfurt/M. 1981
   (2., erweiterte Auflage: Reinbek 1983)
*Wege ins Paradies. Thesen zur Krise, Automation und Zukunft der
   Arbeit*, Berlin 1983 (Rotbuch 279)

Eine vollständige Bibliographie findet sich (neben Beiträgen zu verschiedenen Fragen des Gorzschen Werkes und Versuchen, die von Gorz aufgeworfenen Fragen weiterzudenken) in:

Hans Leo Krämer/Claus Leggewie (Hrsg.), *Wege ins Reich der Freiheit*, André Gorz zum 65. Geburtstag, ROTBUCH RATIONEN, Berlin 1989

Rotbuch Rationen

BENJAMIN BARBER
STARKE DEMOKRATIE

Über die Teilhabe am Politischen
320 Seiten

»Ein originelles und provokatives Werk.«
New York Times Book Review

TED HONDERICH
DAS ELEND DES KONSERVATIVISMUS

Eine Kritik
ca. 400 Seiten

Ein kritischer Brevier des Konservativismus für die Gebildeten unter seinen ironiebegabten Verächtern.

Rotbuch Parkallee 2 · 20144 Hamburg

Rotbuch Rationen

ADRIANA CAVARERO
PLATON ZUM TROTZ

Weibliche Gestalten der antiken Philosophie
180 Seiten

Der Ort reinen Denkens kennt keine Rücksicht auf jene Schwelle des Lebens, über die noch ein jeder Mensch zur Welt kam.

MICHAEL WALZER
KRITIK UND GEMEINSINN

Drei Wege der Gesellschaftskritik
144 Seiten

»Michael Walzer gehört seit Jahren zu den orginellen Köpfen der politischen Ideengeschichte.«
FAZ

Rotbuch Parkallee 2 • 20144 Hamburg

Rotbuch Rationen

JUDITH N. SHKLAR
ÜBER UNGERECHTIGKEIT

Erkundungen zu einem moralischen Gefühl
224 Seiten

»Müßte ich eine Einführung in Staatsbürgerkunde empfehlen, würde ich dieses Buch vorschlagen.«
Herfried Münkler, SZ

MICHAEL IGNATIEFF
WOVON LEBT DER MENSCH

Was es heißt, auf menschliche Weise in Gesellschaft zu leben
172 Seiten

»Michael Ignatieff schreibt ebenso hinreißend wie eindringlich.«
Salman Rushdie

Rotbuch Parkallee 2 · 20144 Hamburg